沒有規則的競賽

阿富汗屢遭阻斷，卻仍不斷展開的歷史

GAMES WITHOUT RULES

The Often Interrupted History of Afghanistan

TAMIM ANSARY

塔米・安薩里 著　苑默文 譯

好評推薦

「作者對阿富汗糾結難解的數百年歷史，以及現今的軍事泥淖做出了可讀性強、容易理解的概述……身為一個來自喀布爾的作者，安薩里對典型的阿富汗村莊的構成提出了珍貴見解，這些村莊整潔、自給自足、父權等級制，並有著讓遊牧民不敢進犯的需要……本書生動說明了阿富汗是如何並持續應對戰略上的爆發點的。」

——《柯克斯書評》(*Kirkus Reviews*)

「儘管關於阿富汗戰爭的報導多如牛毛，但是這位舊金山的記者和作家安薩里認為，眾人對衝突的原因仍然有很大的誤解。在這段歷史中，他尤其關注形塑當前事件的發展關鍵。」

——《聖荷西信使報》(*San Jose Mercury News*)

「安薩里以說書大師的自信心講述了現代阿富汗的歷史……這是一部細緻的、完善的歷史敘事，它努力地從阿富汗人的角度來講述阿富汗的歷史……作者對其故土的熱愛和對其未來的樂觀態度在這本書的字裡行間裡熠熠生輝。」

——《書單》(*Booklist*)

「作為一名阿富汗裔美國人，塔米・安薩里有資格向西方讀者展示他複雜且經常令人困惑的家園的深沉面貌。隨著二〇一四年北約作戰部隊從阿富汗的陸續撤退，我們得對這個國家的運行方式和歷史有一個已經遲來但總比沒有來得好的理解，這對於如何避免重蹈覆轍，至關重要。」

——《地理雜誌》(*Geographical Magazine*)

「安薩里擁有一種敘述的天賦，他可以用不那麼正式的語言來把他的觀點說明白，而不影響其論述的正當性。他將歷史放在大的背景中，置於文化之中，並提醒讀者要在什麼時候追蹤重要人物（有時是幾十年的跨度），這個敘事能力令人耳目一新。安薩里為那些對這個動盪地區感到好奇的人提供了寶貴的資源。」

——《出版人周刊》(*Publishers Weekly*)，星級評論

「[安薩里]是一個真實的阿富汗人發出的聲音，他提供的不是關於外國在阿富汗糾纏起伏的權謀計算，而是一個聰慧的阿富汗事務觀察者是如何從外部看到事件的過程的個人敘述。」

——《**新政治家雜誌**》(*New Statesman*)

「安薩里具有一種罕見的特質，他能夠將學者的知識與自然的說書人的技巧結合起來。他在阿富汗出生，於一九六四年十六歲時離開了阿富汗，但他顯然花了一生的時間來蒐集故事，他對這些故事進行了巧妙的編輯，清楚地知道什麼時候應該遠離重大事件，關注那些微小的細節，讓你感受到這個國家的許多貧困村民的生活狀況，這些人往往不知道在他們國家的首都裡發生了什麼。令人耳目一新的是，安薩里把重點放在阿富汗人身上，外國人在這個國家出現的時間很短，通常也沒做什麼，對這裡的理解則更少……作者出色地描述了[阿富汗領導人]的個性以及使他們上台的衝突、自大或是外力干預。」

——《**愛爾蘭時報**》(*Irish Times*)

「本書解釋了阿富汗國族建構過程中遇到的長期問題和內部困難，並展示了大國政治（和侵略）在過去的兩個世紀中是如何拖延這一進程的。」

——《**基督教科學箴言報**》(*Christian Science Monitor*)

「在《沒有規則的競賽》一書中，塔米．安薩里寫下了最吸引人、最容易理解和最有見地的阿富汗歷史。安薩里用富有天賦的文筆和細節的描寫，為我們提供了那些經常被忽視的阿富汗人對於戰爭、外國干涉和宮廷陰謀的看法，這些看法都決定了在過去幾個世紀從印度河到阿姆河之間的戰爭走向。這部精彩的著作應該是任何參與當前阿富汗戰爭的人和任何想了解為什麼阿富汗不會在短期內實現和平的人必讀之書。」

——**拉吉夫．錢德拉塞卡蘭**（Rajiv Chandrasekaran），**《小美國：阿富汗戰爭中的戰爭》**（*Little America: The War Within the War for Afghanistan*）作者

「在本書中，安薩里從阿富汗人的角度講述了阿富汗的故事。他闡明了阿富汗在兩個多世紀裡的歷史，敘述了一個由崎嶇的大草原和無情的戈壁構成的土地上的各自分裂的族群所進行的長期鬥爭。他駁斥了『帝國墳場』之說，回望了古代雅利安人、蒙兀兒人、希臘人和阿拉伯人的入侵，並指出這些經歷塑造出了今天不屈不撓的阿富汗。安薩里主張，現代入侵者的致命錯誤同樣在於他們無法認識到所干預的對象的內部鬥爭。[他]……認為英國、蘇聯和美國的介入是對阿富汗國族建構的嚴重干擾，使得這個與美國同時開始形成的國家，走上了全然不同的道路。」

——**《中東學刊》**（*Middle East Journal*）

中文版作者序

阿富汗，作為整個世界的一個隱喻

二〇二一年的夏天，在全世界的震驚矚目下，美國在阿富汗雄心勃勃的計劃宣告失敗。而在二十年之前，蓋達組織（Al-Qaeda）的恐怖分子以劫持客機為武器，在一次怵目驚心的自殺式襲擊中殺死了大約三千個美國人。蓋達組織在阿富汗的土地上策劃了此一行動，在當時，統治阿富汗的是一個名叫塔利班（Taliban）的組織。於是，美國召集了北約盟友向阿富汗開戰。就戰爭本身而言，這是一場簡單的戰爭，聯軍只用了短短幾個月的時間就推翻了塔利班的統治，並把他們趕進了他們的藏身之所。

但是後來，是的，**後來**，美國發起了一場堪稱史詩級的一番努力，要把阿富汗改造成一個以西方議會民主制為模式的功能性民族國家。結果發現這件事……並不那麼容易。

起初，這個計畫似乎真的進展迅速。美國及其盟友建立了一個過渡政府來取代塔利班。他們監督起草了新憲法。他們舉行了選舉，成立了議會，並讓新總統就職。他們為軍隊提供資金，建立國家警察部隊，並著手修復被數十年來的外國入侵和國內內戰破壞的基礎設施。

很快地，阿富汗就有了鋪設好的高速公路、正常運轉的發電廠、電燈、網路服務、行動通信基地台……還有好幾十家廣播電視台開始營運，好幾家新的私立航空公司成立了，國立大學恢復了，全國各地湧現出了二十多所新的私立學院和大學。最重要的是，阿富汗新政府扭轉了塔利班對婦女的歧視政策。全國各地都開辦了女子學校，女孩們學會了讀書寫字。婦女們上了大學，許多人進入公共領域求職，有些人競選政治職位，還有少數人甚至在競選中勝出了。這還能出什麼問題呢？

但是，問題幾乎從一開始就出現了。早在美國人的最後謝幕之前，問題**就已經**顯而易見了。在二〇一二年時，我前往了阿富汗，去協助開展一個植樹計畫，所見所聞證實了我從許多管道（包括生活在阿富汗的親友）中得來的印象。美國政府的報告不斷提到阿富汗取得的進展；批評者則經常將挫折歸咎於「貪腐」；但在我看來，這些問題源於更深層次的原因，源於西方決策者無法理解的文化複雜性，源於他們未能注意到的盤根錯節的當地歷史。在二〇一二年，也就是這本書的英文原版完稿的時候，我們至少已經可以大致預見故事的結局了。

這個故事的最終一幕始於二〇一九年，當時的美國總統唐納・川普（Donald Trump）派遣了特使前往卡達，開始與塔利班談判。在這些談判中，所謂的阿富汗民選政府代表被明確地排除在了談判之外。川普的特使們最終簽署了一項協議，在二〇二一年五月之前，美軍將從阿富汗全數撤出，並從阿富汗監獄裡釋放約五千名塔利班人員。然而，川普在當年的美國總統大選中落敗了，因此，由新任總統喬・拜登（Joe Biden）來執行協議。拜登將撤軍的時間推遲了幾個月，希望在九月十一日這天，在這個具有標誌性意義的日子舉行戲劇性的落幕儀式。當年，蓋達組織正是在這一天劫持了飛機並撞擊了紐約的世貿雙子星大樓。

但塔利班搶先了一步。

仲夏時節，鄉村裡的武裝分子開始向城市發起了進攻。赫拉特（Herat）淪陷了。拉什卡爾加（Lashkargah）淪陷了。然後是坎大哈（Kandahar），然後是昆都士（Kunduz），然後是賈拉拉巴德（Jalalabad）。到了八月二十一日，塔利班已經占領了阿富汗除了喀布爾以外的所有主要城市。

然而，拿下喀布爾（Kabul）看起來是另一回事。這座至少擁有五、六百萬人口的強壯的城市，相對於阿富汗整體而言，這裡就像是一個獨立的主權帝國實體。然而，喀布爾人當晚還是心神不定地入睡的，因為他們知道，有幾千名塔利班士兵蟄伏在這座數百萬人的大城市周圍，就在最遠的城市街區之外，在村莊和田野之間安營紮寨。

次日，喀布爾居民一覺醒來，發現街上到處都是留著大鬍子的槍手，他們頭上戴著塔利班特有的黑色頭巾，向空中鳴槍慶祝。喀布爾居民得知，美國計畫建立的政府的最後一任「民選」總統阿什拉夫・加尼（Ashraf Ghani）已經在當天早上登上直升機，逃離了阿富汗。

與美國計畫有關聯的阿富汗人急忙趕到機場，準備離開。湧向機場的人群從數百……數千……變成了數萬人。在接下來的兩個星期裡，美國和幾個盟國空運了超過十二萬兩千人離開阿富汗，這是歷史上規模最大的空運撤離行動之一。他們就像罐頭裡的沙丁魚一樣被擠在載貨飛機裡，大多數人都被送去了卡達。在撤離的第十二天，一起自殺式炸彈襲擊造成了一百七十多人死亡，其中包括十三個美國人，但空運仍在繼續。

就這樣，二〇二一年八月三十一日，塔利班在Arg（美國及其盟友於二十年前在阿富汗建立的政府的前總統府）宣布勝利。

至此，阿富汗的戰爭已經持續了四十多年。在一九九〇年代末第一次統治阿富汗時，塔利班並不受人歡迎。不過，塔利班的上台後**結束了**一場野蠻的內戰，並在其執政的六年時間裡**實現了**嚴峻的和平。也許正因為如此，當他們在二〇二一年進入喀布爾時，幾乎沒有遇到任何的反對。

美國和北約建立的三十萬人的軍隊煙消雲散。許多士兵乾脆收起了武器，換上了當地人的服裝，加入了當地平民的行列。事實證明，對他們中的許多人來說，當兵只是一個日常工作。他們對受雇保衛的事業或雇用他們的政府並沒有特別的承諾，而且隨著美國人的離開，他們認為保衛美國留下的政府並沒有什麼好處。一小群與「北方聯盟」（the Northern Alliance，您將在本書中讀到他們的故事）有關聯的戰士，從喀布爾北部的一個山谷裡發起了抵抗，但僅是曇花一現。到了二〇二二年，塔利班的統治已經成為了阿富汗的新常態。

但這些塔利班是什麼人呢？答案仍然模糊不清。官方說法是，一群自稱為奎達舒拉（Quetta Shura）的人組成了新權力菁英的核心圈子。他們中的大多數人都是最初塔利班的殘餘人員，也就是那些因為與蓋達組織交好而招致美國憤怒的人。這些核心人物最初都是在巴基斯坦難民營裡長大的孩子。現在，他們已經是中年的神職人員。其中包括據說創建了塔利班的獨眼毛拉奧馬爾（Mullah Omar）的兒子。在二〇〇二年逃離喀布爾後，這些人在巴基斯坦邊境城市奎達重新集結起來。在過去的二十年裡，他們一直在阿富汗西南部煽動對美國計畫的抵抗。

然而，新統治者中還有另一群人，他們的大本營在阿富汗東南部崎嶇的山區裡。這是一個由一個名為哈卡尼（Haqqanis）的家族成員組織和領導的網絡。哈卡尼網絡甚至在「塔利班」這個名稱被發明出來以前就存在了。當蘇聯人在一九八〇年占領阿富汗時，哈卡尼網絡是以伊斯蘭的旗幟與蘇聯作戰的農村游擊隊之一。這些組織當時被稱為「聖戰者」（Mujahideen）。當這些組織消滅了阿富汗共產黨並占領了喀布爾時，哈卡尼家族的族長在**他們**建立的政府中獲得了一個內閣職位。但在一九九六年時，當塔利班將聖戰者組織趕出了喀布爾，並奪取了政權時，哈卡尼家族突然聲稱他們也是塔利班。

如今，奎達舒拉組織的主要成員往往在坎大哈這個主要省會城市活動。哈卡尼網絡在喀布爾的勢力很大，他們在喀布爾至少擔任四個內閣級職位。與阿富汗戰爭的其他殘餘勢力一樣，這兩個組織都信奉激進的伊斯蘭主義意識形態。在未來的歲月裡，他們其中的一個組織可能會成為新的專制王朝。

然而，無論誰在這場鬥爭中獲勝，他們都將面臨本書所講述的阿富汗故事裡的古老動態。在這個故事中，城市與鄉村之間的糾葛曠日持久，而在這個領域裡，與城鄉糾葛無關的全球權力鬥爭也在同步進行。在阿富汗的農村地區，地方勢力長期以來一直行使著事實上的控制權，無論誰在遙遠的首都掌權，他們都只是在形式上服從。直到最近，塔利班和哈卡尼都是這些農村武裝分子中的一員，無論喀布爾政府是誰，他們都在與之作戰。現在，他們自己**就是**喀布爾政府，是發布法令、會見大使、四處尋求外國援助的政府。這是否意味著這場曠日持久的鬥爭已經結束了？農村終於取得了勝利？很難說。僅舉一個例子，來說明這場沒有規則的競賽仍在繼續的跡象：在恐怖分子聚集和策劃的暗處，一支新的力量已經成形。他們自稱 ISIS-K，「K」代表呼羅珊（Khurasan），是這一地區的古稱。他們對阿富汗平民的所作所為與哈卡尼在江湖上時的所作所為如出一轍：發動恐怖攻擊，目的是在城市中造成大規模傷亡。

我們也沒有理由認為全球對阿富汗的爭奪已經結束。在美國撤軍的塵埃真正落定之前，一個新的參與者——中華人民共和國，已進入了這個領域。二〇一三年，習近平提出了「一帶一路」倡議，這是一個由管道、電力線、公路、港口和航道組成的網路，意圖建立一個類似古代所謂絲綢之路的龐大經濟網絡。該倡議的一部分是從阿富汗以北，穿過中亞大草原。塔利班剛剛鞏固了在喀布爾的勢力，中國的代表就來提出了一項建議：修建一條從新疆到喀布爾的超級高速公路。這條公路隨後可以通過中國在巴基斯坦延伸到阿拉伯海沿岸修建的瓜達爾港（port of Gwadar），通向印度洋。將「一帶一路」倡議的南北兩部分連接起來，將有助於形成一個統一的整體。

在塔利班接管阿富汗後的第二年，中國企業家蜂擁進入阿富汗考察商業前景。中國建造的酒店和公寓在喀布爾拔地而起。一位企業家提議在喀布爾以北建造一座全新的工業城市。還有一些中國人前來尋找貿易機會。阿富汗向中國出口的地毯、松子、寶石和其他此類商品激增。最近的地質調查表明，阿富汗擁有價值超過一兆美元的銅、鐵、鈾和稀土礦物。塔利班有資金和技術訣竅來開發這些資源嗎？不可能。如果有外國合作夥伴，塔利班會把這些權利出租給他們嗎？我認為這是一個安全的賭注。

中國是否會接替美國從阿富汗撤軍留下的空缺，是否會在美國人和歐洲人失敗的地方取得成功呢？這當然無從說起，但我們是可以做出一個有事實依據的推測的。而這種推測所需的訊息背景則可以在本書中找到。在這裡，您們將看到過往的外國列強如何試圖從阿富汗得到他們想要的東西，以及他們為什麼認為這些措施會奏效，又為什麼會失敗。

然而，阿富汗故事的影響力大於了自身的範圍。阿富汗故事的回聲現在正在許多地方響起，部分原因是阿富汗悲劇的成分現在也出現在許多地方。在不相容的文化重疊的地方，在相互矛盾的歷史敘事造成誤解的地方，這些回聲就會出現。

當阿富汗最初凝聚成一個現代國家時，它是一個堡壘王國，意圖將外來影響拒之門外，徒勞地維護其脆弱的內部一致性。其內部一致性之所以脆弱，是因為阿富汗從來就不是一個文化，而是由許多單一文化的微觀世界拼湊而成的。崎嶇的地形有利於形成封閉、內向、親屬關係維繫的社群，對每個社群而言，即使是鄰近山谷的人也是外人。但是，地理位置使這一地區成為了許多截然不同的文化世界的交匯點，從中國到印度，從中亞突厥到波斯，甚至更遠。因此，幾個世紀以來，多元文化的交通一直在這個由各個單一文化社群拼湊而成的地區馳騁，使阿富汗成為整個世界的一個隱喻，尤其是在世界正在進入的這個時代。

就在兩百年前，大多數人還生活在某個文化中心地帶，與世界其他文化中心地帶相隔甚遠。但在當下的全球網路世界中，任何人都可能與這個星球上的其他人發生碰撞和爭吵，而無論他們的文化背景是怎樣的。如果說，家是一個沒有陌生人的地方，那麼，我們都將生活在陌生人中間的時代就要到來了，全人類都將像阿富汗人幾個世紀以來所做的那樣，努力協調單一文化的統一性和多元文化的多樣性，以創造一個有家的感覺的世界。阿富汗的悲劇說明，在這樣的舞台上，當一場突如其來的社會變革從上而下地改變人們的生活時，就會發生什麼事。阿富汗發生的事情不一定是我們所有人的故事，但或許可以作為一個警示。

塔米・安薩里

二〇二四年四月十六日

「日日夜夜，我們的人民的悲鳴直衝天際，卻沒有人問一句：『發出那些慟哭聲音的人是誰？』」

——哈利魯拉．哈里里（Khalilullah Khalili），摘自〈悲鳴之屋〉（"House of Lamentation"）

目次

第四篇　舊阿富汗的迸發

第五篇　糾葛繼續

地圖目次

導言

在過去的兩個世紀中，曾經發生了五次強權大國對阿富汗以入侵、占領、征服，或是以其他的方式來控制這個國家的嘗試。每一次的干預都導致了這些強權的痛苦挫折，而奇怪的是，這些干預都是以同樣的方式和同樣的原因而失敗的——似乎每一個進入阿富汗的新勢力都立誓絕不從它的前人那裡吸取教訓。

英國在西元一八三九年入侵了阿富汗，他們在那裡遭遇了一場災難，但在大約四十年後，英國再次入侵，卻犯下了幾乎同樣的錯誤。英國人沒有向他們的前人學習，他們重蹈自己的覆轍。再過四十年後的第三次英國—阿富汗戰爭，使阿富汗完全脫離了英國的控制。而六十年後，蘇聯入侵阿富汗，最終陷入了與英國人同樣難解的泥淖。現在，美國和北約也在阿富汗陷入困境，這個熟悉的模式循環又出現了。*

* 美國及北約部隊已於二〇二一年八月撤離阿富汗。——編者註

是什麼原因導致了這種歷史失憶症呢？

我想到了我在幾年前前往哈薩克的一次交流活動。我當時去哈薩克推廣我寫的一本從伊斯蘭角度看世界史的書，[†]但是，無論我走到哪裡，談話的範圍很快就縮小到了阿富汗的身上——我認為這很自然，因為我是一個在阿富汗出生長大的美國公民，而美國對於我的故鄉的干預當時正處於關鍵階段。然而，這個話題對哈薩克人來說具有特殊的緊迫性，我逐漸意識到，因為他們的國家曾是蘇聯的一部分，我的聽眾中的許多人在一九八〇年代曾經為在阿富汗的蘇聯占領軍效力。

一個開放式的問題不斷出現。我要如何比較美國人在阿富汗的活動和蘇聯人在阿富汗的活動呢？我給出了我在美國經常給出的答案——我看到了令人不安的相似之處。

美國似乎正在陷入與蘇聯相同的泥淖。美國做出了實際上不容易遵守的承諾，由於政治上的原因，美國也不容易抽身而退。美國在阿富汗揮霍著人命和金錢，卻無法準確地解釋造成這些消耗的原因。美國能夠控制城市，但似乎無法平息鄉村的叛亂，而這些叛亂者認為自己在捍衛伊斯蘭教。

這個答案未能令人滿意。我記得，有一個人一直向我追問，問我一些非常模糊的問題，我也不知道他到底想要什麼樣的解答。最後我跟他說：

「其實，我看出來了，你心中其實已經有一些你自己的答案了。我說的對不對？」

「你一直在說相似之處，」他抱怨道。「那不同之處呢？」

「什麼不同之處？你告訴我。」

「嗯，先生，我們進入阿富汗是因為我們是受邀進入。阿富汗人遇到了麻煩，他們向一個鄰居尋求幫助。我們不僅僅是派了部隊，我們還派了專家顧問來幫助這個國家的進步力量。對你們美國人來說，這只是一場軍事入侵。對我來說，這似乎是一個相當大的區別。」

我只能搖搖頭，嘆口氣。「真的嗎？你真以為蘇聯進入阿富汗是因為他們是**受邀**進入？為了幫助進步人士從反動派手中拯救國家？在這種情況下，你剛剛闡明了美國和蘇聯參與的另一套對應關係，因為你所說的，幾乎正是許多美國人描述我們今天在阿富汗所做的事情。阿富汗人需要幫助，美國是來趕走暴徒，而不是來征服阿富汗人的，而且美國今天仍然支持阿富汗的發展，帶來漸進的變化。」

整個互動讓我開始思考，從外部看的故事和從內部看的故事是如何形成對比的。從內部看，各種外國勢力和他們的意圖似乎都很相同。在鄉下，也就是現在戰鬥激烈的地方，叛亂分子幾乎不區分這些勢力是美國人、俄國人或是英國人。

從外部的角度來看，阿富汗似乎永遠不會改變；阿富汗總是提出同樣的挑戰，同樣是由崎嶇的山脈、灼熱的戈壁和一望無際的草原組成的地域，同樣是好戰的人民，他們總是被

---

† 即 *Destiny Disrupted: A History of the World Through Islamic Eyes*，中譯本參見：《中斷的天命──伊斯蘭觀點的世界史》，廣場出版，二〇一七年。──編者註

認為是篤信宗教的、排外的和「部落的」——這個詞讓人聯想到頭巾、鬍鬚、長袍、彎刀和馬，好像部落成員就不能穿三件式西裝或參加重金屬樂隊一樣。

實際上，阿富汗人有一套自己的故事，那就是，儘管經常受到外國的干預，阿富汗的故事就是一趟朝著某個終點前進的「之」字形旅程。那麼，除了多次中斷之外，這個阿富汗故事是什麼呢？

在這裡，有一種叫做「叼羊」（*buzkashi*）的比賽，這種活動只在阿富汗和中亞的草原上進行。它的玩法是騎在馬背上的人們競相搶奪放在地上的山羊屍體，並把它帶到兩個指定的位置點上，而其他玩家則在旁邊全速奔跑，試圖搶走山羊的屍體。這些人以個人身分參加比賽，每個人都為自己的榮譽而戰。沒有團隊。沒有固定的玩家人數。柱子之間的距離是任意的。比賽場地上也沒有邊界或粉筆標記。沒有裁判在旁邊吹響讓比賽結束的哨音，也不需要裁判，因為這項遊戲根本不存在犯規。比賽由其自身的傳統、社會環境和習俗以及球員之間的默契來管理和規範。如果你需要官方規則的保護的話，那你就不應該去參賽。

兩百年前，叼羊比賽為阿富汗社會提供了一個恰當的隱喻。從那時候開始，阿富汗這個國家的歷史主要論題就如同叼羊比賽是否要加上規則，以及要加上什麼規則的爭論一樣。然而，在這幾個世紀裡，阿富汗的領土也成為了另一場競賽的場地，也就是英國作家魯德亞德．吉卜林（Rudyard Kipling）所說的「大博弈」（the Great Game），它涉及世界超級大國對戰略地位的爭奪。就像所有主權國家之間的角逐一樣，這也是一場沒有規則的競賽，它與阿富汗本身無關，牽扯的是全球的利益。阿富汗被捲入其中，只是因為它恰好位於爭奪戰的前沿陣地上。

不可避免的是，當兩場不相關的競賽在同一個場地上進行時，選手們就會相互碰撞，他們的行動會交織在一起。自西元十九世紀初以來，這種情況一直在阿富汗發生。每一場比賽都會影響到另一場比賽，並使之複雜化，但如果你沒有意識到有兩個不同的比賽或遊戲在進行之中的話，那麼你的行動就會很容易顯得莫名其妙。

可以肯定的是，大國對阿富汗的干預確實構成了一個引人注目的故事；但遭受干預的人們也有自己的故事，這個故事在干預之間以及干預之時不斷地展開著。在這個故事中，干預不是主要事件，而是對主要事件的中斷。如果外國干預往往遵循相同的路線，那麼有一部分原因就是它們一直在打斷同一個故事，這個故事在下一次干預擾亂已取得進展之前從未完全得到解決。

我在此處並不是要重提「帝國墳場」的老調，也就是大國對阿富汗的干預註定會失敗，只因這個地方是不可能被征服的傳統觀點。艱困的地形、紛爭不斷的人民確實給潛在的征服者帶來了特殊的挑戰，然而阿富汗事實上已經被征服過很多次了。三、四千年前，雅利安人就做到了這一點，這就是為什麼這個地區最初被稱為阿里亞納（Ariana）。波斯人在古代征服了阿富汗，這也是為何波斯語（又稱法爾西語，又稱達利語）是阿富汗的通用語言，至少有百分之九十的人把波斯語作為第二語言。希臘人也曾征服阿富汗，因此希臘王國在這裡繁榮了兩個世紀，而且金髮碧眼的人有時還是會在阿富汗的某些地方出現。甚至佛教徒也曾征服這片領土，這也是被稱為希臘—佛教的獨特藝術風格只在這裡發源和繁榮的原因。

阿拉伯人也征服了阿富汗，所以現在百分之九十九的阿富汗人是穆斯林。突厥人同樣征服了阿富汗，而且是一次又一次的征服。蒙古人曾經橫掃這片土地，但事實證明，這裡並不是他們帝國的墓地——恰恰相反的是，他們讓這片土地成為了無數阿富汗人的墓地。在西元十五世紀，一位突厥—蒙古征服者占領了喀布爾，而後從此進入印度，建立了蒙兀兒帝國。阿富汗並不是真的無法征服，只不過，所有成功的征服者現在都被稱為「阿富汗人」。

早期的征服使阿富汗成為現在的樣子。本書解決了過去兩個世紀的難題，在此期間，阿富汗人與試圖統治他們國家的西方大國進行了五次戰爭（次數取決於計算方式）。在這幾個世紀裡，阿富汗的故事和外國干預的故事交織在一起，就像一個敘事的兩股力量，每股力量都有自己的牽引力，但它們也都影響著另一股力量。從全球的角度來看，可以解釋為什麼阿富汗不斷被入侵；但從阿富汗的觀點來看，則有助於說明這些干預行動為什麼總是不斷地遭遇失敗。

在這本書裡，我所要說的，就是一個從內向外看的故事，故事主角阿富汗的國家形成期大約與美國的形成同一時期，但是它至今仍在不斷的外來干預和國家內部的惡力之間，糾結、拉扯地整合中，所有的這一切，都要從一個名叫阿赫邁德·沙（Ahmed Shah）的人的故事開始講起。

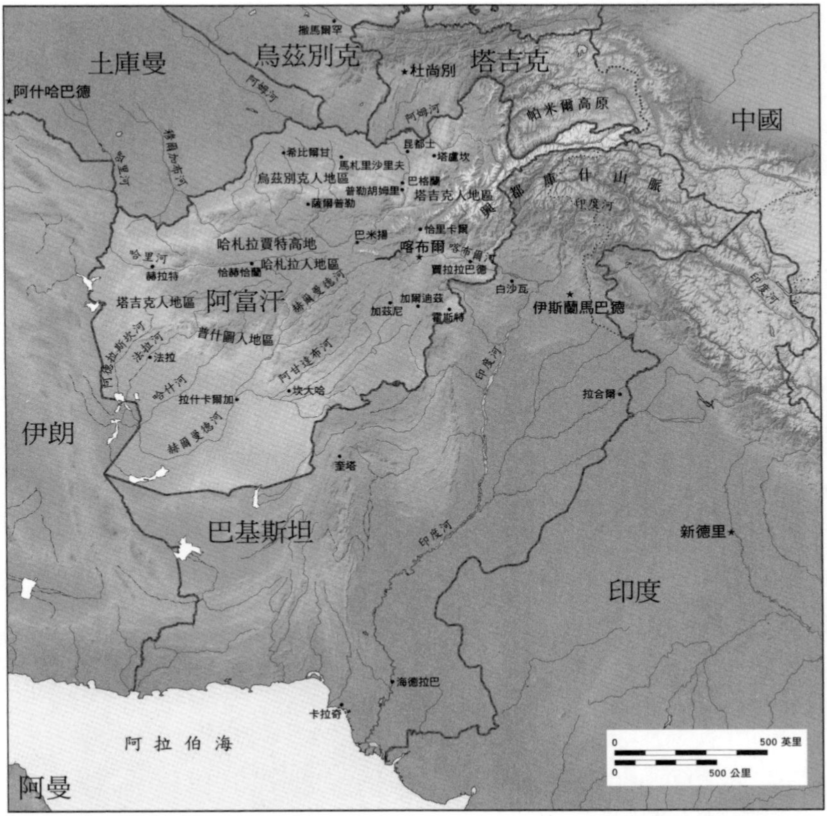
撒馬爾罕
土庫曼
烏茲別克
塔吉克
杜尚別
阿什哈巴德
阿姆河
阿姆河
帕米爾高原
中國
希比爾甘
馬札里沙里夫
昆都士
塔盧坎
巴格蘭
普勒胡姆里
烏茲別克人地區
塔吉克人地區
薩爾普勒
興都庫什山脈
印度河
哈里河
穆爾加布河
巴米揚
恰里卡爾
哈札拉賈特高地
喀布爾
喀布爾河
賈拉拉巴德
哈里河
赫拉特
恰赫恰蘭
哈札拉人地區
阿富汗
塔吉克人地區
赫爾曼德河
加爾迪茲
白沙瓦
伊斯蘭馬巴德
加茲尼
霍斯特
阿德拉斯坎河
法拉河
普什圖人地區
法拉
阿甘達布河
印度河
哈什河
拉什卡爾加
坎大哈
拉合爾
伊朗
赫爾曼德河
奎塔
巴基斯坦
印度河
新德里
印度
海德拉巴
卡拉奇
阿拉伯海
阿曼
0
500 英里
0
500 公里

圖一 阿富汗

第一篇

阿富汗建國

第一章
建國者

大約在喬治・華盛頓（George Washington）於北美洲長大成人的時候，一個名叫阿赫邁德・汗（Ahmad Khan）的部落戰士正在中亞和南亞拼湊出一個帝國。阿富汗人後來稱此人為阿赫邁德・沙・巴巴，意思是「父親，阿赫邁德國王」，因為現在回溯起來，他們認為阿赫邁德是阿富汗的國父。

無論從哪個角度看，阿赫邁德・沙都是一個瀟灑又迷人的人物：擁有著寬大、白皙的臉龐，以及他的族裔特有的浪漫、扁桃仁形狀眼睛的高大男子。在阿赫邁德十六歲時，他引起了波斯國王的注意，這個野蠻的軍頭，名叫納迪爾・阿夫沙爾（Nadir Afshar），他曾短暫地重建了波斯帝國，遠征印度，掠奪了無價的孔雀寶座等寶物。阿赫邁德成為了納迪爾這位征服者十分信賴的助手，指揮一支由四千名騎兵組成的精銳軍團；對一個十幾歲的少年來說，這可是一份相當有聲望的工作。

而後在西元一七四七年的某個晚上，納迪爾．阿夫沙爾被他自己手下的將軍們暗殺了。將軍們在納迪爾和他的軍隊停下來過夜的營地中殺了他。當然隨後就爆發了混亂，將軍們為奪取指揮權而戰，普通的部隊開始搶劫。當時納迪爾國王的後宮佳麗也一同出行，在那種混亂的情況下，女人就是戰利品。傳說那天晚上正是阿赫邁德．汗守衛著後宮，當一群滿腦子想著掠奪的暴徒走近女眷區域時，他單槍匹馬將他們擊退，從暴徒手中救出了女眷們。後來阿赫邁德召集了他的騎兵隊伍，躍馬揚鞭地趕路回家。

這是我在學校裡聽到的故事，聽起來很不真實，但歷史證據確實證實了阿赫邁德在那天晚上的一個壯舉。被謀殺的納迪爾國王身上帶有鉅額財寶，當阿赫邁德成功逃脫時，他身上帶著所有的黃金和寶石，其中就包括世界上最大的鑽石之一，著名的 Koh-i-Noor——「光之山」鑽石（我曾在倫敦塔裡看到了這顆大鑽石，它如今作為英國皇室的皇冠珠寶之一，被放在那裡陳列）。

與此同時，阿赫邁德的人民——普什圖人（Pushtoons），也陷入了一片混亂。普什圖人不承認一個統轄全體的國王，而是由許多部落組成，他們通常把大部分時間和精力花在相互內鬥上。現在，隨著新波斯帝國的崩潰，普什圖人知道，他們最好能至少暫時聯合起來，支持一個共主，以應對即將到來的大亂。他們召集了一次部落的大集會，也就是支爾格大會（*loya jirga*），這是普什圖文化的傳統。所有最重要的部落、最傑出的人物都聚集於此。許多受人尊敬的學者、法官和神職人員也湧向坎大哈，幫助挑選酋長。有一些作家宣稱該地區的其他重要的族群也有代表參加，他們包括塔吉克人、哈扎拉人、烏茲別克人和其他族人。阿赫邁德也參加了支爾格大會，但他沒有說太多話，因為他只有二十五歲，在這個地區的文化中，年輕人必須對長輩的意見洗耳恭聽。

九天來，長老們爭論不休，但他們中沒人願意退讓，接受別人做他的國王。最後，一位年老的苦修士（*dervish*），也就是那些以宗教虔誠而聞名的神秘主義流浪者，他走進人群圈子，指著年輕的阿赫邁德說：「**這**就是你們的領袖。你沒看到嗎？沒有其他人有他的威嚴和高貴！他就是**那個**人。」阿赫邁德謙虛地表示他沒有這個資格，這時候，苦修士拿起了一個用麥穗編織的臨時王冠，戴在了阿赫邁德的頭上，哇！當所有那些灰頭土臉的戰士看到阿赫邁德頭上的王冠時，他們也看到了阿赫邁德的領袖魅力，在他的謙虛氣質裡，人們見識到了英雄的力量。

至少，故事裡是這樣講的。

憤世嫉俗的人可能會注意到，阿赫邁德還擁有一些其他資產。阿赫邁德還有數千名忠於他個人的騎兵，他還有死去的國王的財寶。但這個天方夜譚般的故事表達了普什圖人文化的有趣一面。這個故事為阿赫邁德・沙的權位提供了正當性，它以一位睿智的年邁宗教人士的認可，給阿赫邁德提供了光環，還有阿赫邁德從部落長老那裡得到的投票，以及他所表現出的所有特徵中最具王者風範的事實——低調又謙遜。這三個因素使年輕的阿赫邁德成為了阿赫邁德・沙，成為所有普什圖人及其當地盟友和下屬的國王。[1]

普什圖人是什麼人呢？

他們是住在一片相連地帶上的人，這片地方從興都庫什山脈一直延續到印度河的兩岸。在今天，普什圖人大約有四千萬人口——比美國的加州人口多些，比西班牙人口少些。普什圖人說普什圖語（Pushto），這種語言和波斯語有關（儘管這兩種語言的相互關係很難辨清，就好比是，葡萄牙語和義大利語的關係），而且普什圖人和波斯人共享一種獨特文化。普什圖人可能是，也可能不是這個地區的原住居民——普什圖人自己的傳奇故事將他們的血脈上溯到失蹤的以色列人部落之一，但他們生活在這片土地上的時間至少也有兩千或者三千年了，所以這裡的確是他們的家園。

普什圖人一直是有組織的，但你也可以說他們一直是無組織的，他們分為許多部落、次屬部落、宗族和大家庭。每個部落和次屬部落的祖先都可以追溯到某個偉大的祖先那裡。因此，大多數人的名字都以某某「札伊」（-zai）結尾，意思是某某人「的孩子」（這就像是蘇格蘭人的宗族會在姓氏裡加上Mac-一樣）。阿赫邁德．沙屬於薩多札伊（Sadozai）宗族，這意味著阿赫邁德和他的親屬是一個叫「薩多」的人的後代。關於薩多，人們知之甚少，只知道他並非無子而終。另一個強大的宗族被稱為巴拉克札伊（Barakzai），他們的名字表明他們都是巴拉克的後裔。如今也沒有人知道這位巴拉克的情況，人們只是知道巴拉克和薩多是兄弟倆。宗族的集群組成了部落，而部落則鬆散地聯繫在一起，成為大聯盟。比方說，薩多札伊人和巴拉克札伊人是屬於阿布達里（Abdali）聯盟的許多宗族／部落中的兩個，這意味著他們都是某個更遙遠的名叫阿布達勒（Abdal）的祖先的後代。

阿布達勒人又有一個宿敵——吉利札伊人（Ghilzais），這是另一個大聯盟，也是由許多部落和次屬部落組成的。阿布達勒人和吉利札伊人都居住在坎大哈城，並從那裡向南擴展；吉利札伊人更多是在東部，阿布達勒札伊人則在西部。

幾個世紀以來，吉利札伊人一直是占主導地位的普什圖人，這讓阿布達里聯盟的人們感到非常不滿。在西元十五世紀，吉利札伊人曾作為「德里蘇丹」（Sultans of Delhi）統治印度北部。在西元一七三〇年代，他們還曾短暫地統治過伊朗。在一七四七年，也就是具有里程碑意義的支爾格大會召開的那一年，吉利札伊人仍然是占主導地位的聯盟，但由於阿赫邁德·沙的出現，權力的平衡即將發生變化。儘管阿赫邁德·沙的謙遜讓長老們驚嘆不已，但他在自己的統治之初就給自己取了一個響亮的綽號——*Durri-i-Durran*，也就是「珍珠中的珍珠」。隨著他的名聲和地位的提高，所有與他有關係的人都想透過自稱 *Durranis*（杜蘭尼人）來宣示這種關係，「*Durranis*」在英語中可以被翻譯成「the Pearly Ones」（珍珠般的人們）。最後，所有的阿布達勒—普什圖人都自稱為杜蘭尼人，而阿布達勒這個詞也就從歷史中消失了。

不過這些都是後話了。在阿赫邁德·沙第一次登基時，他並不是一個真正的國王。阿赫邁德是一個部落的大酋長，這些部落在面對共同的危險時走到了一起。每個人都認為這個聯盟是暫時的。「我對抗我的兄弟，我和我的兄弟對抗我們的堂兄弟，我們和我們的堂兄弟對抗入侵者」——這是普什圖人的一句老話。現在，普什圖人必須為可能來自西方的波斯軍隊和來自北方的突厥軍隊做好準備了。人們可以認為，一旦緊張局勢減弱了，這個聯盟就會再次解體，變成各自獨立的部落，各個部落變成各個宗族，各個宗族變成作為普什圖人文化基本單位的各個大家庭。

這是阿赫邁德．沙所面臨的核心挑戰：他領導的人口歸根結底是由各個大家族組成的，每個家族都認為自己是一個主權者。事實上，在每個家庭中，每個人都把自己看作是主權的擁有者。話是這樣說沒錯，傳統給每個人分配了一個角色、一個等級、一個層次：男人比女人高，老人比年輕人高，大人物的兒子比名不見經傳的人的兒子高……。

然而，在這些規範之外，人與人之間的高低貴賤不是由他們所擔任的職務或這些職務所附帶的權力決定的，而是由每個人在個人交往中帶來的品質決定的。如果有人獲得了領導地位，這只不過是因為其他人推遲了他們做決定的時機。人們會透過在家族／宗族政治競賽中的專門本領來贏得別人這種延遲決定的順從。

在這個競賽中，一個人的作為是有意義的，但不是全部。繼承而來的聲望也是有價值的，但也不是全部。舌燦蓮花般的口才、優雅的舉手投足、盟友關係、婚姻關係——所有這些品質都有意義，但沒有一個是確定的。一個人對另一個人的權威始終是不穩定的，可以接受挑戰；一個人的權威總是可以被社交錯誤、無心的侮辱、在禮儀上笨手笨腳的行為或是被無禮的時刻揮霍掉。

一個大家族內部的情況在家庭之間也是如此，家庭之間的情況在各宗族和各部落之間也是如此。同樣的模式在每個層面都會出現。歸根結底，它們都會回歸到個人的互動上面，以及回歸到這些互動如何與外人看不到的家庭政治的複雜動態相交織上。當許多部落組成共同陣線對抗某種威脅時，領導權必須不斷協商，因為即使像阿赫邁德·沙這樣的大酋長也不能對和他相近的酋長們頤指氣使——如果這樣做，這些酋長可能會丟面子，這可能會削弱他們的權威。

阿赫邁德·沙從他長期建立的個人追隨者網絡裡獲得了權力，這些忠誠的強者透過互惠的義務與他聯繫在一起，這些義務永遠無法被量化或簡化為交換條件，因為領導的驅動力是一個家庭的驅動力，而不是一個市場的驅動力。這一點是值得注意的，因為在阿富汗文化中，領導力的性質一直困擾著每一波試圖透過阿富汗代理「領導人」來治理阿富汗的外國人，他們錯誤地認為給某個人附加一個正式的「職位」就能使這個人成為領導人。

為了讓他的人民團結起來，讓他自己成為所有人的領袖，阿赫邁德·沙不得不發動戰爭。他的前人們曾洗劫印度，所以他也要洗劫印度。這是很好的政治手段，因為印度人大多是印度教徒，他們的崇拜涉及到拜偶像。相比之下，阿赫邁德·沙的人民是穆斯林，他們相信任何能夠摧毀偶像的人在獨一的神的面前都是更受嘉許的。阿赫邁德·沙摧毀的偶像越多，他在自己人中獲得的威望就越高。

洗劫印度也是一樁好買賣，因為阿赫邁德打碎的神像上都鑲著寶石，它們擺在裝有金板和其他貴重物品的寺廟裡——所以阿赫邁德的衝鋒陷陣能給他帶來收入來源，使他能夠向越來越廣泛的追隨者網絡施恩，這些追隨者因所欠的債務而與他結為一體。持續不斷的戰爭使阿赫邁德這位皇帝的領土不斷擴大，也幫助他鞏固了已經擁有的領土。

阿赫邁德．沙在戰鬥中一定是驍勇善戰的，但阿赫邁德的人民並不只是因為他的軍事才能而欽佩他。作為一個普什圖人，阿赫邁德還必須表現出巨大的好客精神，要懂得舉辦華麗的宴會，對遭遇不幸的人予以施捨，並表現得慷慨大方。即使在阿赫邁德控制了每一種情況的時候，他也必須得安撫與他打交道的人的自尊心，因為只有給人謙遜的感覺，他才能變得偉岸。普什圖文化也重視口才，而阿赫邁德．沙在這方面也很出色。阿赫邁德創作的戰爭詩作至今仍被普什圖人所津津樂道（但必須得承認，他的作品的水準在翻譯中並沒有得到很好的呈現）。[2]

總而言之，阿赫邁德的敵人害怕他，他自己的人民卻認為他是一位明智、有外交手腕的、公正的人。阿赫邁德的作為遠不能說是專制，他成立了一個由九名顧問組成的委員會來幫助他施行統治。每個人都是一個主要普什圖部落的首領，所有的民事決定都必須經過委員會的批准。透過奉承其他普什圖族酋長的尊嚴，阿赫邁德．沙能使他們保持忠誠。

關於普什圖規則（*Pushtoonwali*），人們已經有很多的討論了，它要求男人照顧客人，甚至在必要時不惜犧牲自己的財富和生命；它要求他們為自己的親屬報仇，同時給予仇家同等程度的傷害；它要求他們誓死捍衛家庭中女性的「榮譽」（即不可侵犯的性貞節）；它也要求他們在敵人投降時停止戰鬥……等等。

但是，儘管普什圖人可能極端尊重這一準則，但類似的價值觀也體現在整個阿富汗其他群體的民風中。塔吉克人、哈札拉人、烏茲別克人和其他人都傾向作為一個慷慨的人，作為一個把客人待若尊貴上賓的人。所有的人都傾向於認為，一個男人的自尊取決於他家裡的女人，尤其是未婚的年輕女人不受玷汙的性貞潔。無論阿赫邁德·沙在普什圖人中建立了怎樣的影響力，阿赫邁德對他的其他臣民也施加了類似的影響力。非普什圖人可能與普什圖人有一些文化差異，但他們在這位普什圖人領主的領導之下相處得很好，部分原因是阿赫邁德·沙幾乎讓大家管理自己的事務。阿赫邁德·沙的確會向人們徵稅，但這是國王會做的事。阿赫邁德·沙也的確會徵召每個族群的人加入到他的軍隊中，但這與其說是強加於人，更不如說是一種分享戰利品的方式。

阿赫邁德·沙的帝國最終從伊朗東部延伸到了印度河。許多早先的征服者也都建立了基本相同的帝國。在西元十一世紀，加茲尼王朝（Ghaznavid dynasty）的蘇丹馬赫穆德（Mahmoud）曾洗劫過一些與阿赫邁德·沙·巴巴洗劫的相同寺廟。在西元十六世紀時，蒙兀兒帝國的創立者巴布爾曾在帕尼帕特（Panipat）打了一場關鍵戰役，而兩百年後，阿赫邁德·沙·巴巴則在帕尼帕特擊潰了印度教馬拉塔人（Malathas）。

如果說阿赫邁德・沙從其他征服者中脫穎而出的話，那主要是因為他比以往任何人都更能團結普什圖人部落。阿赫邁德修補了巴拉克札伊和薩多札伊之間的斷層。他緩和了杜蘭尼普什圖人和吉利札伊普什圖人之間的關係。他還在普什圖人和他領土內的其他族群之間建立了一個脆弱的聯合體，在一個大傘下管理十幾個族群。說波斯語的塔吉克人、什葉派的哈札拉人、說突厥語的烏茲別克人和北方的土庫曼人，以及向西紮根進入到了現在伊朗的法爾西班人（Farsibans），他們都認為自己是這個單一的、偉大的皇帝的忠實臣民。而且，在阿赫邁德形形色色的軍隊中，一個共同的國族意識開始形成。在阿赫邁德・沙・巴巴的軍隊中並肩作戰的許多族群之間有了一種國族精神的雛形，一種 *Afghaniyat*，亦即「阿富汗特性」的意識。[3]這就是為什麼，在阿赫邁德・沙在世時，這片在古代被稱為阿里亞納，在中古時期被稱為呼羅珊的地方開始被人們稱作阿富汗了。

第二章

阿赫邁德・沙的阿富汗

阿赫邁德・沙・巴巴所創建出來的國家，並不是一個現代意義上的國家。在今天，一個「國家」至少要意味著一個連續邊界圍成的明確領土，在這片領土上，一個政府制定並執行所有的公共生活規則，並發行所有居民都使用的貨幣進行交易。從這個意義來說，在阿赫邁德・沙的時代和他所處的地方，是不可能存在一個國家的，因為沒有人能夠控制遠端的一切。這裡的地理環境太令人生畏，居民太多樣化，通信和運輸技術也都太原始了。阿赫邁德・沙的帝國是一個鬆散的範圍，它的特徵是沒有明確的邊界，僅有內部的多個中心，它是一個由駐軍要塞和在農村地區間點綴的主要城市組成的網絡。

邊界與其說是一條線，倒不如說是一片區域。每個城市和城鎮都有一個主宰周圍農村的強人，但這個強人的權力會隨著他離開其位置而削弱，就像磁鐵周圍的力場一樣。比方說，喀布爾是一個大的權力中心，坎大哈是另一個，但在這兩個城市之間有大量的領土，這兩個城市的強人在這些地方沒有太大的重要性。

在這些地方裡，一個比強人弱，但更鄰近的人制定了規則：此人可能是最近的城鎮的領主，或者，如果沒有城鎮，就是最近的村莊的村長，或者，在一個更偏遠的地方，是一個大地主，擁有自己的堡壘，並有幾百個親戚和家丁和他一起生活。在這種狀態下，皇帝的權力包括他徵稅和徵兵的能力，以及與當地領主網路的個人關係。任何符合這種描述的地方都是其帝國的一部分。因此，最重要的權力中心由忠於皇帝的人管理，這些人往往是皇帝的近親——他的兄弟、叔伯或兒子。

至於大城市，有三個城市定義了阿富汗，它們是赫拉特、坎大哈和喀布爾。另外有兩個城市也很重要。分別是位於南部的白沙瓦（Peshawar）和北部的馬札里沙里夫（Mazar-i-Sharif）。無論誰稱自己為這個地區的國王，這五個城市通常都會是這個帝國的一部分，是持久的紐帶關係。在今日，其中四個城市仍然位於阿富汗境內，但第五個城市白沙瓦則位於該國的邊界之外，這在整個阿富汗歷史上一直是一根芒刺，並在今天繼續產生麻煩。

在阿赫邁德·沙的時代，每個城市都有高高的城牆和一座或多座城門，就如同中世紀歐洲的城市。城市越大，城牆就越高，城門也越多。比方說，重要的喀布爾城有五座城門，分別面朝五個不同的方向。從坎大哈通往這裡的道路會穿過一座城門，從白沙瓦來的路穿過另一座城門，從馬札里沙里夫來的道路穿過一座……等等。在城牆的裡面，這些道路變成了大路，並匯聚到城市中心的某個明確的建築群中。在喀布爾，所有的大路都通向一個巨大的有

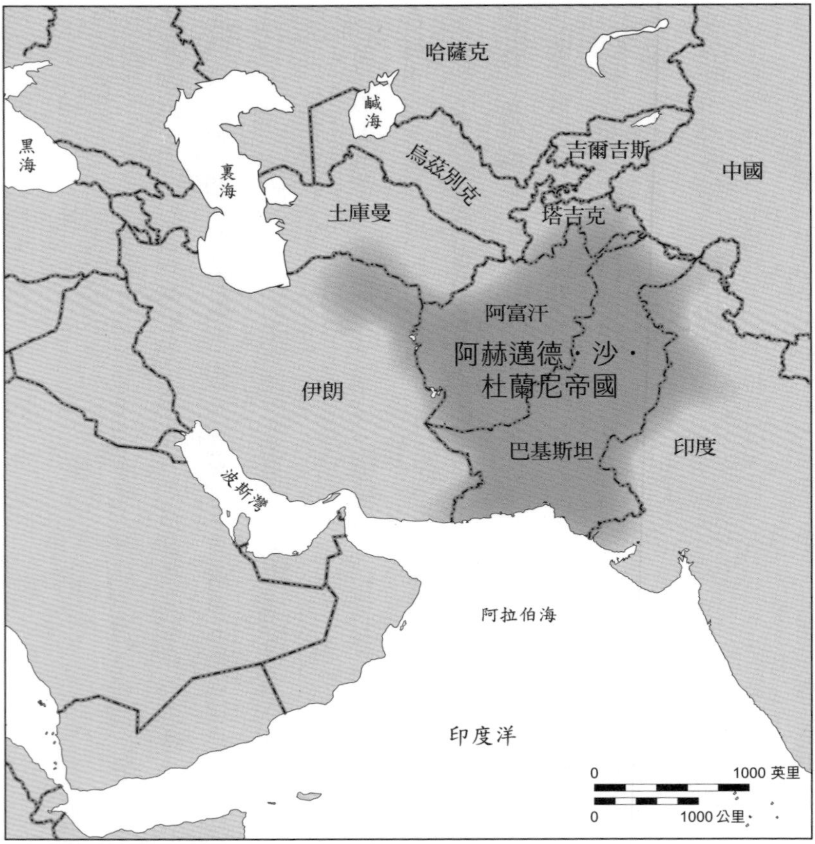
哈薩克
鹹海
黑海
裏海
烏茲別克
吉爾吉斯
中國
土庫曼
塔吉克
阿富汗
阿赫邁德・沙・
杜蘭尼帝國
伊朗
巴基斯坦
印度
波斯灣
阿拉伯海
印度洋
0
1000 英里
0
1000 公里

圖二　阿赫邁德・沙的帝國

頂市場，稱為大巴札（Grand Bazaar），這是一個由店鋪和攤位組成的迷宮，銷售著來自周邊文明的產品、手工藝品和製造品。大巴札位於喀布爾河沿岸，這條河流淌著穿過兩條山脈間的一個缺口。市民的房屋覆蓋在大巴札以北的山坡上。在河的另一邊，有一座被稱為巴拉希薩爾（Bala Hissar，高堡）的王宮，坐落在伸入河流的高地之上，這是一座有著厚厚磚牆的堡壘宮殿，巨大的塔樓上點綴著小窗。河這邊的街區被稱為Shor Bazaar，也就是「鬧市」——因為對當地人甚至對許多旅行者來說，這是最熱鬧的城市中心。

在喀布爾之外的其他城市則瀰漫著不同的氣息。在坎大哈的市中心，是一個由軍事要塞包圍的密集清真寺建築群。坎大哈是普什圖文化的古都，一直是一個保守的宗教城市，是其主要部落的首都。

相較之下，在赫拉特的中心，人們會在這裡看到學校和陵墓，因為這裡長期以來一直是藝術、文學和知識的重要都會。赫拉特是波斯最偉大的細密畫大師貝赫扎德（Bihzad）的出生地，也是賈米（Jami）和安薩里（Ansary）*等著名蘇菲詩人的故鄉。

馬札里沙里夫的意思是「高貴的墓地」，事實上，這個城市的核心過去和現在都是一個巨大的陵墓，無論誰統治這個國家，這個陵墓都被一代又一代地修飾和擴建，當地人認為這是先知穆罕默德的第四任哈里發、什葉派伊斯蘭中極受尊敬的人物——哈里發阿里（Khalifa

* 不是我的祖先，我們來自不同的安薩里（輔士）支脈。——作者註

圖三　阿富汗的主要城市

Ali）的真正埋葬之地。此外，馬札里沙里夫還會舉行該地區最壯觀的新年慶祝活動，這個節日的儀式和典禮可以追溯到瑣羅亞斯德教（祆教）時代。[1]

幾個世紀以來，那些自稱是國王的人至少控制了以上的數個據點，從而實現了統治。然而，這些國王所統治的大多數人民並不生活在任何形式的城市裡；大部分的被統治者生活在農村。阿富汗農村在很多方面才是真正的阿富汗，這個由村莊組成的世界的社會結構是這個故事的關鍵，因為它仍然存在，它的頑強持續影響著這個國家的政治方向。

阿富汗歷史學家穆罕默德·阿里（Mohammed Ali）指出，阿富汗的「鄉村共和」（village-republic），大約是與義大利文藝復興的同一時期達到了其經典形式的。[2]成千上萬個這樣的村莊點綴在這個地區的山丘和平原上，每一個都是或多或少的自主政治和經濟單位。這些村莊出現在整個山區，出現在陡峭的山谷中，沿著從白雪皚皚的山峰上流下來的數百條河流和溪流分布。一般來說，每個阿富汗村莊的中心都有一個據點或是 *qala*（一種有土牆的堡壘）。有許多這種堡壘都有堅固的土塔從四角升起，但也並非所有的堡壘都有土塔。

村莊裡的人們之間都存在著某種親戚關係，因為幾乎所有的婚姻都是在這個村莊的世界裡發生的，但村民們通常認為自己屬於不同的宗族，而且追溯他們的血統，以維持一種分離感。這使得各宗族之間出現了社會等級制度。最有特權的家庭與他們的窮親戚和僕人一起住在堡壘裡。其他人則住在聚集在堡壘周圍的院落裡。田地和農田圍繞著大院群，延伸到有一天路程甚至更遠的地方。在田地上方的山坡上，村民們會放牧他們的羊群，大多是綿羊，以及數量較少的山羊。[3]

有些人養牛，但不是太多，因為牛需要太多的照顧。牛隻很少會被宰來吃肉，而是會被養在院子裡給人提供奶製品。帶著羊群出去放牧吃草是男人們的工作，照顧牛隻則是女人們的工作。大多數農民還會畜養用來拉犁幹重活的水牛。人們會步行到他們必須要去的地方，如果他們必須要走很遠的路的話，他們就會騎著毛驢。毛驢也能拉貨，包括：木材、成堆的穀物、一袋袋的磚頭等等，沒有什麼東西是太過笨重而不能裝在驢身上的。騾子也不是沒有，但並不常見。在山區裡，很少有人擁有馬匹，普通人大多買不起，而毛驢更為實用。養馬的區域主要在北方那些連綿起伏、長滿草的平原上。

歷史學家穆罕默德・阿里將這些小社會單位視為鄉村共和，因為它們沒有正式的統治者。宗族的族長是村莊的領導者。有些宗族地位較高，他們的族長和領頭人有更大的權力。但他們的權威更像是家庭中的父親，而不是國家的君王，這就說明了阿赫邁德・沙的真實身分——他是所有族長的族長。這就是為什麼他被稱為阿赫邁德・沙・巴巴，也就是父親阿赫邁德・沙。

在當地，最重要的元老級領主被稱為「汗」（*khan*）。他們是阿富汗社會的封建男爵，其地位是世襲的。每個村莊通常也有一個馬利克（*malik*），一個正式的「頭人」或「掌管人」。馬利克是透過選舉產生的（某種程度上），但被選中的馬利克的父親很有可能也是馬利克，或者至少被認為是汗。如果村莊面臨危機，領頭的汗會協助馬利克決定應該怎麼做。領頭的汗和馬利克很可能是同一個人，但也可能不是。

正式的決定是由一個村子裡最重要的人組成的委員會在稱為「支爾格」（*jirga*）的長期討論中作出的（在說達里語的村莊裡，這個委員會可能被稱為「舒拉」〔*shura*〕）。委員會是一個常設機構，但並不定期開會，只是在某些問題出現的時候才召開會議。支爾格不能透過簡單的投票來達成決定，它必須繼續開會，直到內部達成共識。這是一種解除未來衝突的方法，因為簡單的投票決定很可能會使多數人取得勝利，而少數人卻怒火中燒。任何這樣的怨恨必定會在以後某個看似不相關的情況下再次爆發。最好是在支爾格裡達成共識。傳統上，任何人都可以在會議期間發言，但是，一旦支爾格做出決定，每個人都要受其約束。

馬利克由支爾格選舉產生，但他的權威與他從威望、社會地位和家庭地位中獲得的非正式權威是分不開的。支爾格在「選舉」馬利克時，通常只是承認一個眾所周知的最傑出的人的地位。村莊可以按照這些非正式的、默契的規則運作，因為它們是如此之小：每個人都認識所有人。馬利克確實有一些正式的職責。他負責與外部勢力打交道，不論是什麼外部勢力，無論是最近城鎮的強人、首都的國王，還是國王（如果有的話）。如果國王知道這一個村莊，他就會向它徵收商品稅。馬利克負責徵集應得的東西，並將其交給國王的代理人。[4]

在任何一個村莊裡，除了馬利克（頭人、掌管人）之外，還有一些有頭有臉的角色。每個村莊至少有一位或者更多位毛拉（*mullah*）。毛拉是基本的、萬能的穆斯林教士。他不是一個「聖徒」。毛拉有妻子和孩子，他們可能擁有土地，他們也去打仗，但並不比村裡的任何人更神聖。毛拉只是能識字，而且他們把《古蘭經》從頭到尾都讀過了。據稱，毛拉至少會知道宗教法規的基本內容。他們監督生命周期的各種儀式，因為這些儀式與宗教有關。例如，當孩子出生時，毛拉會被叫來對著嬰兒的耳朵唸誦宣禮詞的內容，從而使他或她進入信仰的社群。當有人過世時，毛拉則在將屍體放入墳墓時唸出必要的祈禱詞。後來，毛拉還負責組織集體誦讀《古蘭經》，以悼念亡者。當兩個人結婚時，毛拉會主持結為夫妻的儀式，也會主持家庭長輩簽署婚約的重要會面，因為每樁婚姻基本上都是家族之間的部落交易，而不是個人之間浪漫時刻的巔峰。

在做禮拜的時候，特別是在清晨和日落時分，毛拉很可能是那個爬上宣禮塔（如果鎮上有的話）或爬上某個高高的屋頂（如果沒有宣禮塔的話）的人；他在那裡大聲唸阿拉伯語的宣禮詞，讓人們知道禮拜的時間已經到了。在規模較大的村莊裡，毛拉可能會有一個穆安津（*muezzin*，宣禮人）來履行這一職責，穆安津是一個擁有特別悠揚、洪亮聲音的助手。

每個村莊裡都有數座清真寺，以及作為星期五聚會禮拜、每日的日落禮拜、宗教節日的儀式集會和支爾格聚會場所的建築，如果有旅行者經過，這樣的建築還可作為他們的庇護所。打理清真寺可能是毛拉的職責之一，儘管不是每個毛拉都有自己的清真寺需要照顧。那些負責照看清真寺的毛拉被稱為「伊瑪目」（*imam*），當人們聚集在一起禮拜時，伊瑪目通常會帶領大家一起禮拜，他會站在人群前面，和其他人一樣面向麥加的方向誦讀經文，而其他人則默默地跟唸。伊瑪目會決定儀式過程的進行節奏，會在適當的時候會說一句「Allahu Akbar」（真主至大），讓大家知道什麼時候該叩頭，什麼時候該中坐、末坐，什麼時候該站起來，什麼時候該鞠躬。簡言之，毛拉就像一個宗教技師一樣。在一個宗教浸潤一切，以至於宗教與日常生活無法區分開來的世界裡，他負責安排日常生活中的物理細節。除此之外，毛拉沒有任何特殊的美德。

事實上，存在著一種強大的傳統是將毛拉看作是偽善之人，這種傳統中最典型的角色就是毛拉納斯魯丁（Mullah Nasruddin）†，他是一個在各種民間幽默軼事中出現的幻想人物。例如，有一則故事是說，毛拉納斯魯丁的鄰居來向他借驢子。毛拉納斯魯丁很不情願，就說：「對不起，我的驢子昨天死了。」就在這時，驢子開始在屋後鳴叫起來。「這是什麼聲音？這是什麼聲音？毛拉先生，你的驢子沒有死，我可以聽到牠的叫聲。」毛拉很憤慨地說：「你要相信誰？」他哼了一聲：「是相信毛拉，還是一頭驢？」

另一種在村子裡遊蕩的人物是達拉克（*dalak*，剃頭師傅），他負責處理日常生活中許多不太愉快但必要的細節。達拉克根本不是一個宗教人物，但他處理的許多事務在某種程度上受到宗教的制約。例如，男孩在很小的時候就必須接受割禮。達拉克負責這項工作。達拉

† 即納斯魯丁·阿凡提，從天山南北地區至土耳其、南歐，都有這個取笑權貴的人物的幽默故事。——譯者註

克還從事拔牙、理髮，並提供其他各種私人服務。達拉克通常沒有自己的家，而是在各家各戶之間流動，無論他們在哪裡睡覺，吃的都是各家的東西。鄉村世界（以及傳統意義上的阿富汗生活）被嚴格劃分為一個私人領域（由男人和女人居住）和一個公共世界（只由男人掌理）。達拉克在這兩個領域之間活動。達拉克知道每個家庭裡的親密細節，因為他們處理的是最私人的事務。因此，達拉克聽到所有的流言蜚語，並傳播出去——他們是鄉村版的新聞服務。此外，達拉克知道哪些家庭有急於結婚的年輕人，哪些家庭有適婚待嫁的女孩，所以他們能提供牽線搭橋的服務。這一點特別有用，因為達拉克經常為一個地區的多個村莊提供服務。[5]

達拉克處在等級光譜的最低端，這個等級光譜經過毛拉，再一直向上，一直到更受尊敬的人物。其中之一是 *mirab*，即水資源分配人。一個人必須在智慧、良好的判斷力方面獲得很高的聲譽，才能勝任這個角色。儘管水資源分配人只裁決與水有關的糾紛，但這個角色卻很重要，因為在阿富汗這個荒漠國家，土地本身並不值錢。水才是寶貴的資源。

位於等級光譜頂端的，是非常受到尊敬的人物，比如毛拉維（*mawlawi*，宗教學者）。毫無疑問，*qazi*，亦即法官，也是最傑出的宗教人物，但不是每個村莊都有。只有在困難、複雜的案件中才需要法官，這些案件往往涉及不同村莊或部落的人之間的糾紛，因為家庭內部的糾紛是由家庭處理，宗族內部的糾紛由宗族處理，而村莊內部的糾紛，例如謀殺或盜竊，則由支爾格處理。法官有資格判斷複雜的問題，因為他身為學者、虔誠的信徒的身分為他贏得了廣泛的聲譽。

有些事情甚至會讓典型的法官也感到困惑——這些事情涉及對法律問題的微妙的宗教詮釋。在這種情況下，法官可能會向穆夫提（*mufti*）諮詢，穆夫提是有著崇高學術聲譽的宗教學者，社區一致認為他有權發布法特瓦（*fatwa*，教法裁定），對宗教法規進行解釋。這不是對特定爭端的判決，而是對法律本身的裁決。這裡的立法原則不是來自任何政府，不是來自任何民選機構，不是來自任何政治任命者，不是來自任何軍閥或將軍或統治者，也不是來自任何活著的個人或實體的意願，而是來自穆斯林的經典和古代學者的神學著作。要獲得統治的權威，唯一的辦法是取得現任的穆夫提和法官的認可和尊重。這一套運行規則本來就是一個保守的體系，而且是非常保守的。

在這些鄉村共和的內部，幾乎是在沒有貨幣的情況下運作的。它們甚至沒有使用以物易物的貿易方式，個人服務代替了經濟交換。相對於村子裡的其他人，每個人都有某個身分——每個人都是誰的兒子或女兒、侄女或叔叔、部族首領，或祖父或窮親戚，或是其他的什麼人。[6] 人有義務為其他人服務，反過來，他們也有權利獲得某些人的服務。兒童必須為他們的長輩服務，年輕婦女必須服從她們部落家庭裡的年長婦女的命令。

婦女擁有在某些領域裡的指揮權，而男人通常不會干涉這些領域。她們會對家庭食品供應和兒童方面的事務做決定，並且負責婚約的初步談判和討價還價。然而，作為一個群體，男性包圍著女性，女性的群體被包含在男性的群體中並受其統治。在這個鄉村共和的世界裡，有領主，也有臣民，每個人都做著人們期望的事情，並要求得到傳統賦予他們的權利。

阿富汗村莊幾乎是自給自足的。他們自己生產食物，自己做木工，自己做鞋子，如果有馬的話，就自己給馬釘上馬掌（馬蹄鐵）。婦女會負責紡紗、織布和製作衣服的事情。她們做飯、烤麵包——所有這些工作都是在自家裡進行的，村裡的每個院落裡都有自己的饢坑（pit oven，類似於披薩窯）。婦女們會把牛奶搗成黃油，她們也製作乳酪，把酸奶晒乾，製成令人垂涎的酸奶疙瘩，稱為 *q'root*，她們用熟諳於心的技術來保存肉類和蔬菜以便過冬，還會把堅果和果乾搗碎，製成可食用的果丹皮，以便男人在長途旅行中攜帶。男人們在外面做繁重的工作：他們挖掘灌溉工程、修築水壩和分配水源，他們耕種和收割田地，處理任何接近村莊的陌生人的問題。當然，如果有仗要打（而且經常有），男人就會去戰鬥。

儘管村莊在很大程度上是自治的，但它們並不是完全孤立的。村子的人會認識附近其他村子的人，村子裡的男人也可能會去到當地較大的城鎮中，他們會在自己的毛驢身上裝滿奶疙瘩、毛氈或是其他的產品，他們用這些產品換取更複雜的製成品，比如火柴、湯匙、化妝品等等。在這些旅行中，男人們能夠聽到更廣闊世界裡的事情和事務。然而，遠方的人對他們的日常生活並沒有什麼影響。對大多數村民來說，總督只是一個傳說，國王只是一段軼事；國王是一個帶著大軍在遠方某處打來打去的硬漢，他與日常生活的關係幾乎為零。如果國王來了，他就是老大；只要國王一離開，他就成了一個可以講給孩子們的故事。「我曾見過國王呢！真的！他就站在那兒。他在那兒，像那匹馬一樣真實！」

然而，即使是沒有去任何地方的村民也可能會接觸到占人口約百分之十或者更多的遊牧民。遊牧民是少數人，但也是很大的少數：有幾十萬人，而且，由於他們是在移動中生活的，所以他們是滲入在土地中的。講波斯語的人稱他們為*kuchi*——移動的人。普什圖人稱他們為*Powinda*。遊牧民們以幾十人到幾百人的隊伍穿越土地，在合適的地方停留幾天，或者最多幾個星期，然後繼續動身前行。[7]

一個小的遊牧營地可能會有十個氈房（氈製的帳篷），一個大的營地可能有五十個氈房，但它們從來不會超過這個數目太多。一支遊牧民隊伍可能帶著幾百隻羊和幾十隻駱駝，與他們一起行動遊走，無論隊伍走到哪裡、停在哪裡，都必須照看這些牲畜。因此，每個遊牧部落都有自己的狗，這些狗可不是優雅的阿富汗獵犬，而是像獒犬一樣的猛獸，牠們大概有普通拉布拉多犬的兩倍大，有著笨重的身體和一顆大腦袋，下巴長得像鬥牛犬一樣。當我在阿富汗長大的時候，似乎沒有人認為牧羊犬是什麼特殊的品種，人們只是把牠們視為可怕的雜種狗；然而這些狗看起來都很相似，所以我也的確認為牠們是事實上的純種狗。我小時候在喀布爾看到的那些狗是充滿野性的、可怕的，但遊牧民的狗會在隊伍移動時沿著隊伍的外圈小跑，當隊伍停下來時，牠們在營地的邊緣溜達。如果你是陌生人，這些狗就是一個你不敢隨便進入遊牧民營地的理由。

這是有道理的，因為遊牧民的生活方式本身就是危險的。他們總是在外人的領土上。他們總是受到其他遊牧民的侵擾，或是被那些以掠奪而不是放牧為生的男子團伙襲擊。在古老的阿富汗，特別是在北部，這樣的掠奪者數量眾多。你可能會認為，遊牧民不會是一個誘人的目標，因為，畢竟，過這種閒雲野鶴般生活方式的人到底有什麼可偷搶的呢？答案是他們的畜群。有蹄子的動物確實是非常有價值的。此外，他們還有女人。因為掠奪者可能會帶走遊牧民的女人，所以他們往往與美國拓荒時期穿越北美平原的有蓋馬車隊一樣，組成方陣列隊，把婦女和兒童放在方陣的最中心。當遊牧民停下來安營紮寨的時候，也會採取同樣的模式，把婦女和兒童置於營地的中心，被氈房包圍起來。男人們則在外面列隊，監視著敵對勢力。如果有人要接近營地，男人們就會迎上前去找他們，了解他們是誰，他們想要做什麼。

每當遊牧民的隊伍在村莊附近遊蕩時，就可能會發生衝突，因為村民與遊牧民這兩個群體都有牲畜需要放牧，而牲畜都需要草場。畢竟很難去苛責村民們的觀點，是他們先來的，這是**他們**的地盤，所以對於遊牧民放任數百隻羊在**他們**的草皮上亂竄，村民們很可能會感到反感。

這並不是說遊牧民和村民之間是處於戰爭狀態的。幾乎不是這樣的。某些村民是遊牧民的近代後裔；而某些遊牧民曾經是定居的村民，直到一些不幸的事情發生。比如乾旱，讓他們落入困境，於是他們便採取了熟悉的遊牧生活方式，因為他們的部落親屬或近代祖先都是這樣做的，而且他們似乎很樂意這樣做。比起定居，許多人喜歡遊牧的生活方式。遊牧民和城鎮居民之間的關係雖然很脆弱，但卻是彼此共生的，對遊牧民來說尤其如此，因為他們與典型的村民不同，他們**不是**自給自足的。遊牧民確實自己生產食物，但他們必須進入城鎮，在集市上討價還價，購入器具和金屬製品，以及縫製氈房的布；此外，他們還得向農民換取水果和蔬菜，以及阿富汗人的主食麵包所需的麵粉。遊牧民用奶製品、肉乾、皮革、繡花布、墜珠衣物和其他輕便的手工藝品來換得這些物品。

因此，遊牧民並沒有與一般村民分隔開。遊牧民屬於部落，有部落歸屬感；他們的血統可以追溯到與某些定居者相同的祖先。遊牧民有毛拉，他們承認某些法官是法律權威，他們尊重某些村民也一樣尊重的學者。不同的是，一個村民可能生前和死後都沒有離開過距離他出生地二十英里以外的地方。相比之下，一個遊牧民一年中經常要走幾百英里，南下時深入印度，北上時則越過阿姆河。邊境線？他們幾乎不知道這個詞的含義。儘管遊牧民趨於封閉、多疑，而且非常保守，但他們見過世界，通常能說三種以上的語言。對於一個國王來說，治理一個許多人民都是遊牧民的地區，就像是用篩子盛湯一樣困難。這些遊牧民連人數都難以計數，就更不用提向他們徵稅了。更糟糕的是，他們有時還會對國王和領主不滿，並參加叛亂，所以他們是不能被忽視的。

儘管像阿赫邁德．沙．巴巴這樣的國王，在除了徵稅和徵兵的時候之外，在其臣民的生活中幾乎沒有什麼存在感，但國王們可以以一種進一步的方式與他們的人民互動。如果人們覺得他們應該獲得公道，但卻沒有從支爾格、法官或任何其他傳統來源得到的話，他們可以向國王請願，因為除了傳統法律之外，還有國王的法律。傳統法律是宗教裁決以及被誤認為是宗教規則的民俗混合體，再加上幾代人的共識所支持的地方習俗。國王的法律則源自國王的官員和臣僚的奇想和智慧，最終代表國王本人的意志。

由於國王擁有軍事權力，他的裁決也就在其他裁決之上。任何向國王尋求正義的人也就是在冒險，因為國王的裁決是最終的，也可能是獨斷任意的。此外，任何尋求國王正義的人，都必須為進入這個系統並得到重要人物的傾聽而進行長期的努力，因為只有一個國王，他的官員隊伍是有限的，因此，只有少數人能夠得到傾聽。沒有人會為了一些瑣碎的爭端去找國王裁決，除非他們認識某個人，而此人又認識某個人，使他們與宮廷有某種聯繫，否則很少有人會去這樣嘗試。因此，只有汗和其他權貴才可能走這條路。對普通村民來說，一個賢明的國王可能比一個愚蠢的國王好，一個仁慈的國王比一個殘忍的國王好，但王朝的更迭對於他們生活的影響微乎其微。就如同阿富汗的一句諺語所說：「院子裡有一條強悍的狗，比首都的威武國王更有用。」[8]

第三章

地平線上的歐洲人

阿赫邁德．沙可能是阿富汗的第一位國王，但他只是一長串征服者中的最後一位，他們都集結起了一支部落軍隊，將一個從中亞到印度的帝國連成了一片。阿赫邁德．沙是最後一個這樣的國王，因為在他去世的時候，政治版圖正發生了天翻地覆的變化。新的勢力正在進入該地區，這些勢力是當地戰士無法在開闊的戰場上擊敗的。有些人把他們稱為「法郎機」（*Farangi*），這是「法蘭克」（Frank）的變形，是七個世紀前從歐洲出來的部落的名字，他們襲擊了耶路撒冷，引發了法蘭克人稱之為「十字軍戰爭」的長達數個世紀的戰事。從那時起，「法郎機」就成了歐洲人的通稱。現在，有一群歐洲人從印度出現在他們的地平線上。

當地人稱他們為*Engrayzee*，是「英格蘭人」（English）一詞的波斯語／普什圖語的變形。在當時，英格蘭人在印度已經待了一百五十多年了。第一個英國貿易站是西元一六一三年在印度海岸上建立起來的，它不是由英國政府，而是由東印度貿易公司建立的，這家公司是一家英國私人公司，它的目的就是讓其股東發財致富。一七〇七年，英格蘭和蘇格蘭合併成了大不列顛王國，此後，在印度的不再只是英格蘭人，而是英國人了，但他們在那裡主要還是作為商人和貿易商，在強大、輝煌的蒙兀兒王朝的允許下，英國人在印度沿海的一條鞋帶般的地區建造的小商站裡謙卑地經營著他們的生意。

英國人只是當時爭相在印度做生意的幾個歐洲集團中的一個。他們打了一些仗，但不是與印度人的戰鬥，而是歐洲人間的互相戰鬥。首先，法國人和英國人趕走了葡萄牙人。然後，法國人和英國人又相互殘殺。在一七四三年，就在普什圖人指定了阿赫邁德・沙當國王之前，英國人開始在印度東海岸與法國人交戰。這只是全球衝突中的一條戰線，這一波衝突在歐洲被稱為七年戰爭，在北美大陸被稱為英法北美戰爭。到了一七六三年時，英國人獲得了這場戰爭的勝利，並在印度取得了決定性勝利。此後，法國人只能「在英國的保護下」在印度過日子。

英國人在與法國人作戰時並沒有意識到他們是在征服印度，因為他們並不是要統治印度。英國人的利益仍然是嚴格的商業利益。英國政府在這片土地上沒有官員。英國在次大陸的存在仍然僅限於東印度公司，這家公司在理論上是一家私人企業，儘管它得到了英國政府的充分認可，並且是英國利益的代理人。東印度公司只是在努力使其市場份額最大化，而這恰好與英國國家的利益相吻合。

在西元一七五六年，印度人和英國人在加爾各答的貿易站裡產生了衝突。該省的蒙兀兒小總督，也就是人們所說的「納瓦布」（*Nawab*），逮捕了幾十名英國公民，並把他們關進一個小牢房，歐洲媒體很快將其稱為加爾各答的黑洞。房間小得令人無法忍受，到了早上，許多英國囚犯都死了。當這一暴行的消息傳到位於旁地治里（Pondicherry）的東印度公司總部時，該公司委派其代理人羅伯特．克萊武（Robert Clive）向北進發，要懲罰該地的執政者。克萊武帶著一小隊人馬前往了加爾各答，隨手將納瓦布趕走，並讓他的侄子接替了他的位置。這次行動在歷史上稱為普拉西戰役（battle of Plassey），但它幾乎不值得被稱為一場「戰役」。它更像是一個行政程序。這不是英國人控制孟加拉的時刻，而是包括英國人在內的所有人意識到他們已經控制了孟加拉的時刻。沒有人能夠準確地指出征服發生的時間，但是，從那時起，東印度公司在孟加拉和印度其他任何引起它興趣的地方都是隨心所欲、為所欲為的了。

加爾各答的黑洞事件發生在印度次大陸的東岸，在同一年，阿赫邁德．沙正在對德里城大加洗劫。在當下，阿富汗人可能看起來比英國人還要強大。畢竟來說，英國人只是用一個納瓦布（小總督）取代了另一個納瓦布；阿富汗國王則用一個更順從的傀儡取代了蒙兀兒皇帝。就在英國人在東部展示其赤裸裸的權力時，阿赫邁德．沙則是在西部開啟了赤裸裸的統治。這些明顯的事實表明，英國人和阿富汗人之間正在醞釀一場對決。

但是，這將是後話了。德里距離加爾各答有將近一千英里之遙，而阿赫邁德．沙的家鄉坎大哈又在更西邊的五百英里之外。英國人和阿富汗人之間沒有交集，兩者之間還沒有發生衝突的理由。

在加爾各答黑洞事件之後的幾年中，英國人確保了對孟加拉的控制，並開始向西移動。他們的擴張是在蒙兀兒帝國解體為各個小公國的時候開始的。英國人一個接著一個地控制了這些繼承國。在必要時，他們就直接管理。在更方便的情況下，他們就讓本地菁英人士繼續統治，但會給他們設下嚴格的限制。

最終，倫敦方面下了決定，印度實在是太重要了，它太脆弱，太遼闊，不能由一家私人公司來進行管理，尤其是這家公司對孟加拉的管理還非常糟糕。在一七七三年——就在他們的北美殖民地開始脫離大英帝國的時候——英國人派遣了一位總督來監管印度。東印度公司作為一個強大的力量繼續在印度次大陸上運作，但英國對印度的正式統治現在已經開始了。殖民政府後來被稱為「Raj」（拉賈），雖然其總督是由倫敦的議會任命的，而且總督的決定也必須經過英國議會的批准，但總督在印度幾乎是一個有實權的君主，他有自己的內閣和外交政策。

在一七七二年，阿赫邁德．沙因下顎癌去世。同年，美洲的麻薩諸塞愛國者們正在組織波士頓茶黨，這不僅是對英國政府的反叛，也是對東印度公司的反叛，而東印度公司正是那個在印度有如此大影響力的公司。在當時，阿富汗是一個從今天的伊朗的中心地帶延伸到印度洋的帝國，還包括了現代喀什米爾的東北部。作為當時穆斯林世界的一個大國，它僅次於鄂圖曼帝國。

但阿富汗帝國已經開始出現了裂痕。皇帝阿赫邁德・沙在去世的前幾年就已經病倒了。他去世時正值英國勢力擴張的同時，阿富汗勢力也開始了萎縮。英國人與此毫無關係。他們的影響是在以後出現的。阿赫邁德・沙的國家是由於內部原因而崩潰的。這是一個王朝帝國，王朝帝國是一種天生不穩定的政治組織形式，因為帝國取決於其統治者的才能。阿赫邁德・沙是個了不起的人物，但他的兒子們卻不那麼出色，他的孫子們更是如此。兒子們和孫子們為了爭奪王位而陷入了爭鬥。王位在三十年內曾六度易手。最後，分裂演變為兩個普什圖人部族之間的殘酷內戰，這很像英格蘭的玫瑰戰爭，當時約克家族和蘭開斯特家族互相攻伐了數十年。

在英國的內戰中，出現了亨利七世（Henry VII）這個巨人般的人物，他是都鐸王朝的第一人，在許多方面，他是我們所知的英國的創始人。在阿富汗的內戰中，也出現了一個巨人，一個阿富汗人仍然稱之為「多斯特・穆罕默德大帝」（Dost Mohammed the Great）的人。阿赫邁德・沙的孫子們的人生都以失明、死亡或是流亡告終，他們對彼此相互使出了這些手段。一八二六年，多斯特・穆罕默德宣布自立為埃米爾（amir）*，並開始了他的穆罕默德札伊宗族（Mohammedzais）的統治。雖然穆罕默德札伊宗族不是阿赫邁德・沙的直

* 原意為「指揮官」，泛指一個地區的統治者。——譯者註

接後裔，但他們與他的宗族關係密切，屬於阿赫邁德更大的部落群體——杜蘭尼人。因此他們也是「珍珠般的人們」。

埃米爾多斯特．穆罕默德．汗是一個身材瘦高、留著長鬍子、黑眼睛、健壯的人。他年輕時曾是個浪蕩的傢伙和酒鬼，但如今他已經成熟起來，成為了一個樸素的、說話溫和的君主，遇過他的每個人都對他留下完美的紳士形象。[1] 顯然，多斯特．穆罕默德不可能是一個徹底溫和的人，否則他就不會在那些內戰中取得勝利。當需要更粗暴的舉措時，他毫無疑問地可以沉著應對；但他在優雅的環境中也完全如魚得水、應付自如，是一個在社交禮儀上表現得渾然天成的人。

多斯特．穆罕默德開始著手建立一個從他選定的首都喀布爾進行統治的統一國家。這件事將會成為阿富汗人歷史上的基本工程，但這個工程被外部和內部的力量挫敗、扭曲了。從多斯特．穆罕默德登場後，阿富汗的故事才真正開始。

在幾年時間內，多斯特．穆罕默德這位國王在他的領土上恢復了秩序。他的同胞們對此感激至極。現在生活可以恢復正常了。農民可以重新開始耕種，牧民可以繼續放牧。婦女可以打理她們的花園，策劃政治婚姻。男人們可以在巴札上走動，與朋友們閒聊。貿易也可以恢復了。駱駝商隊再次從北方大草原蜿蜒而出，運送著羊毛、皮革和亞麻籽油、青金石和華麗的地毯、馬匹、駱駝和其他牲畜，越過興都庫什山脈到達印度平原，換來大米、茶葉、香料、印花布、棉布和其他令人垂涎的商品。[2]

多斯特・穆罕默德已經恢復了阿赫邁德・沙的帝國的核心領土，但他並不滿足。他不滿足是因為他沒有拿回整個帝國。馬什哈德（Mashhad）丟掉了，但是……哦，好吧，這一損失，多斯特・穆罕默德還可以接受，因為馬什哈德傳統上屬於波斯君主的影響範圍。但多斯特・穆罕默德也失去了白沙瓦，以及印度河兩岸所有的肥沃土地。這些土地被一個名叫蘭吉特・辛格（Ranjit Singh）的強大的尚武的國王所奪取，他甚至不是穆斯林，而是錫克教徒（Sikh）。白沙瓦及其周邊地區住著穆斯林普什圖人，白沙瓦也是阿富汗國王在傳統上的冬季首都。對於同是普什圖人的阿富汗統治者來說，他們發現失去這個城市特別令人痛心。多斯特・穆罕默德決心要奪回白沙瓦，從而引發了一場從來沒有得到解決的衝突，一直到今天還在製造著麻煩。

第四章

獅與熊之間

在多斯特·穆罕默德崛起之前，亦即阿富汗發生內戰的同一時期，也就是大約從一七九二至一八二六年間，歐洲內部正在經歷大規模的動盪。西元十七世紀是歐洲史無前例的擴張時期，他們對海洋的掌握使這種擴張成為了可能。在短短幾個世紀的時間裡，英國人、法國人、荷蘭人、葡萄牙人、西班牙人和其他國家的人們航行到五大洋最遠處的海岸上，建立殖民地和貿易站。隨著歐洲國家在全球範圍內的統治地位的提高，它們之間也為了商業利益和擁有遠離自己國家的廣大領土而相互爭鬥。在同一時期裡，在整個西歐文化中，科學正在取代宗教成為人們理解自然的方式，這一發展催生了技術上的進步，如蒸汽機、鐵路、機械化工廠和大規模生產，所有這些都造成了深刻的政治和經濟影響。

在一七八九年，歷史上最偉大的社會革命之一在法國爆發了。法國人推翻了他們的君主制和土地貴族制度。資產階級作為新的統治階層和未來潛在的權力菁英階層站到了台前。歐洲的保守勢力聯合起來打擊新秩序，但革命者擊退了君主主義者，在這場動亂中出現了一個新的征服者，這個人是一個由小記者變成的士兵，名叫拿破崙·波拿巴（Napoleon Bonaparte）。他不滿足於保衛法國，還向法國的敵人開戰，征服了德國和東歐的大部分地區，並以義大利和西班牙等溫順的從屬國來拱衛他的帝國。

然而，拿破崙並未贏得對英國的重要戰役，他征服俄國的重大嘗試也以災難告終。最後，拿破崙在滑鐵盧遭受到了決定性的失敗，他被流放到了一個孤獨的小島上鬱鬱而終。這一整齣戲劇性事件——法國大革命和拿破崙戰爭，改變了全球政治。英國變成了地球上最強大的國家，這種力量主要來自於它的海軍——沒有人能夠在海上打敗英國人，拿破崙戰爭已證實了，海權是全球主導地位的一個關鍵。

技術則是另一個關鍵，而英國在這方面也處於領先地位。英國是第一個建造鐵路的國家，也是第一個利用蒸汽動力進行大規模生產的國家。可以肯定的是，它需要豐富的原物料供應來滿足其工廠的需求，但是，即使英國是一個島國，也有一個絕對的優勢。它擁有印度，這裡可能是世界上最有價值的一塊殖民資產了。憑藉著其無敵海軍、先進的技術和可以被它支配的印度資源，英國擁有其他國家難以望其項背的力量。

拿破崙戰爭也讓另一個國家開始滋長其野心。這個國家就是俄羅斯。給拿破崙真正致命一擊的國家正是俄羅斯，因為拿破崙在前往莫斯科的進軍途中，幾乎失去了他全部的軍隊。俄羅斯在許多方面都與英國截然相反。它不小，它極為遼闊。俄羅斯在技術上並不先進，而是很原始。英國（在當時）有一批人數相當多、受過教育的中產階級——據說亞當·斯密（Adam Smith）曾將英國描述為「一個商店老闆所構成的國家」（a nation of shopkeepers）。[1] 俄羅斯則幾乎沒有中產階級。在這個國家裡，少數貴族統治著數百萬農奴，貴族所使用的語言甚至都和他們的臣民不同。

長期以來，俄羅斯一直在向東擴張，它的勢力越過烏拉爾山脈，進入了中亞地區，但它在遙遠的地方沒有殖民地，因為俄羅斯與英國這個島國還有一個關鍵的區別，基本上它是一個內陸國家。俄羅斯的北部確實有一個海洋，但這個海洋在北極，一年中大部分時間都是冰凍的。俄羅斯在黑海上有港口，但黑海本身也是被陸地包圍的，只有達達尼爾海峽這一咽喉要道。在這個海軍強權的新時代，一個國家需要進入世界海域，才能進行全球競爭。

俄羅斯有一個擺脫困境的辦法。如果俄羅斯能向東擴張到足夠遠的地方，然後經過阿富汗向南移動，它就能獲得在阿拉伯海的港口。從那裡，它將擁有通往印度洋的無限通道。俄羅斯現在有了一個值得為之奮鬥的目標。只有阿富汗擋在了它的前面。

英國對俄羅斯向印度洋的擴張不會有好臉色，因為這將使俄國人直接來到受到英國珍視的印度的邊境上。對英國人來說，問題不僅僅是一兩個港口；英國權力和財富的來源似乎都處於危險之中。印度必須得到保衛！因此，必須阻止俄羅斯的擴張！要不惜一切代價，也不能讓俄羅斯占領阿富汗！於是，這兩個全球大國開始在中亞地區爭奪統治權。魯德亞德·吉卜林在他的小說《基姆》（*Kim*）中把這場較量稱為「大博弈」，但對於這場將變得如此黑

沙皇俄國
草原
沙漠
鹹海
突厥
遊牧民
蒙古遊牧民
裏海
山脈
阿姆河（烏滸水）
今日
阿富汗
今日伊朗
波斯灣
英屬印度
港口
（卡拉奇）
阿拉伯海
印度洋
0
1000 英里
0
1000 公里

圖四 大博弈

暗和血腥的戲劇來說，這只是一個相當輕佻的名字。

———

西元一八三一年，東印度公司派出了一位名叫亞歷山大・伯恩斯（Alexander Burnes）的熱血青年去探索印度河上游地區，然後穿過阿富汗領土，前往布哈拉（Bukhara）和舊絲綢之路上的其他著名中亞城市，看看那裡可能存在什麼商業機會。伯恩斯初到東方，渴望著展開一場冒險。他寫了一本旅行日記，以報導者的眼光觀察細節，記錄了他所經過的世界的風土和聲音。

伯恩斯首先在盧迪亞納（Ludhiana）鎮停留，造訪了兩位前阿富汗國王，沙・舒賈（Shah Shuja）和沙・載曼（Shah Zeman）。[2]他們兩人都是阿赫邁德・沙・巴巴的孫子。沙・舒賈和沙・載曼是兄弟倆。他們兩人都曾短暫地占據過阿富汗的王位。廢黜沙・載曼的人把他的眼睛挖了出來，以確保他不會造成進一步的麻煩。幹這件事的人就是沙・舒賈，他是沙・載曼，如今鬱鬱地與之一同生活的兄弟。

伯恩斯對阿富汗人總是很慷慨，很顯然，他喜歡並且十分欣賞他們，他試圖說這兩個人的好話。他宣稱，這兩個人都擁有一種君王般的尊嚴。然而，他所描述的場景卻讓人感覺非常黑暗。盲眼的沙・載曼似乎有一種令人無法忍受的陰鬱。沙・舒賈則愛發牢騷，也是個花花公子。他穿著粉紅色的紗質外衣，戴著天鵝絨帽子，帽子上掛著綠寶石和流蘇來迎接伯恩斯。他是個身材發胖、脾氣陰鬱的人，他向伯恩斯抱怨了他的許多不幸遭遇。當他失去王位時，他逃到了白沙瓦領主錫克國王蘭吉特．辛格的宮廷裡尋求庇護。他希望用光之山鑽石來支付這場避難的費用，他在出逃前從國庫里偷了這顆鑽石。但蘭吉特．辛格只是拿走了他的鑽石，卻把他扔到了地牢裡。

沙．舒賈這位叛逆的國王挖隧道進入了下水道系統，逃離了城市。在他短暫的統治期間，他曾向英國人討好，事實上，他簽署了一份條約，將其外交政策的控制權交給了英國人。事實證明，這是一個明智之舉，因為這讓英國人有理由認為沙．舒賈有朝一日可能對他們有用。英國人給了他一筆財產和津貼，足夠他和他的幾百個女人（以及他的兄弟）使用的後宮。然而，沙．舒賈並不高興。他想要一個王國。當伯恩斯告訴他，他在信德還有很多朋友時，沙．舒賈對這一保證嗤之以鼻：「哦！這樣的朋友比敵人更糟糕。他們對我一點幫助也沒有。」[3]伯恩斯不情願地得出結論，沙．舒賈沒有統治一個國家的氣質和判斷力。

告別這對阿富汗兄弟之後，伯恩斯訪問了蘭吉特．辛格的宮廷。他發現這個地方充滿了奢侈和浮華。蘭吉特．辛格是一位軍事領袖、一個酒鬼、一個吸毒者、一個感官享樂者，也是一個宗教信徒。他向伯恩斯宣讀了錫克教的經文——《聖典》（Granth），它被包裹在十層布中，每一層都是不同的顏色。最外層的布是黃色的，因為在蘭吉特的宮廷裡，每一天都有其專屬的顏色，當天的顏色是黃色。伯恩斯看到的每個人都穿著黃色的衣服，戴著黃色的頭巾。房間周圍擺放的所有鮮花都是黃色的。花園裡放出的金絲雀讓樹葉閃爍著黃色的光芒。蘭吉特・辛格在讀完經文後，自豪地展示了光之山鑽石。伯恩斯寫道，它「大約有一顆雞蛋的一半大小」。[4]

從蘭吉特的宮廷出發，伯恩斯和他的小隊人馬向北和向西走到了白沙瓦，這是一個完全由普什圖人居住的城市。[5] 雖然由蘭吉特・辛格統治，但是白沙瓦是由多斯特・穆罕默德的兄弟蘇丹・穆罕默德（Sultan Mohammed）管理的。普什圖人的領主蘇丹・穆罕默德來到城門口迎接伯恩斯，他身穿飾有孔雀絨的皮革滾邊大衣，顯得十分神氣。

在與那幾個殘酷的阿富汗人的首次遭遇中，伯恩斯驚訝地發現這位白沙瓦的首領是一位文明的、受過教育的紳士。當晚，伯恩斯和他的朋友們與這位杜蘭尼酋長共進晚餐，品嚐了用牛奶餵養的綿羊煨煮酸甜燉肉、點綴了橙子皮的烤飯、甜點以及新鮮水果和雪酪。伯恩斯形容阿富汗人善於交際、消息靈通、愛熱鬧又有幽默感，令人耳目一新地不帶偏見。他告訴他們關於歐洲的任何事情都不會讓他們感到厭煩。他們聳聳肩膀，然後說：「每個國家都有它的習俗。」[6] 伯恩斯注意到，白沙瓦的領主蘇丹・穆罕默德在他的城市裡自由走動，沒有警衛，只有他的親屬和僕人跟隨，他們以平等的社會地位稱呼他。

從白沙瓦出發，探險隊繼續沿喀布爾河而上。在一八三一年四月底，他們抵達了多斯特・穆罕默德的首都喀布爾，這個城市非常熱鬧，伯恩斯說，在下午的街道上，兩個並肩而行的人甚至無法聽清對方的聲音，無法進行正常的交談。分隔城市的喀布爾河兩岸有各種類型植物的樹蔭。無數的果園讓空氣中充滿了桑葚、杏子、梨子和榲桲等果樹開花的香氣。喀布爾是一個開放的城市，但酒類除外。曾經熱衷於飲酒的多斯特·穆罕默德（Dost Mohammed）已經改過自新，完全禁止了酒精飲料。亞美尼亞人和猶太人曾是該城的主要釀酒師和蒸餾師，現在都離開了，因為新的法令剝奪了他們的生計。

伯恩斯與多斯特·穆罕默德在一個清潔無染、只用華麗無比的地毯妝點的房間共進了晚餐。[7]男人們席地而坐，用手吃飯。伯恩斯發現這位阿富汗的埃米爾很莊重，給人印象深刻。多斯特·穆罕默德向這位英國人提出了許多睿智的問題。歐洲有多少個國王？他們是如何共存的？英國人是如何收稅的？英國的徵兵政策是什麼？他聽說英國在印度的軍隊徵用了當地居民作為步兵，他們對喀布爾也有類似的打算嗎？英國人是如何生產出如此廉價的商品的？伯恩斯告訴他蒸汽機的情況，這些都讓多斯特·穆罕默德非常感興趣。

多斯特·穆罕默德似乎很喜歡伯恩斯，他為什麼不呢？伯恩斯是一個謹慎、聰明、迷人的年輕人，能說流利的印地語和波斯語。他不僅會說當地的語言，還能讀懂蘇菲詩歌所使用的阿拉伯文字。他對多斯特·穆罕默德的訪問為他的國家英國和阿富汗之間可能建立起來的友誼奠定了基礎；至少多斯特·穆罕默德是這樣解釋的。

伯恩斯接著出版了一本關於他的偉大冒險的書，這本書在倫敦成為了洛陽紙貴的暢銷書，他成為了全倫敦的焦點。這個年輕人是所有最豪華的宅邸中受人歡迎的晚宴賓客。崇拜他的人們稱他為「布哈拉的伯恩斯」，因為伯恩斯喜歡戴纏頭巾，穿其他的東方服裝。他們還稱伯恩斯為東方的伊斯坎達爾（Iskandar）。「伊斯坎達爾」是偉大的希臘征服者亞歷山大的波斯語發音。英國人對伯恩斯的描述是他能走到如此偏遠的地區，看過了很少有人見過的景象。

當然，事實上，有很多人都見過這些地方，而且每天都會看到，因為他們就是生活在那裡的人。對於生活在那裡的人來說，亞歷山大．伯恩斯才是異國元素。當地人也不認為自己特別「偏遠」。北方的城市——巴爾赫（Balkh）、布哈拉、撒馬爾罕（Samarqand）、塔什干（Tashkent）和其他城市都是古老的絲綢之路上的轉運樞紐，絲綢之路長期以來一直是世界上最繁忙的人類商業公路，是一個連接著中國和歐洲，以及中國和印度的各種道路和路線的網絡。生活在這些城市或是它們周圍的人們，會定期旅行到印度，展開遠行貿易活動；而且，當然，因為這裡的人都是穆斯林，所以有很多人會旅行到遠至麥加的地方。簡而言之，這些地方的人不是那種粗野、沒見過世面的人。但是，他們之中很少有人會去到歐洲那麼西邊的地方——現在，如果說真的有一個遙遠又充滿異國情調的地方的話，那麼歐洲才是那個地方！

多斯特．穆罕默德曾多次與蘭吉特．辛格交戰，試圖奪回白沙瓦。他沒有輸掉這些戰役，但也沒有贏。白沙瓦仍然在錫克教徒手中。最終，多斯特．穆罕默德決定尋求其他人的幫助，於是就四處尋找能夠逆轉局勢的聯盟。

多斯特・穆罕默德有兩個選擇，它們都很有吸引力，但也都有問題。其中一個選擇是英國皇室，它仍統治著印度次大陸。對阿富汗人來說，英國的統治地位的來源並不清楚。英國人的家鄉很遙遠，他們並沒有帶著一支龐大的軍隊衝進來。不，他們只派了幾個軍人，大部分是軍官，並雇用了當地人充當軍隊。事實上，英國在印度有兩支這樣的軍隊。一支聽命於英國君主，其士兵被稱為「女王連」（Queen's Company，因為令人難以置信的是，英國是由一位**女性**統治的！）。另一支軍隊聽命於東印度公司，該公司是英國滲透到印度次大陸的先驅。這些士兵通常被稱為約翰公司（John Company）部隊。這兩支軍隊追隨不同的主人，但卻以某種方式一起工作。英國軍隊中約有百分之九十是印度人，但英國卻主導著印度。這當然是一種新的力量，沒有人知道如何看待它，只知道它很強大。

另一個選擇是俄羅斯，其國王被稱為沙皇。他和英國君主一樣，在數千英里外的首都也能進行統治。對沙皇力量的證明是，他能把軍隊派到這麼遠的地方，並使這麼遠的地方也能感受到他的力量。沙皇的軍隊已經越過了高加索，占領了亞塞拜然，越過了裏海，到達了鹹海之濱。沙皇的軍隊已經很接近阿富汗了，而且越來越近。事實上，俄國人甚至幫助波斯國王進攻了阿富汗人控制的城市赫拉特。這次進攻失敗了，但此事件已經表明，俄國人也是一支不可忽視的力量。

然而，尋求俄國人的幫助，有點像是飲鴆止渴。沙皇的部隊可能會提供過多的幫助，就像前車之鑑中的那樣。話說回來，向英國人尋求幫助也有類似的風險。還有第三種可能，就是讓一個國家與另一個國家對抗，利用一個國家將另一個國家排除在阿富汗領土之外。但是，在這種情況下，誰會幫助埃米爾多斯特・穆罕默德・汗收復白沙瓦呢？他將要如何重建阿赫邁德・沙的整個帝國呢？

他傾向於英國人。這兩個新興大國都擁有威脅性的力量，都表現出侵略性的傾向，但埃米爾認為，總體而言，英國人的擴張傾向較小，而且，一八三一年曾造訪喀布爾的蘇格蘭年輕人亞歷山大・伯恩斯給他留下了如此好的印象。

此外，新任英國駐印度總督奧克蘭勛爵也曾致函多斯特・穆罕默德，奧克蘭勛爵直接向多斯特・穆罕默德保證：「我的朋友……女王陛下的政府不會干涉其他主權國家的事務。」[8]當然了，這句話是奧克蘭勛爵在回答有關獲得英國人的幫助以攻破蘭吉特・辛格的謹慎詢問時說的，但如果不干涉真的是英國的政策，那麼他們可能就是阿富汗最安全的盟友。

而後，在一八三七年的一天，多斯特・穆罕默德收到了一個好消息。奧克蘭勛爵將向喀布爾派遣一個貿易代表團，團長不是別人，正是亞歷山大・伯恩斯！國王對代表團表示了歡迎，並對這件事進行了大肆宣傳。國王對代表團表示歡迎，並熱烈款待了他的客人，阿富汗人認為款待賓客的慷慨是他們最重要的名聲。從官方角度講，伯恩斯是代表東印度公司（再次）探索商業機會的。實際上，他是在沒有實權的情況下來談判任何形式的協議。就在伯恩斯離開印度之前，奧克蘭勛爵曾明確指出，伯恩斯的任務是盡可能在皇宮裡多待上一段時間，了解俄羅斯在阿富汗宮廷內的影響力，且要避免對埃米爾的任何計劃提供任何英國援助的暗示，甚至不要討論埃米爾想要什麼。伯恩斯先生來到喀布爾，純粹是作為一個間諜。

伯恩斯的出訪任務以這種方式受到限制，因為奧克蘭勛爵正在聽取另一位顧問的意見，一位年長的、級別更高的外交政策專家，名叫威廉·海·麥克納登（William Hay Macnaghten）。麥克納登是一九五〇年代美國反共獵魔人的英國版本，他在任何地方都能看到**熊**。當然了，英國在從中亞到東歐的漫長戰線上與「俄國熊」對抗，而且，作為中亞事務的專家，認為威脅的中心在中亞。麥克納登還知道俄國人想要什麼——他們想要的是印度！與友好的多斯特·穆罕默德結成強大的聯盟，可能是阻止俄國人擴張的一個好辦法，但麥克納登和奧克蘭勛爵不相信他們口中稱呼的「這位多斯特」。多斯特太強大了，不值得信任。力量使人擁有思慮。

在阿富汗宮廷那些精美的宴會和之後的安靜談話中，伯恩斯避免了所有關於白沙瓦、軍事援助、條約聯盟和更緊密聯繫的討論。多斯特·穆罕默德開始意識到，伯恩斯將在沒有向他作出任何承諾的情況下返回印度。

就在這時，一個名叫伊萬·維特科維奇（Ivan Vitkevich）的陌生人來到了城裡。維特科維奇聲稱他是來自俄國沙皇的特使，他想和埃米爾聊一聊。時至今日，沒有人知道維特科維

奇到底是誰，也沒有人知道他到底要幹什麼。沙皇的外交部長後來說，他幾乎不認識這個人。沙皇否認維特科維奇是他的傳話人。也許他們的否認，有國家的因素。維特科維奇也許是個間諜；也許是個冒險家、一個自由業外交官，意在與多斯特．穆罕默德達成協議，以取悅沙皇，並為他在莫斯科贏得一份工作。

無論如何，維特科維奇拜訪了多斯特．穆罕默德，並建議他與俄羅斯君主建立一種關係。維特科維奇並沒有建議聯姻——兩位國王都可以自由地去找其他人。這將會是一種友誼。維特科維奇絕不是建議俄羅斯和阿富汗一起攜手入侵印度；他只是認為，一些俄羅斯外交官可能會住在喀布爾……，而一些軍事人員可能會來保護這些外交官……。

多斯特．穆罕默德對他與維特科維奇的會面毫不隱瞞。他想讓奧克蘭勛爵知道這件事。多斯特．穆罕默德告訴伯恩斯，他與俄國人談話的部分細節。對多斯特．穆罕默德來說，與維特科維奇會面的全部意義就在於讓英國人擔心，催促他們能採取行動。埃米爾是在給熊餵食殘羹剩飯，希望能讓獅子心生嫉妒——因為他放不下可愛的白沙瓦。

——

這次會議的消息在印度引起了軒然大波。麥克納登大發雷霆。事實證明，多斯特就像他所預測的那樣狡猾。奧克蘭勛爵寫了一封惱怒的信。「先生，……」他告誡埃米爾，「你必須停止與波斯和俄羅斯的所有通信。沒有我們的批准，你絕不能接受來自他們的代理人。」[9]這似乎不像是兩年前的那位奧克蘭勛爵了，他當初曾寫信告訴埃米爾：「英國政府的做法是不干涉其他主權國家的事務。」

即使在這時候，多斯特・穆罕默德也試圖不疏遠英國人。他仍然希望能有一個聯盟。多斯特・穆罕默德並未提醒奧克蘭勛爵，他是一個擁有主權的國王，而是說，他希望奧克蘭勛爵把他想要的條件以白紙黑字的形式寫出來，尤其是關於白沙瓦的問題。

以白紙黑字的形式？英國在印度的最高統帥部門開始擠在一起考慮這個問題。為什麼這個多斯特會翻臉不認人，似乎，他的袖子裡藏著什麼把戲？麥克納登認為，多斯特・穆罕默德已經是沙皇的傀儡了，因此他必須被趕下台。英國有一個很好的國王替代人選，正在印度靠著英國人發的退休金生活。這個人就是沙・舒賈。如果這涉及到統治正當性的問題，那麼沙・舒賈是有權利獲得阿富汗王位的。沙・舒賈是阿赫邁德・沙・巴巴皇帝的真正孫子。沙・舒賈以前甚至在阿富汗王位上坐過一段時間。他曾在一八〇三年至〇九年間擔任過國王，當時正是國王推翻國王、人們謀殺君主、兄弟之間互相殘殺的血腥時期。沙・舒賈曾是那場混戰中的一員。

多斯特・穆罕默德自己逆轉了局勢。當他沒有從英國人那裡得到任何回音時，他和維特科維奇再一次會面。嗯，這就是壓死駱駝的那根稻草了！奧克蘭決定採取他所稱的「逼進政策」（Forward Policy）。與其坐在那裡等著看事情發展到什麼地步，不如先聲奪人，進入阿富汗，然後把事情辦了。奧克蘭頒布了《西姆拉宣言》（*Simla Manifesto*），這是一份公開的聲明，宣布「對政策和公義的一切考慮」促使總督「支持沙．舒賈．穆勒克」，並且「將這位國王恢復到其祖先的王位上去……〔此舉〕將會理所應當地實現廣泛自由和商業安全，並且促進阿富汗人的統一和繁榮。」[10]《西姆拉宣言》於是提出了一個在接下來的一百七十年裡令人十分耳熟的主張：英國人不是要征服阿富汗人，而是要確保「阿富汗的獨立和領土完整」。一旦這件事完成了，英國人就會撤出。

第五章

奧克蘭的愚行

在西元一八三八年年底的最後幾個月，奧克蘭勛爵集結了一支共有三萬一千八百人的印度軍隊，其中還包括蘭吉特・辛格派出的錫克部隊。[1] 在十二月的時候，這支部隊已經抵達了奎塔（Quetta）。隔年三月，軍隊未經戰鬥就拿下了坎大哈。到了夏天時，軍隊向東繼續推進，踏上了通往喀布爾的道路。只有加茲尼城（Ghazni）擋住了它的去路，阿富汗人認為這座城市有著雄偉的城牆而堅不可摧。他們認為英國人永遠無法越過加茲尼。

在一個炎熱的七月天，英國人出現在加茲尼的城牆腳下，他們要求該城投降。阿富汗人拒絕了。數日後，在黑暗的掩護下，英國人的大砲轟鳴，士兵們大喊大叫，子彈嗖嗖作響——但這一切都是一個詭計。當阿富汗人衝向遭遇攻擊的地點時，城市的另一邊卻疏於防範。砲兵亨利・杜蘭（Henry Durand）悄悄來到城牆腳下，挖了幾個洞，裝上炸藥，然後城門就被炸垮了。加茲尼於是落入了英國人的手中。

加茲尼的陷落使阿富汗人感到震驚。多斯特・穆罕默德放棄了他的首都，向北方逃去，向他的親戚，布哈拉的埃米爾尋求庇護。但他的這位親戚暗中受雇於英國人，把多斯特・穆罕默德關進了監獄。在南面幾百英里處，英國人毫不費力地進入喀布爾。他們將沙・舒賈安置在高堡（巴拉希薩爾）裡，這座巍峨的堡壘宮殿高高聳立在喀布爾的獅門山上，俯瞰著喀布爾河和被稱為鬧市的街區。

多斯特很快就越獄脫逃了，他召集起了一支烏茲別克人的軍隊。英國人趕來迎戰，但他在喀布爾以北的科希斯坦（Kohistan）山區將英國人打得落花流水。在接下來的一兩個星期裡，多斯特和他的手下以游擊戰的方式騷擾英國軍隊，把他們趕回了城裡。而後，就在英國人似乎即將要失敗了的時候，一件奇怪的事情發生了。多斯特・穆罕默德只帶著一名助手便騎著馬，走向了英國人的營地，向麥克納登投降了。沒有人知道為什麼，但可以確定的是：這個計謀多端的人一定另有計劃。無論如何，多斯特・穆罕默德去了印度養老——住在沙・舒賈剛剛空出來的宅邸裡，靠的是英國人的津貼！

英國人曾承諾，一旦沙・舒賈奪回王位，就立即撤走他們的軍隊，但英國人現在決定推遲撤軍的時間。首先，沙・舒賈的舉止還不像一個真正的國王。沙・舒賈花了很多時間和他的後宮在一起，而他的後宮已經發展到有了八百多個女人。[2] 另外，四處仍在爆發騷亂。

起初並不是真正的叛亂，只是犯罪，但有很多犯罪事件。大多數都是小事，但還是擾亂了日常生活。這並不出乎意料，因為喀布爾到處都是「害群之馬」——暴徒和黑幫。有些暴徒可能是為被驅逐的穆罕默德札伊（多斯特·穆罕默德的宗族）工作，這使犯罪行為具有政治色彩；有些甚至可能是俄國沙皇的特務。總而言之，英國高層決定最好在這裡待上一段時間，幫助沙·舒賈安頓下來。

麥克納登，作為女王陛下在喀布爾的特使，領導了這項任務，他還同意擔任國王的首席顧問。麥克納登讓他的屬下忙著建立一套行政系統，招募一支軍隊，並建立一支警察部隊。

亞歷山大·伯恩斯是使團中的第二號人物。作為一名政治特務，他的工作是嗅出陰謀和扼殺陰謀。多斯特·穆罕默德有一個火爆的兒子阿克巴（Akbar），他正藏匿在北方的某個地方。英國人在進入巴米揚（Bamian）山谷的通道口建立了駐軍，以阻止阿克巴和他的部隊南下。他們在坎大哈和其他幾個城市也建立了駐軍。英國人把國家鎖得很緊，除了犯罪頻仍，英國人沒有什麼可擔心的。

顯然，英國人並不覺得多斯特·穆罕默德的姊妹構成了多大的危險，儘管在兄弟流亡以後，她便開始在北方遊走，徒步從一個村莊走到另一個村莊，號召人們為保衛伊斯蘭教而與英國人作戰。村民們覺得自己有義務熱情款待這位出身高貴的客人，但她威脅說，除非村民們承諾拿起武器，否則她將拒絕一切食物和飲料。因此，她所到之處，人們都發誓要加入衛教戰爭（jihad），以避免不光彩的事情發生在自己身上。[3]

征服阿富汗幾乎容易得令人發笑，但英國人並沒有僅僅依靠武力來控制這個國家。錢讓多斯特失去了理智（他們相信是這樣），所以他們用錢來保證白沙瓦和喀布爾之間的通道通暢。也就是說，他們向生活在這段路線上的吉利札伊普什圖人支付了豐厚的補貼。吉利札伊人作勢將提供部隊以換取補貼，但實際上他們只是拿著現金並保持沉默。這已經很好了，因為只要當地人不鬧事，喀布爾和英屬印度之間的交通就可以自由流動，使加爾各答能夠將這個荒蕪的邊境地區納入它所管轄的領域。

在幾個月內，英國軍官和他們的印度部下就把他們的家人、妻妾和僕人送來了。一個整潔的小英國社區在喀布爾出現了。英國殖民地生活的設施被運過了興都庫什山脈：漂亮的家具、精巧的玻璃器皿、適合演奏西式音樂的樂器、葡萄酒、白酒和利口酒，還有雪茄。軍官們可以在晚餐前享受 chota peg（一種小型威士忌），晚餐後再抽上一口菸。[4]

英國人住在一個大的建築群裡面，他們稱之為駐軍區。駐軍區沿著科希斯坦路延伸了近一英里，裡面有生活區和辦公室，以及圍繞一個大院子的營房。一道牆包圍著整個建築群，但牆無法提供太多保護，因為營地位於平原上，兩邊是高高的山丘。有些英國軍官住在駐地之外，在城市的其他地方有自己的院落。例如，亞歷山大·伯恩斯在鬧市附近有一棟房子。

在英國人的院落和營地裡，他們創造了一種模擬而成的國內生活：他們舉行舞會和茶會，進行板球比賽和馬球比賽，一些婦女甚至還組織了業餘戲劇表演活動。從上面的斜坡上，阿富汗人俯視著營地，試圖弄清楚這些人在做什麼，阿富汗人很少與這些來到他們中間的歐洲人有任何實際的交流。

遺憾的是，英國人始終未能建立起真正的秩序。坎大哈仍然不服統治。城市之間的道路仍然不安全。一日，一位史密斯夫人帶著衛兵向波倫山口（Bolan Pass）行進時，被身分不明的俾路支部落的人襲擊並殺害了。另一日，詹金斯中尉和他的幾十名手下，在靠近首都的胡德—喀布爾山口（Khurd Kabul Pass）的一次伏擊中被殺。以及，斯特特上尉就在城內，被一個從未被抓住的年輕人刺傷了臉。[5]

事實上，就在麥克納登寫信給加爾各答方面說阿富汗享有「深刻的安寧」的時候，無法無天的事件正在增加。亞歷山大·伯恩斯鼓勵麥克納登發送這樣的報告，因為一旦阿富汗穩定下來，麥克納登就會被調到印度的一個新崗位上去，而伯恩斯將取代他成為特使，這對一個如此年輕的人來說是一個巨大的榮譽。

而後，多斯特·穆罕默德富有魅力的兒子阿克巴突然出現在了巴米揚，這裡離喀布爾近得驚人。阿富汗人已經開始尊稱他為瓦齊爾·阿克巴·汗（Wazir Akbar Khan）了。瓦齊爾（大臣）是國王的得力助手，是國王的首席執行長官，往往是王國裡的實權人物。阿克巴雖然只有二十歲出頭，但他已經給自己贏得了沙場猛士的名聲了。在阿克巴最著名的畫像上，描繪出的就是一個身穿鎖子甲、頭戴尖鐵盔的年輕人。他那張月牙般的臉龐有著可愛無邪的神情，但他的眼神卻掩蓋了這種純真。在與蘭吉特・辛格的戰鬥中，阿克巴證明了自己是一個大膽而殘忍的對手。在喀布爾以北的科希斯坦，一個已經被叛亂的喧囂弄得火熱的地區，心懷不滿的酋長們開始聚集在阿克巴的旗幟下。

威洛比・科頓（Willoughby Cotton）將軍曾率領著英國軍隊進入喀布爾，但在一八四一年初，科頓完成了他的任期並返回了印度，威廉・埃爾芬斯通（William Elphinstone）接替了他的位置。埃爾芬斯通並沒有要求得到這份工作，而且也不是真的想要這份工作，他曾在拿破崙戰爭中有過出色的表現——但那已經是二十五年前了。現在他身患痛風，肩膀疼痛、行動遲緩，但他像是個盡忠職守的士兵一般接受了交給自己的委任。

與此同時，英國議會已經認定在阿富汗花了太多錢，尤其是在阿富汗的任務已經完成之後。為什麼要繼續向一個享有「深刻的安寧」的地方傾注大量的資金呢？例如，為什麼要繼續向吉利札伊部落付錢呢？吉利札伊部落沒有製造什麼麻煩。實際上，他們看起來相當溫順。因此，議會下令削減對吉利札伊人的補貼。

這下吉利札伊人開始發怒了。隨著瓦齊爾・阿克巴・汗的出現，科希斯坦正朝著全面反叛的方向發展。甚至在喀布爾，阿富汗人也開始不安分起來。在阿富汗的其他地區，隨機的暴力事件變成了地方性的暴力事件。此時，又是一個猶豫不決的老傢伙指揮著英國軍隊。任務將有麻煩了嗎？

麥克納登不這麼認為。當年八月底，他寫信給一位在印度的同僚，說「從最北端到最南陷入火海，但伯恩斯宣稱，只要他從麥克納登手中接過職位來，一切就都會好轉。[7]

端，全國都很平靜」。[6]在十一月一日，伯恩斯的一名阿富汗特務來告訴他，這座城市即將

很難相信伯恩斯真的不知道麻煩正在醞釀。也許伯恩斯和他的夥伴們，並沒有意識到他們所處境況的嚴重性，因為真正的麻煩不是隨機的街頭犯罪，也不是科希斯坦的酋長，而是與女性有關。顯然，英國人社區裡的一些人正在與阿富汗女性「親如一家」。也許「親如一家」這個詞並不恰當。所謂的「關係」並不像兄弟姊妹那樣。他們中的大多數可能實際上是無辜的。也許，大多數英國男人在這裡所做的行為如果是在倫敦的話，是不會引起別人的反對的。也許這只是一個有禮貌的年輕紳士結識了友好的年輕女性的案例。不過，在倫敦被認為是風度翩翩的行為，卻在喀布爾令人反感。

在阿富汗社會裡，這樣的行為相當失禮：在招待會上，一個年輕男子把一個年輕女子領到房間的一個角落，與她進行有禮貌的交談，有時觸摸她的肩膀或手臂，以強調談話中的某個觀點，而這位女子的父親和兄弟們則在一旁觀看。

事情也並不全都與禮節有關。有傳言說，在下層人員中，一些英國大兵對「逼進政策」的理解過於字面化了。正如英國歷史學家和外交官弗雷澤—泰特勒（Fraser-Tytler）後來所說的那樣：「需求是發明之母，是歐亞人之父。」（"Necessity is the mother of invention and the father of the Eurasian.”）[8] 一位英國士兵，在事件發生幾十年後寫的一份報告之中，為他的戰友們辯護，他指出，遠離家鄉、長期沒有女性作伴的年輕人會感到孤獨。「而且，」這名士兵繼續補充道：「阿富汗婦女幾乎主動得讓人害怕。」[9]

我可不相信在一八四一年的喀布爾，受人尊敬的阿富汗婦女會「幾乎主動得讓人害怕」。誠然，在私下的場合裡，阿富汗女性會主動地挑逗男性，而且會有口頭上的調情談話，但是在阿富汗的社交場合裡，每個人都知道界線和禮數。人們知道哪些話不能說，哪些事不能做，哪些線不能越過。每個人都知道，但沒有人說出來——或者甚至能否說出來——因為這就是文化的運作方式。我猜想，在一八四一年的喀布爾，出現了許多社交狀況，英國人在無意中冒犯了阿富汗人，而阿富汗人不相信英國人不知道他們冒犯了阿富汗人。

但也不是所有的事情都是無心之過。阿富汗酋長阿布杜拉．汗（Abdullah Khan）有一次去拜訪一位英國軍官，他瞥見了躲在隔壁房間裡的一個女人——正是他自己的小妾！再明顯不過了，她是在拜訪這個英國人！阿布杜拉．汗向亞歷山大．伯恩斯抱怨，伯恩斯說他會調查此事，但他從來沒有這樣做。也許伯恩斯正打算調查，但事情發展得太快了。[10]

在十一月二日，也就是伯恩斯說一切都會好起來的第二天，有一群人圍住了他的房子，要為英國人對待他們的女人的方式而找伯恩斯算帳。可憐的伯恩斯——他真心重視阿富汗文化，他喜歡阿富汗人，他的著作也表明了這一點。伯恩斯認為阿富汗人也喜歡並接受他，因為他會說阿富汗人的語言。但是伯恩斯也喜歡女人，作為一個大膽的冒險家和一個英俊的聰明人，伯恩斯的成就使他成了在倫敦的風雲人物，他有充分的理由相信，女人是不可能抗拒他的。在當天，一群憤怒的阿富汗人聚集在伯恩斯的房子周圍，正好有幾個當地女子和他在房子裡。嚴格來說，她們是喀什米爾人，而不是阿富汗人；但那天的人群並沒有做精細的區分。

伯恩斯從二樓窗口試圖安撫這些人。他給他們錢讓他們離開，不過這只會引發謠言，說伯恩斯先生的房子裡有黃金。開始有一些推推搡搡的行為爆發出來。伯恩斯的保鏢向空中開了幾槍，但這麼做只是把人群變成了暴徒，把抗議變成了騷亂。當混戰結束時，「布哈拉的伯恩斯」、「東方的伊斯坎達爾」變成了躺在地上的屍體。[11]

謀殺的消息傳到了英國的營地，引起了恐慌。突然間，高級官員們認為他們最好盡快找到離開阿富汗的途徑。就在麥克納登試圖賄賂各部落首領幫助英國人的時候，叛亂就像電光火石一般地爆發了。喀布爾附近的兩個英國前哨站血淋淋地倒下了。當時時間緊迫，麥克納登決定他得達成最好的交易。麥克納登向他認為是所有阿富汗人領袖的人伸出了手，那就是被趕走的國王的兒子瓦齊爾・阿克巴・汗。

阿克巴並不是麥克納登所需要的領袖。麥克納登所需要的這個領袖並不存在，在那一刻並不存在。在趕走多斯特・穆罕默德的過程中，英國人開啟了一場亂局，而被趕走的偉大埃米爾正是能撫平局面的。當時的許多酋長都有領袖的威望，但沒有人擁有無可爭議的最高地位。因此，沒有人可以與英國人達成協議。阿克巴可能是阿富汗最傑出的領導人，但阿克巴的威望與他作為一個戰士的能力息息相關。一旦雙方放棄暴力，阿克巴的權力來源就會開始消退，從而削弱他達成協議的能力。一個類似的動態循環適用於所有的酋長，因為所有的人都在競爭最高地位，在這種情況下，對英國人的不妥協能夠增加一個人的權威；與英國人達成交易則是會削弱他。任何試圖與英國人談判的人，都成了不足以與之談判的人。

瓦齊爾·阿克巴·汗最終向麥克納登提出了條件。只要英國人向他支付津貼，讓他成為王位背後的力量，並答應在明年夏天前撤離阿富汗，他就將保證英國人的安全。阿克巴承諾了一些他無法實現的東西，而他是知道這一點的：阿克巴是杜蘭尼普什圖人；而控制出國通道的部落是杜蘭尼人長久以來的對手——吉利札伊人。

阿克巴不能告訴吉利札伊家族的人們該做什麼，或是不該做什麼。麥克納登也應該知道這一點，但他對於得到任何形式的承諾都非常感激，麥克納登抓住了這筆交易，並安排在聖誕節前兩天與阿富汗領導人會面，商討細節。

不幸的是，在會面前的幾週之內，英國人犯了兩個錯誤。首先，麥克納登給坎大哈的諾特將軍寫信，敦促他盡快把他的大批部隊帶到喀布爾。麥克納登在信中說，在諾特到達之前，他將和阿富汗人繼續談判。也許當援軍到來時，他們就可以一起擊潰叛軍。不知何故，這封信落入到了阿富汗人手裡。

其次，麥克納登的女婿約翰·康諾利（John Connolly）寫了一封密信，建議用一萬盧比換取每個叛軍首領的人頭，然而這封信也落入了阿富汗人手中。[12]具有諷刺意味的是，這封信不僅激怒了名單上的首領，也激怒了那些沒有被列入名單的人，因為他們被排除在外，意味著他們不那麼重要。

與此同時，阿克巴·汗對麥克納登進行了雙重欺騙。阿克巴向其他叛軍領袖展示了他的交易條件，以證明英國人曾試圖收買他，並將試圖收買其他人，這時其他幾個酋長透露他們也得到了類似的提議。

一八四一年十二月二十三日，一群英國官員與一群阿富汗酋長在一塊大空地上會面，雙方都無法從其據點向這裡開火。考慮到雙方帶來的所有口蜜腹劍、心懷不軌和敵意，談判破裂、雙方陷入戰鬥並不是多麼奇怪的結局。一些人——也許是阿克巴·汗，殺死了麥克納登。後來，衝進戰場的烏合之眾砍下了麥克納登的頭，把它掛在河邊的柱子上展示。

兩位英國最高領導人現在都死了，只剩下埃爾芬斯通將軍在負責了。這場可怕的事件讓埃爾芬斯通這個老人亂了陣腳。在營地外，喀布爾已經演變成一場大規模的、無定形的、無領導的叛亂。英國領導層裡剩下的人們，龜縮在他們巨大的駐軍區中，醞釀著一項計劃。其中一個選擇，是離開這裡，一路殺過城市，在高堡——也就是位於高地上的堡壘宮殿裡獲得一個安全的據點。但英國人不知道城門是否會向他們打開。英國人的傀儡沙·舒賈占據著要塞，在過去的幾星期裡，沙·舒賈已經讀懂了時局風向，將自己塑造成了一個反對英國人的阿富汗愛國者。

因此，英國人選擇了B計劃——比較瘋狂的那個。他們決定放棄喀布爾，在一月的寒天中，步行越過興都庫什山脈，離開這個國家。英國人於一月六日出發，這是一支由四千五百名現役軍人和大約一萬兩千名妻子、家臣、僕人、營地隨員以及其他人組成的大隊人馬——這是在喀布爾的整個英國—印度社區。[13]他們有大約六十英里的路程要走，這還沒有算上「道路」的曲折，如果「道路」這個詞，對於穿過峽谷的危險小徑來說，是一個正確的描述的話，其中一座峽谷被稱為「絲線峽谷」（Silk Gorge），因為陡峭峽壁之間的空間就像是一根絲線一樣細長。已經開始下雪了。在接下來的幾天裡，大多數行軍者都被凍死了。其餘的人在山口處被吉利札伊部落的戰士砍成了碎片。有少數人被當作人質，他們最終得到了釋放，但在那個可怕的日子裡，離開喀布爾的隊伍中，只有一個歐洲人抵達了賈拉拉巴德，他向世界講述了所發生的一切。這個人是一位名叫布萊頓的外科醫生。

———

接下來的九個月，英國人一直在舔舐他們的傷口，思考他們的挫折。在此期間，幾個無名小卒暗殺了沙・舒賈。沙・舒賈眾多兒子中的一個短暫地奪取了王位，但發現這個位子實在是熱得發燙，於是便逃去了印度。已故的沙・舒賈的保鏢挖出了國王家族裡的另一個年輕人，並給他戴上了皇冠。這隻小狗邀請英國人回來，向英國人保證，隨時歡迎他們來阿富汗。那年秋天，兩支英國軍隊匯集到了喀布爾，分別由波洛克將軍和諾特將軍率領，他們都決心在這個城市留下「一些持久的報復印跡」。

經過深思熟慮，將軍們命令他們的首席工程師，一個叫阿伯特的人，摧毀了喀布爾著名的大巴札，這個城市的商業心臟。將軍們告訴他，要燒毀它，但是火不能蔓延到鄰近的街區，也不能破壞國王和其他英國軍隊居住的城市區域。但他們只給了阿伯特幾天時間來完成這項工作，而在這段時間裡，阿伯特認為除了用火藥和火柴，沒有任何可行的方法來完成這項工作。不僅整個大巴札都被燒毀了，火勢還繼續蔓延，而且英國士兵也在城裡亂竄，砸毀了他們能毀掉的東西，這時也有阿富汗人隨機跑出來搶劫和掠奪，利用混亂作為掩護來發財或報舊仇。英國歷史學家約翰．凱伊（John Kaye）在不到十年後寫道：「在當時的瘋狂刺激下，朋友和敵人都被同一隻無情的手擊倒了。」但是他還是接著指出：

「當我們考慮到誘惑和挑釁的數量時，當我們想起我們士兵的戰友和我們營地隨員兄弟們在阿富汗山口上被數以千計的人殘忍地殺害時，我們的恥辱和敵人的背叛、殘忍的象徵便無處不在了，它在我們的人民面前升起，刺痛了他們，使他們無法控制，當有罪的城市躺在他們的腳下時，我們不在乎他們有沒有完全控制住他們的激情，在這樣的時刻，他們顧不上這麼多。」[14]

大火燒毀了喀布爾的大部分地區，死去的人難以計數，並使更多的人無家可歸。然後，高堡宮殿上的英國國旗被降下，一八四二年十月十一日，英國人開始從阿富汗進行最後的撤退，帶走了他們所建立的王室殘餘人員：沙．舒賈的兒子和親戚，以及那個被沙．舒賈弄瞎的兄弟，曾經的國王沙．載曼。

波洛克和諾特回到印度後，受到了英雄般的歡迎，槍聲四起，人們組織遊行為他們助威。此時，奧克蘭勛爵已經被取代，新任總督在西姆拉（Shimla）發布了一份新的文告，文告一開始就巧妙地使用了被動語態來解釋所發生的一切：

「在印度的政府指示其軍隊通過印度河，以便將一個被認為敵視英國利益的酋長從阿富汗驅逐出去，並將一個被認定珍視這些利益，且受其以前的臣民歡迎的君主替換到王位上。」[15]

該文件沒有明確指出是誰「認為」和「認定」了這些事情。事實上，文告還繼續暗示了之後證明恰恰與事實相反的事情，文告說老國王並沒有敵意，遭替代的國王不受歡迎。因此，根據其持久的政策，英國政府承諾恢復多斯特．穆罕默德的王位。這則文告的結論是：

「將一位君主強加給一群不情願的人民，既不符合英國政府的政策，也不符合其原則……總督將願意承認阿富汗人自己批准的任何政府。」[16]

第六章
多斯特・穆罕默德再次歸來

多斯特・穆罕默德大帝凱旋返回喀布爾。他透過耐心拖垮英國人，從而智取了他們。當多斯特・穆罕默德在囚禁中等待時機時，他忠誠的阿富汗臣民打擊了英國人，現在這個驕傲而不敗的民族，用歌聲和鮮花歡迎他們的君主回來——至少，這是我在阿富汗上學時接收到的故事。

然而，這種敘述有些問題。首先，在回到阿富汗之前，多斯特・穆罕默德會見了英國總督，並簽署了與沙・舒賈更早時候簽署的完全相同的協議，這也是多斯特・穆罕默德在戰前一直渴望簽署的協議。多斯特・穆罕默德承諾，永遠不允許俄國或波斯的使者來到他的首都喀布爾，並且永遠不與除英國以外的其他國家打交道。如果有英國之外的任何人要向阿富汗國王提出申訴或請求的話，來人都將被轉到加爾各答去。[1]

多斯特・穆罕默德還對阿富汗五個主要城市的宣稱做了退讓，放棄了其中三個城市：他將以喀布爾為首都，只統治該城市以北直到阿姆河的領土（這讓馬札里沙里夫位於他的領土之內），以及喀布爾以南越過賈拉拉巴德但不包含白沙瓦的領土。坎大哈和赫拉特仍將是由其宗族的敵對成員統治的自治省。白沙瓦將繼續在錫克教徒手中。多斯特．穆罕默德無疑對此恨得咬牙切齒，但他還是同意了英國人的要求。

為什麼呢？因為作為這些讓步的交換條件，英國同意讓「這個多斯特」不受任何干擾地統治他被截斷的領土。英國不會在喀布爾派駐任何特使，他們將信任阿富汗國王。最重要的是，他們同意每年向多斯特．穆罕默德提供津貼。簡而言之，你不能完全說英國輸掉了這場戰爭。英國人在戰爭中得到了他們所要求的一切，而且得到了他們真正想要的東西——一個阻止俄國擴張的緩衝國。更重要的是，英國把阿富汗分成了三個部分，它們可能會忙著互相廝殺，而不是向南進軍威脅到印度。此外，英國還將白沙瓦從阿富汗手中奪走，這很重要，因為白沙瓦位於開伯爾山口以東的平原地區，是進軍印度的絕佳基地。

起初讓喀布爾留在由多斯特．穆罕默德的兒子、軍事英雄瓦齊爾．阿克巴．汗主導的酋長聯盟手中，成了英國人的災難，阿克巴已成為了阿富汗群眾心中的英雄。在戰爭結束時，一個部落首領的小圈子曾敦促阿克巴接受王位。他們說，沒有其他人能夠統治這塊土地。阿克巴拒絕了他們。他是一個孝順的兒子，而不是一個篡位者；廢黜自己的父親是不可想像的。在歷史上，兒子確實有時會廢黜他們的父親，但這不會發生在阿富汗，不會發生在這位巨人般的父親身上。

阿富汗歷史學家穆罕默德·霍巴爾（Mohammed Ghobar）認為，阿富汗人在這裡錯失了一個機會。[2]英國正處於混亂之中；蘭吉特·辛格年事已高，其王國的人民正傾向於與他們的阿富汗親屬結盟，以擺脫英國人的魔掌。真正的阿富汗民族主義者本可以建立一個強大的國家，並且吞併印度河沿岸從喀什米爾到信德的失落省分。如果當時這樣做，「巴基斯坦」的一大部分現在就會成為阿富汗的一部分。當然了，那些曾經打敗英國人、思想頑強的革命者們，想要號召全國人民完成這一任務。但是，叛亂者把信仰寄托在他們的領導人身上，他們的領導人看重的是瓦齊爾·阿克巴·汗，而阿克巴則聽從他父親的意見。

多斯特·穆罕默德這位父親剛奪回王位，就迅速採取行動，消滅了反英叛亂中的每一個領導人物。洛加爾（Logar）的阿明，一個堅持對抗外國勢力的反對者，一個向瓦齊爾·阿克巴·汗提供王位的人，被囚禁在巴拉希薩爾宮殿中，在地牢裡度過了他生命中的最後十五年。[3]

至於曾讓英國人望而生畏，並直接稱其為「敵人」的穆罕默德·沙·吉利札伊（Mohammed Shah Ghilzai），他擁有自己在喀布爾的堡壘，是一座豪宅的主權領主。有一天，多斯特·穆罕默德的手下向他撲來，把穆罕默德·沙·吉利札伊和他的全家人帶到了喀布爾東南山區的一個偏遠地區，他們在那裡過上了與世隔絕的家庭流亡生活。

阿富汗人最令人畏懼的另一位戰士首領蘇丹·阿赫邁德（Sultan Ahmad）被流放到了坎大哈。幾年後，坎大哈似乎也還不夠遠，因此，在多斯特·穆罕默德的坎大哈堂兄弟的同意下，埃米爾命令這個危險的傢伙繼續往前走，向西遷徙。蘇丹・阿赫邁德最後去了伊朗。此時並不是多斯特與他的最後一面，但這是後話了。

現在，在第一次英國—阿富汗戰爭中嶄露頭角的人，一個接一個地被剝奪了土地、被免職、被放逐去了外國，或是被關進了監牢，或遭到了處決。埃米爾多斯特・穆罕默德可能已經放棄了坎大哈、赫拉特和白沙瓦，但在他可以稱之為自己擁有的狹小領土上，他不允許有任何對手。

多斯特・穆罕默德無疑是個大人物。他在必要時打得很好，但他並不擅長戰爭。他擅長的是政治手腕——在政治領域裡，他是一個出色、冷血的現實主義者。多斯特・穆罕默德在英國入侵前溜出了喀布爾，並非因為他是個懦夫，而是因為他是個精明的倖存者；他認為當時最好的辦法是繼續活著，等待機會。當機會來臨時（亦即戰後），多斯特・穆罕默德接受了一個縮小了一號的國家，不是因為他對一個較小的國家感到滿意，而是因為他仍然認為等待時機和觀察機會，是他最好的出路。

在這期間，多斯特・穆罕默德要如何治理那些根據條約屬於他的領地呢？多斯特仍然是一個部落首領，而不是現代意義上的國家統治者。他從來沒有一個議會，或是一個真正的內閣，或是任何行政班底，可以與之商討大計。在日常工作中，多斯特・穆罕默德的政府在很大程度上掌握在一個被稱作沙・阿嘎西（Shah Aghassi）的助手的手中，沙・阿嘎西是一個介於男僕和總理之間的人（在歐洲君主制國家，類似的人物被稱為內侍大臣〔lord chamberlain〕）。[4]

話說回來，多斯特也不需要太多的官僚機構，因為他的政府沒有做太多的管理。也就是說，它並未「提供服務」，或履行我們今天通常與政府相關的大多數職責。

例如，在阿富汗那裡，沒有政府的警察部隊；村莊和部落會負責自己的安全。教育也與政府無關；它由毛拉，也就是最低層級的伊斯蘭教士提供。政府與培訓或任命毛拉毫無關係。毛拉們從廣大民眾中產生，可以說是自發形成的。在大多數的情況下，想成為毛拉的男孩會依附於現有的毛拉，從毛拉那裡學習閱讀，從他們那裡了解伊斯蘭知識，並在清真寺周圍走動，幫助他們的毛拉／伊瑪目做任何需要做的事情，起初男孩們可能只是做一些瑣碎的家務——掃地、給水槽加水等等。但是，隨著男孩們獲得了伊瑪目的認可，他們便逐漸走上一條承擔責任的道路，直到有一天，有人來找這裡毛拉，而恰好年長的毛拉不在，於是他們就找他的學徒，從那時起，人們就會越來越把這個學徒也看作是毛拉；於是他就成為了毛拉。

除了國王和官員的個人判決以外，世俗的法院系統是不存在的。支爾格解決了大多數的地方衝突，它們是由相關的人在當地組成的。有一些不涉及社區的糾紛，當事人向毛拉支付少量協商費用，以審理他們的案件。在村落這一級之外，法律由更高一級的神職人員執行，他們根據伊斯蘭教法的法典作出裁決。這些法官不需要政府的批准。他們是透過教士機構這一自主的社會力量管理和控制的過程，從廣大民眾中產生的。

國王的確提供了針對外來勢力的保護，比如來自中亞大草原上的強悍掠奪者，或來自波斯的軍隊。國王確實提供了一些安全保障，例如打擊劫匪、保持道路暢通，以及平息可能演變成公開戰爭的叛亂。政府也在市場上實施可信的度量衡，並在城市中執行一些法律，而且國王的軍隊在任何真正的大爭端中，都是最終的決定力量。

但是，軍隊主要是為了保持國王的權威，以便他能夠徵稅，而國王的大部分稅收是用來支付上述軍隊和支持王室生活方式的。這種生活方式確實涉及一些重大的建設計劃，如建橋和修路，以方便軍事演習，以及整修重要的陵墓和建造新的清真寺，以提高國王的聲望。諸如此類的公共工程提供了一些就業機會，但大多數阿富汗人不需要約翰・甘迺迪（John F. Kennedy）告訴他們：「不要問國王能為你們做什麼，而應該問你們能為國王做什麼。」

儘管如此，多斯特・穆罕默德・汗在每個省都需要忠誠的省長，確保沒有人反叛他的王權。在多斯特・穆罕默德統治的第一時期，也就是英國人入侵之前的時期，他曾任命他的兄弟擔任他的省長，但他們與多斯特・穆罕默德的關係太過密切了。在他統治的第二時期中，多斯特・穆罕默德轉向了他的兒子們。普什圖人有一句諺語。在部落裡，你最好有一個大宗族；在宗族裡，你最好有很多兄弟；在諸位兄弟中，你最好有最多的兒子。我不知道多斯特・穆罕默德是否有最多的兒子，但他肯定有機會爭冠。多斯特・穆罕默德的十四個妻子為他生了五十六個孩子（在一百年內，據說有七千多人的祖先可以直接追溯到多斯特・穆罕默德）。[5]

在一生中，幸運的多斯特·穆罕默德有足夠的兒子去擔任他所需要的所有省長。多斯特·穆罕默德讓自己的長子擔任巴達赫尚省的省長，下一個兒子當巴爾赫省的省長，另一個兒子是哈扎拉賈特省的省長，以此類推。每個兒子都負責保衛他父親的部分領土。每個兒子都必須召集和維持他所需要的軍事力量來完成這項工作。因此，每個兒子都有權向本省的人民徵稅，以支付自己的戰士。這使每個省的省長都成為一種半自治的公爵，但多斯特·穆罕默德知道如何控制他的兒子們，並使他們服從他的意願。也許多斯特·穆罕默德不得不與英國人討價還價，不得不謹慎地與俄國人起舞，不得不接受外部大國對其統治的限制，但對他的兒子們，多斯特·穆罕默德可以行使絕對的權威。[6] 阿富汗與其說是一個國家，不如說是一個家族企業，與其說阿富汗是由穆罕默德家族統治的，不如說是由他們**擁有**的。

然而，最傑出的兒子卻沒有自己的省分。就是那位聲名遠播、風度翩翩、備受仰慕的瓦齊爾·阿克巴·汗。多斯特·穆罕默德宣布這個兒子是他的繼承人，並把阿克巴留在了喀布爾；他太有價值了，不能浪費在任何一個省分裡。阿克巴需要在他父親身邊，就有關整個王國的問題向他提供建議。除此之外，不確定何時，國王就會需要一個像阿克巴這樣有魅力的軍事天才，來為他指揮一場戰役。

瓦齊爾·阿克巴·汗的心裡確實有一場重大的戰役。他想征服白沙瓦，並從白沙瓦征服整個信德，喀什米爾就更不必說了——總之，這個年輕人想重建阿赫邁德·沙的整個帝國。但英國人知道從白沙瓦可以征服哪些領土。正是因為這個原因，英國才想把白沙瓦從阿富汗人手中奪走。多斯特・穆罕默德不會違反他與英國簽訂的協議，所以他不會參加他兒子所設想的行動。

有一次，喀布爾南部的一個省發生了部落叛亂，國王派遣阿克巴前去鎮壓。當阿克巴走到省城的大門口時，叛軍出來迎接他。叛軍告訴他說：「我們不是要反叛**你**，甚至也不是要反叛你的父親。」「我們只是想奪回白沙瓦。帶領我們去戰鬥吧，瓦齊爾・阿克巴・汗！」

阿克巴寫信給他的父親，請求多斯特・穆罕默德重新考慮。阿克巴告訴這位偉人，人民想要戰鬥：「指揮我吧，領袖。」[7]

多斯特・穆罕默德回了一封措辭嚴厲的信，禁止他的兒子進攻白沙瓦，並命令阿克巴返回喀布爾。多斯特・穆罕默德在北方有一項重要的任務要交給他。聽話的兒子回來了，接受了父親的命令，然後出發了。在前往巴爾赫的半路上，阿克巴病倒了，可能是得了瘧疾。國王將他的私人醫生派到兒子的病床前，這是一位擅長「希臘醫學」的印度醫生。「希臘醫學」是一種基於以下理論的治療系統：每一種疾病都源於體內與氣、土、火和水有關的四種神秘物質之間的不平衡。平衡可以透過清洗、敷藥、放血和只有專家才知道的草藥來恢復，這位醫生就是這類專家中的一個。他用一種草藥治療瓦齊爾・阿克巴・汗，這種草藥通常是有毒的，但在這種情況下——不幸的是，它真的有毒。醫生表達了他真誠的遺憾。真主最終做出了決定。就這樣，瓦齊爾・阿克巴・汗沒有死於他所感染的疾病，而是死於他所接受的治療。阿克巴被埋葬在馬札里沙里夫，多斯特・穆罕默德再也沒有從他那英勇無比的兒子身上得到什麼好處，或害怕他什麼了。

瓦齊爾·阿克巴·汗的身亡並沒有削弱埃米爾的管理。多斯特·穆罕默德有足夠的兒子來管理他的所有省分，而且他還有更多的兒子。在這裡，省分這個詞不可以作太過嚴謹的理解。即使國家的外部邊境，都是眾說紛紜；國家內部的邊界，也仍然模糊不清。但是，在某些地區，情況不是這樣。在阿富汗中部的高地被稱為哈扎拉賈特（Hazarajat），即「哈札拉人的土地」，因為那裡居住的是公認的蒙古族群體——哈札拉人。從哈扎拉賈特再往北的另一個地區，被稱為巴爾赫，因為它曾被阿富汗最古老的城市所統治——也就是巴爾赫大城，巴爾赫城在西元十三世紀被蒙古人摧毀了。另外還有巴達赫尚（Badakhshan）、邁馬納（Maimana）、卡塔汗（Qataghan）、洛加爾、南嘎哈爾（Nangarhar）和其他地區，這些地區由於各種原因，有不同的地理稱呼，為了方便起見，我在這裡就簡單地稱之為「**省**」（province）。

在一八五五年，自治的坎大哈／赫爾曼德地區被劃分給了十四個封建領主，他們都是彼此的兄弟、堂兄弟和叔侄親戚。因此，所有人都在坎大哈有自己的家庭。每個人都在不斷覬覦著另一個人的土地，每當爭端爆發時，就會在城裡有關的家庭中引發不可收拾的爭鬥。最後，交戰的領主們召開了一次支爾格大會，結果是他們無法在自己之間達成和平：他們需要一隻更強大的手。他們向埃米爾多斯特·穆罕默德·汗發出訊息，表示如果他能保證他們的財產權並維持和平，就接受多斯特·穆罕默德當他們的國王。在與英國簽訂的條約中，多斯特・穆罕默德同意不進攻坎大哈；但現在並不是一次進攻。多斯特・穆罕默德是收到一份邀請。他接受了邀請，從而在不違反與英國簽訂的條約的情況下，重新獲得了他所放棄的三個主要城市中的一個。[8]

在一八五七年，一個團的印度士兵把槍口對準了他們的英國軍官，引發了印度大起義，這場起義威脅要把英國人趕出印度。多斯特・穆罕默德的顧問們勸他立即動身去白沙瓦。顧問們說，時機到了。蘭吉特・辛格剛剛去世，錫克教徒的勢力很虛弱，而英國人則是腹背受敵。多斯特・穆罕默德拒絕背棄他與英國人的條約。現在是時候了，好吧，但不是進攻白沙瓦的時候。在當時的阿富汗人中，似乎只有多斯特・穆罕默德意識到進攻白沙瓦是在浪費鮮血和財富。英國人無力與開伯爾以西的阿富汗人作戰，但在開伯爾以東的平原地區，英國人擁有一切的優勢。

如果阿富汗國王趁英國分心的時候拿下白沙瓦，那麼一旦英國鎮壓了起義，他們就會再奪回白沙瓦。**不**進攻白沙瓦，反而是阿富汗國王真正的王牌，因為他即使**沒有**出兵白沙瓦，但是他確實有進攻的**可能**性。多斯特・穆罕默德利用印度大起義的機會，秘密地與英國人重新談判他的交易。他同意不進攻白沙瓦，只要英國讓他用武力奪回赫拉特——總有一天會的。英國別無他法，接受了多斯特・穆罕默德的條件。多斯特把協議放在口袋裡，等待著「總有一天」的到來。

在一八六一年，蘇丹・阿赫邁德，也就是十五年前被多斯特・穆罕默德趕入流放地的反叛領袖，從伊朗殺了回來，並占領了赫拉特。他宣布自己比多斯特・穆罕默德更有資格成為所有阿富汗人的國王。蘇丹・阿赫邁德覺得自己很有把握，因為伊朗支持他，俄羅斯也默許了他的野心。蘇丹・阿赫邁德認為英國人已迫使多斯特・穆罕默德放棄了赫拉特，所以他們現在肯定不會幫助多斯特・穆罕默德。

在赫拉特的蘇丹・阿赫邁德並沒有意識到，規則已經改變了。當多斯特・穆罕默德率領軍隊來到赫拉特時，英國人沒有提出異議。事實上，英國人當時在伊朗已經有足夠的權力來禁止伊朗國王「干涉阿富汗的內政」。更重要的是，俄羅斯給予蘇丹・阿赫邁德的默許並沒有轉化為軍火和金錢。事實證明，這一切都只是空談。蘇丹・阿赫邁德發現自己進退維谷，他正處在孤立無援的境地上。

對赫拉特的圍攻於一八六二年開始，一直拖到了第二年。奇怪的是，這場戰爭（和許多阿富汗戰爭一樣）中的參戰者彼此之間的關係很密切。蘇丹・阿赫邁德是多斯特・穆罕默德的女婿。在圍攻戰正在激烈時，身為多斯特・穆罕默德的女兒和蘇丹・阿赫邁德的妻子的女人去世了，所有的敵對行動都暫停下來，以便這兩個人都能去參加她的葬禮和哀悼儀式。[9]而後，多斯特・穆罕默德離開了城市，圍攻繼續進行。

最後，蘇丹・阿赫邁德在壓力和心煩意亂中死去，而多斯特・穆罕默德則奪回了赫拉特。在四月的那一天，當多斯特・穆罕默德騎馬穿過城門時，他一定感到了非同尋常的勝利感。回顧自己漫長的生涯，他的心情一定十分激動。多斯特・穆罕默德是二十一個兄弟中最小的一個，前途渺茫；在內戰中崛起，但卻被英國人奪走了自己的國家；然而，他又像死裡逃生一樣歸來，接著一步步運用謀略重建了他的王國。

而今，多斯特．穆罕默德的漫長探索已經結束了，他贏了：他三角形的國家有了一個連續的邊界，圍繞現代阿富汗的整個領土，他是該領土上每個人的國王，從最卑微的農民成為了最偉大的汗王。除了白沙瓦的損失以外，他可以心懷滿足地死去了。而他也正是這樣去世的。就在拿下赫拉特之後，多斯特．穆罕默德隨即病倒了；六個星期後，七十歲的「偉大埃米爾」被放進了他的墳塋。

第七章
短暫的榮景

多斯特・穆罕默德與他的大多數前人們不同，他培養了一個繼承人。在多斯特・穆罕默德去世前，他指定第三個兒子希爾・阿里（Sher Ali）為他的繼承人，並帶著這個年輕人參加了對赫拉特的圍攻。當多斯特・穆罕默德這位偉大人物去世時，希爾・阿里就在他父親的床邊。軍隊擁護希爾・阿里成為新的埃米爾，在與他的眾多兄弟爭戰了九年之後（他甚至在此期間一度失去了王位），他終於確保了自己的權力，並建立了一定程度的穩定，隨後希爾・阿里重新開始了他父親的計劃，試圖打造一個不受外部力量影響、由一個政府統治的統一國家。

西元一八六三年，當希爾・阿里首次登上王位時，一個引人注目的人物在他的宮廷中效勞，他是一個多變、神秘的人，名叫賈瑪魯丁・阿富汗尼（Jamaluddin-i-Afghani）。很難說賈瑪魯丁到底是什麼樣的人。老師？演說家？政治哲學家？改革家？革命者？賈瑪魯丁確實教過書，發表過演講，闡述過政治理論，在他的生涯中，他確實激勵了整個穆斯林世界的革命運動；但賈瑪魯丁沒有寫過任何書，沒有創立有系統的哲學，沒有創辦過學校，也沒有建立過政黨。賈瑪魯丁的目標似乎隨著他的行動而轉移。在封建的阿富汗，他尋求一個強大的中央政府。在擁有強大中央政府的伊朗和土耳其，他敦促人們推翻他們的統治者。在歐洲控制下的埃及和印度，他提倡民族主義。在歐洲人以毫無道理的邊界劃分任意的國家單位的北非，他則宣揚泛伊斯蘭團結，而不是民族主義，他在俄國人劃分為獨立國家的中亞突厥斯坦也是如此。

賈瑪魯丁的家族在阿薩德阿巴德（Asadabad）周圍擁有土地，這個城鎮位於喀布爾東北部的崎嶇山區。賈瑪魯丁的家族與王室有遠親關係，但一些糾紛迫使他們在伊朗流亡了一段時間。[1]在那裡，他們在一個也叫阿薩德阿巴德的小鎮定居。因此，一些伊朗人現在認為，這個傢伙自稱賈瑪魯丁·阿富汗尼，是為了遮掩他其實是伊朗人，賈瑪魯丁把自己說是遜尼派穆斯林，是為了掩蓋他確實是什葉派的事實。無論真相如何，賈瑪魯丁的**職業生涯**肯定是在喀布爾開始的，他在多斯特·穆罕默德的宮廷裡為王子們提供輔導，其中一個王子就是希爾·阿里。

希爾·阿里繼承王位後不久，賈瑪魯丁與這位新國王同坐——國王在不久前還是他的學生，賈瑪魯丁給了他一份逐步實現阿富汗現代化的書面計劃，一份將阿富汗發展成世界強國的詳細計劃。然後，賈瑪魯丁沒有解釋，就說了再見，離開了阿富汗，並在他的餘生中無休止地在伊斯蘭世界各地遊蕩，喚醒烏合之眾，擾亂了那些舒適境地中的人。賈瑪魯丁再也沒有回到阿富汗，但在他死後的很久以後，他的屍體被運回了喀布爾，埋葬在喀布爾大學的校園裡。

在擊敗他的兄弟們之前，希爾·阿里無法遵循賈瑪魯丁的指導，這種狀況一直持續到了一八六八年，不過，一旦希爾·阿里獲得了穩定的地位，他就啟動了這個計劃。這為第二個阿富汗播下了種子，它像一個獨立的有機體一樣，在原來的阿富汗內部成形、滋長。

計畫上的第一項內容是：為全國建立一個郵政系統，在喀布爾設立一個中央辦公室，並在主要的省級城鎮設立分支機構。從理論上講，任何一個阿富汗人都可以給另外一個阿富汗人寫信，只要雙方都住在大城市附近，而且一方會寫字，另一方識字的話。而信件可能需要幾個月的時間才能到達目的地，但希爾·阿里的郵局仍是將全國不同的線，編織成一整塊織物的第一步。

接下來，新國王對稅法進行了一些重要調整，改善了私人創業者的環境。新的法律使生意人將資金投資於商業和初級工業企業中，這使少數人能夠透過商業智慧，而不是依賴土地所有權，獲得財富和權力，土地所有權則是過去邁向封建主義的第一步。

以前的國王都是在沒有任何正式內閣的情況下進行統治的，國王們會雇用他們的親屬和近親作為他們的職能部門。希爾·阿里組建了一個正式的政府，其內閣包括一名總理、一名司庫、一名書記長，以及負責外交、內政和戰爭等事務的部長。內閣是在後宮中選出的，希爾·阿里的妻子米爾蒙·阿伊莎（Mirmon Ayesha）主持了這一過程。[2]希爾·阿里國王還成立了一個由十二位有識之士組成的委員會，研究政府和國家面臨的問題，並向他提出無私的建議。這是一個微小的開端，委員會後來會發展為阿富汗社會的一個整體階層，被稱為技術官僚。

希爾·阿里召集了一個常設的支爾格大會，這是一個初具規模的議會，儘管它的職能只是純粹諮詢。支爾格大會由來自全國各地的兩千名代表組成，他們在一八六五年舉行了第一次會議。國王向議會提出的第一個問題，是關於一個正在發動叛亂的兄弟。他應該對這個兄弟怎麼做呢？他問道。議會裡喊道：「打垮他。」在議會的認可下，希爾·阿里便進軍坎大哈，讓他的兄弟出戰，並擊敗了他。[3]

希爾·阿里的事業，表明他有一定的能力，但你若是看他的照片，你可能不會這麼覺得。當時的攝影技術才剛剛發明，所以希爾·阿里是我們能看到照片的第一位阿富汗國王。這些照片顯示了一個莊重、好奇的人，他留著大鬍鬚，緊閉的嘴唇、彎彎的鼻子，眼神處於一種集合了沉思和猜測的狀態。他看起來有點憂鬱。頭上戴著一頂高高的卡拉庫爾帽（*karakul*），卡拉庫爾帽類似於一個顛倒的蜂巢，但這種帽子看起來要比聽起來要好看多了。

希爾·阿里的樣貌，如果出現在東歐某個人擠人的小鐘錶製造廠裡，也不會顯得突兀。如果希爾·阿里不是阿富汗的國王，他可能會在某個地方修理機器和擺弄什麼奇怪的裝置。

事實上，在他設法擠出的十年和平時期裡，希爾．阿里從外部世界進口了各種工具和機器，並在他的宮殿里擺弄著它們。其中一個設備就是安裝在高堡宮殿中的平版印刷機。希爾．阿里用這台印刷機出版了這個國家的第一份報紙，一份名為《太陽報》的十六頁小報，以及關於他認為有趣的主題的小冊子，特別是軍事問題，其中一些被他印成了手冊，分發給軍隊的軍官。[4]

希爾．阿里建立了一支由五萬六千名士兵組成的國家職業軍隊。[5]希爾．阿里認為士兵應該像西方戰爭圖片中的士兵那樣。他再也不能容忍被徵召者穿著自己的衣服上戰場。不要穿寬鬆的燈籠褲和纏頭巾！國王為他的士兵設計並發放了制服，使他們看起來都很一致，像是歐洲國家的軍隊。因此，定居在首都的國王現在擁有一支看起來與過去為國王效力的部落戰士不同的軍隊。不過，部落戰士仍然存在，因為他們不是職業軍人，而只是在必要時拿起武器的部落成員——國家現在有兩支不同的軍隊，一支是政府的，一支是民間的（或者，乾脆說，就是普通人）。

之前，有相當多的阿富汗人去了印度，並在英國軍隊中服役。希爾．阿里把他們中的一些人招攬回來操練他的部隊，教他們如何列隊行進、聽從指揮、展示武器，以及軍隊在不打仗時練習的各種漂亮動作。希爾．阿里在喀布爾設立了第一批軍工廠，以便有一天他能夠在沒有外國援助的情況下武裝自己的部隊。下一回，當某些大國決定把這個主權國家當作自己的後院時（希爾．阿里心想），阿富汗將已做好應對的準備。

國王命令他的部隊不要住在城市裡與普通市民打交道（軍隊有時會與市民發生衝突），而是住在單獨的駐地。事實上，希爾·阿里開始在喀布爾北部建造一個全新的軍事城市，名為希爾普爾（Sherpoor），這項工程雇用了六千名工人、一千名木匠和無數熟練的工匠，歷時五年。[6]但是這座城市從來沒有完工，因為在一八七〇年代末的時候，英國人和俄國人又開始製造麻煩了，他們帶來的麻煩為阿富汗故事中的這段短暫榮景畫上了句點。

第八章

再遭中斷

到一八七八年時，歐洲大國之間的爭鬥已經進入了一個新的階段。普魯士的皇帝威廉一世（William I）擁有一位「鐵血宰相」奧托・馮・俾斯麥（Otto von Bismarck），俾斯麥把中歐地區許多說德語的鬆散地方焊接成了一個國家。這個新的德意志民族國家改變了英國、法國和俄國之間的持久競爭。俾斯麥宣稱，當時的重大問題不能透過演說來解決，而只能透過「鐵和血」來解決。法國是他的直接目標，而且，當人們看到當時的法國總統路易・拿破崙三世（Napoleon III）的樣子時——他的小鬍子被打理成尖尖的，一直延伸到臉的兩側，不得不讓人以為眼前的這個人是一個志大才疏的傢伙，一旦演說讓位給鐵和血的話，路易・拿破崙就不會維持太久了。

事實也的確如此。俾斯麥誘使這個法國傻瓜向德國宣戰，而後以迅雷不及掩耳之勢越過了邊界，以令人啼笑皆非的方式擊潰了法國，並奪取了阿爾薩斯和洛林這兩個關鍵省分，這兩個省分盛產鐵礦，是工業化的關鍵因素。獲得阿爾薩斯和洛林，使德國立即成為了世界霸權的競爭者。俾斯麥和他的皇帝威廉一世隨後開始環顧世界，看看還有什麼領土可供後來者的他們展開殖民。

然而，法國的衰落給了英國一個機會，使英國變得比以前更加強大。當時，大英帝國的領土覆蓋了世界陸地面積的百分之二十三。算上被殖民的臣民人數的話，英國政府統治著地球上大約四分之一的人口。[1]不列顛島本身的人口數只有全世界的百分之二，但工業產值卻占全世界的百分之四十五。英國所消耗的能源是美國的五倍，是俄羅斯的一百五十五倍。[2]英國對全球的統治，使歷史上任何一個大國都相形見絀。但是，德國的崛起看起來可能對英國統治地位產生挑戰。

德國的崛起也給俄羅斯帶來了新的不安，因為俄羅斯仍然是一個巨大的、原始的，而且沒有現成海港的國家，因此在全球爭奪殖民地的過程中仍然步履維艱。二十年前，俄羅斯在克里米亞戰爭中失敗。隨後的條約阻止了俄羅斯向正在衰敗中的鄂圖曼帝國的擴張，甚至它在黑海的海軍力量也被削弱了。現在，俄國人正在反擊。俄羅斯正在重建它的黑海港口，而且，如果俄羅斯不能進入巴爾幹地區，那麼，它將把它的邊界進一步向東推進，這是俄羅斯擴張的傳統方向。鄂圖曼帝國正在進入真正的死亡邊緣，而歐洲列強正在爭奪從鄂圖曼帝國中分離出來的領土。在黎凡特，即與地中海東部邊緣接壤的土地上，這個競爭被稱為「東方問題」（the Eastern Question）。在高加索以東的中亞地區，大博弈又開始了。

一八六五年，俄羅斯軍隊占領了塔什干。兩年後，俄國人占領了著名的古老城市布哈拉。再一年後，它占領了撒馬爾罕。在一八七三年，俄羅斯迫使希瓦的汗王（khan of Khiva）接受「俄羅斯的保護」，這是一種帝國主義的委婉說法，意思是「哎呀，你在這裡有一個很好的小國家，如果它發生了什麼事，那將會是多麼的遺憾啊」。三年後，俄國吞併了鄰近的浩罕汗國（khanate of Khokand）。俄羅斯的勢力現在延伸到了阿姆河岸邊。只剩下阿富汗擋在巨無霸般的俄羅斯和在印度的頑固英國人之間。對於一個小國來說，這真是個糟糕的位子。

當希爾．阿里獲得對阿富汗的控制權時，威廉．格萊斯頓（William Gladstone）的自由黨正在英國執政。自由黨是一個重視商業的政黨，頗像美國十九世紀的共和黨。他們對可能引起動盪的外國冒險活動保持警惕，因為動盪對商業不利。當涉及到殖民地事務時，他們的態度是，如果沒有破損，就不要修復它。在「奧克蘭的愚行」之後的幾十年中，一個模稜兩可、自治的阿富汗已經很好地滿足了英國的利益。格萊斯頓認為最好是維持阿富汗的現狀，他的印度總督諾斯布魯克勛爵（Lord Northbrook）也同意如此。

但是，一八七四年的選舉使保守黨的班傑明．迪斯雷利（Benjamin Disraeli）上台了，這個上層社會的政黨，現在正試圖擴大對工人階級的吸引力。為了帝國和女王的更大榮耀，而在國外大肆宣揚軍國主義冒險，這看起來是一種爭取這些選民的方式。迪斯雷利政府以萊頓勛爵（Lord Lytton）取代了諾斯布魯克勛爵，萊頓勛爵絕對贊成「逼進政策」，就像奧克蘭一樣。

迪斯雷利和他的集團決定，在印度河和阿姆河之間建立一個中立的緩衝國還不夠好。希爾．阿里國王的獨立態度令他們感到擔憂。他們懷疑，在迫不得已的情況下，希爾．阿里是否能夠把俄羅斯擋在他的國家之外。沙皇看起來太有侵略性了。迪斯雷利的立場是，在俄國人把阿富汗變成他們的又一個保護國之前，最好立即把阿富汗牢牢地控制住。因此，「逼進政策」的新篇章，以一項旨在讓希爾．阿里知道誰才是老大的行動開始了。希爾．阿里最喜歡的兒子叫阿布杜拉（Abdulah），希爾．阿里任命他為王位繼承人。希爾．阿里還有一個兒子雅古布（Yaqub），他不喜歡這個兒子，也許是因為雅古布曾組織過一次反對他這個父親的叛亂。希爾．阿里把雅古布關進了監獄。

想像一下，當希爾．阿里收到萊頓勛爵的信箋，命令他取消阿布杜拉的繼承權，並指定雅古布為他的繼承人時，他心裡會是多麼的沮喪。英國人為什麼喜歡這個兒子，而不是另一個呢，他們沒有說。也許英國人曾與雅古布有私下之交，並喜歡他想問題的方式。

信箋上還警告阿富汗國王不要向俄國人尋求幫助，因為正如萊頓所寫的那樣：「我們可以在任何一個俄羅斯士兵來幫助你之前，就把一支軍隊派進你的國家裡。」希爾．阿里被告知，如果他是友好的，英國可以保護他不受沙皇的任何傷害；如果他是不友好的，英國人可以把他「當作一根蘆葦」折斷。[3]信的最後告訴希爾．阿里，一位特使要來談這些事情。

希爾．阿里並不喜歡這個頤指氣使的內容和語調。他沉默了一段時間，讓這冒犯消逝過去，然後告訴英國人，他更喜歡指定自己的繼承人，謝謝，希爾・阿里並建議，與其他們派一名特使**來**，他打算要派一名特使**去**他們那裡。任何需要解決的問題，都可以在加爾各答討論。

當希爾・阿里的人到達英屬印度的都城時，所發生的事情並不是討論。英國人把條件擺了出來：英國特務將會駐紮在喀布爾。英國將控制阿富汗的邊界。英國公民可以隨意進入這個國家，去他們喜歡的任何地方。英國公民將受到英國法律的約束，而不是阿富汗的法律。英國商人將可以自由地與阿富汗的任何人進行交易，而不受政府的干涉。如果希爾・阿里承認這幾點，英國人就會讓他指定自己的繼承人，向希爾・阿里和他的繼承人支付豐厚的津貼，並向阿富汗提供所需的所有軍事援助和顧問，讓俄國熊不敢靠近。

當埃米爾希爾・阿里看到這些條款時，他氣得勃然大怒。然後他坐下來，口述了一封信，其主要內容是：沒門。與他深沉的父親不同，這位脾氣暴躁的埃米爾告訴英國人，他將誓死捍衛阿富汗的主權。不幸的是，當時，俄羅斯軍隊正沿著阿富汗的北部邊境集結。就在希爾・阿里告訴英國人他們不能進入他的國家的時候，一個俄國「外交」代表團未經許可就跨越了阿姆河，向喀布爾進發。希爾・阿里發出了狂怒的訊息，告訴他們停下來，回頭，他們沒有得到邀請，他們絕不能來喀布爾。俄羅斯代表團根本沒有理會這些訊息。他們只是繼續前進。他們直接進入城市。他們住進房間，打開行李箱，敲響了宮殿的門。他們說，他們是來交朋友的。

悲劇就在那一刻降臨到埃米爾的家裡。希爾．阿里最喜歡的兒子，他選定的繼承人，他心愛的阿布杜拉，死於某種突然的疾病。整個宮廷都陷入了悲痛之中。埃米爾是一個感情強烈而溫柔的人，他對喪子之痛特別難過。一連幾天沒有處理朝廷的事務，而躲在自己的房間裡，沉浸在悲痛之中。當人們再次看到他時，他的眼睛已經哭得通紅。就在這時，萊頓勛爵的另一封信到了，要求希爾．阿里立即準備在喀布爾接待一個英國代表團。希爾．阿里命令他的邊境部隊不要讓英國人進來。當一小隊英國外交官及其軍事護衛隊抵達阿富汗邊境時，那裡的邊境要塞指揮官阻止了他們的行動，他說：「如果不是因為我過去和你們中的一些人是朋友的話，我現在就會向你們開槍了。」[4]

英國代表團掉頭，打道回府，他們感到深深地被冒犯了。萊頓勛爵給阿富汗的埃米爾寫了一封憤怒的信，要求他道歉，然後等待他的答覆。沉默的聲音震耳欲聾。就在這時，萊頓開始集結他的部隊。

在第一次英國—阿富汗戰爭中，印度派出了一支約兩萬五千人的軍隊。從那場災難中，英國人得到了一個教訓：一支軍隊是不夠的。這一次，英國人準備了三支軍隊，每支軍隊都和他們之前派出的一支軍隊人數差不多。

希爾．阿里處於痛苦之中。俄國人來了，英國人也來了，他的繼承人死了，除了叛亂的可恨兒子雅古布，他沒有人可以託付他的王國。他決定請求俄國人幫助他對抗英國人。但他必須讓雅古布出獄，讓雅古布負責國家事務，而希爾．阿里則去北方尋求沙皇的接見——他別無選擇：英國軍隊已經逼近開伯爾山口、博蘭山口和庫拉姆山谷了。阿富汗軍隊在這三個入口處都阻擋了他們，但能阻擋多久呢？

當希爾・阿里到達阿姆河時，沙皇的手下不讓他過河。出於比阿富汗大得多的政治原因，沙皇認定現在不是與英國人發生正面衝突的時候。沙皇無視了希爾・阿里的請求，把他關在自己的國家裡，就在那時，這位悲慘的國王放棄了。他發著高燒，躺在床上。醫生們勸他吃東西，保持體力，但他不碰食物和水。他的腿在旅途中受了傷，但他也拒絕接受治療。傷口變成了壞疽，他拒絕了所有的治療。幾星期之內，和藹可親的希爾・阿里在五十四歲的時候就去世了。

希爾・阿里的兒子雅古布繼承了王位，而雅古布的行動強烈地表明，事情已經發生了變化。雅古布命令阿富汗軍隊停止行動，讓英國人和平地進入該國。他自己則南下，在一個叫貢達瑪克（Gundamak）的小鎮上迎接他們。在那裡，埃米爾雅古布・汗和英國高層制定了一份「友誼」條約。《貢達馬克條約》給了英國人一大片阿富汗南部和東南部的土地，並接受了英國在喀布爾停駐的一個永久代表團。英國人向希爾・阿里提出的一切要求，都從他的兒子雅古布手中得到了。

一個英國「外交」使團前往喀布爾，由名叫內維爾・張伯倫（Neville Chamberlain）的特使領導。是的，他就是那位張伯倫——後來在一九三〇年代的英國首相，與希特勒簽署了臭名昭著的《慕尼黑協定》——的祖先。陪同這位張伯倫的，是英國的政治全權代表，一位名叫路易．拿破崙．卡瓦格納里（Louis Napoleon Cavagnari）的男士，他有一部分法國血統，一部分愛爾蘭血統，還有一小部分義大利血統，但他完全是愛國的英國臣民。卡瓦格納里留著滿臉的鬍鬚，一副學者的模樣，但他也有一種浮誇的氣質，他的名字讓人聯想到——那位法國的亡國總統，路易．拿破崙。卡瓦格納里在邊境地區執行了許多任務，他覺得自己具有「處理」普什圖人的智慧，並吹噓自己很懂他們。卡瓦格納里告訴他的夥伴們，如果人們以禮貌但堅定的態度對待普什圖人，普什圖人是可以被控制的。當他們發生爭吵時，人們必須表現出堅定的武勇，因為這能讓普什圖人印象深刻。卡瓦格納里認為他擁有必要的勇氣。

當另一位有邊境經驗的軍官，約翰．勞倫斯（John Lawrence），聽到卡瓦格納里的任務和他自以為是的夸夸其談時，他說：「他們都會被殺死的，一個也跑不掉。」[5]

卡瓦格納里和他的團隊騎著鍍金的 *howdah*（象轎）的大象進入了喀布爾。他們向街道兩旁的人群揮手致意，彷彿他們進入城市是為了獲得掌聲。群眾並沒有揮手回禮。埃米爾雅古布．汗發布了一份文告，旨在緩和他的人民，激發慶典的氣氛。埃米爾承諾，將透過減少稅收和向士兵支付所有被拖欠的工資，來慶祝這些尊貴的英國客人的到來。居民們繼續面帶慍色。他們要在看到實利後才會相信這些話。

英國代表團在高堡腳下的一個營地中住了下來。就像四十年前已被證明無法防禦的駐軍地一樣，營地的兩側是高高的山丘，敵人可以從山丘上直接向院子裡射擊，但卡瓦格納里和他的團隊並不擔心。他們相信，他們不需要保衛他們的駐地，因為這次是阿富汗人邀請他們進城的。

當然，如果從國王的角度來看，阿富汗人是很樂意接待英國人的。埃米爾雅古布・汗表現得極為熱情好客。埃米爾日復一日地邀請英國使團的外交官和高級官員在宮殿中大吃大喝，而且，當英國人不在皇宮裡得到招待時，他們還被邀請到與埃米爾、他的親戚和他的朝臣有關的其他阿富汗貴族的宅邸。卡瓦格納里團隊的一位成員在回信中說：「埃米爾堅持為英國軍隊提供食物，並由他自己的政府出錢。埃米爾甚至派了馬夫來照顧英國人的馬。他真是個好人，真的。」但他也補充說：「但是，這裡的人民相當狂熱又固執。尚未習慣我們的存在。」[6]

與此同時，國王和他的軍隊間出現了糾紛。國王拖欠了部隊薪餉，儘管國王做出了承諾，但卻付不出錢來。國王解釋說，現在資金短缺；他們需要耐心地等待。但士兵們卻眼看著錢像流水一樣湧向了招待英國人的地方，士兵們開始喃喃地說出了一些憤懣不滿的話。很快，不滿的人就不僅僅是士兵們了。普通市民也紛紛走上街頭，咒罵國王和他的賓客們。卡瓦格納里並不擔心，因為他對普什圖人瞭如指掌。他說：「會叫的狗不咬人。」[7]

卡瓦格納里也的確注意到了。但是，往好處想的話，他可以向加爾各答的上司保證，這位國王會遵守他的協議——儘管這個國王可能沒法讓他的人民服從聽命，但是要求這位國王能夠服從聽命還是有好處的。

在西元一八七九年九月二日，卡瓦格納里寫信給印度政府說：「喀布爾大使館一切正常。」[8]這是對三十八年前麥克納登寫給一位印度朋友的信的陰森重演，那封信曾經宣稱，阿富汗「從最北端到最南端」一切正常。就在寫完這些話的幾個月後，麥克納登就死了；卡瓦格納里在寫完這封信的一天後，也喪了命。

麻煩起於一位阿富汗將軍告訴一些脾氣暴躁的士兵，讓士兵們去和卡瓦格納里談談他們的欠餉問題，「他有很多錢。」阿富汗士兵們趕到了英國人的駐地。大門沒有向士兵們開放，他們打破了大門衝了進去。在那裡，士兵們開始搶奪馬匹、馬鞍和任何他們能得到的東西。如果士兵們得不到現金，他們就決心以實物的形式，來獲取他們被拖欠的薪餉。此時，數以千計的喀布爾平民也加入了部隊的搶劫行列。喀布爾平民對英國人的敵意已經沸騰了，他們想用實際行動來做出聲明。

不知何故，卡瓦格納里給阿富汗國王發了一條訊息，告訴國王事態緊急，並且要求他做些什麼。雅古布在他的宮殿里，扯著他的頭髮，哭了起來。雅古布讓信使回去告訴卡瓦格納里：他在努力，他在努力；但一個人可以做什麼呢？

卡瓦格納里知道不會有人來幫忙，就爬上了住處的屋頂，向人群發出呼籲。卡瓦格納里決心展示普什圖人應該會被深刻打動的冷靜勇氣。但沒有人被他打動。卡瓦格納里隨後命令他的部隊開火。這是一個大錯特錯的決定。圍繞駐地的暴徒將英國人困在裡面，英國人無路可逃，無處可藏。這支由英國外交官和軍隊組成的小分隊拚命抵抗，但毫無用處。在幾個小時內，阿富汗人擊潰了他們，將他們全部殺死了。

根據英國歷史學家莫德．迪弗（Maud Diver）和其他人的說法，英國人以驚人的勇氣戰鬥到了最後，不過，由於沒有人逃出來，我不確定這一事實如何被人知道。當屠殺的消息傳到皇宮時，埃米爾雅古布的毛拉報告說，他感到空氣中瀰漫著一股寒意，彷彿有一片陰影籠罩著這座城市。「我當時就知道，英國人來了。」[9]

當然，英國人的確是來了。由於埃米爾雅古布的屈服，先前被阿富汗人阻止的三支英軍已經進入阿富汗，其中一支軍隊迅速向喀布爾進軍，領頭的是身材精瘦的愛爾蘭人弗雷德里克．羅伯茨（Frederick Roberts），他有著一副堅毅的下巴，大鬍子，眼神嚴厲。羅伯茨是個不折不扣的軍人，他要求部下要有絕對的紀律，對自己的要求也同樣嚴格，因此羅伯茨得到了他的部隊忠心耿耿的追隨，他們親切地稱他為「鮑伯斯」（Bobs）。

話又說回來，鮑伯斯可能是因為他在第二次英國—阿富汗戰爭期間的表現，在國人眼中獲得了英雄地位，因此名聲上升。當羅伯茨抵達時，許多部落戰士已經聚集在喀布爾周圍，但他突破了防線，進入喀布爾，並迅速控制了局面。

一個尷尬的問題在這之後便浮現了出來。要如何處置國王呢？能否讓他繼續留在王位上呢？據可靠的傳言說，國王一直在與阿富汗酋長進行秘密交易，甚至在宣稱忠於英國人的同時，也在做著兩面派的事情。國王甚至可能密謀殺害卡瓦格納里。這樣的說法是否足以讓人拍著桌子說：「糟糕的傀儡！」這樣的一個糟糕的傀儡，難道會給任何人帶來好處嗎？

雅古布自己解決了這個尷尬的問題。他來到羅伯茨面前，乞求解除他的王室職責。「你已經看到了我的人民了——誰能統治他們呢？我寧願在英國人的營地裡割草，也不願做阿富汗人的埃米爾。」[10]因此，雅古布被赦免了，被送去了印度，靠英國人發放的退休金生活，這似乎是阿富汗前任國王的標準命運。高堡宮殿上掛起了米字旗（Union Jack），因為在找到另一個傀儡之前，英國人必須直接統治阿富汗。

現在，懲罰開始了。喀布爾的居民對英國人大打出手，所以他們所有人都得被罰。雅古布政府的官員未能好好保護他們的客人，所以他們被關進了監獄。整個城市中涉嫌鬧事的人遭到圍捕並被絞死，直到首都的每個地方都能看到在公共絞架上搖晃的屍體。英國軍隊湧入農村，摧毀了堡壘，燒毀村莊，迫使那些被懷疑合謀反對英國，或者至少是支持叛亂的部落酋長投降。

至少有一位英國軍官對這種策略感到不安。「這讓阿富汗人感到憤慨，但並不會讓他們害怕，」麥克格雷格上校揣摩著。「事實上，我們遭到了人們打心眼裡的憎恨，卻沒有足夠地被畏懼。」[11]

麥克格雷格說得很對，阿富汗人的憤怒多於恐懼。全國各地的教士，凡是有一點宗教權威的人，都開始宣揚伊斯蘭教正受到不信道者的攻擊，阿富汗人有責任起來捍衛信仰。其中一個是被稱為穆胥克．阿拉姆（Mushk-i-Alam）——「宇宙之馨香」（Perfume of the Universe）的老毛拉，他曾在第一次英國—阿富汗戰爭中與英國人作戰。在興都庫什山口，當英軍及其營地的所有追隨者遭到殲滅時，他就在那裡，即使在那時，他也並不年輕了。而今，穆胥克．阿拉姆大概已年過九旬，已無法走路，但他的追隨者們用他的床把他從一個村子抬到另一個村子，每當追隨者們把他放下，穆胥克．阿拉姆就發表激情四射的演說，呼籲阿富汗的農村人行動起來。穆胥克．阿拉姆大聲地疾呼道：「那些法郎機人（泛指歐洲人的稱呼）吃豬肉！」吃豬肉在伊斯蘭教中是絕對受到禁止的。對許多穆斯林來說，即使是摸到這種穢物也是一件令人噁心至極的事情。穆胥克．阿拉姆的聽眾不寒而慄，心中感到厭惡，紛紛回到家裡去找他們的槍。

希爾．阿里建立起來的、那支優秀的歐洲式軍隊，所有那些身著相同制服、善於齊步正步，稍息立正的受薪軍人，都被證明毫無用處。這支部隊很快就被征服了，消失在了煙塵人海中。英國人現在面對的是部落游擊隊，是農民和遊牧民組成的力量，戰鬥對他們來說不是一種專才，而是一種生活方式。有一位這樣的指揮官，名叫穆罕默德．江（Mohammed Jan），他帶著兩萬名士兵在地方上遊蕩。[12]村民們給穆罕默德．江提供食物和訊息，這樣他就可以在占優勢的時候攻擊英國人，在沒有優勢的時候溜進山裡去。

而且，穆罕默德．江雖然是勢力最大的部隊，但這支部隊只是眾多部隊中的一支。英國人幾乎在每一次交戰中都擊潰了這些阿富汗軍隊，但被擊潰的部隊馬上如水般四散，沒有留下任何可以簽署條約的人。有一次，一個叫馬賽（Massey）的軍官遭到伏擊，羅伯茨不得不去救他，而後羅伯茨也被困住了。羅伯茨像一條瘋狗一樣，與圍困他的部隊作戰，他知道援軍正從賈拉拉巴德趕來，一旦援軍到達，叛軍就會後悔他們的所作所為的。援軍確實在一個寒冷的夜晚抵達了，但他們卻發現龐大的阿富汗部隊已經消失得無影無蹤。這些人只不過是回家了。經過一年的戰鬥和十幾場重大的戰場勝利，英國人贏得了他們的槍所能覆蓋的每一片阿富汗領土的司法管轄權——但也僅此而已。

到了一八八〇年一月，英屬印度政府陷入了困局。不是說阿富汗人不可戰勝，英國人經常打敗他們。但是，擊敗阿富汗人並不能阻止他們繼續戰鬥。英國可以贏得戰鬥，但卻無法在這場戰爭中取得進展。這場戰爭已成了一個金錢的無底洞，吞噬著英屬印度的資源，而且看不到盡頭。在印度的英國官員開始討論一項新政策。把阿富汗還給穆罕默德札伊的宗族們，並且把地分成很多塊，每塊都給不同的王室宗親，怎麼樣？然後，英國人就可以撤出，讓俄國人處理英國人留在身後的內戰爛攤子。

然而，那年夏天，希爾．阿里的一個兒子，薩達爾．阿尤布（Sardar Ayub）帶著八千名士兵從赫拉特起身而動。在一八八〇年七月二十七日這一天，他在坎大哈以西的邁萬德（Maiwand）平原與英國人相遇，並將兩萬多人英國的軍隊擊潰。在英國，「邁萬德」成為了阿富汗野蠻行為的代名詞。在西方，邁萬德戰役作為虛構小說裡的角色華生醫生受傷的那場戰役而聞名，這件事發生在華生和貝克街二二一B號的偵探夏洛克．福爾摩斯同住之前。

在阿富汗，正如你料想到的那樣，邁萬德戰役成了一個激動人心的、民族自豪感的象徵。邁萬德戰役也因一則可疑的軼事而聞名：故事說，在血流成河的時候，當阿富汗人的陣線開始退卻時，一個名叫馬拉拉伊（Malalai）的十七歲女子抓住了阿富汗人沾滿血跡的旗幟，把它高高地舉起來，使男人們感到了羞愧而再度振作起來。馬拉拉伊被殺害了，但她引發的衝鋒成功了，馬拉拉伊成為了阿富汗的標誌性女英雄，像是聖女貞德一樣。後來，阿富汗的第一所女子學校，就以馬拉拉伊的名字命名。

所有這些關於邁萬德的大肆渲染，總令人心生疑竇，那位著名的羅伯茨勛爵（他在阿富汗人中聲名狼藉）一聽說這場戰役的發生，就從喀布爾趕向了西部，分散了阿尤布的軍隊，然後占領了關鍵的坎大哈城。邁萬德戰役可能是阿富汗人的一次決定性勝利，不過從軍事角度看，它只是一場範圍更宏大的戰爭的一部分，而阿富汗人確實輸掉了整個戰爭。

話說回來，邁萬德和坎大哈都是第二次英國—阿富汗戰爭這一更大事件的一部分，很難說到底是誰贏了。薩達爾．阿尤布在邁萬德打敗了英國人，贏得了阿富汗人的狂熱崇敬，但卻沒有在阿富汗歷史上留下更多的印記，因為當薩達爾．阿尤布正沉浸在自己的榮耀中時，他的一個堂親衝進了喀布爾。這位堂親叫作阿布杜拉赫曼（Abdu'Rahman），不久後被人們稱為「鋼鐵埃米爾」，阿布杜拉赫曼曾在一八六〇年代，也就是在希爾．阿里統治的巔峰期時，與他的父親一起流亡到了阿富汗北部土地上。當戰爭一開始，阿布杜拉赫曼就回來了。

英國人一看到阿布杜拉赫曼，就找到了他們夢想中的穆罕默德札伊人。這是一個足以控制阿富汗人的人，但又足夠精明，可以與英國人做交易。阿布杜拉赫曼是多斯特．穆罕默德大帝的眾多孫子之一，這意味著他有王室的血統，他和其他人一樣有權主張繼承王位。英國人讓阿布杜拉赫曼毫無阻力地進入到了喀布爾，並坐下來與他進行交易。當硝煙散去，英國人把這個國家交給了阿布杜拉赫曼。

當然了，英國人開出一如過往的那些條件：不能讓俄國人進入阿富汗；除非通過英國許可，否則就不能與任何外國打交道……等等。阿布杜拉赫曼對所有的這些條件照單全收。他只是希望英國人趕緊離開。

不過，阿布杜拉赫曼也有自己的一些條件。最重要的一個條件是：英國人要給他自由，讓他在其境內完全按照自己的意願行事，英國人不應干涉。英國人說，當然了，為什麼不呢，他們為什麼要關心阿富汗呢？協議達成了，英國人鬆了一口氣，撤走了軍隊。因此，很難說誰贏得了這場戰爭。雙方都得到了一些東西；也都為他們得到的東西付出了沉重的代價。無論如何，阿富汗整合成為一個國家，這段被英國人粗暴打斷的故事，如今可以繼續下去了。

第二篇

一個國家，兩個世界

當阿富汗獲得它的現代名稱時，它還並不是一個國家，而是一塊領土。阿富汗的邊界是一個眾說紛紜的問題。這篇領土上的居民是由不同的族群組成的，這些族群分為不同的宗族和部落，有著共同的宗教、文化和生活方式，但除此之外，幾乎沒有其他共同的東西。國王只是一個聯盟的最高酋長，對其臣民的日常生活沒有什麼影響。國王統治著他名義上的王國，但並沒有真正地管理它。

對立的酋長們為了爭奪霸權而不斷爭鬥，但這些小規模戰爭的結果，對大多數人來說並不重要：無論誰贏誰輸，他們的生活都會繼續下去，不會發生改變。當強大的國王出現時，他們就會展開軍事行動，以擴大其領土，擴張是阿富汗國王的主要事務。

英國人是遊戲規則的改變者。當他們進入阿富汗時，阿富汗人遇到了一個單一的文化他者。以個人的身分，英國人和阿富汗人可以友好地互動，但是，作為兩種文化，他們沒有能夠融合的傾向。當英國人侵略阿富汗時，英國人與阿富汗人的區別，就像把油倒進一壺水裡一樣。阿富汗對英國人抵抗所反映的，並不是統治者的政治政策，而是反映阿富汗人民對在他們之中的外國人的內在反應。與英國人的戰鬥使阿富汗人意識到，阿富汗人的身上都有一個共同點：他們都不是英國人。

當英國人撤走時，阿富汗統治者的基本計劃已經改變。從這時起，他們不再試圖建立遼闊的帝國，而是開始試圖標出他們絕對「擁有」的東西，並在圍牆內消滅可能的小型主權。多斯特・穆罕默德和他的兒子們朝著這個目標，取得了良好的進展。到一八七九年時，阿富汗已經有了明確的邊界，和一個單一的首都——喀布爾。坎大哈、赫拉特或馬札里沙里夫已不再是阿富汗王位競爭對手們的權力中心城市了。

阿富汗國家的凝聚使英國人感到震驚，並致使英國人進行了第二次對阿富汗的入侵，但是，透過推翻喀布爾的阿富汗君主，英國人又一次釋放出了阿富汗部落社會的不羈能量。因此，英國人再次被迫撤出——不是因為英國人在戰鬥中被打敗，而是因為他們無法治理阿富汗人。而且，英國再次激起了阿富汗的共同認同，同時也強化了使阿富汗人四分五裂的離心傾向。當一位新的阿富汗強人登上王位時，這個國王明白，僅僅鞏固邊界和恢復喀布爾的首要地位是不夠的，他必須建立一個足以進入和控制全體人民日常生活的政府。但對於那些只尊重宗教、習俗、文化、部落、宗族、村莊和家族指令的人民來說，國王怎麼可能對他們行使日常的權力呢？這就是在接下來的半個世紀裡困擾著阿富汗統治者的問題，這一探索，將阿富汗分成了兩個文化世界。

第九章

鐵血時代

英國人留下了一個非常強悍的人掌理阿富汗。阿布杜拉赫曼與過去幾個世紀中從這個地區湧現出來的最凶猛的征服者一樣，可能與阿赫邁德．沙．巴巴相當。如果是生在另一個時代，阿布杜拉赫曼可能會建立另一個從伊朗延伸到德里、鬆散拼湊而成的帝國，而在他死後，這個帝國也可能很快就四分五裂了。

但阿布杜拉赫曼沒有辦法衝出去。全球性的力量將他限制在他的邊界內。既然阿布杜拉赫曼無法對外擴張，他只能征服得更深，把他的凶猛轉向了內部，轉向了阿富汗本身。阿布杜拉赫曼試圖將這個由獨立的封建小國和自治的鄉村共和體構成的世界，變成一個單一民族國家。

實施這一計劃的人，是阿富汗的歷史舞台上的最強悍的人物之一。即使是在小男孩的年紀，阿布杜拉赫曼也是一個可怕的傢伙。他是多斯特．穆罕默德的孫子，而他的父親曾經統治阿富汗北部的一個主要省分巴爾赫。因此，在阿布杜拉赫曼的童年時代，這個即將成為國王的男孩，在一個省級王室宮庭裡享受著快樂的日子。在巴爾赫，阿布杜拉赫曼的家族擁有絕對的權力，他也享有一切特權。

有一天，在阿布杜拉赫曼十二、三歲的時候，他想看看他的小口徑槍是否有足夠的力量殺死一個人，於是向他的僕人開槍。那人死了，這個少年笑了。這起謀殺案是如此的明目張膽，他的父親別無選擇，只能懲罰這個男孩，把他關進了監獄。但是，這個只為了看看自己的槍是否有效而殺人的傢伙，對某人還是有用的：他的父親在一年後，將他從監獄裡放了出來，在他十七歲的時候，讓他成為了父親手下的主要指揮官之一。後來他的父親反叛了希爾．阿里，但在競爭中敗北。當他的父親流亡到阿姆河以北時，阿布杜拉赫曼也跟著流亡。阿布杜拉赫曼，這位曾經的王子和未來的國王，在貧困中生活了幾年，盡其所能地買賣他在市場上發現的古代文物和考古奇物——他是一個作為古董商而勉強維持生計的戰士。阿布杜拉赫曼靠著賺來的四分之一的錢度日，把剩下的錢存起來以備不時之需，也就是他要席捲阿富汗的日子。[1]

一八九三年，在阿布杜拉赫曼從英國人手中接管阿富汗的十三年後，這位鋼鐵埃米爾將與一個來自印度的英國代表團會面，以正式確定在他統治之初匆匆達成的協議。英國人提名弗雷德里克．羅伯茨將軍擔任代表團團長，不過阿布杜拉赫曼毫不客氣地要求他們派其他人來。羅伯茨是英國第二次入侵阿富汗的代表人物，阿富汗人對他恨之入骨，任何阿富汗國王，即使是鋼鐵埃米爾，也無法與羅伯茨達成交易。因此，英國人以外交部長莫蒂默・杜蘭（Mortimer Durand）取代了羅伯茨。[2]

與會的阿布杜拉赫曼沒有帶顧問，沒有帶部落領袖，也沒有他的人民代表。他與杜蘭坐下來一對一會談。這位英國外交官提議為阿富汗劃定南部邊界，阿布杜拉赫曼接受了這個建議。兩人在那次會議上達成的協議至今仍是個麻煩，因為杜蘭在地圖上畫了一條隨意的線，正好穿過傳統上由普什圖人占領的土地，這條線與地面上的任何地理特徵都不相符。當你身在那裡時，除非有人告訴你，否則你無法知道它在哪裡。這條所謂的杜蘭線（Durand Line）兩邊的村莊都居住著同一部落的成員。線的一邊的人在另一邊有表親，反之亦然。杜蘭是如何決定將這條線劃在哪裡的呢？英國人透過計算，預估了英國人可以向阿富汗領土推進多遠而不被擊退，於是這條線就在那裡。杜蘭線代表某一特定時刻的爭奪線。因此，杜蘭線肯定會成為一個持久衝突的地方。杜蘭線把阿富汗人對失去白沙瓦的怨恨凝聚起來，把這個問題變成了一個永久的政治事實。

但是，阿布杜拉赫曼為了完成最終目標，他需要一塊確定無疑的領土，並在這片領土之內，作為最高權威來統治，所以他接受了杜蘭線。為了讓外部世界能夠退出，阿布杜拉赫曼願意做任何事。一旦這條邊界被確定下來，這位埃米爾就基本上把門關起來了。在那以後，很少有阿富汗人得到允許出國，也很少有訪客被允許進入。

埃米爾的政府控制一切，甚至決定什麼樣的工藝品、物品和訊息能夠進入。為了確保阿

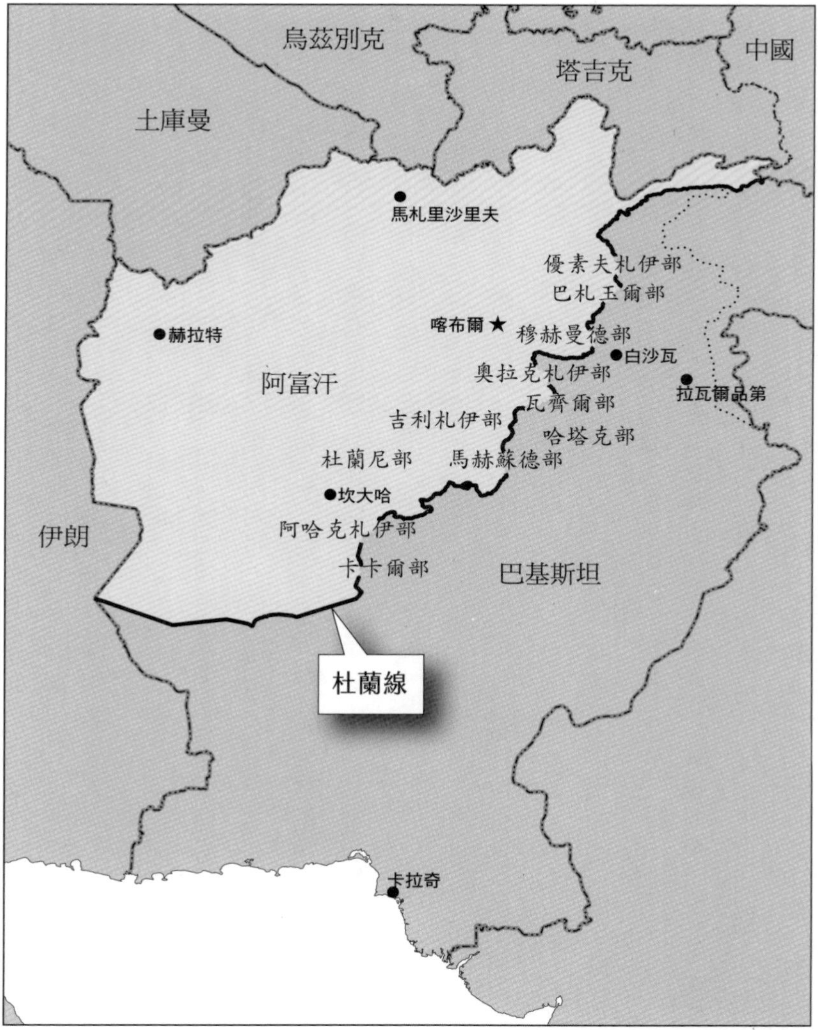
烏茲別克
中國
塔吉克
土庫曼
馬札里沙里夫
優素夫札伊部
巴札玉爾部
喀布爾
穆赫曼德部
赫拉特
白沙瓦
奧拉克札伊部
阿富汗
拉瓦爾品第
瓦齊爾部
吉利札伊部
哈塔克部
杜蘭尼部
馬赫蘇德部
坎大哈
伊朗
阿哈克札伊部
卡卡爾部
巴基斯坦
杜蘭線
卡拉奇

圖五　杜蘭線

布杜拉赫曼自己能夠更有效地閉鎖國家，不受外面世界的影響，他甚至下令在國境內不准修建鐵路。透過將阿富汗隔絕開來，阿布杜拉赫曼也將阿富汗和現代先進事物切斷了聯繫，但是確保了自己能夠不受妨礙地執行他的計劃。

在阿布杜拉赫曼啟動他的宏偉計劃之前，他有幾件事要先處理。計畫上的第一件事是薩達爾·阿尤布，那位邁萬德的英雄。這傢伙太受阿富汗人歡迎了！他必須被除掉。阿布杜拉赫曼走上戰場，果斷地擊敗了薩達爾·阿尤布。第一個對手倒下了。

另一名堂親抬起了頭。伊斯哈格（Ishaq）不是像阿尤布那樣的軍事英雄，但他管理著北方的一個大省，而且管理得很好，以仁慈之心主持正義，這使他很受歡迎。所以伊斯哈格也得讓開。阿布杜拉赫曼走上了戰場，而伊斯哈格從來就不是一個戰士，他逃離了這個國家。第二個對手也解決了。誰會是下一個呢？

接下來，整個曼加爾部落（Mangal tribe）叛亂了。阿布杜拉赫曼鎮壓了他們。接著，吉利札伊部落造反了。阿布杜拉赫曼也擊潰了他們。事實上，阿布杜拉赫曼在位期間打了四十場部落戰爭，並且無一敗績。不過，僅僅是打勝仗對他來說是不夠的。為了確保他被征服的臣民永遠不會重新恢復他們的力量，他推出了一項亞述人在三千年前曾經推行過，幾十年後的史達林（Joseph Stalin）也會這麼做的政策。阿布杜拉赫曼把整個族群遷移到全國各地，把這些族群與自然盟友分開，把他們安置在他們不信任的人和不信任他們的人中間。整個普什圖人部落被從南送到北；數以千計的家庭被迫從北部草原搬到喀布爾以南的地區。這一專斷的計劃確實帶來一個有益的副作用：它將阿富汗的各個族群混在了一起，鼓勵他們融合為一個單一的政治實體。

對於大多數國王來說，在二十一年內打贏四十場戰爭，這些戰事幾乎就耗盡他的統治精力；他還能有多少時間來做其他事情呢？對埃米爾阿布杜拉赫曼來說，部落戰爭只是宏偉計劃的一小部分。即使在埃米爾征服普什圖人部落的同時，他也在大規模地重組他的國家。過去，阿富汗被劃分為省和區，或多或少與部落地區相匹配。例如，主要由一個部落居住的領土是一個區，而主要由另一個部落居住的鄰近領土是另一個區。國家的行政結構反映了社會的錯綜複雜。一個地區的總督和該地區的主要部落酋長是同一個人。這很簡單，也很有道理。

阿布杜拉赫曼則完全走上了另一條路。他不僅增加了省的數量，並將其細分為更多的區，還故意將區的界線劃在部落領土中間。因此，一個特定的區長會有來自幾個不同部落的家庭在他的管轄之下，而一個居住在單一毗連領土上的部落，會被劃分到兩個或更多的區。因此，總督和下級官員們所統御的範圍邊界和部落間的勢力範圍是不重疊的。任何一個人在聽命於他的部落長老的同時，也得要順從他的轄區長官的意見。這是兩個相互區隔，不相聯繫的系統。

然後，埃米爾盡其所能地授權給他自己任命的人，這些人的權力來自首都，而不是來自當地的部落酋長，酋長們的權力則來自基層。畢竟，無論埃米爾的省長們獲得多大的權力，他仍然可以解雇或重新分配他們。但埃米爾不能對汗和其他部落長老這樣做。

話說回來，被任命為某個省級辦公室的官員總是有機會建立一個獨立的權力基礎，特別是如果埃米爾沒有密切關注他的話。而一個埃米爾能密切監視多少官員呢？實際上，如果埃米爾有一個有效的密探網路的話，他就能監視很多人，所以埃米爾阿布杜拉赫曼建立了一處首屈一指的情報機構，這成為了阿富汗政治的一個持久特徵，一直延續到了今天。

多虧了阿布杜拉赫曼的密探們，他能夠在他認為必要的時候，讓他的總督們蒙羞和被降級。阿布杜拉赫曼還經常毀掉他的宮廷官員，把他們變成無名小卒。通常情況下，阿布杜拉赫曼會把這個被盯上的官員召到宮廷中來，聲稱有人指控他貪腐。該官員必須帶著他的賬目，在那裡公開證明他沒有濫用國王的錢或做錯任何事。沒有人能拿得出如此乾淨、毫無瑕疵的賬目。一旦被發現有遺漏的數字、算術錯誤或其他的錯誤，官員就會被解雇，他的財產被沒收，他的名譽也會被毀掉。如果他能保住自己的自由，就算是幸運的了。事實上，經常發生的情況是，失寵的官員如果能保住自己的性命，就是很幸運的了。

這種情況經常發生，以至於有一次，當阿布杜拉赫曼任命他的一個老朋友擔任一個有聲望的職位時，這個人把他的財產堆在一輛車上，讓人把財產拉到皇宮裡。

「你這是什麼意思？」埃米爾皺起眉頭問他。

「陛下，」那人說，「我知道，一旦您任命一個人擔任要職，他的命運就是在幾年內，失去他所擁有的一切。我想現在就交出我的財產來節省時間。」[3] 因為友誼的效力，埃米爾沒有把這個人殺掉。

埃米爾在他的宮廷里有一大批官僚，其中許多人一開始的身分都是*ghulam bacha*（古拉姆巴恰），這個詞的字面意思是「奴隸男孩」（奴子、假子），然而，這裡的「奴隸」一詞在幾個世紀以來的穆斯林社會中具有獨特含義。這些男孩在襁褓中就被帶離家庭，在埃米爾的指導下，在宮廷中成長和受教育。古拉姆巴恰被塑造成一個有技能的官員特權階層並管理國家，古拉姆巴恰沒有自己的支持者網絡，只能仰賴埃米爾的鼻息。在阿富汗，古拉姆巴恰之中最受寵的人被稱為*amir-zada*（阿米爾扎達），即「埃米爾的孩子」。後來這個稱號被縮寫為*mirza*（米爾札，王子）。

阿布杜拉赫曼有一個米爾札組成的軍團。阿布杜拉赫曼把米爾札們放在內閣中，讓米爾札們指揮他的軍隊。阿布杜拉赫曼不僅允許米爾札們享受奢侈、優雅的生活，而且他要堅持這樣做，因為米爾札們代表著統治者的宏威，因此，無論米爾札們走到哪裡，都必須看到他們穿著最好的衣服，騎著最華麗的馬。問題是，沉浸在如此多特權中的年輕人，往往會有大志向。這位埃米爾總是在估量著那些養尊處優的米爾札們可能正在醞釀的陰謀。阿布杜拉赫曼最喜歡的妻子哈麗瑪（Halima），綽號叫作波波古麗（Bobo Gul），曾經問他為什麼不直接殺掉他不信任的人。

「這不現實，」阿布杜拉赫曼回答。「他們中的任何一個人我都不信任。」[4]

哈麗瑪不僅是這位鋼鐵埃米爾最喜歡的妻子，而且是一個共同的統治者，她本身就是一個強大的人物。人們會說，全天下的人都害怕阿布杜拉赫曼，但阿布杜拉赫曼害怕波波古麗。就和她的丈夫一樣，波波古麗也是多斯特・穆罕默德的直系後裔，她為埃米爾執行外交任務，與部落首領和對手的指揮官談判。波波古麗的女僕接受過使用槍枝的訓練，波波古麗有自己的保鏢騎兵，其中的核心人物是女戰士。[5]

像他的叔叔希爾・阿里一樣，埃米爾阿布杜拉赫曼認定一個國家需要一支專業的軍隊。部落徵兵確實可以打擊外國侵略者，但國王需要一支只忠於他的部隊，以便……嗯，和自己人作戰。在掌權後的三年內，鋼鐵埃米爾建立了一支由四萬三千名雇員組成的軍隊。到一八八七年時，他將這一數字增加到了六萬人。到了一八九〇年，他擁有了超過十萬人的武裝，包括步兵、騎兵和砲兵。每個部隊都有自己的毛拉，在戰場上效力，毛拉們宣揚，如果軍人擅離職守，穆斯林社群就會遭災受難，而這些擅離職守者將在火獄中遭受永久的懲罰。[6]

玩弄槍械是阿布杜拉赫曼年輕時的一個愛好（這很令人驚訝嗎？），一旦他成了埃米爾，槍就成為他的激情寄託。一位法國工程師曾試圖用望遠鏡來打動阿布杜拉赫曼。工程師把儀器朝向天空，說：「陛下請看。透過這個儀器，您可以看到月亮。」

「看到月亮對我有什麼好處呢？」埃米爾大聲說道。「你要是能讓那玩意兒射出子彈，我可能會感興趣。」[7]

埃米爾用英國人提供的槍武裝了他的部隊，但他也在喀布爾及其周圍建立了軍工廠。在阿布杜拉赫曼統治的鼎盛時期，阿富汗平均生產的**槍枝與任何歐洲強國製造的一樣多**，足以讓全國每個成年男子手中至少有一支步槍。[8]但是國王並沒有打算讓他的軍隊以外的任何人得到槍。

儘管阿布杜拉赫曼發動的幾乎所有戰爭，都是針對他自己的穆斯林臣民，但他卻宣稱自己是世界上主要的護教者。以前的阿富汗國王，將他們的權力歸結為人民的意願。例如，阿赫邁德．沙將其統治正當性建立在那場著名的支爾格大會上長老們的投票。相較之下，阿布杜拉赫曼主張他的權力來自於神，就像十七世紀那些宣稱「君權神授」的歐洲國王那樣。藉由揮舞伊斯蘭教的旗幟，阿布杜拉赫曼可以指責反對他的統治的叛亂者藐視真主。

為了支持自己的宗教主張，阿布杜拉赫曼執行了最嚴格的正統法律和最保守的社會規範。阿布杜拉赫曼在清真寺外設立了「道德警察」（*muhtasib*）。道德警察強迫婦女在公共場合遮面，確保男人在規定的時間裡做禮拜，並對在齋月白天裡偷吃東西的人予以鞭打。根據高層的指示，道德警察甚至懲罰在公共場合罵粗話的人。阿布杜拉赫曼藉由與極端的社會保守派保持一致，把自己的立場和長老、毛拉放在了一起——而這些人正是他打算要攻擊和戰勝的階層。

這是阿布杜拉赫曼最為無畏的一場戰役了。他要和國家的整個傳統領導階層面對面地直球對決，讓自己的權威來頂替他們的權威。當我說「長老們」這個詞的時候，我所說的，就是所有那些地方酋長、馬利克（頭人）、汗和大家族的族長，所有人都擁有自己的名望，所有人都是在經年累月中，向自己身邊的人們證明了自己，建立起了威望，所有這些地方領袖的權威都是源自和他們一起生活的人民，以及他們直接打交道的人們那裡。這個階層根本難以打破或是掌控，因為這些長老們只依賴地方的聯盟和隸屬關係。長老們不屬於更大的體系結構。你就算擊敗了他們的領袖，你也無法擊敗這個階層。必須獨自地各個擊破他們中的每一個人才行。這不是一場和一個法律實體或政治實體進行的戰爭：這是一場針對阿富汗文化本身的戰爭。征服這些部落和制服阿富汗的傳統領導層，是不具可比性的兩件事。考慮到阿布杜拉赫曼取得成功的程度，你不能不說這是他最為驚人的成就。

阿布杜拉赫曼是這樣做的。他命令每一個村子、每一個城鎮、每一個城市裡的街區，都要選舉一個人來代表他們和政府打交道，這些人被稱為「卡蘭塔」（*kalantar*）。國王又派出了成千上萬屬於他自己的官員來和這些地方上的卡蘭塔打交道，他派出的這些地方官員被稱為「克托瓦」（*kotwal*）。

卡蘭塔的工作不是讓國王知道人民想要什麼。卡蘭塔負責收稅，執行國王的保守社會法律，並報告他們聽到的任何反政府言論，任何顛覆的跡象，任何可疑活動的暗示。無論卡蘭塔發現了什麼，他們都必須向地方官員報告。從本質上來說，卡蘭塔也成為了國王的密探網的一部分。

卡蘭塔還被要求，要負責記錄誰住在他們的地區，他們住在哪裡，他們擁有什麼，他們的父親是誰。每個阿富汗人都有一張編號的身分證，即 *tazkira*，上面就記錄著這些訊息。除非得到當局的許可，否則禁止旅行。發放旅行許可證是卡蘭塔的另一項職責，但他們必須獲得當地克托瓦的批准，才能獲得許可證。

卡蘭塔們會得到政府的薪資，這就在制度中加入了胡蘿蔔和棒子。卡蘭塔因工作出色而獲得獎勵，這是胡蘿蔔；但如果卡蘭塔沒有完成任務，如果他們沒有告發他們的鄰居和他們的親戚，他們就會被剝奪生計，這就是棒子。

卡蘭塔是有配額的，克托瓦也有。如果一個卡蘭塔沒有告發足夠多的逃稅者、騙子、小偷、殺人犯和各種不法分子，這並不意味著，他所在的地區表現良好；這意味著，他在履行職責時鬆懈了，他的薪資便被扣掉。如果發生了搶劫，而罪犯沒有被找到，卡蘭塔本人必須賠償受害者。

克托瓦也是這條火線上的一員。如果有人偷稅漏稅，而沒有被發現，克托瓦也將面臨懲罰。至少，克托瓦可能迫不得已地從自己的口袋裡補上稅款，但他可能會被關進監獄或是受到更糟的懲處。那些貶斥國王的異見者被發現後，會被縫嘴和／或拔掉舌頭。那些被抓到密謀或進行顛覆的人則會被關進鐵籠子裡，掛在路邊，讓他們在眾目睽睽下挨餓，以示警告。對攔路搶劫者和其他普通罪犯，也給予同樣的懲罰，因此，埃米爾能夠向一位英國外交官吹噓說，阿富汗的犯罪率比英格蘭低。[9] 在阿布杜拉赫曼統治的時期裡，這件事可能是真的。

被判定犯下真正令人髮指的罪行的人，例如謀害國王的人，會被綁在大砲口上，然後開火，把他們的身體炸成碎片（這種懲罰方式，是英國人為了懲罰印度反抗者而首創的）。雖然這其實是一種仁慈的快速死亡方式，但這類場面會在心理上造成深深的恐懼。不過，最令人恐懼的是被稱為「黑井」（*Siah Chah*）的懲罰。我還是把這個細節留給讀者去自行想像吧。

埃米爾也在和另一個難以打破的階級對抗。那就是毛拉和其他神職人員。同樣，這個階層的權力來自社會共識、習慣和傳統。國王無法透過擾亂他們的組織來制服他們——因為他們沒有組織。國王無法摧毀他們的總部或他們的領導人。因為他們沒有總部也沒有領導人。所以，國王以另一種方式對付他們：把神職人員放在他的領薪列表上。

當然，國王並沒有給每個自稱毛拉的人發薪水，只是給那些聽話的人發薪水，並讓埃米爾的克托瓦們相信他們的忠誠。許多毛拉接受了這筆錢，因為他們沒有理由反對國王：國王並沒有反伊斯蘭教，也沒有推動任何冒犯阿富汗文化的社會變革——事實上，國王宣稱自己比任何人都更虔誠，更加堅定地尊奉正統。因此，許多毛拉都被聚攏過來了。為什麼不呢？

一旦毛拉開始靠政府的錢生活，國王就擁有了他們。國王可以強加條件，他也這麼做了。國王宣布毛拉們必須證明，他們真的了解自己的宗教（實際上，這是一個相當合理的要求）。政府官員走遍了全國各地，進行由埃米爾和他的頂級宗教學者設計的測試。全國大約九成的毛拉都沒有通過。這並不令人驚訝：大多數阿富汗人對宗教有自己非常獨特的理解，是古典立法、當地民風、習俗和傳統的結合。即使毛拉（據他們說）真的識字，他們擁有的書籍也很少，而且書籍是很難取得的。

在證明了毛拉們的無知後，埃米爾宣布毛拉必須獲得許可。沒有執照的毛拉不能領薪，任何被發現無證從事毛拉工作的人都將受到懲罰。然而，出於對人民的同情和對真主旨意的敬畏，埃米爾建立了宗教學校，人們可以在那裡學習通過考試所需的知識。那些在首都，在由埃米爾和他的高級官員們監督的宗教學院裡學習的人，不需要參加考試。僅憑他們的文憑就可以獲得執照。阿富汗境外一些著名伊斯蘭大學的文憑，也被接受為宗教能力的證明。

用來將毛拉置於政府控制之下的方法，也被成功地用於拉攏高級宗教法官和法學家——*qazi* 和穆夫提。埃米爾任命一名法官為最高法官，並將其納入內閣，擔任宗教事務部長，有權對所有其他法官的裁決作出裁決。埃米爾還任命了一個委員會，對伊斯蘭教法學的各個流派進行分類，並為阿富汗挑選一個教法學派。遜尼派穆斯林承認有四個正統法學流派，即四個版本的教法，它們都是正統、被認可的。雖然它們在原則上相似，但在細節上有無數的差異。委員會選擇了哈奈菲教法學派（Hanafi School of Law）作為阿富汗的官方法律體系。源自這一版本的伊斯蘭教法的裁決，取代了基於任何其他學派的裁決。

一些神職人員對埃米爾控制他們的企圖做出了抵制。這些神職人員遭到了流放、監禁、拷打或殺害。在整個過程中，埃米爾一直宣稱自己是信仰的捍衛者，是穆斯林中的最強者，這使他可以辯稱，頑固的毛拉們之所以會抵制他，只是出於野心和傲慢，而不是出於宗教原則。

埃米爾的制度依賴於無數的政府雇員，他們都拿著政府薪水：軍隊、國家毛拉、密探、卡蘭塔和克托瓦、省長和官員、縣長和副縣長，更不用說首都的米爾札們了——阿布杜拉赫曼所需要的收入，比以前任何一個國王從這個國家收取的都來得多。阿布杜拉赫曼開始對一切事物徵稅：阿富汗人現在必須支付土地稅、牲口稅和樹木稅；還有種植稅和收穫稅、收入稅和商業稅、貿易稅和旅行稅。在任何商業交易中，賣家都要向國家交納費用，買家也是如此。如果你結婚了——那麼請注意：你需要繳納婚姻稅。如果你死了——那麼，這也要徵稅：你遺留的親屬必須付稅。阿布杜拉赫曼最終獲得的稅收收入，是埃米爾希爾．阿里最後幾年所得的稅收收入的四倍。

國王對稅收永不滿足的需求，使他龐大的卡蘭塔、克托瓦、村莊執法者和密探的機構變得不可或缺。國王需要他們，來確保每個人都在支付他們「欠下的」稅款。埃米爾不能冒險，讓他的克托瓦與當地人勾結起來欺騙他，所以埃米爾建立了一個密探網路，來監視他的密探。各級密探發現有很多情況需要報告，無論國王如何打壓他的人民，人民都會不斷地起身反抗——因為他們是阿富汗人。

密探只是埃米爾可怕的內政部的一個分支。埃米爾的內政部長米爾．蘇里坦（Mir Sultan）專門負責夜間抓人。天黑以後，任何突如其來的敲門聲都會讓人感到毛骨悚然。沒有人知道下一個被逮捕的人是誰，或者誰已經被逮捕了，或者他們為什麼被逮捕，或者他們下場如何。許多人就這樣消失了，這種消失被稱為 *nam-girak*（除名）。

最後，米爾．蘇里坦播下了如此多的恐怖，甚至包括王位繼承人在內的最高法庭官員都希望他能夠停止行動。而埃米爾同意了。米爾．蘇里坦的確是一個很有價值的工具，但現在他是一隻更有價值的替罪羊。有一天，米爾．蘇里坦這個恐怖設計師被叫到法庭上，為自己辯護。埃米爾對他的諮商委員會說：「這個人殺了大約六萬人，我告訴你們所有聚集在這裡的人，我最多只判了其中的十五或二十人。其餘的都是他憑自己的權力和理由而殺的。兄弟們，告訴我：對這樣的人應該怎麼處理？」[10]

謀士們知道這個問題的答案。米爾．蘇里坦被公開絞死了，埃米爾則是藉由從一個怪物手中拯救了他的人民，而向人們邀功。每個人都很高興那據說是最後的怪物被處死，但是大多數人知道，誰才是真正的恐怖之王。埃米爾的監獄表明了這件事。埃米爾的每座宮殿都有一個地牢，在喀布爾市中心附近，建造了一座德赫馬贊監獄，裡面能夠容納九千名囚犯。監獄不斷增加，（根據一些報告的說法）埃米爾曾在喀布爾關押了七萬人——這相當於該城市人口的三分之一。[11]政治異見者、貪腐官員、偷稅漏稅者、騙子、被懷疑不誠實的商人——老的、少的、男的、女的、貴的和賤的，沒有人是例外。

埃米爾最野蠻的戰爭，不是針對其他的普什圖人部落，而是針對其境內的其他族裔群體。哈札拉人是一個說波斯語的什葉派民族，生活在阿富汗中部，在前幾任國王的統治下一直享有很大的自治。他們的自治權在鋼鐵埃米爾的統治下結束了。阿布杜拉赫曼．汗在哈札拉賈特部署了一支十萬人的軍隊，其中包括他自己的禁軍和他召集的部落徵兵。哈札拉人的全部人口可能不超過三十四萬。[12]他們進行了激烈的抵抗，戰爭特別血腥，但戰爭結束後，哈札拉人的力量已經被瓦解。埃米爾曾短暫地將只針對哈札拉人的奴隸制合法化。哈札拉人可以在市場上被買賣，而且貴族們甚至習慣於只是為了表達感謝、表示心意，就將哈札拉人的孩子送給其他的貴族。

阿布杜拉赫曼的最後一次重大戰役，把他帶到了喀布爾東北部的偏遠山谷裡，那裡長期以來一直被稱為卡菲里斯坦（Kafiristan），即「異教人之地」（The Land of Infidels），因為那裡的人們信奉一種萬物有靈論的宗教，用木頭雕刻的圖像裝飾著繁複的墳墓。卡菲里斯坦的五個山谷和眾多側立的峽谷是如此狹窄和崎嶇，自亞歷山大大帝以來，沒有人能夠征服這一地區。埃米爾阿布杜拉赫曼在六個月內征服了它，並將其更名為努里斯坦（Nuristan），即「光之地」（The Land of Light）。隨著這次征服，他將其邊界內的最後一塊領土也納入了他的管理範圍，他也很快在努里斯坦設置了克托瓦和政府的毛拉，就像他的所有其他領土一樣。

阿赫邁德・沙・巴巴在他的巔峰時期，曾是一個大酋長。埃米爾阿布杜拉赫曼・汗並不滿足於做一個任何規模的部落酋長。他著手對於阿富汗社會的國王觀念做出改變，這需要改變阿富汗社會本身。當阿布杜拉赫曼完成工作時，阿富汗已有了一個中央政府，這個中央政府的官僚機構分布很廣，可以在全國各地感受到它的力量，並可以將它推向所有人的生活。

但阿布杜拉赫曼並沒有成功地用新的東西來取代原有的東西。阿布杜拉赫曼可能想創造一個單一的、完整的、同質的、新的社會，但他最終在第一個阿富汗的基礎上創造了第二個阿富汗。毛拉、馬利克、鄉村共和、部落和部落封建主義及其所有的汗和封建王子

（*sardar*，薩達爾）的世界仍然是這個國家最深的根基。在這塊根基之上的另一個有機體，現在開始發芽，並且向它的根基中紮根，這就是政府及其附屬機構，以喀布爾為中心，其神經延伸到各城市，代理人和行政人員遍布全國各地，一個新的社會系統與舊系統相互糾纏和競爭。

這並不是說，每個人都完全屬於一個社會或另一個社會。許多為中央政府工作的人都有親戚在農村。一些出生在封建鄉村共和的人來到了城鎮，進入了官僚機構。阿富汗社會的二元性，在私人生活中被不安地重現出來。

到最後，事實依然存在。阿布杜拉赫曼的代理人無法深入到村莊的中心。他們無法進入家庭院落的圍牆，也無法進入宗族和家庭隱私的隱秘世界，而這正是構成阿富汗生活的主要領域。鋼鐵埃米爾為阿富汗的鬥爭設定了參數，即由中央政府和城市菁英領導的前瞻性變革，與由村莊和國家傳統領導人主導的保守性停滯之間的鬥爭，這場鬥爭不僅對阿富汗本身，而且對外國勢力在下一世紀干預該國事務的企圖都產生了深遠的影響。

第十章
嶄新的開始

埃米爾阿布杜拉赫曼於一九〇一年去世，身後留下了一個在震撼中目瞪口呆、啞口無言的國家，就像被狂風暴雨吹平了的莊稼地一樣。他的兒子哈比布拉（Habibullah）和平地繼承了王位。哇，一位多麼幸福的國王啊！他的父親做了所有的髒活、累活，哈比布拉可以坐享其成。除了享受當國王的樂趣外，他並沒有其他的什麼事情可做。

哈比布拉是一個喜歡享樂的人。他喜歡珍饈美味，所以他在王位上長得很壯實。他也喜歡運動，尤其嗜好騎馬和打獵，所以他並沒有那種醫學定義上的肥胖。他還喜歡女色，所以他娶了宗教法律所允許他娶的四位妻子，然後繼續積累更多的妾室。哈比布拉建立了一個在一百年前，以沙．舒賈的標準而言，可能算是十分正常的後宮，但在這個更接近現代的時代，即使是他最親密的朝臣，也會對這樣成群的後宮佳麗感到不舒服。而且，哈比布拉還不僅僅是擴充妾室。他對所有的女人都很感興趣，還包括其他男人的妻子。他指定每個星期三是宮廷的女士之夜，並指示所有官員帶著他們的妻子和女兒來參加他的娛樂活動。有一次，某位官員拒絕了。他說他毫無保留地為君主服務，但他的妻子卻不擔此任。於是國王把他暴打了一頓。[1]

哈比布拉可以懲罰任何他想懲罰的人，無論有沒有理由。這就是作為一個絕對君主的意義。但哈比布拉並不想要像他的父親一樣做大事。阿布杜拉赫曼所想的是重塑這個國家，讓歷史的進程符合他的意願，所以他把整個村莊、整個部落、整個民族、整個國家的各個部分都剷平了，以期達到他的願望。而哈比布拉只想要玩具和愉悅，他抓住他想要的東西，就像一個被嬌生慣養壞了的大男孩，他是如此養尊處優，甚至對自己的出身和幸運感到理所應當。他可能會給一個惹惱他的人一巴掌，但他並沒有主動去想辦法傷害任何人。何必呢？坐下來吃一頓豐盛的晚餐，然後去後宮逛逛，這要好玩多了。

對於阿富汗的其他地區來說，哈比布拉的統治是一段休養、恢復和復甦的時期。儘管他父親阿布杜拉赫曼在位的二十一年是一段令人背脊發涼的時期，但他的統治給這個國家帶來了富有成效的變化。鋼鐵埃米爾鞏固了阿富汗作為一個緩衝國的地位，使俄國和英國都無法靠近。由於這二十一年的恐怖統治，阿富汗這個國家現在至少可以被治理：國王並不是站在流動的沙堆上了。如果一個強大的國王願意的話，他可以利用這些資產來完成大量的工作。

但哈比布拉並沒有這樣的傾向。他缺乏野心。然而，儘管有這種缺陷，他確實以一種不經意的方式，監督了一些成就。在一九〇四年，哈比布拉的政府建立了阿富汗第一所世俗中學，以這位埃米爾的名字變體，命名為哈比比亞學校（Habibia）。阿富汗有很多 *madrassas*（宗教學校），但在哈比比亞學校裡，男孩們學習數學、地理、英語和烏爾都語。甚至還要學習繪畫、歷史、突厥語，各種科學科目也被加入到了課程表中。哈比比亞學校的畢業生讓阿富汗出現了一個新的階層，一個受過教育的菁英階層，他們有能力發展和管理一個現代國家。埃米爾希爾·阿里曾委託十二位專家為他提供建議。阿富汗如今產生了很多專家，如果國王需要建議的話，他們可以為國王提供建議。

哈比布拉這位埃米爾還從外部世界獲得了任何引起他興趣的設備。在對印度的一次訪問中，哈比布拉看到了電話，這是一個相對較新的發明，所以他為阿富汗引進了一些電話設備。在一九〇八年，哈比布拉建立了從喀布爾到幾個較大的城鎮的通訊線路。他還在該國的主要城市之間建立了電報聯繫。在一九一〇年時，王室政府開始在喀布爾附近建造水電站。很快，首都的菁英階層在每天晚上至少有一部分時間，可以享受電力照明。埃米爾哈比布拉也買了一輛汽車，他的一些特權朋友和親戚也仿效而為之。[2]之後，埃米爾改善了喀布爾周圍的一些道路，這樣他和他的夥伴們就有車可開，也有地方可去了。

這些發展的大部分功勞，必須歸功於埃米爾雇用的一位金融怪才，一個名叫穆罕默德·胡塞因（Mohammed Hussein）的人。穆罕默德·胡塞因與王室宗族沒有關係，但對簿記和商業數學的奧秘卻相當有研究。埃米爾讓這個人成為他的穆斯陶菲（*mustaufi*）——首席會計師和財政官。穆罕默德·胡塞因慢慢成了國王的好夥伴，也成為了這片土地上一人之下萬人之上的權威人士。[3]

財政官胡塞因把國王從他的父親阿布杜拉赫曼那裡繼承來的征服土地，常規化為自己的生意事業，把對這些土地的管理加以官僚體制化，並將那些被征服的人民，有效地納入到一個合理的稅收體系裡。因此，在任期之初，財政官胡塞因就去了哈扎拉賈特巡視，這是哈札拉人的故土，鋼鐵埃米爾曾無情地征服了此地。財政官胡塞因去那裡是為了計算該地區能產生多少稅收。我對於這次出行有所了解，因為他當初隨行帶著他的私人醫生，也就是我的祖父埃努丁（Einuddin）。在那次旅行中，埃努丁在某個地方醫治了一位酋長。酋長為了表示感謝，送給了我祖父一個哈札拉女孩——雖然當時已不能再使人成為奴隸，但已擁有的奴隸仍然可以買賣、交易或送人。這個女孩最終成為了我祖父的第四任妻子，她為他生了五個兒子，其中一個就是我的父親。

這時候的阿富汗相對是和平和安全的（除非你站得離埃米爾足夠近，讓他在胡鬧的時候給你一拳）。因此，在阿布杜拉赫曼時代逃離這個國家的人，紛紛回到阿富汗。其中有一個人很快就成為了埃米爾的首席顧問，也就是 *musahib*，他的五個兒子也一起回去了，即穆薩希班（*Musahibban*）兄弟。這些兄弟中最年長的，也是這群人的領袖，是一個帶著金邊眼鏡的、表情嚴肅、身材瘦高的人，名叫納迪爾。所有五個兒子都在英屬印度長大，並在那裡接受了英國系統的教育。這五個人都受過良好的宮廷禮儀教育。穆薩希班兄弟五人都是堅強、安靜的傢伙，在納迪爾堅定的指導下，他們團結一致，如同一個整體。穆薩希班兄弟與埃米爾有親戚關係，但只是遠房親戚。在多斯特．穆罕默德大帝之前的那一代，這兩個家族已經分道揚鑣了。而今，他們回到了阿富汗，用自己的方式贏得了國王的信任。納迪爾成為了埃米爾軍隊的總司令，而他的兄弟們則獲得了重要的省級職位。他們家的姐妹烏里雅．賈納布（Ulya Janab）嫁給了哈比布拉，幫助他們確保了在宮廷中的地位。烏里雅．賈納布這個有成就的女人穿著歐洲服裝，寫詩，並且能流利地說好幾種語言。在她去世時，她正在將先知穆罕默德第二任繼承人歐瑪爾的傳記從烏爾都語翻譯成達里語。這本書在她去世後完成，並由她的兄弟在一九三二年出版。

另一個回來的人是馬赫穆德．塔爾吉（Mahmoud Tarzi），他是返鄉的流亡者之中最有激情的人。塔爾吉的家人在離開阿富汗時，去了鄂圖曼帝國定居，在土耳其長大的他吸收了青年土耳其黨人（Young Turks）所激起的、令人神迷的革命力量，青年土耳其黨人所掀起的，與其說是一個運動，不如說是一系列的運動，這些運動都有一個共同的主題：**受夠了停滯不前的穆斯林過往！讓我們擁抱未來，擁抱新事物！**並非所有的青年土耳其黨人都很年輕，那些開始時很年輕的人在年老時仍自稱「青年土耳其人」。「青年」並不是指他們的年齡，而是指他們的態度。

塔爾吉把青年土耳其黨人的熱情帶到了阿富汗，他也成為了宮廷中一個不可或缺的人物。他心目中的大英雄和具有決定性影響的人，是激進的穆斯林現代主義者賈瑪魯丁．阿富汗尼，賈瑪魯丁曾輔導過多斯特．穆罕默德的兒子們，並為埃米爾希爾．阿里草擬了一份現代化計劃。一如他的英雄，塔爾吉相信他可以透過塑造君主的思想來改變國家。因此，像賈瑪魯丁一樣，塔爾吉也以教師的身分走進了阿富汗的歷史：他輔導埃米爾哈比布拉的兒子們，希望他們中的一個最終能登上王位。塔爾吉教給孩子們的不僅僅是閱讀、寫作和算術。他在王子們的頭腦中灌輸了關於阿富汗邊界以外的世界的訊息，以及關於未來的遠大夢想。

作為國王的好夥伴，塔爾吉與國王的財政部長胡塞因也關係密切。胡塞因的兒子哈利魯拉·哈里里（Khalilulah Khalil）成為了阿富汗最重要的現代詩人，哈利魯拉小時候曾在塔爾吉那裡學習。在七十年後，當哈利魯拉回想起那些日子時，他還記得，有一天，他在塔爾吉的書房裡玩，看到了他的老師從法語翻譯成達里語的幾本書。他開始讀了第一本，一直讀到把四本書都看得滾瓜爛熟。這些書是《海底兩萬里》、《環遊世界八十天》、《神秘島》和《從地球到月球》，都是儒勒·凡爾納（Jules Verne）的小說。[4]

塔爾吉不僅是一位翻譯家，也是一位作家。塔爾吉實際上是一個筆名，後來成為了一個家族的名字。「塔爾吉」的意思是「文學家」，因為這是一個文學家族，其歷史可以追溯到多斯特·穆罕默德的時代。

馬赫穆德·塔爾吉是個有成就的詩人，但他寫的不是魯米（Rumi）、賈米（Jami）、哈菲茲（Hafez）、安薩里（Ansary）和其他阿富汗詩人寫的那種古典的東西。塔爾吉確實使用了古典形式，並遵循古典的格律規則，但他的詩句中沒有愛和酒的意象，也沒有以飛蛾撲火來比喻對真主的神秘主義的沉浸。塔爾吉的文學是一種不同的浪漫主義文學。他對電報線路、疫苗和鋪有瀝青的街道展開了文學狂想。[5]

塔爾吉創辦了阿富汗歷史上最著名的報紙 *Seraj-ul-Akhbar*，即《消息之燈》，他在報紙上發表世界情勢，以及關於科學和文化創新所取得的突破的文章，也就是那些關於無線電波、天氣預報、疾病的細菌理論、法國大革命及其思想、憲法和政治哲學、心理學的新發現——可以說的太多，已經多到要溢出來了！在此後不久，他的妻子阿斯瑪・雷斯提雅（Asma Restya）創辦了阿富汗的第一份婦女報紙，由她本人編輯，並在城市菁英階層中私下傳閱。[6]

二十世紀初，在喀布爾走向成熟的阿富汗年輕人渴望聽到這樣的想法，他們渴求對廣闊世界有所了解，準備縱身躍入到從未想像過的世界中。也許年輕人總是有這種能量，但這種能量在某些地方、某些時候爆發得特別強烈。從我所聽到過的所有故事來看，第一次世界大戰之前和大戰期間的喀布爾，似乎就是這樣的一個時空。對於喀布爾的年輕人來說，他們的城市一定感覺就像是伯里克利時代的雅典、阿拔斯時代的巴格達、美第奇時代的佛羅倫斯、爵士時代的巴黎。而塔爾吉就在這一切的中心，是一根點燃火焰的火柴。

年輕貴族中的一群人，在塔爾吉身邊形成了一個小圈子，其中沒有人比埃米爾的第三個兒子阿曼努拉（Amanullah）王子更熱衷此道了。這個玩世不恭的王子從來沒有遇到過像塔爾吉這樣的一個父親般的人物：以至於阿曼努拉娶了塔爾吉的女兒，漂亮又善於交際的索拉雅，這使塔爾吉成為了他的丈人。

但塔爾吉和他的追隨者們所推動的潮流，並不是宮廷中唯一存在的運動。埃米爾的兄弟納斯魯拉（Nasrullah）代表了另一種潮流。納斯魯拉已經成長為一位熱心的正統穆斯林。他不屑於他兄弟的懶惰、放縱，但仍耐著性子與之共存。納斯魯拉繼承了他父親的精力，他有時候肯定會對不能繼承王位感到不滿，但他還是忍了下來。納斯魯拉對所有那些阿布杜拉赫曼曾試圖壓制或收編的傳統神職人員，都有一種親切感。納斯魯拉知道，他們既沒有被壓制，也沒有被收編，而仍然在塑造公眾輿論，仍然在塑造農村人民的激情。他們仍然是海洋；政府和其部下仍然只是海浪上的泡沫。納斯魯拉向保守派神職人員伸出了手，讓他們中最強大的人知道，他們在宮廷裡有一位朋友。保守派神職人員反過來也向納斯魯拉保證，他在鄉下也有朋友。納斯魯拉出於宗教原因憎恨英國人，有時建議阿富汗人對他們進行衛教戰爭。在阿富汗屈從於英國的最後日子裡（英國仍然控制著阿富汗的外交政策），納斯魯拉體現出的是最深刻的保守主義姿態。[7]

納斯魯拉沒有正式的工作頭銜，但他有時候表現得好像他就是國王一樣。納斯魯拉曾對一個同伴說，有一天他可能會把哈比布拉放在一邊。但他並沒有這樣做，因為他沒有必要這樣做。納斯魯拉可以靜待時機。哈比布拉的繼承人，他的長子伊納亞圖拉（Enayatullah）是一個無足輕重，隨遇而安的人，在任何可能的競爭者看來，他都不像是做國王的料。

在這個時代，宮廷裡的最大問題是歐陸大戰，這一場大混戰後來被人們叫作「第一次世界大戰」。納斯魯拉和塔爾吉都認為阿富汗應該反對英國，納斯魯拉是出於宗教上的原因，塔爾吉則是出於反帝國主義的熱情。[8]但是哈比布拉說，不，阿富汗必須宣布自己中立。這是很聰明的做法。阿富汗是英國的從屬國，也是俄羅斯的鄰國：它不能站在這些大國一邊。另一方面，同盟國集團的一個主要成員是鄂圖曼帝國，阿富汗也不能對這個地位重要的穆斯林大國宣戰。許多人仍然認為鄂圖曼帝國是哈里發的所在地；反對哈里發，對當地人來說並不是好事情。

此外，在私下裡，英國人知道中立意味著什麼。這意味著阿富汗人可以越過杜蘭線，加入「印度」軍隊，為英國作戰。約有七十萬印度人前往歐洲為英國作戰，其中三分之一是穆斯林，而在這些人中，超過百分之八十來自與阿富汗接壤或跨阿富汗的土地；簡而言之，歐洲有許多阿富汗人。[9]很多阿富汗人參加了第一次世界大戰。在戰爭結束後，埃米爾哈比布拉聲稱對英國人的勝利占有一些功勞，並建議阿富汗也去參加巴黎和會，但英屬印度總督稱這個想法是個荒謬的笑話。[10]

現在我們來看看一個十分神秘的事件，這件事就像是任何一部偵探小說一樣引人入勝。在一九一九年二月底，就在巴黎和會開始之後，埃米爾哈比布拉進行了一次盛大的狩獵探險。對於這樣的旅行來說，二月分是一個奇怪的時間，因為山區仍然被大雪封住，但哈比布拉喜歡冒險。哈比布拉的財政官在賈拉拉巴德停了下來，但埃米爾的隊伍則繼續深入山區。國王離開後（據目擊者稱），財政官收到了一則讓他臉色大變的私人訊息。隨即，他給國王寫了一封信，並把它交給了一個信使。他命令信使穿上黑衣服，騎上黑馬，以便讓國王注意到一個引人注目的形象。他想確保國王馬上看到這封信。但國王正忙於玩樂，於是把信封放在口袋裡，沒有打開。

那天晚上，國王在享用王室的御膳廚師做的烤肉和精緻配菜之後，回到了他的帳篷里，快樂而疲憊。他的總司令官納迪爾．汗（Nadir Khan）——那五個穆薩希班家的兄弟中的老大，正在守衛營地。國王的兄弟納斯魯拉也在營地裡。營帳的東南西北都有衛兵駐守。第五個人——禮薩上校（Colonel Reza），在他的門口放哨。三個人和國王一起進入了大帳，執行埃米爾的睡前儀式：兩個是按摩師，給他揉腳，一個是講故事的人，用奇妙的故事哄他進入夢鄉。[11]

國王剛一開始睡熟，這三個人就溜出帳篷，但他們只走了幾步，就聽到一聲巨響。一個黑影從門口衝了出來。禮薩上校抓住了這個神秘人的胳膊，但無法看清他的特徵。這時，納迪爾．汗將軍和國王的兄弟納斯魯拉跑了過來，幾乎就像是他們一直在附近徘徊，正等待著什麼事情發生一樣。在混亂中，推定的刺客掙脫了束縛，跑了出去，再也沒有人看到他。後來有人說，國王的兄弟和他的手下納迪爾．汗幫助了刺客脫身。當這些人進入帳篷時，他們發現國王躺在地上，心臟中彈身亡。刺客一定是提前就進入了大帳，並在那裡埋伏著。但是，埃米爾的維安怎麼會如此失敗？是否有某個高層人物與之同謀呢？

第二天，納斯魯拉匆匆趕到賈拉拉巴德，宣布自己為埃米爾。國王溫馴的長子站在他身邊，宣誓對他效忠，就這樣放棄了王位。死去國王的二兒子幾天前離開了狩獵隊，說他在喀布爾有事情處理。如果他直接回家，國王被殺時他就會在喀布爾，就會有機會競爭王位，但他在路上病倒了，在某個村莊停下來養病。向首都傳遞暗殺消息的信使一定曾騎馬路過了他躺在裡面呻吟的那個房子。

因此，當消息傳到首都時，只有第三個兒子在現場可以出手——阿曼努拉王子，也就是那個熱衷於現代主義的人。阿曼努拉毫不猶豫地拿下了國庫，指揮軍隊，並宣布大幅加薪以確保軍隊的效忠。而後，阿曼努拉召集城裡的知名人士進行了一次熱情洋溢的演說。他從劍鞘中抽出劍，發誓說：「在我將殺害我父親的兇手繩之以法之前，我絕不讓刀劍入鞘。」[12]

在那個星期的主麻日（星期五），當納斯魯拉前往賈拉拉巴德的清真寺去參加聚禮時，他驚訝地聽到以「埃米爾阿曼努拉」的名義宣講的教義演說。幾分鐘後，阿曼努拉的手下趕來逮捕了他，並指控他是謀殺埃米爾的同謀。阿曼努拉隨後把他父親的高級顧問們召集起來，對他們中任何可能對他構成威脅的人進行了審判。詩人哈利魯拉當時還是個十二歲的男孩，據他轉述，他的父親是被阿曼努拉親自傳喚到法庭接受審訊的人之一。目擊者看到阿曼努拉拿出了一封信，估計是財務官胡塞因在刺殺案當天送給國王的那封信。很顯然，財務官在這封信中說了一些讓他有牽連的話。新國王要求他為自己的話負責。財務官大聲喊道：「是你！殺父弒君的人是你！」[13]

阿曼努拉下令將財政官拖到花園裡吊死。幾個被召來的人被帶去執行這個任務，他們是來自北方的普通農民。當他們中的一個人把絞索套在胡塞因的脖子上時，他的手害怕得不停顫抖。這位曾經不可一世的財務大臣對他嗤之以鼻地說：「我才是那個在這裡要被吊死的人。為什麼你的手在發抖？做好你的工作，孩子們，不要退縮。但是當你們離開這裡時，請告訴全世界，你們是按照阿曼努拉的命令行事的！」[14]

對於一個阿富汗統治者來說，暴力結尾並不是什麼稀罕場面，但是大多數人都是戰死疆場，或者是在戰敗後遭到處決。哈比布拉的死是一場謀殺的謎團。到底是誰下的命令？是誰策劃的？是誰執行的？沒有人知道答案。早期的調查者們懷疑策劃者是納迪爾和納斯魯拉。納斯魯拉有動機，納迪爾有機會。也許，這是他們兩人串通好的。而後，阿曼努拉雖然信誓旦旦說要追捕殺父兇手，可是他實際動手打擊的，只不過是那些對王位有覬覦之心的對手，而不是那些有可靠證據證明和刺殺國王有關的人。事情真的很可疑。

很自然的，在當時，不會有人說阿曼努拉有嫌疑，因為他是國王。當時的質疑只限於納迪爾身上。阿曼努拉下台之後，納迪爾成了國王。從此也就沒有人再對納迪爾表示懷疑了。反過來阿曼努拉則成了很多人口中的幕後黑手。簡而言之，這個謎團與嫌疑人的政治命運交織在一起，這就是為什麼至今也沒人知道到底誰是兇手。但這已經遠離了我們這個故事情節的主線了。

第十一章
進取的國王

阿富汗從來沒有出現過像阿曼努拉這樣的國王。人們說，在阿曼努拉還是個王子的時候，他就經常打扮成農民的模樣微服私訪，在集市上遊蕩，與老百姓打交道——這個故事聽起來十分荒誕，但在我看來，卻很有真實性，這符合他的性格。[1]在阿曼努拉之前的埃米爾們，都與英國人保持了一種不符合人民情感期待的關係。這些王室成員與外國人打交道，接受他們的補貼，並利用他們的軍事援助來控制自己的臣民。阿富汗人曾兩次與英國開戰，每次打勝仗的都是部落和老百姓，而不是王公貴族。阿富汗菁英階層中的人們與英國人相處得十分融洽；而阿富汗街頭的人則十分憎恨他們，希望他們離開。在這個問題上，阿曼努拉和街頭的人們站在一起。

阿曼努拉的導師塔爾吉是個熱忱的民族主義者，他把這種思想傳染給了他的學生。即使新國王不是真心渴望國家獨立，他也可能會利用這個問題，來鞏固自己的地位。不管阿曼努拉的動機是什麼，在一九一九年時，當他一掌權，他就宣布從英國人手中徹底獨立出來。他的臣民們驚訝得合不攏嘴：終於有了一個國王，不是外國人的走狗！

阿曼努拉向印度的英國總督政府發出了一封信，表達了「獨立、自主的國家阿富汗」希望和英國建立良好的關係，這種關係建立在互惠互利的條約基礎上，這個措辭傳達的意涵是對話雙方擁有平等的對話地位。[2]這封天真的信讓英國高層笑得前仰後合，根本懶得動筆回信。

不久，喀布爾又來了一封信，宣布阿富汗正在建立一個由馬赫穆德．塔爾吉領導的外交部。這搧了英國人一記耳光。英屬印度應該才是阿富汗的外交部。這是自從多斯特．穆罕默德以來，英國人對每一位埃米爾提出的要求。印度政府決定用無視他的方式來對付這個新來的。

幾個星期以後，阿富汗新政府致函美國、法國、波斯、日本、土耳其和俄羅斯，宣布阿富汗現在擁有了自己的外交部。這的確是一種挑釁！然而，即便如此，英國人對待阿曼努拉的態度，仍然就像是對待一隻在木板後面唧唧叫的老鼠一樣。

很顯然，阿曼努拉必須做一些更加引人注目的事情。在一九一九年四月十三日這一天，阿曼努拉得到了機會。那天，在印度的阿姆利則（Amritsar），一位名叫雷金納德．戴爾（Reginald Dyer）的英國將軍，命令他的部隊向一群呼籲印度獨立的和平示威者開槍。十分鐘的射擊造成了三百七十九人死亡，一千兩百多人受傷。[3]阿曼努拉抓住這個機會，宣布對英國發動衛教戰爭。普什圖部落熱烈地響應了他的這一呼籲。整個印度阿富汗邊境地區都爆發了混亂。第三次英國—阿富汗戰爭開始了。

至少在人們的印象中，它是第三次英國—阿富汗戰爭，但實際上這並不是一場戰爭。阿曼努拉仍讓納迪爾．汗作為他的總司令，阿曼努拉派納迪爾．汗這位將軍和另外兩位將軍去攻擊英國的邊境哨所。雙方進行了一些沒有結果的小規模交火，沒有領土易手。

然而，英國人擔心，如果敵對行動拖延下去，「那些部落可能會壯大起來。」這是英國人揮之不去的噩夢：部落可能會壯大起來！英國人決定展示他們的致命新武器以迅速結束戰爭：他們派飛機在賈拉拉巴德上空投擲炸彈。驚恐的民眾撤離了城市，賈拉拉巴德在一夜之間變成了一座鬼城。

兩架英國的雙翼飛機——它們並沒有多複雜精密，就像是《花生漫畫》（*Peanuts*）裡的史努比所駕駛的飛機那樣——飛向了喀布爾並投下了炸彈。很少有人喪生，但是我能夠證明這一事件造成的心理影響：在這件事發生的四十年後，當我父親需要知道他的年齡來處理一些文件手續時（具體年齡這件事很難說明，因為阿富汗人並不慶祝生日），我奶奶能夠準確地告訴我父親他的出生時間，那是英國人轟炸喀布爾的前一年。我奶奶記得這件事，是因為爆炸發生時，她正在給我父親餵奶。

炸彈一落下，阿曼努拉就給英屬印度總督發出了信函。他說，戰爭不是解決分歧的辦法，英國人和阿富汗人應該像文明人一樣坐下來談。英國人才懶得費心回信呢。在另一種背景考量下，英國人的已讀不回可能是一種令人沮喪的羞辱，但是阿曼努拉卻能利用這件事來為己所用：他已經和平地提出了申訴，而英國人甚至沒有回覆，這違反了普什圖規則！這些野蠻人到底是什麼做的？這些法郎機人到底是什麼樣的野蠻人？阿曼努拉藉由呼籲國家獨立而獲得了英雄般的地位，透過呼籲衛教戰爭獲得了聖徒般的地位，現在他又靠著呼籲和平和遭到冷落，而獲得了烈士般的光環。他在阿富汗的地位與日俱增。

同時，納迪爾．汗不僅用他指揮的正規軍圍攻了邊境上的一座英國堡壘，還得到了該地區約一萬二千名武裝部落成員的合作。[4] 英國人嬉皮笑臉地看著這些部落成員使用的原始槍枝——直到納迪爾的部隊成功地切斷了他們堡壘的供水。

突然間，英國人才意識到，發生了相當糟糕的事情。消息越來越糟，反英熱情在跨境的阿富汗人中蔓延開來。這就是噩夢成真：部落壯大起來了！在一九一九年，當英國還在為第一次世界大戰付出的代價舔舐傷口，試圖重整旗鼓的時候，英屬印度政府真的想在它面前的盤子裡堆滿部落造成的麻煩嗎？最終導致英國人給阿曼努拉回信的，並不是阿富汗人的軍事勇氣，而是世界歷史的大環境。英國人同意在拉瓦爾品第（Rawalpindi）會見他的代表，並討論條約的條款事宜。

第三次英國—阿富汗戰爭就這樣結束了——一場由幾場小規模衝突、少數人傷亡以及在兩個城市投下四、五顆小炸彈組成的戰爭。這些數目並不算多，但是英國人認為這已經足夠了，因為戰爭使阿富汗人清醒了過來。阿富汗人在乞求談條件。在倫敦，官員們討論了要給阿富汗人施加什麼條件的問題。有些人贊成直接控制這個國家，不過巴黎和會才剛剛結束，伍德羅・威爾遜（Woodrow Wilson）提出的「十四點原則」仍在西方世界上空盤旋。對於「自決」和「小民族」權利的討論充斥在空氣中。占領阿富汗看來一點也不酷。如果要做的話，必須得用「戴上蓋頭」的方式進行。[5] 英國人懷著這樣的念頭，來到拉瓦爾品第。

阿富汗代表團大搖大擺地走進了和談會場，他們彷彿沒有意識到自己已經輸掉了戰爭。英國代表團團長漢密爾頓・格蘭特（Hamilton Grant）帶頭進行了一些有預謀的侮辱，但阿富汗代表團團長阿里・阿赫邁德（Ali Ahmad）巧妙地迴避了這些侮辱。阿里・阿赫邁德在會談中表現出了迷人的、虛實交錯、和解的、冒犯的、咄咄逼人的和富有外交手腕的態度。會談持續了整個夏天。在那幾個月時間裡，阿里・阿赫邁德牽著英國人的鼻子，滿足了阿曼努拉要求的底線——他在外交政策中的獨立性。最後一擊是在談判的最後幾天裡發生的，阿里・阿赫邁德要求在文件行文中把阿曼努拉稱為「陛下」（His Majesty），而不是簡單地稱為「埃米爾」（the Amir）。格蘭特拒絕了這個要求。他說，「陛下」這一尊稱只屬於喬治國王，但他提出了一個妥協方案。不如放棄對君主的所有提及，讓這一條約被記錄為「輝煌之英國政府」和「獨立之阿富汗政府」之間的條約。格蘭特認為他已經精打細算了，而實際上他已經放棄了籌碼。英國以前的所有條約都是單獨與埃米爾簽訂的，而不是與一個恆久的國家簽訂的。只要一個國王死了，所有的承諾就都沒有意義。但當今這個條約是與阿富汗這一個國家簽訂的，無論是誰統治它，而且條約裡使用了「獨立政府」的說法。

更重要的是，格蘭特還向阿里．阿赫邁德另提供了一封信，確認了英國政府放棄對阿富汗外交政策的所有控制，並承認它是一個主權國家。「自由對阿富汗政府來說是一個新玩具」，格蘭特在給國內上級的一封信中解釋說，「他們對此非常在乎和興奮……以後，如果我們處理得當的話，當他們的玩具出現缺口或破損時，他們就會來找我們維修。他們想要外部自由的影子，而不太擔心它的實質。」[6]

當阿曼努拉在喀布爾一座主要的清真寺裡宣布阿富汗獨立時，笑聲停止了，英國特使站在他的一邊，俄國代表在另一邊——這人是一個布爾什維克黨人。英國人意識到阿曼努拉對自己的這個新玩具可能是認真的。兩國之間的最終條約，直到一九二一年十一月二十一日才簽署，但那時阿曼努拉已經與日本、法國、義大利和土耳其等多個國家簽署了貿易議定書和友好條約。

只有一個國家拒絕了阿富汗：美國。阿富汗代表團於一九二二年抵達了紐約，但與此同時，一個荒誕可笑的冒險家也來到了紐約：一個號稱是法蒂瑪．蘇丹娜「公主」的老女人，她是沙．舒賈的後裔。她一身的珠光寶氣，舉手投足像極了每個紐約人心目中，來自神秘東方的泰達．貝拉（Theda Bera）式異國風情。她的珠寶中包括一顆特別大的鑽石，她稱之為Darya-i-Noor（光之河）。她和一個自稱是埃及王儲的一個無賴混混一起旅行——他們就是馬克．吐溫筆下的那種在密西西比河上的漂流客。

讓事情變得更糟糕的是，這兩個騙子自己也成了一個名叫韋茅斯（Weymouth）的美國騙子手裡的受害者，韋茅斯讓他們相信他是海軍部的人，並說他會讓法蒂瑪見到美國總統——韋茅斯只是看上了那顆鑽石。紐約媒體不知道哪個才是真正的阿富汗外交代表團，於是他們選了他們認為更有趣的那個——法蒂瑪公主和她的隨行人員。每天，報紙都在報導她和她的鑽石。那時，國務卿查爾斯・埃文・休斯（Charles Evans Hughes）已經從英國聽說了，阿富汗仍然是大英帝國的一部分，根本不是一個主權國家。因此，真正的阿富汗代表團一無所獲地回家了。韋茅斯得到了法蒂瑪公主的鑽石，而法蒂瑪公主則欠下了一筆酒店賬單，被恥辱地驅逐出境。

儘管受到了美國人的輕視，阿富汗的獨立還是成為了既成事實。阿曼努拉把他的前人們所做的轟轟烈烈的演說內容變成了現實，而且他是透過外交和談判，而不是透過戰爭獲得的。阿曼努拉當時擁有的政治資本，比大多數統治者都要多。他的人民愛他，而他也愛人民。他養成了一個習慣，就是在晚上，把城裡的知名人士召集到一個大禮堂裡，與他們談論擺在阿富汗面前的各種金光閃閃的可能性。阿曼努拉在全國各地巡視，並在坎大哈和其他城市舉行公開的會面，向普通人發表演說。他告訴普通人，要教育好你們的孩子。未來就在他們手中。如果你們的孩子學會了讀書、寫字和學習，阿富汗就會有飛機、電燈和公路。他也向男人宣揚，要教育妻子。沒有婦女的貢獻，一個國家就沒辦法進步。阿曼努拉還說，要善待你們的妻子：就像先知穆罕默德那樣。先知說過，男人和女人是平等的。阿曼努拉勸告他的臣民，要把他的話記在心裡。

阿曼努拉是最民主的絕對君主，如果說這是個矛盾的說法的話，那也就只能如此了。他與他的人民面對面交流，與他們握手，並聽取他們的請求。有一次，在前往南部邊境的旅途中，阿曼努拉堅持要與在那裡修建道路的工人見面，那條道路正穿過艱難的地形，他擁抱了這些社會最底層的人，感謝他們的服務。阿曼努拉去所有這些地方時，都沒有帶保鏢，而保鏢通常是國王和人民之間的過濾網，過去所有的埃米爾都認為保鏢是不可缺少的。而阿曼努拉說：「國家就是我的保鏢。」

回到喀布爾之後，阿曼努拉和他的妻子索拉雅（塔爾吉受過西式教育的女兒）舉辦優雅的宴會。當阿曼努拉用他的願景讓男人們眼花繚亂時，索拉雅則把他們的妻子們聚集在一起，向她們發表類似的鼓舞人心的講話。這對王室夫婦似乎把自己看作是偉大的導師，引導他們的人民走向光明，只不過在他們的態度上，沒有一點宗教色彩。他們是世俗生活方式的化身，正是這種方式使得西方如此強大。

第十二章 國王的法律VS真主的法律

一九二三年，阿曼努拉向全國提出了一份他上任以來一直在編寫的文件。阿曼努拉把它稱為*Nizamnama*，即《秩序之書》。這是他自己發明的一部新法典，有一部分是取自凱末爾（Mustafa Kemal Atatürk）在土耳其頒布的法典，而凱末爾的法典改編自瑞士、法國和義大利法典。光是制定這樣的一部法典，在阿富汗就是一種粗暴的行為了，因為神職人員認為，人不能制定法律。這種特權只屬於真主，而真主已經給了人類必須遵循的法律：伊斯蘭教法。沒有人可以用自己的法律來代替伊斯蘭教法。

阿曼努拉並沒有稱他的法典是伊斯蘭教法的替代品。他乾脆忽略了伊斯蘭教法。《秩序之書》新法典裡的具體規定，與國王創造自己的伊斯蘭教法替代品這一事實同樣具有革命性。阿曼努拉的一些法令令人振奮，但有些法令卻讓人感到不安。

阿曼努拉的法典禁止了酷刑，即使是政府也不例外；禁止強行進入任何私人住宅，即使是政府也不例外；並賦予每個公民對任何政府官員提出貪腐指控的權利——那些在低級投訴中沒有得到伸張正義的人，可以直接向國王提出申訴。他的法典也禁止了奴隸制。到目前為止，一切都很好。

但是阿曼努拉的法典也在阿富汗保障宗教自由，這件事讓神職人員十分驚訝。國王說的「自由」是什麼意思？當然了，阿曼努拉的意思不是說，一個穆斯林只要願意，就可以自由地改信其他的信仰：這直接違反了伊斯蘭教法。但如果不是這樣的話，那阿曼努拉到底是什麼意思呢？阿曼努拉是給予他的臣民們解釋《古蘭經》和《聖訓》的權利嗎？即使是這樣，也直接打擊了這個國家最根深蒂固的機構——神職人員的權力。

接下來，該法典禁止未成年婚姻。女性在十八歲之前禁止結婚，而男性在二十二歲之前禁止結婚。然後是聘金：在阿富汗，想要迎娶女方的男方家庭，通常要向女方的家人支付一筆錢，這筆錢由兩個家庭的男人們協商決定。阿富汗的現代主義者認為，這就等於父親為了利益出賣自己的女兒。阿曼努拉的法典並沒有禁止聘金，但規定了聘金的上限為二十九盧比。而新娘家的要價曾到過一萬盧比。[1]

還有就是「隔離」（purdah）——要求婦女對自己家庭以外的男人戴面紗。阿富汗遵守世界上最嚴格的「隔離」禁忌。阿富汗婦女在公開場合必須穿上一種叫做 *chad'ri* 或 burqa 的袋狀服裝，將她們從頭到腳遮住，只透過一小塊網狀物向外看。阿曼努拉的法典規定，任何法律都不能要求穿這種罩袍。如果婦女願意的話，她們可以穿，但是沒有人可以強迫她們穿，甚至她們的丈夫也不行。這是真正激進的東西。

而且，在這一點上，國王有一些建議。是的，根據確切的定義來說，伊斯蘭教允許一個男人最多擁有四個妻子，但前提是他必須平等對待她們，而實際上，除了先知之外，任何男人都不可能做到這一點；因此，《古蘭經》實際上是不鼓勵一夫多妻制的，國王如是說。阿曼努拉自己只有一個妻子，而他認為一個妻子對任何男人來說都已足夠。*

還有更多其他的激進內容。法典禁止了鞋匠們製作傳統式的、旁遮普風格的鞋子，這種鞋子在腳尖處會上翹，是大多數阿富汗男鞋的標準款式。從此以後，阿富汗鞋匠只能製作西式皮鞋。有鬍子的男人不能在政府裡工作。他們必須把鬍子刮乾淨。政府官員不能穿著傳統的頭巾、長襯衫和寬鬆的褲子來工作。所有為政府工作的人都必須穿西裝、打領帶、戴禮帽。

《秩序之書》就像是一枚炸彈一般在社會中炸開，但阿曼努拉和他的王后卻不擔心。他們對此採取的態度是相信阿富汗人會漸漸學習：他們需要的只是學校。於是，阿曼努拉開始在全國各地建造學校，而且不僅為男孩建造。在新的阿富汗，女孩也將接受教育。第一批學校並非男女合校，但男女合校即將到來。阿富汗已經有了一所公立高中，也就是當初由哈比布拉建立的那所。阿曼努拉又增加了三所。這四所高中各教一門外語，在高年級，科學科目用一種歐洲語言教授。哈比布亞高中和嘎茲高中使用英語，內賈特高中使用德語，伊斯迪卡勒高中使用法語。從這些學校畢業的男生將有能力去德國、法國、英國和美國的大學學習必要的技能，以實現國王和王后對新阿富汗的願景。

納迪爾．汗和他的兄弟們在這個計劃中，看到了災難和機遇。納迪爾．汗已是先前獨立戰爭†的軍事領袖，當時他已經與南部的部落首領建立了牢固聯繫。納迪爾想把自己與這場瘋狂的阿富汗社會轉型中做出切割，從而避免他在農村享有的民眾支持被消耗掉。因為阿曼努拉仍是國王，所以納迪爾十分地小心計算，不能大聲表達他的反對意見，他尋求與英國官員私下會面，表達他對英國的好感和讚賞。納迪爾說，阿曼努拉革命性的熱情可能反映出了蘇聯的影響，而他本人則贊成與英國建立強大的友好關係。暗示，暗示，然後，納迪爾為自己爭取到了一個派往巴黎的外交職位，並安下心來在安全距離上觀察事態的發展。

阿曼努拉的計劃直接來自塔爾吉的教導，但阿曼努拉的做法甚至連他的導師都感到很緊張。塔爾吉勸告他的國王女婿要放慢速度，循序漸進地進行改革，給予人民適應的時間。阿曼努拉和索拉雅則不予理會。他們就像十幾歲的孩子一樣。對他們來說，老人塔爾吉在他的盛年可能有些好的想法，但他現在只不過是一個老古董罷了。阿曼努拉確實把塔爾吉的一個建議記在了心裡。塔爾吉曾告訴阿曼努拉，要向土耳其的凱末爾學習。現代土耳其之父在發起他的改革之前，就已經建立起了絕不受挑戰的軍事權威。塔爾吉建議他的女婿：不要讓改

---

* 阿曼努拉沒有提到自己的第一任妻子，她是包辦迎娶的，而且兩人並未離婚。——作者註

† 即前文提及之第三次英國—阿富汗戰爭。——編者註

革走在軍事準備的前面。在這一點上，阿曼努拉認為他的岳父可能是對的，所以他恢復了他祖父的 *hasht-nafari*，亦即「每個第八人」政策，這意味著國王的官員將出去徵召他們遇到的每個第八人。

阿曼努拉終於走得太過頭了。在城市之外，宗教領袖已經在宣揚國王變成了一個不信道者的說法了。他們說，國王正試圖建立一支軍隊，來執行他不信道的意志。他將進入人們的家中，撕下女人的頭巾，只有真主知道他還會做些什麼。一九二四年，杜蘭線附近爆發了一場部落叛亂。阿曼努拉擊敗了這些叛亂者，因為他的軍隊擁有優勢武器，而且他仍然擁有相當多部落的支持。[2]但是，在勝利之後，阿曼努拉所面臨的是一個進退兩難的局面。

他的困境與阿富汗最傑出的宗教人士有關，這些宗教人士是來自一個家族的兄弟們，被稱為「沙爾巴札的哈札拉提」（Hazrats of Shor Bazaar），意謂「鬧市上的受尊敬者」。「哈札拉提」是一個只賦予最受尊敬的宗教人士的頭銜，意味著學問和研究，但也等同擁有神秘力量和魅力。沙爾巴札的哈札拉提們，不僅僅只有「追隨者」。他們擁有的是數以千計的虔誠信徒。

沙爾巴札的哈札拉提們來自一個被稱為穆賈迪迪（Mujaddedis）的家族，這個詞的意思是「新來的人」。他們在一開始時是阿曼努拉的堅定支持者。在一九一九年的一天，他們中最年長的人在清真寺裡，把王室頭巾戴在了阿曼努拉的頭上，並宣布他是阿富汗國王。但就在叛亂開始時，長兄已經去世，而他的弟弟希爾．阿嘎．穆賈迪迪（Sher Agha Mujaddedi）

已經對阿曼努拉這位埃米爾失去了熱情，因為他反對阿曼努拉的改革。事實上，希爾．阿嘎可能也出力煽動了叛亂。

阿曼努拉無法逮捕希爾．阿嘎，因為他不是某個在山區傳教的孤立毛拉。希爾．阿嘎是一位全國級別的宗教人士，而這個國家對於宗教的重視，超過了對其他事物的重視程度。希爾．阿嘎是如此的受人尊敬，他甚至不能被侮辱，更不能被指控為叛國罪，即使國王也不可指控。因此，阿曼努拉只是會見了這位哈札拉提，並建議他在另一個國家可能會待得更舒服。希爾．阿嘎接受了這個暗示，他去了印度，在一個叫迪奧班德（Deoband）的小鎮附近定居下來。

這是一個不祥的決定。迪奧班德有一所著名的宗教大學，從那裡湧現出了一個被稱為迪奧班迪派（Deobandism）的宗教復興運動。幾代人以來，迪奧班德學校的畢業生一直在印度穆斯林中流動，宣揚伊斯蘭教必須恢復到其原初形式的主張，也就是說，要恢復到西元七世紀在麥加和麥地那的實踐形式。他們的主張不僅是一場宗教運動，而且是一項政治綱領。迪奧班迪派宣稱，由於伊斯蘭教為社會提供了一個全面的模板，穆斯林有責任協助建立一個只受伊斯蘭教法指導的國家，在這個國家裡，除了真主的法律，沒有其他法律。

迪奧班迪派說，為了實現這一目標，穆斯林必須清除異教的實踐方式，例如歐洲帝國主義殖民者所示範的方式。穆斯林必須回到先知和聖門弟子的最初方式。你可能會認為，這種激進分子不會與不信道的英國人打交道；但至少在這一時期，迪奧班迪派更關心他們自己那些不求進取的兄弟，尤其是穆斯林現代主義者們。迪奧班迪派準備與英國人做交易，打擊這個「近處的敵人」（正如奧薩馬・賓・拉登後來所說的世俗穆斯林）。他們相信，一旦他們擊敗了近敵，他們就可以對付更遠的敵人了。阿曼努拉是迪奧班迪派所憎惡的一切的化身，而迪奧班迪派則代表了阿曼努拉所對抗的一切。

在叛亂期間，為了獲得部落長老的幫助，阿曼努拉被迫取消了他的改革計劃。叛亂結束後，他又開始了《秩序之書》的實施。在阿曼努拉進行改革的同時，希爾・阿嘎・穆賈迪迪與他在阿富汗的朋友和盟友保持著密切的聯繫。迪奧班迪派的工作者在杜蘭線上來回穿梭，傳遞著訊息和報告。整個農村的教士和部落勢力都會從流亡的哈札拉提那裡，獲得啟發和指導，鼓動人們反對國王。他們小聲地嘀咕說國王已經成了一個卡菲勒（*kafir*），成了一個不信道者了。阿富汗的陰謀論者們認為，英國人秘密地煽動、推動並資助了這場腐蝕性的運動。

在一九二七年，阿曼努拉決定做出一個阿富汗國王從未做過的事情。即使在他的國家內部出現了所有竊竊私語的不安，他還是決定去歐洲訪問。阿曼努拉把自己的國家交給了攝政王，以私人身分穿越印度來到孟買。在那裡，他和索拉雅王后登上了一艘開往埃及的船。在途中，索拉雅將她沉重的阿富汗面紗換成了一塊只覆蓋下半臉的布。當她戴著這個面紗在開羅登岸時，狗仔隊拍下了她的照片。

阿富汗國王和王后在埃及吸引了相當多的人群，因為他是巨人殺手，是目前唯一一位擊退歐洲殖民國家，並為其國家實現了完全獨立的穆斯林君主。埃及的興奮吸引來了歐洲的新聞報導，並引發了一場喧鬧風波。

但埃及發生的事情在東方也成了新聞。當阿曼努拉訪問了擁有千年歷史、作為伊斯蘭知識界的心臟、那些史上最偉大的穆斯林神學家、學者和聖徒們的母校——愛資哈爾大學（Al-Azhar University）時，阿曼努拉沒有穿傳統的穆斯林服裝，而是穿著灰鴿子顏色的西裝，戴著高禮帽而不是纏頭巾來到清真寺裡做禮拜。教授們皺起了眉頭，教士們咬著嘴唇。阿曼努拉在阿富汗的對手們高興地摩拳擦掌。

從埃及出發，這對夫婦去了義大利。在那裡，一些記者認為，阿曼努拉比他們自己的國王維克多・伊曼紐爾（King Victor Emmanuel）的舉手投足還更加優雅。至於索拉雅，她讓公眾看到了她的臉，而公眾則愛上了她。媒體把這對來自阿富汗的王室夫婦渲染成了童話故事裡的王子和公主。義大利政府不遺餘力地證明，它可以用適當的方式接待這樣一對夫婦。攝影師們不停地按下快門，拍攝照片。

從義大利出發，國王和王后轉去了法國。在那裡，更加狂熱的人群蜂擁而上，因為他們的名氣已經在他們親臨之前就先聲奪人了。法國人絕不允許義大利人超越他們！法國總統親自到火車站迎接這對王室夫婦。當索拉雅踏上月台時，總統低頭鞠躬，握住她的手，殷勤地將嘴唇貼在上面。攝影師們捕捉到了這一時刻。

法國媒體陷入了瘋狂。他們指出，「索拉雅」這個名字聽起來像*sourire*，是法語中的

「微笑」。王后穿著精緻的巴黎時裝參加國宴，哇，她穿得多麼美麗啊！她避開了短裙。她摒棄了當時正流行的短裙（當時是艷舞時代），但她在國宴上穿的晚禮服卻讓她的肩膀裸露在外，而她戴的小面紗，只覆蓋了她的下半張臉，只是一層透明的紗布而已。她的外表贏得了法國人的歡心，同時具有異國情調和精緻，兼具現代和神秘感。

當阿曼努拉和索拉雅抵達德國時，他們受到了搖滾明星般的歡迎。德國的風格不可能與義大利和法國相提並論，他們的德國主人有點手足無措，想知道該如何招待這些不喝啤酒、不吃豬肉香腸的客人。但德國人做了錢能辦到的最好的事情：政府試圖用禮物、貿易協議以及經濟援助的提議來彌補差距。阿曼努拉接受了幾架飛機、一些運輸卡車的承諾和一堆工業機械，包括他建立肥皂廠所需的一切，還有與一家德國私人公司簽訂的貿易協議，這家公司提出了在未來三年內每年購買價值八十三萬盧比的阿富汗青金石的提案。[3]

這一次的巡遊超越了政治，或者說「超越」這個詞並不恰當。這並不是真正的政治，而是娛樂。站在一個有內容的新聞在很大程度上已經被娛樂和刺激取代了的時代回過頭來看，這一點很容易看出來。阿曼努拉和索拉雅是報紙銷量的噱頭。等他們一走，媒體就會挖出另一個新故事，他們就會被忘掉。但阿曼努拉和索拉雅並沒有意識到這一點。他們只知道，他們所訪問的每一個國家，甚至是英國，都在爭相給他們留下印象。阿曼努拉每到一處，都會拿到禮品和援助提議。他怎麼能不開始想，甚至在自己最傲慢的時刻，也許他真的低估自己了？

然而，當這對王室夫婦沉浸在歐洲觀眾的頂禮膜拜中時，攝影師正在為他們拍照；這些照片被刊登在歐洲的雜誌上，這些雜誌被送到了印度，並從那裡被迪奧班迪和哈札拉提的工作人員們帶回到阿富汗。

索拉雅王后裸露著肩膀的照片，在那些山村裡傳來傳去。留著鬍子和戴著頭巾的老男人們目不轉睛地看著照片，他們美麗的王后半裸著身子和外國男人坐在一起，她的半邊臉露在外面，另一半臉只被一條紗質的小紗布遮掩著，顯然，這不是為了掩蓋她的眉目，而是為了讓那些好色的觀眾獲得挑撥的愉悅。女王在那裡伸出她的手，讓某個男人去親！**去親**！而她的丈夫當時就站在**旁邊**！阿曼努拉到底在想什麼？什麼樣的男人會把他的妻子這樣展示出來？阿曼努拉是一個國王還是一個皮條客？

而後是關於他在德國得到的製皂機器的消息，他計劃在喀布爾建造肥皂廠。阿曼努拉在阿富汗山區的敵人知道這一切是怎麼回事。他的計劃是用穆斯林的屍體來製造肥皂。事實上，有傳言說，他計劃要殺死老人，煮煉屍體，用人油來做肥皂，然後打算把肥皂賣給印度人和歐洲人（這個城市傳說的新版本仍在不斷湧現）。

阿曼努拉在歐洲的最後一站是莫斯科。蘇聯政府面臨著兩難的局面。他們感受到了壓力，不能在接待方面被資本主義國家超越，但一個無產階級的獨裁者怎麼能在接待國王時講究排場呢？幸運的是，找到了一個理由。列寧（Vladimir Lenin）本人在發動改革時曾稱阿曼努拉為兄弟，並稱他為亞洲的進步領導人之一，所以對他的到來有些大驚小怪，也許並不違反正確路線。阿曼努拉被蘇聯外交部的低階官員們牽著走；當他們把王室成員從一個公共場合趕到另一個場合時，數以千計的蘇聯人民在街上列隊歡呼。在這裡，就像在德國一樣，宴會不可能像在巴黎那樣華麗，但俄國人確實與阿曼努拉討論了貿易和軍事援助。在歐洲大陸的另一端，英國官員咬牙切齒地看著這一切。

就在這時，在法國過著半流亡生活的納迪爾・汗找到了英國派駐法國尼斯的領事，只是為了提醒英國政府，他仍然在那裡，英國人在阿富汗仍然有朋友，而且這位朋友希望以任何方式提供幫助——順便說一句，他有沒有提到他多麼感謝英國為阿富汗所做的一切呢？

阿曼努拉經過伊朗回到阿富汗。很少有人像他當時那樣滿懷著希望。他自己開車穿過邊境，他的王后就坐在他身邊。索拉雅又戴上了頭巾，但只是勉強戴上而已。這對王室夫婦經過的第一個城市是赫拉特。在那裡，阿曼努拉召集了城裡的知名人士，以孩子般的興奮告訴他們他的偉大旅行。阿曼努拉向他們保證，赫拉特總有一天會像巴黎一樣，但首先必須清除舊的東西。他取笑了被稱作為 Gazurgah 的宗教聖地，它是西元十一世紀的蘇菲詩人霍加・阿布杜拉・安薩里（Khwadja Abdullah Ansary）的墓園，這裡是一個聖潔之地，到這裡尋求庇護的人只要待在這裡就不會受到傷害：沒有國王、軍閥和政府敢把人們從這個地方捉走。阿曼努拉說，那是一堆迷信的胡說八道。他誓言要夷平這個殿堂，把瓦礫掃除乾淨，然後在

那裡建造一些有用的東西，也許是一家醫院。[4]（或者是肥皂廠？）

然而，他的心境已經沉入到憂鬱中了。歐洲多麼神奇啊，而他自己的國家現在對他來說似乎是如此絕望地落後。當他到達坎大哈時，他感到很生氣。全城的人都出來迎接他，他們認為阿曼努拉是坎大哈的兒子，但阿曼努拉卻用野蠻的說教鞭打他們，說他們壓迫婦女，他們懶惰無知，他們的未來永遠不會改善，除非他們振作起來，努力工作，改變他們的生活方式，也就是說，停止像阿富汗人那樣做事，開始像歐洲人那樣做事。改造阿富汗社會的工程呈現出了一種狂熱的緊迫性。這對王室夫婦顯然是生活在雲端夢境裡。例如，他們舉辦了一場舞會，客人們被要求打扮得像路易十六（Louis XVI）的宮廷裡的朝臣一樣。阿曼努拉建造了一些公共公園，並宣布這些公園為「禁止罩袍區」。有一天，當他在那裡遇到一個穿罩袍的女人時，他讓她脫掉罩袍，並放火把她的罩袍燒掉，讓她不得不暴露著身體回家。[5]

那年秋天，阿曼努拉讓人們知道，他已經不再向他的人民妥協了。他的《秩序之書》中羅列的法律將開始生效，並將全面實施。男人不准留鬍子。本地服飾？任何在喀布爾被抓到戴頭巾的人都將被罰款。學校？必須接受義務教育！對女孩和男孩都是如此！而且學校將是男女同校。更重要的是，一百多名男生將被送往歐洲的大學裡學習，而且沒有宗教測試，只有學業資格考試。十名女生也將出國，只不過是去土耳其，而且是學習助產術，但這僅僅是個開始。國王邀請他所在城市的重要女性參加一個特別的聽證會，並告訴她們，如果有任何男人試圖要娶第二個妻子，他希望第一個妻子會開槍打死他。阿曼努拉說，他將親自提供武器。

十月分時，阿曼努拉召集了城裡的約六百名有頭有臉的人物，進行了一場連續了五天的里程碑式的演講。他設立了一個旁聽席，以便索拉雅和一些被選中的女性也能參加。最激動人心的時刻是，他告訴眾人，宗教根本沒有要求女人戴任何的面紗！不需要！他說道。當他發表這一聲明時，索拉雅王后在觀眾席上站起來，戲劇性地扯下了自己輕薄的面紗——這時，其他一些女性也鼓起勇氣，也摘下了自己的面紗。[6]

第十三章 分崩離析

與此同時，喀布爾北部出現了新的麻煩。在一個叫科希斯坦（字面意思是「山地」）的地區，一個引人注目的塔吉克土匪成名了。人們稱他為 Bachey Saqao，即「挑水人之子」。挑水人是最卑微的街頭小販，一個用山羊皮袋賣水的小販（魯德亞德·吉卜林的詩歌〈Gunga Din〉說的就是一個挑水人）。這個來自山地的土匪確實是像大山一樣的人，因為力大無窮而聞名，也令人害怕。有一回在白沙瓦，有一棟房子裡一個巨大的鐵保險箱被盜了，警察立即懷疑是他幹的，因為除了他以外，還有誰能搬走這麼重的東西呢？

他不是一個普通的暴徒，而是一個古靈精怪的騙子。有許多類似於蒙面俠蘇洛（Zorro）的故事的傳說，講述了他如何挫敗警察的計劃。有一次，警察把他困在了一棟房屋裡，但他放火燒了房子，趁著煙霧瀰漫的混亂逃之夭夭。[1]許多人將他看作是羅賓漢式的人物，因為他搶劫富人——那些放款人、商人，尤其是為穆罕默德札伊貴族效勞的政府官員，並且將錢分給家鄉的貧困村民（包括他自己）。[2]

起初時，他獨來獨往，但很快就群聚起了一夥人，他的一夥跟班慢慢發展成了一支小軍團。他的領袖魅力和他強大的小軍團將他從一個公路殺手變成了一個政治威脅，特別是當他宣布自己堅定地忠於當地的穆斯林神職人員的時候，而這些神職人員正與喀布爾的異教徒鬥爭。

在他洗劫了一個政府車隊並帶走了一筆可觀的錢後，阿曼努拉不得不認真地考慮要如何對付他，並與他展開談判。土匪對國王願意與他談判感到受寵若驚，當阿曼努拉提出讓他當將軍時，他更是難掩興奮之情。他已經準備好在虛線上簽字了（假如他能讀會寫的話）。

同樣在此時，一個看似更嚴重的問題也爆發了出來。喀布爾南邊強大的辛瓦里部落（Shinwari tribe）在一九二八年底圍攻了賈拉拉巴德，將其與外部世界隔絕。辛瓦里人控制了進出這座城的道路，阻止了喀布爾和白沙瓦之間的貨物運輸。這就是醞釀已久的反阿曼努拉起事。國王決定以壓倒性的力量迅速作出反應，因此他幾乎派出了所有的軍隊南下與辛瓦里人作戰。

然後他犯了一個嚴重的錯誤。他打電話給負責與挑水人之子談判的省級官員，兩個人對這個無知的土匪冷嘲熱諷了一番，他還真以為阿富汗國王要讓他當將軍嗎？真是個傻子！但國王和他的官員不知道被耍的是他們自己：他們是在共用的線路上交談，而這個「無知的土匪」在電話局裡有朋友，讓他在另一條線路上監聽。當電話結束時，土匪把他的部隊召集起來並宣布他們要去喀布爾一趟。[3]

在通常情況下，一個由幾百名土匪組成的團伙不可能攻占阿富汗的最大城市。光是這樣想的念頭本身就很荒唐。然而，此時此刻，這座城市恰好不受保護，因為阿曼努拉這時無法召回他的軍隊：電話和電報線全被切斷了。

進入喀布爾的道路要經過軍事學院。大多數學生和教師都已逃離，但十八名學生（包括我當時年僅十六歲的叔叔穆札法魯丁〔Muzafaruddin〕在內）留了下來，他們從一個窗口跑到另一個窗口開槍，讓挑水人之子以為有一支軍隊駐紮在學院裡，準備好了要伏擊他。這個詭計沒有奏效很久，但它使土匪和他的軍隊暫停了行動，為阿曼努拉贏得了足夠的時間，使他懷孕的妻子、懷孕的妹妹、他的孩子和他的親近家庭成員坐上了飛機，前往坎大哈的臨時安全地帶。

那時，挑水人之子已經重新對喀布爾發起了攻擊。阿曼努拉懸賞他的人頭，但當阿曼努拉第二天早上醒來時，發現城市裡貼滿了海報，上面大書特書著叛軍懸賞更多的賞金，要取**國王**的人頭：這是一個威脅性的信號，表明他們即使在城市裡也有追隨者。

就在這時，南方的叛軍發出了最後通牒。他們提出了社會保守派的所有常規要求——讓女性容貌不可被外人看見的 **purdah**（隔離）習俗必須恢復，政府必須停止對婚姻的干預，必須降低稅額，必須恢復伊斯蘭教法作為國家的唯一法律……等等，但他們還提出了一些毀滅性的新要求，瞄準的是國王個人：如果阿曼努拉想保住他的王位，他就必須與索拉雅離婚，把他的岳父塔爾吉關進監獄，並把塔爾吉家族驅逐出阿富汗。

這些要求之中還包括最後一個的奇怪要求：國王必須將除英國以外的所有外國使節從阿富汗領土上驅逐出去。一些阿曼努拉的支持者從那時起，就把這一條款視作這場變動屬於大博弈的一部分，是英國策劃推翻埃米爾的證據。根據這一論點，普什圖人部落、迪奧班迪活動家、沙爾巴札的哈札拉提們都是被倫敦主人操縱的傀儡走狗。

英國否認了這一指控，當時英國官員之間的私人信件也支持英國的否認：顯然，這場起義讓英國人措手不及，他們不知道要如何應對這個事態。但是，還有最後一個可疑的情況，它使陰謀論繼續存在。湯瑪斯・愛德華・勞倫斯（Thomas Edward Lawrence，人稱「阿拉伯的勞倫斯」）此時正在白沙瓦，化名為T・E・蕭（T. E. Shaw）。他在白沙瓦的任務很可能與阿富汗沒有關係，但他在白沙瓦的任務是什麼，仍然不得而知。

無論如何，部落的最後通牒擊潰了阿曼努拉的意志。在喀布爾，除了他的私人衛隊外，他沒有任何支持者，甚至他連衛隊都無法信任──這是那個曾經說過「國家就是我的保鏢」的人。在一九二九年的那個冬日裡，他嘗試了一次悲慘的投降。阿曼努拉在風雪中走出來，沒有穿他的西裝，也沒有穿傳統服裝，也沒有穿他的王袍，而是穿了一身普通步兵的單調的灰制服。他在一條城市街道上找到一個擺放觀賞植物的平台，他爬上基座，對路過的市民隨意發表了一個淒風慘雨的演說，放棄了他一直以來為之奮鬥的一切。阿曼努拉說，他將取消女子教育。他將關閉所有學校，宗教學校除外。他將任命毛拉進入他的內閣，廢除他的新法典《秩序之書》，並宣布伊斯蘭教法是國家的法律。至於一夫一妻制，他在這一點上也是錯誤的。一夫多妻制是個好東西。為了證明他說的是真的，他回到自己的宮殿，與住在那裡的十九歲女孩——他的表妹阿麗雅結了婚。

但這麼做也無濟於事了。挑水人之子繼續發動攻擊。一九二九年一月中旬，國王駕著他的勞斯萊斯轎車向西飛馳。他試圖在加茲尼、坎大哈和赫拉特站住腳，但沒有人聚集到他的旗幟下。最後，他和他的岳父以及索拉雅王后直接離開了這個國家。塔爾吉回去了土耳其。阿曼努拉和索拉雅最後到了義大利，他們的朋友維克多．伊曼紐爾國王給了他們提供了庇護。他們離開阿富汗時沒有錢，也沒有工作技能——當時歐洲「當國王」的職缺很少，所以阿曼努拉最終以製作家具為生，過著卑微的生活。在一九六〇年，當他在失去王位三十一年後，在流亡和窮困潦倒中死去時，在阿富汗也沒有任何的死訊公告。

在回到喀布爾後，挑水人之子和他的農民軍隊蜂擁進入位於城市中心的王宮。在一些來路不明的故事中，這些人目不轉睛地盯著那些富麗堂皇的家具，並把室內馬桶當作湯鍋來用。據說他們吃了散落在地上的水果，並試圖將果核吐出窗外，但卻驚訝地看到它們被反彈回來，因為他們以前從未見過玻璃窗。以上是在喀布爾的菁英階層中流傳的故事，關於征服了他們的農民的傳說軼事。[4]

叛亂背後的宗教巨人希爾．阿嘎．穆賈迪迪仍然身居印度。一系列正在發生的事件讓他十分驚訝。他的弟弟古爾．阿嘎（Gul Agha）就在現場，並認為自己可以主張繼承王位。他會見了挑水人之子，為他的效勞表示感謝，並以阿富汗的新埃米爾之姿答應給他一筆豐厚的賞賜。

挑水人之子可不答應。他將成為阿富汗的新埃米爾。他感謝哈札拉提們的服務，並承諾在**他的**新政府中給他們以榮譽職位。在他加冕的那天，喀布爾人才得知他的真名是哈比布拉——與阿曼努拉的父親一樣。為了區別於第一個哈比布拉，他被稱為哈比布拉·卡拉坎尼（Habibullah Kalakani），這個後綴指的是他出身的家鄉卡拉坎（Kalakan）村。

這個新埃米爾可能是一個足夠體面的人。他很敏銳，有強烈的幽默感，而且十分樸實。哈比布拉·卡拉坎尼沒有利用他從土匪活動中獲得的財富將自己與普通人分開，也沒有將自己樹立為一個花哨的軍閥。他很坦率地告訴喀布爾的人民，他需要他們的幫助，因為他不識字。哈比布拉·卡拉坎尼任命了一些過去菁英圈子裡的人進入到他的內閣中。他向英國公使館保證，他們不會有危險：叛亂中的齟齬從來都與英國人無關。[5]

然而，作為國王，這個可憐的人卻陷入了困境。哈比布拉·卡拉坎尼用他能想得到的最簡單的方法來鞏固他的聲望：廢除所有的稅賦，只有伊斯蘭教法批准的慈善天課除外。在他的家鄉，這就是每個人對政府的要求：不收稅！。但很快，哈比布拉·卡拉坎尼意識到自己需要從某個地方獲得收入，所以他試圖從那些靠人民生活的寄生的吸血者身上榨取收入。在他的家鄉裡，所有人都知道那些人是誰：富商、放債人和政府官員。他把實際的稅收工作留給了他那同樣不諳世事的左膀右臂們，後者發明了新的方法來折磨、恐嚇和殺人。這些方法產生了一些收入，但沒有新國王預期或需要的那麼多。[6]

與此同時，新埃米爾頒布了他自己的社會立法計劃，它是阿曼努拉改革的反面投射。哈比布拉・卡拉坎尼廢除了女子教育。他規定女性出門必須穿罩袍（burqa 或 *chad'ri*）。在沒有男性陪同的情況下，女性被禁止在公共場合外出，即使是穿著罩袍也不行。根據法律，男人現在必須留滿鬍鬚，任何被發現穿西服或戴禮帽，而不戴纏頭巾的男人都將被罰款、毆打，或兩者兼有。

從一九二九年一月到十月，「挑水人之子」哈比布拉・卡拉坎尼試圖統治阿富汗。他滿足了提交給阿曼努拉的部落最後通牒中的每一項要求。他盡可能地用宗教的外衣把自己包裹得嚴嚴實實。可是一旦他成為國王，這些就都不重要了。突然間變得重要的是他的族裔和階級。他是塔吉克人，而不是普什圖人；他是一個挑水工人的兒子，是最底層的苦力，而不是某個貴族後代。普什圖人的部落勢力看著他，覺得很丟臉。

阿富汗的馬基維利出手的時機已經成熟。阿曼努拉倒台後不久，穆薩希班家的兄弟中最年長的兄弟，納迪爾・汗，離開了巴黎一路向東進發，當他抵達白沙瓦時，他就像是列寧到達芬蘭車站時那樣大張旗鼓。他的兄弟們在那裡聚集到了他的身邊。在接下來的幾個月中，納迪爾・汗與他在一九一九年抗英戰爭中結識的部落首領們進行了接觸。他喚回了那些記憶，將自己——而不是阿曼努拉，當作為阿富汗贏得獨立的人，這是一次對歷史敘述的巧妙改寫。納迪爾・汗正是各部落一直在尋找的人：一個強大的**保守派**軍事英雄，與英國人有良好的關係，並且擁有可追溯到多斯特．穆罕默德．汗時代的王室血統。

穆薩希班家的兄弟們率領部落軍隊彙集到了喀布爾，他們易如反掌地把挑水人之子趕走，哄騙他參加談判，一靠近就把他抓住，在王宮的院子裡把他吊死了。這段故事也就到此為止了。

納迪爾．汗隨後召集了支爾格大會，就像批准了阿赫邁德．沙稱王的那場部落大會一樣。他告訴長老們，他來到阿富汗不是為了自立為王，而是為了將國家從毀滅中拯救出來。阿曼努拉的少數支持者仍抱著希望，認為這意味著他會恢復阿曼努拉的地位，但納迪爾．汗甚至沒提那個被廢國王的名字。納迪爾．汗說，無論國家選擇誰，他都會效忠那個人。

就在這時候，似乎是自發的，大廳的許多地方都發出了聲音，人們呼籲納迪爾．汗接受王位。他兩度面色羞紅，拒絕了這一榮譽，但第三次時，他說他會向國家的意志低頭，並謙虛地勉強承擔起作為國家絕對主宰者的重任。[7]

就這樣，在一九二九年年底，就在紐約股市崩盤引發西方經濟大蕭條的兩個星期前，阿富汗的一個新時代開始了。

第三篇

喀布爾規則

阿布杜拉赫曼為期二十一年的統治，被證明是阿富汗歷史的一個轉折點。他確定了國家的邊界，但更為重要的是，他和英國人達成了一項協議，使外部勢力無從進入。在獲得了喘息空間之後，阿布杜拉赫曼開始著手建立一個完全由他來直接掌控的單一國家，這一切都從喀布爾開始。然而，他所創建的國家是第二個阿富汗，還有一個第一個阿富汗，第二個阿富汗要與第一個阿富汗展開競爭。這位埃米爾的阿富汗是一個由城市、省、區、市長、監察員、文官、行政人員、技師、政府支付薪水的教士、一個龐大的密探系統和一支國家軍隊組成的矩陣。在這個網絡下，第一個阿富汗繼續生存和呼吸，這個舊的阿富汗是一個由農民、封建領主、部落首領、草根宗教人士、遊牧民和遊牧酋長、自治鄉村共和、部落游擊軍隊組成的有機生長出來的網絡。

這兩個社會在剛剛發展起來時，就已經開始分化了。和外界打交道的喀布爾城市菁英階層吸收了來自西方的文化元素——思想、時尚和夢想。在他們中間產生了一種雄心壯志，要讓阿富汗向新科學、新技術以及讓西方如此強大的新思想展開心胸，從而確保讓阿富汗人也能享受同樣的繁榮、富足、舒適，以及西方社會能享受到的種種便利。

但是另一個阿富汗——那個由鄉村共和、封建領主、部落首領和保守神職人員組成的農村世界卻抵制這種誘惑。在和外界文化影響隔絕的情況下，他們對英國人和他們的文化感到反感，他們警惕地擁抱舊有的價值觀，擁抱不受打擾地自行其是的奢侈。喀布爾和舊有的阿富汗之間發展出了一場文化的拉鋸戰。它們把這個國家向著各自的方向拉得越來越遠，先是這邊占上風，然後是另一邊占上風。對許多阿富汗人來說，阿曼努拉的改革標誌著向最令人震驚的極端方向轉變。但是，挑水人之子上台的反擊，讓這個國家受到了創傷和驚嚇。一旦恢復了秩序，新王朝就有了自己的待辦事項：阿富汗社會的矛盾亟待解決。西方勢力仍然籠罩在這個國家上空，統治階級仍然渴望把阿富汗拉入到現代世界，但是如果舊的阿富汗所珍視的東西發生了改變的話，它仍然會爆發出反抗的力道。在接下來的五十年裡，引導這個國家穿越這些丘壑，成為了阿富汗統治者的基礎工程，這一探索促進了喀布爾的主導力。

第十四章

風暴之後

起初，納迪爾．汗看起來就像是令人生畏的鋼鐵埃米爾翻版。納迪爾．汗宣稱自己是舊阿富汗的支持者。他發誓要保護傳統的部落社會，並捍衛賦予其統一性和目的性的宗教。他的言詞使教士和封建地主們認為，他將剷除阿曼努拉改革的所有痕跡。他的第一個決定是把婦女送回到櫥櫃裡，並部署宗教警察在街上巡邏，就像阿布杜拉赫曼時代那樣。納迪爾批准了封建地主的財產，並宣布哈奈菲學派的伊斯蘭教法是國家法律：任何裁決都不能取代它，任何法典都不能與它競爭。[1]

實際上，儘管表面看來和阿曼努拉不同，但納迪爾．汗和他的兄弟們也是現代化的。他們對阿富汗的最終願景與阿曼努拉的願景並沒有太大的區別。他們只是對如何實現這一目標，有著不同的想法。對他們來說，關鍵詞是謹慎。變革會到來，但變革將是深思熟慮的、緩慢的，並得到嚴格管理。穆薩希班家族從阿曼努拉的生涯中吸取了教訓。他們明白，成千上萬的傳統領袖在阿富汗仍然擁有決定性的影響力。農村、封建世界仍然是主體，城市只是一小部分。穆薩希班家族決定把神職人員和長老當作夥伴——並同時削弱他們的權力。

納迪爾・汗自己並沒有做太多這樣的事。他只統治了四年。他不得不將他在位的大部分時間花在確保他的王位上。阿曼努拉仍有追隨者，其中一些人痛恨納迪爾・汗，認為他是篡位者和英國人的走狗。查爾黑（Charkhi）家族與阿曼努拉的關係特別密切，他們似乎構成了最大的威脅，因此納迪爾・汗採用自從阿布杜拉赫曼的時代以來未再出現的無情方式摧毀了他們。他讓查爾黑家族的族長在沒有任何指控的情況下，遭到逮捕並被處決；讓家族的最高層成員在他的注視下被毆打致死。[2]

阿曼努拉的效忠者進行了反擊。一名阿富汗學生在德國暗殺了國王的弟弟。六個月後，納迪爾・汗出席了一個為學業成績優異者舉行的中學頒獎儀式。獲獎者之中的一個男學生正是我的父親，他當時正在讀十年級。另一個獲獎者是一位查爾黑家族的男生，我父親曾和這個孩子在放學後一起踢足球。在那個星期，這個男孩吹噓說，他很快就會射出一些會被歷史記住的球。我父親以為他指的是在球場上的射門。第二天，在儀式上，當國王到達時，我父親目睹了這個男孩走出隊伍，開槍把納迪爾・汗射死。國王的三個倖存兄弟進行了報復，處決了所有查爾黑家族的成年男性成員，並把家族的所有婦女和兒童關進了監獄。[3]這一切聽起來很糟糕，但事實比聽起來更加糟糕。到了一九三四年時，鬥爭已經結束，阿富汗進入淒涼的死寂狀態，通常被委婉地描述為「穩定」。

在納迪爾．汗被暗殺後，前所未有的事情發生了，換句話說，司空見慣的事情沒有發生。已故國王倖存的親屬，並**沒有**在一場野蠻的自相殘殺的權力鬥爭中把國家拆散。各部落**沒有**起義，其他族裔團體也**沒有**試圖脫離。反之，納迪爾．汗的兄弟們將他十九歲的兒子札希爾．沙（Zahir Shah）扶上了王位，他們都向札希爾．沙宣誓效忠。兄弟中最年長的人擔任首相，負責實際的統治工作。其他兄弟擔任了重要的內閣職位：國防和外交事務。下一級的親屬和親信獲得了下一級的政府職位。在接下來的四十四年裡，國家的真正統治者不是一個人，而是一個家族，這個家族就像一台運轉良好的集體機器一樣。一位首相下台，就會有統治家族中的另一位成員接替他的位置，但是，如果說這些變化反映了幕後的權力鬥爭的話，從外面看至少並不明顯。在公眾眼中，家族在私人會議中，以協商一致的方式做出決定，並向世界展示了天衣無縫的形象。

沒錯，札希爾．沙是個有名無實的人物，但他也是個重要的人物，是一個執政集體的重要組成部分。有札希爾．沙在前面，他的臣民可以感覺到，他們是被一個阿富汗人的優雅化身所統治的。掌握權力需要殺戮、破壞和折磨，所有這些恐怖的事情都發生了，但公眾並沒有把這些恐怖的事情與國王聯繫起來，相反地，國王成了一個受人愛戴的人物。

人們總是看到國王穿著無可挑剔的西裝，或完美剪綵的軍裝。如果說國王真的穿過本土的傳統服裝，拍過照片的話，我也從來沒有見過。他的畫像出現在每個公共辦公室的牆上，和每個小學教科書的封面上，但是，一旦他達到三十五歲左右的成熟年齡後，畫像就不再衰老。真正的人變得蒼白了，頭髮掉了，有皺紋了，但國王的紙面形象卻永遠年輕。

在接下來的四十年裡，偶爾會有一些部落造反，此時，統治家族就會露出尖牙。最初，統治家族建立了一支全國任何勢力都無法抗衡的軍隊。更重要的是，當一個部落造反時，其他部落仍然會站在王室政府一邊，因為穆薩希班家族並非簡單的暴君，而是手腕高超的政治家，他們了解阿富汗文化中的細微差別和規則，用外交手腕和武力來維持國家的團結。有時，一個持不同政見者會從阿曼努拉的輝煌歲月中獲得靈感，向政府發射出一枚關鍵砲彈，但他很快就會消失在某個秘密的地牢裡，因為穆薩希班家族恢復了阿布杜拉赫曼的密探網和他的秘密警察系統，而且他們在認為有必要出手時，就會毫不猶豫地使用它。

在大部分的時候，穆薩希班家族結合了殘酷的鎮壓、文化的優雅、國家內部的外交手腕，使阿富汗在一九三〇年代的剩餘時間、整個四〇年代和五〇年代，以及直到六〇年代末，都保持著令人讚嘆的安定。

在這幾十年中，農村的生活又恢復到了以前的正常狀態，也就是阿曼努拉時期動亂之前的狀態。政府仍在徵稅，並在每個地區派駐官員，但政府或多或少不干擾農村的權力結構，並表現出尊重長者、敬重神職人員和尊重部落自治傳統的樣子。他們還讓遊牧民沿著他們的老路線自由地漫遊，不受邊界線的限制。

最重要的是，政府放棄管轄每個家庭內部的家務事。每個人的家就是他的城堡——這就是官方的態度。那些想把自己的幼子與表妹還沒出生的女兒訂下親事，並在女孩進入青春期後立即完成婚約的父親是可以這樣做的，政府有什麼資格說不行呢？想在自家院子裡喝威士忌的人可以這麼做，只要他們在公共場合不散發出酒味就行了。他們的家庭可能會制裁他們的行為，但他們在家裡做什麼與政府無關。簡而言之，新王朝不僅尊重而且執行了阿富汗文化傳統中的公私分離。

毫無疑問，穆薩希班家族的君主制是一種暴政，但這種暴政是為西化發展方向服務的。政府一直牢牢控制著鎮壓的槓桿，並向被束縛的群眾及其極端保守領袖人士提供各種保證，然而從一開始，政府就在不停地循序漸進，將國家改變成一個現代國家。

納迪爾在去世之前，曾制定了一部憲法。這是一份極其保守的文件，賦予了王室絕對的控制權，並使神職人員和大地主的權力正當化，但這份文件確實是一部憲法，它至少培植了這樣的理念：即使是國王，也要受一些法律架構的約束。

納迪爾還建立了一個類似於議會的機構——*Shura-i Milli*，也就是國家諮議會。這個機構的某些成員是由穆薩希班家族任命的，其他成員則是家族選定的候選人，在其所在地區無異議地「獲選」。諮議會的職能只是為政府的決定蓋上同意的橡皮圖章，但至少諮議會植下了民主的外在形式，此形式是一個可以在之後填補上內容的外殼（而且確實被填補過）。

王室關閉了阿曼努拉建立的大部分學校，但慢慢地又開放了這些學校。學生人數從阿曼努拉時代最高的八萬三千人，下降到了納迪爾時代的四萬五千人多一點，[4]但至少王室培養了現代教育的理念，並認為這是一件好事。的確，這些政府學校的學生學習《古蘭經》、

《古蘭經》誦讀法、神學和阿拉伯語語法——這讓神職人員無法提出任何抱怨，但學生們也學習數學、物理學、化學、生物學、歐洲語言、地理、繪畫和世界歷史，這是一套完整的世俗課程。

王室家族甚至為女孩建立了幾所小學。當這些學校沒有引起反對聲浪之時，其中一所學校被允許發展成為一所女子中學，名為馬拉拉伊（Malalai），以紀念邁萬德戰役中的女英雄。貴族家庭的女兒在那裡與來自不那麼顯赫家庭的女孩同在一個屋簷下學習。當這所學校沒有掀起大波瀾的時候，第二所女子中學札爾古納（Zarghuna）設立了，之後又有更多的女子中學出現。

這些學校孕育出了阿富汗婦女運動的領導者，此運動將在接下來的四十年裡不斷發展壯大，這些領導人包括庫布拉·努爾札伊（Kobra Noorzai），她在一九六五年被任命為衛生部長，成為第一位獲得內閣職位的阿富汗女性。另一位明星學生是馬蘇瑪·埃斯馬蒂（Massouma Esmatey），她後來寫了一本具有里程碑意義的書——《阿富汗女性在阿富汗社會中的地位和角色》（*The Position and Role of Afghan Women in Afghan Society*），並曾一度擔任教育部長。

王室家族延續了阿曼努拉的政策，每年從喀布爾的高中選派四、五個最優秀、最聰明的男孩去歐洲和美國的大學深造。沒有人提到阿曼努拉是這個做法的先驅。

我的叔叔納吉姆丁（Najmuddin）是第二批出國的學生之一。他進入了美國的塔夫茨大學（Tufts University）並成為了一名牙醫；但當他回到阿富汗開設診所時，王室和貴族們堅持不經預約就隨時來看診，這讓我叔叔非常生氣，他關閉了診所並選擇退休。最後，為了不完全浪費政府在他身上的教育投資，政府把他聘為了教育部顧問，在這個職位上，納吉姆丁為政府學校編寫教科書，並出力把《大英百科全書》翻譯成了波斯語和普什圖語。

在一九三〇年代初，另一位被派往國外的學生是一位心懷不滿的塔吉克知識分子，名叫哈馬德．安瓦爾（Hammad Anwar）。他娶了一個美國女人，並把她帶回了阿富汗。她堅持要隨時拋頭露面，並拒絕穿戴罩袍，這使她的丈夫與王室發生了衝突；最後，為了他們自身的安全，這兩人溜出了阿富汗，再也沒有回來：又一筆獎學金就這麼浪費掉了。[5]

納迪爾遭到暗殺，讓王室非常震驚，王室暫停了幾年的獎學金計劃，但在一九三七年，每個城市裡最優秀的五名高中畢業生再次被送往國外，根據他們所學的外語，送往德國、法國、英國和美國學習。我的父親那年從哈比布亞高中畢業，他和他的四個同學被派往了美國。首相警告這些男孩不要和任何外國女人混在一起，但我父親違反了禁令，在芝加哥和我母親結婚了。政府取消了我父親的獎學金，叫他回國，但我父母一起回了阿富汗，並在那裡度過了接下來的二十年。另外四個人中有兩個人最後也娶了美國女友，另一個人娶了一個在美國唸書的印度女人。他們都帶著他們的外國妻子回到了阿富汗。政府決定忽略這些婚姻帶來的干擾，因此這些丈夫都堅持留在了阿富汗，進到政府裡工作，並為國家的發展做出貢獻。藉由放寬阿富汗人和外國人之間的婚姻限制，政府能夠從獎學金計劃中獲得一些好處，使得阿富汗在加入二十世紀的整個世界方面又邁出了一小步。

在法國人的幫助下，阿富汗在一九三二年建立了一所醫學院，這是喀布爾大學的萌芽。在三〇年代的後期，從國外歸來的學生組成了新的院系——工程學院、科學學院等等。我父親領導了文學院，並教授心理學和教育學課程，這是他作為研究生的學習領域。慢慢地，喀布爾大學成長為一個成熟的學術機構。

從政府的角度來看，中學教育不僅是培養受教育勞工的工具，更是創造民族團結的機制。每所學校的每個孩子都必須學習普什圖語，因為王室家族已經宣布普什圖語是國家語言，不過，有一半以上的公民並不會說普什圖語。選擇普什圖語是因為它是統治部族的語言，也因為它有助於王室鞏固南部和東南部鄉間強大部落的聯繫，而這些部落都只說普什圖語。王室宗族的菁英成員在說達里語的喀布爾長大，因此他們中的許多人已經不再使用普什圖語了，他們不得不在學校裡學習普什圖語。憲法將達里語列為第二種國家語言——這是對最多阿富汗人實際使用的語言的一種安慰。

阿曼努拉曾經設立了一個在夏天結束時慶祝的全國節日，名為 *Jeshyn-i-Istiqlal*，即「獨立日」。王室家族恢復了獨立日，將它作為建立國族意識的又一工具。王室把獨立日變成了為期一週的節日，以政府主辦的娛樂活動為中心，其中最大的活動在喀布爾舉行。每年八月，來自全國各地的阿富汗人都要在首都匯聚一堂，享受獨立日的刺激和歡樂。他們在節日場地上，除了能看到札希爾・沙國王的海報外，還能看到他的父親納迪爾國王的照片，納迪爾透過圓形眼鏡望向遠方，是一個沉穩、嚴肅的學者形象。納迪爾是為阿富汗贏得獨立的人，國家之父、民族英雄。阿曼努拉的名字則從未被提起，他的形象也不會在任何地方出現。阿曼努拉就像是一個從來不曾存在過的人一樣，儘管他還在義大利的某個地方活著，正在做家具。慢慢地，慢慢地，阿曼努拉從這個國家的集體記憶中消失了。

阿曼努拉曾經創辦了一家廣播電台；而今，王室家族將喀布爾廣播電台重新投入使用，並開始向每一個能夠擁有收音機的阿富汗人播放音樂和政治宣傳內容（作為新聞）。即使是農村的阿富汗人也為擁有如此現代化的廣播電台而感到自豪。沒有人提到阿曼努拉建立了這個機構。這是新王朝的功勞。

在哈比布拉和阿曼努拉的統治時，阿富汗誕生了一批資本主義企業家；在納迪爾和他的兄弟們的統治下，其中實力最強勁的企業家們，已經發展到了巨頭的規模。阿布杜·馬吉德·札布里（Abdul Majid Zabuli）最初是一個棉花商人，後來成為棉花大亨。他獲得了食用油貿易和國家運輸的壟斷權，並且很快積累了足夠的資本來建立自己的銀行，這使得私人工業發展成為了可能。在一九四〇年代，阿富汗企業家們建立了加工棉花、製造紡織品等產業的工廠。誠然，所有新的工業都被政府嚴格控制著；而且，為了創業，人們需要許可證；為了獲得許可證，人們需要人脈關係；為了活化這些關係，人們需要與王室家族成員分利，以獲得利潤份額——是的，所有這些都是事實，但至少工業發展的涓涓細流的確開始了。

在一九四六年，阿富汗的首位駐美國大使哈比布·塔爾吉（Habib Tarzi）向哈瑞·杜魯門（Harry S. Truman）總統遞交了國書，阿富汗也加入了聯合國。同年，塔爾吉訪問了一家位於舊金山的工程和建築公司——Morrison Knudson，該公司曾帶頭在科羅拉多河上建造胡佛大壩。塔爾吉與這家公司會面，提出了一個大膽的計畫。

當時，阿富汗的資金很充裕。在第二次世界大戰期間，藉由堅持中立，阿富汗能夠向各方出售其產品。阿富汗的堅果、水果和食品都流向了印度，以供應部隊。卡拉庫爾羊毛在美國的銷路非常好，部分原因是轟炸機飛行員夾克上的皮毛就是用這種材料做的。交戰國用現金支付，因為它們沒有任何東西可以出口，交戰國的經濟已經完全用在了戰爭上。因此，阿富汗賣得很多，買得很少，因此在戰爭結束時，阿富汗正處於一個很好的地位，有很多錢可以花用。

統治家族有一個花掉這些現金的計畫。赫爾曼德河是這個國家最大的河流，它流經其最平坦的地方，王室認為，如果這條河的河水可以用來灌溉貧瘠的平地，就可以讓沙漠開出花朵。美國加州就是這樣做的，他們修建了胡佛大壩，利用科羅拉多河的水流灌溉帝王谷，把沙漠變成了肥沃的農業區。

現在哈比布・塔爾吉想知道 Morrison Knudson 公司是否會考慮在阿富汗建造幾座大壩和一個運河網，費用為一千萬美元。這家舊金山建築公司說他們會試一試。於是他們和這個中亞國家成立了一家聯合公司，即莫里森—諾德森阿富汗公司（Morrison Knudson Afghanistan, MKA）。美國工程師、菲律賓建築技術人員和阿富汗行政人員搬到了赫爾曼德山谷，展開了他們的工作。阿富汗政府建造了兩個名為查因吉爾（Chainjeer）和拉什卡爾加（Lashkargah）的小鎮來安置他們的工作人員。

在二戰剛剛結束的那段時期裡，樂觀主義正瀰漫在喀布爾和整個阿富汗的上空。巨大的變化擺在面前，究竟是什麼變化呢？沒有人知道。但可恨的英國人已經失去了他們的大英帝國，而世界上最強大的兩個國家，蘇聯和美國，為了征服希特勒，已經組成了一個聯盟。有了這兩個大國的合作，一個世界和平與繁榮的時代現在肯定會開始，而阿富汗可能是這一切的一部分。

為了適應這個幸福的時代，阿富汗王室家族決定改弦更張。首相哈希姆．汗（Hashim Khan），一個狠角色，下台了；他的兄弟，更親切、更溫和的沙．馬赫穆德（Shah Mahmoud）掌權了。一個兄弟替換另一個兄弟的過程中沒有出現一絲麻煩。

這不是一場政變，甚至也不是一場政權更迭；這是一次公關行動：統治家族決定向國家展現出一個不同的面貌。新首相取消了對言論自由的限制，釋放了許多政治犯，並發起了新國會的選舉——國會不僅僅是作為橡皮圖章。王室家族仍將任命上議院的成員，但現在也會有一個下議院，其成員將由人民在真實、公平、自由的選舉中選出。至少，理論上就是這樣。

新國會在一九四九年召開了第一次會議。其中一些成員是留著鬍子、戴著纏頭巾的保守派人士，但有也有四、五十人屬於新興的西化現代主義者。其中一些是自由主義知識分子，他們相信王室對於議會擁有真正權力和責任的說詞。國會議員召集內閣成員來到下議院中向他們解釋預算的使用情況。議員就腐敗和裙帶關係等敏感話題提出了挑戰性的問題。內閣部長們都是國王本人的親戚或助手，他們不喜歡這些來自無名小卒沒大沒小的詰問。

與此同時，自由派知識人正在發行私人出版物，他們在這些刊物中暢所欲言，因此王室家族開始緊張起來。當王室談及「言論自由」時，這個詞的意思是人們應該自由地以任何的方式讚美王室。此外，在這些新的出版物中，王室看到了危險政黨的種子，和令人擔憂的政治野心暗流。

與此同時，到一九五三年的時候，赫爾曼德河谷的工程計畫遇到了麻煩。每項工作都耗時太長，成本太高。計畫所需的每件設備都必須從國外運來。事實證明，光是把這些設備運到作業地點都十分困難，因為沒有道路能夠通往這些地方，所以在計畫進行之前必須要先修建道路，而這些錢從哪裡來呢？最初的一千萬美元幾乎被花光了，但卻沒有什麼可展示出來的成果。而且，美國專家與阿富汗行政人員的協調也遇到了困難：他們在管轄權方面爭論不休。赫爾曼德河谷的混亂似乎反映了首都日益嚴重的政治無政府狀態。最後，王室家族決定再來一個一百八十度的大轉彎。仁慈、溫和的做法並不奏效；畢竟，強硬和紀律可能才是出路。沙・馬赫穆德的阿富汗之春被證明是錯誤的。

新方法需要再次換人。這一次，統治家族也進行了代際轉換。父親和叔叔們已經走完了他們的歷程；現在是時候給兒子們一個機會了。王室家族的年輕一代中有一個明顯的權力候選人——國王本人。札希爾已經不再是一個男孩了，他已經長成一個男子漢。不幸的是，他不能做王室家族需要做的事。近二十年來，札希爾一直是象徵阿富汗的親切紳士。如果札希爾．沙突然變成一個強人，鎮壓批評者，把持不同政見者關進監獄，那誰還會是那個親切紳士呢？不行，國王必須繼續做他的工作：欣賞美妙的音樂、支持和贊助藝術活動、參加打獵——所有這些活動，在任何情況下可能都更適合他本人的氣質。因此，權力的棒子，或許我應該說是整個統治俱樂部，並沒有傳給札希爾，而是傳給了他的堂親薩達爾．達吾德（Sardar Daoud）和薩達爾．納伊姆（Sardar Na'eem）。

這對兄弟曾在法國接受過教育。他們的叔叔哈希姆．汗自從他們一回國就已經在為他們培養權力關係了。納伊姆透過一系列的外交和經濟職位上位，達吾德則是透過一系列的軍事和政治任命掌權。現在，他們就像一個組合摔跤隊一樣，分擔了管理國家的工作。

納伊姆是一個瘦小的人，有著一張長臉和一個鷹鉤鼻。他穿西裝很好看，在他談論美食、古典音樂和東西方的偉大詩歌作品時的聲音也很好聽。在出眾的口才背後，納伊姆是一個強硬、精明的政治人物。他的優雅作風、外交上的狡猾，使他有能力與外部世界的大國打交道，這些大國總是在阿富汗上空徘徊，向阿富汗的空間靠攏。薩達爾．納伊姆成了外交部長。

達吾德是一個身材魁梧的人，厚嘴唇、濃眉毛，頭頂上光禿禿的，有個子彈形的頭頂。在達吾德的晚年，他戴上了變色眼鏡，使他看起來和泰利．沙瓦拉（Telly Savalas）更有幾分相像了。他像是一個執法者，而他也的確是一個執法者。作為內政部長，達吾德負責處理阿富汗境內的世界，這比處理地球上其他地方的事務更困難、更棘手。而且，身為國防部長，他還指揮著軍隊。另外，作為首相，達吾德掌管著整個政府的運行。

國王札希爾．沙也還在那裡，在兩兄弟之上，坐在他的勞斯萊斯敞篷轎車的後座上，向人群親切地揮手。

處於頂層的新人，也就是這兩兄弟，將第一個美好的時代推向了終點。他們解散了一九四九年的自由派議會。敢於把國王的親戚招來質詢問話的國會議員丟了工作。前任首相時期興起的私人出版物也被查封了。那些過於強烈要求世俗改革的自由派知識分子被送進了監獄。喀布爾大學教授穆罕默德．霍巴爾的《歷史進程中的阿富汗》（*Afghanistan in the Course of History*）一書，不加掩飾地描述了這個國家的過去，並對統治階級進行了語氣嚴厲的描述，他後來在阿富汗西南部的一個沙漠小鎮上度過了艱苦餘生，由一位與王室有關的當地領主看守——這是流放至西伯利亞的阿富汗版本。[6]有一些人乾脆就失蹤了，這讓人想起了阿布杜拉赫曼時期的最黑暗日子。

但達吾德、納伊姆和札希爾．沙三人組想要的不僅僅是權力；他們想要改變現狀。他們是見過世面的人，他們看過阿富汗邊境以外的人們如何生活。絕對的權力很棒，但要支配什麼人？支配無名農民、封建領主、遊牧民和宗教「學者」（他們中的一些人甚至不認識字）的權力？三人組統治著一個連針頭幾乎都生產不出來的國家，就更別提製造汽車了。他們想要統治一個富裕、發達的國家。

雖然是無情的獨裁者，但達吾德也是一個徹底的現代主義者。在一九五〇年代和六〇年代，「發展中世界」（"developing world"）裡充滿了這樣的強人—現代主義者。伊朗的禮薩・巴勒維國王（Shah Reza Pahlevi）和埃及的賈邁勒・阿布杜・納賽爾（Gemal Abdul Nasser）只是眾多例子中的兩個。在年輕時，達吾德甚至與一個名為 *Wikh-i-Zalmayan*（「覺醒的青年」）的青年土耳其黨人式的活動家團體有聯繫，該團體接受一種現代主義—民族主義思想的大雜燴，內容包括：發展就是好的，教育是必要的，過時的習俗應該被拋棄，婦女應該被解放，外國影響應該被抵制，阿富汗必須是阿富汗人的，本土工業萬歲……等等。而今，達吾德擁有了指揮權，他打算將這個計劃中有關「發展」的部分推進到最大程度。[7]

然而，發展的資金是一個問題。一個由牧民和自給自足的農民組成的人口，如何提供必要的資金呢？他們做不到。這個問題的答案在國家的邊界之外，在發生於阿富汗周邊的糾葛較量中，這個地區正在成為冷戰的關鍵舞台，而冷戰就是全球權力鬥爭在二十世紀下半葉吹奏的主旋律。

第十五章 不結盟國家

在熱戰結束前，冷戰就已經開始了。在第二次世界大戰的後期，當盟國意識到他們幾乎一定會是獲勝的一方時，它們便開始了對戰後世界地位的爭奪。羅斯福（Franklin D. Roosevelt）和史達林先後在德黑蘭和雅爾達會晤，為大戰後的時代制定了一個架構，但要阻止即將到來之事，為時已晚。美國和英國軍隊正從西邊向德國推進，史達林的軍隊從東邊推進。當兩支軍隊在柏林會師時，史達林已將整個東歐置於他的控制之下了。史達林建立了一連串的衛星國，從保加利亞一直延伸到波羅的海，這引起了西方的擔憂，認為史達林可能會去做希特勒曾試圖去做的事情：征服世界。在一九四九年，當共產黨叛亂分子占領中國時，西方國家的恐懼加劇了，因為當時毛澤東被普遍認為是順從克里姆林宮的一個派系。然而，美國及其盟國不能用戰爭阻止蘇聯，因為雙方都擁有核武器，而且很快就會發展出熱核武器（thermonuclear weapon），這些武器能徹底終結地球上的全人類。

哈瑞·杜魯門，美國戰後的第一位總統，對共產主義勢力的突然擴張制定了一個對策，這個政策被稱為「圍堵」。美國及其盟國將使用一連串敵視共產主義、對西歐盟友好的國家來隔離蘇聯的影響。為此，美國的外交官們拼湊了一些軍事聯盟。在西方，有北大西洋公約組織（North Atlantic Treaty Organization, NATO）。在東方，有一個（較弱的）東南亞公約組織（Southeast Asia Treaty Organization, SEATO）。在這兩個組織之間，還有巴格達公約（Baghdad Pact）國家，不久後改名為中部公約組織（Central Treaty Organization, CENTO），其中土耳其和伊拉克為成員國。巴基斯坦這個剛剛誕生的國家，同時加入了中部公約組織和東南亞公約組織，這使它成為了鏈條上的一個關鍵環節。隨著巴基斯坦的加入，SEATO、CENTO、NATO和美國的東亞盟友（如日本）在共產主義集團周圍形成了一條幾乎連起來的柵欄。[1]

然而，並非每個國家都屬於美蘇集團中的一個。印度擺脫了英國人的統治，成為一個由印度國大黨領導的獨立國家，它表現出了令人不安的獨立性。印度總理尼赫魯（Jawaharlal Nehru）提出了由不結盟國家形成第三集團的想法，這個想法發展成了一場不結盟運動。印度、斯里蘭卡和印尼等不結盟國家的領導人認為，中立使他們在共產黨和非共產黨方面都有優勢。阿富汗熱衷於接受不結盟。

可以肯定的是，冷戰期間有一些熱點地區。在北韓、越南和「第三世界」的其他地方，共產主義和反共力量之間的暴力鬥爭成為了蘇聯和美國之間的代理人戰爭。[2] 但冷戰的特點是，在各個「不結盟」國家的身上，美蘇各方都在為爭奪其影響力而進行「和平」鬥爭，試圖把對方擠出擂台。這些不結盟國家成為了秘密間諜活動、宣傳戰、販賣影響力和援助計劃的對決舞台。

這種競爭上演得最激烈的地方莫過於阿富汗。這個國家擁有不結盟的籌碼，因為它正好位於爭奪戰的邊緣。阿富汗有三條路可以走。它可能傾向蘇聯陣營；它可能被籠絡到「自由世界」陣營裡去；它也可能保持中立。這三種情況哪個會發生呢？這個問題的答案十分重要，因為同樣古老的原因：位置，位置，還是位置。阿富汗與巴基斯坦相鄰，而巴基斯坦將中部公約組織和東南亞公約組織聯繫在一起。如果蘇聯人拿下阿富汗，他們可能會把阿富汗作為拿下巴基斯坦的一個平台。如果他們拿下巴基斯坦，他們就會在圍牆上打一個洞。因此，美國不能讓阿富汗「變成共產國家」。

在戰略上，美國的處境與十九世紀英國人的地位是相同的：它需要控制阿富汗，以便不讓北方的大國有機會攻擊印度（或至少是現在被稱為巴基斯坦的印度部分）。當達吾德和納伊姆注視著廣闊的世界時，他們在這場冷戰競爭中看到的是機遇。

美國在阿富汗的影響力與赫爾曼德河谷工程計畫的成功密不可分，因為這是阿富汗有史以來最雄心勃勃、最昂貴、最引人注目的發展工程。如果它失敗了，美國就會在面子上很難看。事實是，喀布爾中央政府的信譽也與這個計畫有關。因此，在赫爾曼德河谷，阿富汗和美國的利益趨於一致。阿富汗故事的發展趨勢，與這一齣冷戰劇的發展勢頭相吻合。

達吾德一掌權，就創立了一個名為赫爾曼德河谷管理局（Helmand Valley Authority, HVA）的新機構，目的是讓這個工程計畫成功完工。最初的一千萬美元已經用完了，但美國現在注入了兩倍的新資金。達吾德組建了一個管理團隊，由我父親的好友阿布杜・凱尤姆博士（Dr. Abdul Kayeum）領導，他是一九三八年被派往美國學習的五名哈比布亞高中的畢業生之一。我父親是作為凱尤姆的副手來到這個單位，另有其他幾十名受過西方教育的阿富汗人被任命到其餘職位上。

在美國方面，赫爾曼德河谷工程成為了國際合作署（International Cooperation Agency）的一個計劃，國際合作署很快改名為國際發展署（Agency for International Development, AID），是美國利用發展援助計劃來達成冷戰目標的主要工具。美國工程師、地質學家、土壤學家等專家紛紛來到了阿富汗的西南部，與阿富汗行政人員一起工作。HVA的主席被提升到了內閣部長的級別。作為赫爾曼德河谷管理局的神經中樞，政府建造的小城拉什卡爾加，被（阿富汗人）稱為「小美國」。拉什卡爾加則被阿富汗最保守的傳統勢力——最根深蒂固的杜蘭尼和吉利札伊普什圖人部落所包圍，其特點是房屋沒有圍牆，這非常不符合阿富汗人的習慣。這裡有一個游泳池、一個俱樂部會所、一個現代化的醫院和一所政府學校，從整個地區的村莊挑選出來的兒童被帶到這裡接受世俗科目的教育（儘管宗教也是課程的一部分）。

赫爾曼德河谷工程計畫的核心，包括建造兩座巨大的水壩，一座在赫爾曼德河，一座在其主要支流阿甘達布河。在這些大壩的下游，一個運河網路被延伸到沙漠中，運河網路配備水閘、機械化水閘以及其他的技術奇蹟。這些運河不是將灌溉水輸送到現有的田地（為數很少），而是輸送到政府經營的新「實驗」農場裡去，在那裡，阿富汗部落成員學會了使用曳引機和化學肥料，使用從美國進口的種子，種植新作物。

在這個運河網路的戰略要地，政府建造的示範城鎮像雨後春筍一般冒了出來，如納迪阿里（Nadi Ali）和馬爾賈（Marjah），其特點是整齊的平房，有厚厚的牆壁和圓頂以保持涼爽，這點在這種炎熱氣候中非常必要。這些房子有現代化的管道和電力供應，每棟房子都有一個小花園，房子之間有平整的碎石路。

政府官員攔住了季節性遷徙經過這片土地的遊牧民，並說服他們在示範城鎮上定居並從事農業生產。每個家庭都有一塊灌溉地，離他們的房子只有一到兩天的路程。

而這還不是全部。兩座美國建造的大型水壩被改裝成水力發電廠，能夠產生足夠的電力，為包括大城市坎大哈在內的整個西南部地區供電。

長達一七四〇英尺的阿甘達布（Arghandab）大壩離坎大哈相當近，但另一座大壩，也就是赫爾曼德河上的那座大壩，是建在山區的上游，位於一個叫卡賈凱（Kajakai）的地方。完工之時，赫爾曼德河的大壩是世界上最龐大的土壩之一。[3]在大壩下游幾英里處，在一個高過河面的陡坡上，ＭＫＡ建造了一個可愛的村莊，供工程師和技術人員居住。堅固的小房子是由石頭和混凝土製成的，它們比當地人的任何東西都要耐用，整個小鎮看起來就像是一個義大利的迷人度假村。這一百多棟房子中的每一棟都有一到兩間臥室和一間配備了現代電器的廚房，以及一些備用的西式家具——床、沙發、椅子、桌子等等。

大壩建成後，所有專家都回家了，只有一對義大利夫婦科里埃加（Corriega）先生和夫人留下了來，沒有別的人住在卡賈凱。科里埃加先生是一名工程師，他被留下來照看水電設施。因為這工作通常只需要每天到大壩上檢查一次儀錶，因此他有大把的空閒時間在村子裡閒逛，做一些藝術和工藝作品。他是一個出色的金屬工匠，所以他為卡賈凱的每一棟房子都安裝了鍛鐵欄杆和其他裝飾物的花紋。每條街最後都有了裝飾性的燈柱，每一根都是不同的。科里埃加先生煞費苦心地收集了數噸不同顏色的鵝卵石，按照形狀和大小進行分類，用它們來鋪設人行道和走道，用綠色、紅色、黑色、白色和其他顏色的石頭呈現出花紋和幾何圖案。當他無法再美化他的村莊時，他建造了一個豪華海輪的比例模型，精確到四分之一英寸的甲板椅和舷窗，透過這些舷窗可以看到小床和微型衣櫃。

沒有人見過這個古怪的傑作，只有少數的阿富汗 HVA 官員每年一次帶著家人從拉什卡爾加出發，經過五、六個小時的旅程，在卡賈凱度過為期三天的開齋節。在其他三百六十二天裡，科里埃加夫婦生活在一個空城裡。

那麼住在附近的阿富汗村民呢？他們對這堵由石頭和泥土組成的三百英尺高的牆突然擋住了他們的河流有何看法？據我所知，從來沒有人問過他們的意見。

美國對阿富汗的援助令蘇聯人感到沮喪，尤其是因為蘇聯人才是率先進入到阿富汗的人。在一九五〇年，他們簽署了一份貨品交換的貿易協議，用石油和天然氣換取阿富汗的棉花和羊毛。兩年後，史達林政府簽署了一項向阿富汗提供水泥的協議。蘇聯人希望並且假定自己已透過這些援助計劃買下阿富汗了。

朝秦暮楚的阿富汗是不會一直跟在一個買家身後的。一九五三年，史達林剛死不久，阿富汗也更換了領導人。達吾德站了出來，緊接著，新的美國援助湧入了赫爾曼德河谷工程計畫中。蘇聯人不可能就此善罷甘休。即使是在史達林死後的混亂中，蘇聯人仍對阿富汗統治者薩達爾·達吾德施予了新的恩惠。他們同意在喀布爾建造一個巨大的麵包坊（稱為Silo），並資助北部的紡織廠進行大規模擴張。*

然而，這還不夠，因為到這時候為止，西方列強已經深深地滲透到了阿富汗的教育體系中。法國、德國和美國教師正在為喀布爾的高中制定課程，阿富汗學生正在學習他們的語言。這裡沒有教俄語的高中，沒人學習俄語，在阿富汗也很少能找到俄語出版物。與此

---

* Silo起初是一件燙手山芋，因為它主要生產的是貝果，而阿富汗人更喜歡他們自己的拖鞋形的全麥饢餅。但人們的口味也會改變，今天的Silo仍然是一家營業中的麵包坊。——作者註

同時，喀布爾大學正在與美國的學校建立夥伴關係，如哥倫比亞大學、懷俄明大學、科羅拉多大學和印第安納大學。這些學校和其他學校的教授們紛紛來到阿富汗授課。有越來越多的阿富汗學生前往美國學習農業技術、工程、醫學、公共管理和其他領域的知識。教育就是文化，而文化就是意識形態。蘇聯人比美國人花了更多的錢，但卻失去了阿富汗人的心和思想。

在史達林死後的鬥爭中勝出的繼任者赫魯雪夫（Nikita Khrushchev），於一九五五年訪問喀布爾。阿富汗政府為他鋪上了紅毯，人群在街道上列隊等候，目不轉睛地觀望。一些與保守的宗教機構有關的阿富汗人，對歡迎一個以無神論為榮的人感到憤怒。一位名叫蘇布葛圖拉．穆賈迪迪（Subghatullah Mujaddedi）的年輕活動家試圖組織反對赫魯雪夫的示威活動，但他被扔進了監獄，一直到蘇聯領導人安全出城才被放出來。蘇布葛圖拉與沙爾巴札的那些哈札拉提們有親戚關係，他們都是受人尊敬的宗教家族的兄弟，曾在推翻阿曼努拉一事中出力。蘇布葛圖拉後來在阿富汗政治中發揮了深遠的作用，但在一九五五年，當局認為他只不過是一個天真幼稚的討厭鬼而已。當他在監獄裡冷靜自己的時候，赫魯雪夫正在皇宮裡與達吾德簽署協議，為基礎設施計畫提供了前所未有的一億美元資金。

美國則透過斡旋也達成了一項協議，它將為阿富汗建立一家國家航空公司——阿里亞納航空公司，該公司將由泛美航空部分擁有。達吾德隨後也要求美國提供軍事援助，但在這裡，冷戰的發展勢頭與阿富汗故事的發展發生了衝突。阿富汗和巴基斯坦是敵對的鄰國，其原因可以追溯到多斯特・穆罕默德時代，但美國和巴基斯坦是親密的盟友，其原因深入到了冷戰的戰略考量中，藉由連接中部公約組織和東南亞公約組織，巴基斯坦形成了圍堵政策的重要環節。因此，美國在武器議題上拒絕了達吾德，因為向阿富汗提供軍事援助會引起巴基斯坦的不滿，並且破壞美國和巴基斯坦的聯盟關係。

蘇聯抓住了這個機會。他們制定了一個軍事援助計劃，向達吾德提供坦克、米格戰機、轟炸機、直升機和足夠裝備一支十萬人的軍隊的輕武器。蘇聯還在喀布爾以北的巴格拉姆（Bagram）為阿富汗建立了一個大型軍事空軍基地，以及在阿富汗北部的另外兩個空軍基地。

美國也盡其所能地對蘇聯的這些行動加以制衡。他們不僅資助改建喀布爾機場，而且開始在坎大哈建造一個全新的國際機場，預計將成為世界上最大的機場之一。美國專家希望坎大哈機場能成為長途貨運飛機的加油站，這將使阿富汗成為一個繁榮的國際商業中心，這個地區在過去的數個世紀中一直扮演著這樣的角色，在歷史上，巴爾赫等城市是陸路商隊的樞紐。坎大哈機場的跑道可以提供比當時任何飛機都要大得多的飛機使用（對於後來用上該機場的美國大型軍用飛機來說則是完美的）。

蘇聯對此的回應則是派遣成群的地質學家和工程師進入阿富汗，勘探石油和天然氣。蘇聯在北部發現了大量的天然氣礦藏，並修建了管道，將其輸送到為阿富汗北部城市服務的發電廠，並為他們幫助阿富汗人在那裡建立的工廠提供燃料，而且將天然氣輸送到蘇聯的中亞地區。蘇聯還安裝了六百多英里的電話和電報線。

蘇聯人對阿富汗的慷慨程度令人震驚，以致美國總統艾森豪（Dwight D. Eisenhower）在一九五九年時覺得自己必須要去喀布爾訪問，這對阿富汗人來說又是一件大事，儘管許多人看到艾森豪與阿富汗商人阿布杜．馬吉德．札布里握手時有些吃驚，好像是一個普通的百萬富翁就能和王室成員的遠房親戚平起平坐一樣。艾森豪的來訪使美國向阿富汗提供了更多價值數百萬美元的贈款和貸款，並啟動了另一個重大的基礎設施建設計畫，即從喀布爾到坎大哈的柏油公路，其中還包括修建穿越沿途眾多河流所需的所有橋梁。

然而，當談到修路時，美國已經落後了。蘇聯正在修建一條更加關鍵和雄心勃勃的公路，從喀布爾到蘇聯北部邊境，其中包括兩英里長的薩朗隧道（Salang Tunnel）。這條隧道穿過了山區的最高點，在海拔一萬一千英尺的堅固岩石上開鑿，是世界上海拔最高的隧道。這條路修建得非常堅固，可以支撐坦克的重量——事實上，它能撐得住比阿富汗擁有的任何坦克都更重的重量（對於二十年後蘇聯人派到這條路上的蘇軍坦克來說則是完美的）。事實上，從一九五〇年代中期到六〇年代末，蘇聯和美國的一連串援助計劃，在地球上最困難的地形上修建了超過一千二百英里的優質鋪面公路，最終完成了一個連接阿富汗所有主要城市的公路圈。[4] 達吾德和納伊姆一定很喜歡冷戰！

第十六章

要發展，別停滯

在所有這些基礎設施投入使用的同時，統治家族也在社會和文化方面推動了革新。統治家族面臨最艱難的挑戰是對阿富汗女性的解放，為她們在社會生活中爭取平等的份額開闢道路。女性解放是在阿曼努拉打下的基礎上進行的。這也是納迪爾做出最激烈讓步的問題。

然而，這也是達吾德直球對決並巧妙處理的一個問題。他首先用一個小動作來試水溫。在一九五七年前後，喀布爾廣播電台開始播放以女歌手為主唱的音樂，並偶爾雇用女性播音員來播報新聞。政府沒有反對，即可被認為是批准了。若是不同意的話，就原路返回。沒有騷亂發生，所以很明顯的，政府認為只要不被看到，就可以聽到婦女的聲音。在同年的晚些時候，達吾德讓一個阿富汗婦女代表團前往斯里蘭卡參加亞洲婦女會議。而後在一九五八年，在政府獲得了她們父母的同意書後，有四十名身穿罩袍的女孩被允許在政府的一家製陶廠裡與男性一起工作。沒有流血事件發生。

接著到來的就是晴天霹靂。在一九五九年八月，獨立日的第二天，王室成員出現在他們通常現身的包廂裡觀看如常舉行的閱兵式。但這次有一個非同尋常的區別。女士們都沒有穿戴罩袍。她們坐在那裡，臉上光溜溜的。人群中的任何人都可以抬頭看到胡邁拉王后和比爾基斯公主的外貌。任何人都可以看到首相達吾德的妻子札米娜·貝古姆。為了能讓讀者了解這件事對阿富汗人來說多麼令人震驚，你可以想像第一夫人赤裸著上身，參加總統的國情咨文演講，會帶來的震驚效果。王室家族沒有發布關於這一即將發生的行動的文告，也沒有通過任何法律。他們只是做了這件事。

宗教機構立即做出了反應。阿富汗一些最有權勢的保守派神職人員簽署了一封致首相達吾德的信，他們在信上表示了震驚，並警告統治者要退回到伊斯蘭教法規定的紅線後面去。達吾德在回信中說，他最渴望的就是一字一句地遵循伊斯蘭教法的規定。只不過，他在《古蘭經》或《聖訓》中找不到任何一句話規定要穿罩袍。此舉無疑反映出達吾德在神學上的不成熟。達吾德懇求學者們到首都來，給他看相關的段落。隨後學者們來了，還帶來了他們的書。學者們查閱著作，一邊火冒三丈，一邊大發雷霆。最後，學者們無法為阿富汗社會的傳統罩袍習俗提供任何無爭議的經文支持。

於是，達吾德宣布，王室女性將不再穿罩袍。其他任何人不必仿效此舉。王室並不是要告訴其他阿富汗男人，他家裡的女人應該怎麼穿。每個家庭都可以做他們認為正確的事情。但是，王室要遵循宗教學者所解釋的伊斯蘭教法條文：並無罩袍規定。

一些勇敢的平民很快就仿效了王室做法。其中一位是庫布拉·努爾札伊（Kobra Noorzai），她沒有戴頭巾就開始了她作為女子學校視察員的工作。另一位如法炮製的是札爾古納女子學校的校長馬蘇瑪·艾斯馬泰—瓦爾達克（Massouma Esmatey-Wardak）。由於缺乏王室權力和威信的保護，這些女性真的把自己的生命掌握在自己手中，但正是她們對於阿富汗女性在公共領域權利的維護，使王室的政策成為了現實。

每個人都為騷亂做好了準備。但騷亂並沒有爆發。在這個問題上，統治家族賭了一把，他們賭贏了。儘管政府小心翼翼地宣稱它沒有強迫任何人做任何事情，但政府官員感到了壓力，官員必須以身作則，允許他們的女人在公共場合不穿戴罩袍出門。那年稍晚，女孩們開始在拉什卡爾加的公立高中唸書（其中第一個是我的姊妹麗貝卡）。阿富汗開始實行男女同校教育了。更重要的是，女孩們在上學時沒有穿罩袍，儘管她們穿了素色的制服，長袖黑裙、黑絲襪和白色頭巾。在一九七八年，關於伊朗伊斯蘭革命的電視新聞報導顯示，伊朗的女性活動人士也是身著這種服裝。我的美國朋友看到這個畫面，對何梅尼（Ruhollah Khomeini）的革命對伊朗婦女的壓迫表現得嗤之以鼻。我不禁想起，在不到二十年前的阿富汗，在公共場合這樣穿的婦女，做出了何等令人震驚的女權解放革命姿態。

這是一個大膽的舉動，但卻盡可能地沒有大張旗鼓進行。當所有的事情都結束後，王室在將婦女從基於性別的權力解放方面只採取了最微小的步驟。他們沒有取締罩袍。他們沒有強加任何法律禁止男人在女人面前頤指氣使。他們沒有禁止男人娶四個妻子，或禁止男人勒索大筆錢財，讓未成年的女兒嫁給有錢的老人。他們沒有把罩袍的倡議與任何更廣泛的計劃聯繫起來。如果王室這樣做，他們可能就點燃一場大火了。

但是，針對王室所踏出的這小小的一步，也有短暫的反擊爆發出來。一個名為「赤腳男孩」（*Paylucha*）的坎大哈街頭幫派炮製了一個陰謀，要謀殺該地區所有未成年婦女和所有的外國工人。這些外國人中，有不少人是美國支持的赫爾曼德河谷工程計畫的核心人員。達吾德得到了這個陰謀的消息，把坦克開到了街上，並在日落前鎮壓了騷動。進一步的抗議活動並未出現，可能是因為阿富汗社會已經準備好接受這麼大的變化了。毛拉和街頭流氓合謀進行大規模謀殺以應對這一丁點的社會演變的想法，受到了公眾的反對。因此，達吾德用手腕勝過了保守派，讓他們在女性問題上自損了信譽。

儘管王室家族所採取的措施是如此的輕微，但它們打開了一扇門，使得更多的變化得以經過這扇門發生。在接下來的五年裡，阿富汗婦女的地位經歷了五百年的飛躍。女孩開始上大學。女生畢業後開始擔任教師、護士，甚至醫生。女性開始在政府辦公室、工廠和私營商業機構工作。阿里亞納航空公司常態雇用婦女擔任空服員。喀布爾廣播電台讓阿富汗人經常聽到女性播音員的聲音，無論是唱歌或播報「新聞」。隨著電晶體收音機的普及，阿富汗各地城鎮的人們開始習慣聽到與他們沒有親戚關係的女性的聲音，這對阿富汗男人來說是一種陌生的體驗。

到一九六三年時，喀布爾有了大約六間電影院，其中三間放映美國和歐洲電影。其餘的放映印度電影，這種類型的電影已被人們稱為寶萊塢電影。儘管寶萊塢電影是出了名的乾淨——沒有人接吻，但它們仍然展示出了女人的臉，女人唱歌，女人穿著足以暴露出她們的身體形狀的緊身衣服，並穿著這些「緊身」服裝跳舞。電影院也在其他大城市裡開業了。

因此，統治家族利用全球大國間的冷戰競爭，不僅為阿富汗的經濟和技術發展提供了資金，而且還在其之後推動了革新性的社會變革。然而，所有的變化都給王室帶來了挑戰，這種挑戰是在絕對君主制國家裡固有的挑戰。擁有絕對權力的王朝統治者出於安全考慮，更願意讓自己的家族成員擔任所有的關鍵職位，但現代化產生了一個巨大的工業和官僚機構，需要無數受過良好教育的人維持運轉，這個機構如此龐大，最終沒有一個家族能夠擔任所有的關鍵職位。因此，王朝不得不走出其親屬圈子，招募臣民中最有才能的人選來處理一些工作。

由於對受過教育的專家具有需求，越來越多的阿富汗人從歐洲和美國的大學回到了阿富汗社會。王室家族試圖讓他們負責與發展有關的工作，同時不讓他們掌握政治權力，不過這是不可能的。無論經理、技術人員、官僚和行政人員是否在法律上被賦予了權力，他們都擁有事實上的權力。阿富汗教師、技術人員和金融專家不斷積累成長，直到他們的人數遠遠超過了王室及其相關的部落貴族。他們發展成了一個全新的階層，一個強大到足以挑戰統治王朝的技術官僚階層。

統治家族懼怕技術官僚，但同時又需要他們，因為國家不可能永遠是一個家族對付所有其他阿富汗人，幾千人對付幾百萬人。必須開闢管道，讓更多的人（也許不是普遍的，然而是更廣泛的）有政治參與。一批經過挑選的非王室成員必須將自己投入到發展國家的過程中。阿富汗技術階層的成員顯然已經構成了擴大的菁英階層的組成部分。

與此同時，阿富汗的故事和冷戰大戲的劇情之間出現了脫節。問題就在杜蘭線上——還是這個老問題！杜蘭線產生了很多麻煩。自從多斯特．穆罕默德的時候開始，「街頭上」的普什圖百姓就希望國王能夠重新征服白沙瓦，奪回這個失去的省分。其他的族群對此並不在乎，但他們的感受也並不重要，因為當國王的總是普什圖人。因此，為了安撫自己的族群基礎，自從多斯特．穆罕默德以來，每一個阿富汗國王都不得不至少在口頭上表態，支持將所有普什圖人統一在一個民族保護大傘下的夢想。另一方面，為了保護自己的王位，每一個阿富汗國王都得被迫接受英國強加的東部邊界安排，因為每一個國王都需要當時主導阿富汗的大國提供錢、軍火和保護。

但是在一九四七年，一個巨大的新局面正在極大地改變這個故事的情節發展。印度爭取獨立的長期鬥爭已經來到尾聲，英國人正在撤出印度次大陸。在這場卓絕漫長的鬥爭中，一支穆斯林的獨立運動，從甘地的國大黨所領導的運動主脈中分離了出來。這個由穆斯林聯盟領導的民族主義運動，要求給穆斯林建立一個獨立國家。英國人藉由批准將次大陸分成兩個獨立國家的辦法，來處理這個爭論。印度是一個印度教徒占多數的世俗國家體制；而巴基斯坦是一個外顯的穆斯林國家，為印度次大陸上的穆斯林提供庇護。

但巴基斯坦的建立再度將一個老問題提了出來：杜蘭線東側的普什圖人要怎麼辦？現在是時候讓阿富汗人將他們的兄弟納入其國界，並將普什圖人失去的土地重新納入阿富汗嗎？英國人認識到這個問題的存在，並在領土上普什圖人居住的部分舉行了公民投票，要求人們選擇他們願意加入的國家——是加入巴基斯坦還是印度？

沒搞錯嗎？巴基斯坦還是——**印度**？

是的，這是真的。這是檯面上唯一的選擇題。大多數人嘆了一口氣，投給了加入穆斯林的巴基斯坦。一些人完全抵制了公投，以此作為他們表達「兩者都不」的方式。有相當一部分的人不願意加入任何國家。他們想要成立一個屬於自己的獨立國家，這個國家稱為普什圖斯坦（Pushtoonistan）。阿富汗和普什圖斯坦之間的關係是如何呢？它們會成為一個聯邦嗎？其中一個會不會最終成為另一個的自治省呢？……

沒有人談論這些事情。在一九四七年，阿富汗政府只是在政治上大肆宣揚對於普什圖斯坦的支持，而不去談及具體細節，阿富汗反對聯合國承認巴基斯坦的國家地位，除非「普什圖斯坦問題」「得到解決」。當巴基斯坦的成立已經木已成舟，阿富汗政府便繼續支持巴基斯坦這個新國家的普什圖人分離主義運動。

這場運動的領導人名叫汗．阿布杜．賈法爾．汗（Khan Abdul Ghaffar Khan），他是一個十分特別的和平主義者，被人們稱為「邊疆甘地」。阿富汗政府讓他住在喀布爾，並利用喀布爾廣播電台向巴基斯坦播出激情澎湃的演說。[1] 巴基斯坦對此進行了報復，他們在奎塔建立了一個「自由阿富汗電台」，並將宣傳品送到邊境地區，敦促阿富汗一邊的部落脫離阿富汗，加入**他們**在東邊的兄弟。

儘管邊疆甘地有著非暴力的理想，但是這些政治宣傳上的爭吵導致了現實生活中的小衝突。真正的子彈被射入到了真正的血肉中。有零星傷亡出現。巴基斯坦曾兩、三次短暫關閉了巴阿邊境，以顯示出它對一個內陸國家的影響力。

恰好的是，達吾德就在這一時期裡掌權。他是一個熱情的普什圖民族主義者。即使達吾德不是一個民族主義者的話，他也可能會接受這一志業，因為普什圖人是達吾德獲得支持的基本盤，而且，即使是在一個絕對君主制的國家裡，政治人物還是必須迎合其基本盤。因此，達吾德開始了有史以來最為強硬的反巴基斯坦普什圖主義。

但也是在這一個時期，達吾德向美國請求了軍事援助並遭到了拒絕。美國需要的是巴基斯坦的一億人口，而不是阿富汗的一千兩百萬人。美國的決策者們擔心，普什圖人的騷亂會危及他們的盟友——巴基斯坦——這個大雜燴國家的生存。畢竟，巴基斯坦這個新生國家已經分成了兩個互不接壤的部分。東巴基斯坦很快就會分離出去，成為孟加拉國。喀什米爾已經被印度宣稱擁有了。如果普什圖斯坦再成立的話，一部分的信德（Sind）肯定也會效法，然後俾路支斯坦（Baluchistan）也會離開。

巴基斯坦將會只剩下旁遮普省了，而這個小國又能生存多久呢？即使它能生存下來，但是一個小小的旁遮普省作為東南亞公約組織和中部公約組織之間的紐帶，或者是對作為對

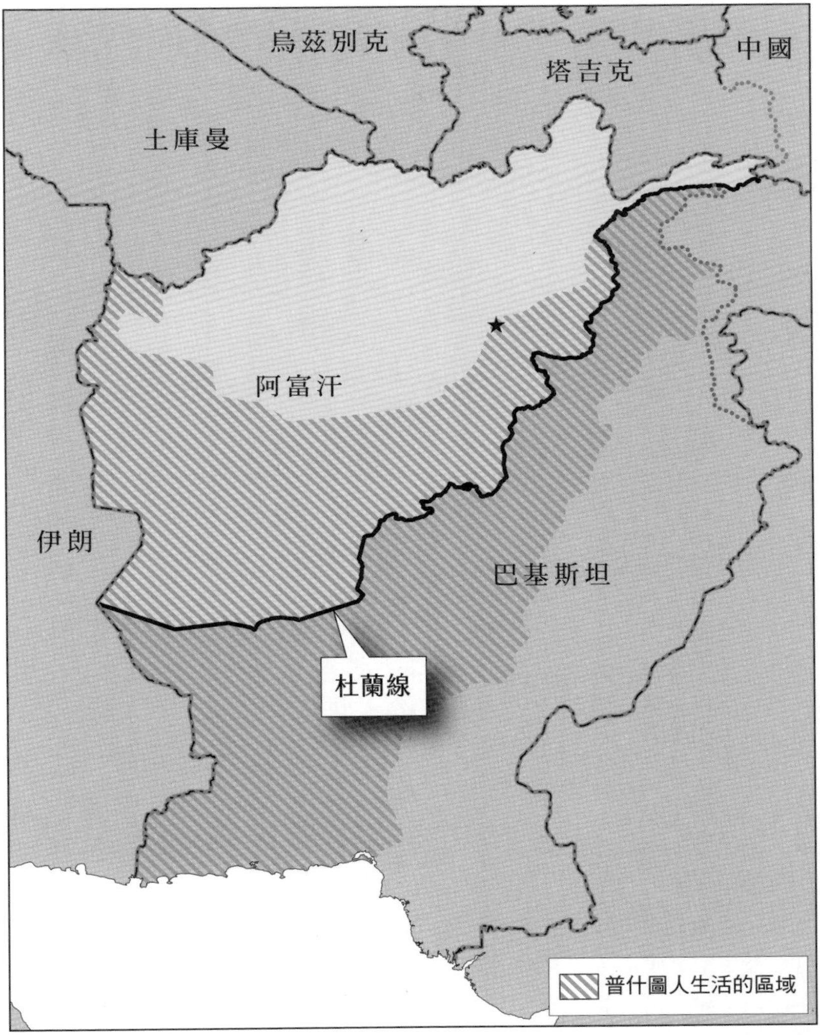

圖六 普什圖斯坦

付左傾的、不結盟的印度的唯一區域性抗衡力量，又能有什麼好處呢？不可以，美國不可以放棄巴基斯坦，無論是在這個問題上，還是在其他問題上，美國都不可以放棄巴基斯坦。因此，美國外交官試圖說服達吾德接受杜蘭線。

達吾德雖然放不下普什圖斯坦的理念，但也無法在這件事上有任何進展。最終，在一九六〇年這一年，他做出了生涯中最為愚蠢的舉動。他決定用關閉阿富汗一側的邊境的方式來給巴基斯坦施加壓力。當他剛開始這麼做，貿易就停滯了。遊牧民在他們無法穿越的邊界兩側聚集起來。達吾德愚蠢的行為清空了阿富汗巴札裡的貨架。世界各地的觀察家們都搖搖頭，一頭霧水。為什麼一個被鎖在內陸的國家會切斷它唯一一個通向港口的通道呢？這怎麼會是「對巴基斯坦施壓」呢？這就好像在說：「給我我想要的東西，否則我就會憋氣，臉色鐵青地死給你看。」在巴基斯坦，當局微笑著等待結果。震驚的美國人從阿富汗撤走了一百五十名技術顧問，並敦促達吾德不要再像小孩子一樣行事。

達吾德則不肯讓步。擁有無限權力的獨裁者似乎很難說出「對不起」這句話。相反的，達吾德轉向了蘇聯人來幫他解套。蘇聯人答應了。在邊境關閉之前，阿富汗每天都會有卡車向卡拉奇（Karachi）* 運送一千噸的阿富汗葡萄。而今，蘇聯每天從阿富汗空運幾百噸葡萄運向北方。有傳言說，蘇聯甚至不想要這些葡萄。蘇聯人自己也種植葡萄，他們不能讓這些進口水果和他們自己的水果競爭，所以他們把阿富汗的葡萄扔進了鹹海裡。[2] 蘇聯只是想要讓阿富汗建立起對他們的依賴。簡單來說，達吾德的愚蠢，看起來將會把阿富汗推向蘇聯的陣營，而美國對此卻無能為力。

不過，統治家族也沒有必要眼看著達吾德僵在那裡。不結盟是政策，如果達吾德讓不結盟政策變得很難執行的話，那麼達吾德就必須下台，而不是改變政策。所以在一九六三年，一件驚人的事情發生了。札希爾・沙國王要求達吾德下台。札希爾感謝這位親愛的堂親所有的愛國服務，祝願他安享晚年，並且宣布，國王本人，將會親自掌權。

＊ 卡拉奇是巴基斯坦面向阿拉伯海的港口城市。——編者註

第十七章
民主時代

關於這次權力交接的一切都十分了不起。首先，達吾德是自願下台的。有哪個強人會在控制著軍隊、警察、情報部門和監視情報部門的密探時自願放棄權力？我想不出別的例子了。當我在阿富汗長大的時候，我可以告訴你，達吾德是我惡夢中出現的角色。我向你保證，這是一個令人害怕的人。不過，現在回過頭來看，我不得不說，他也有偉大的一面。達吾德用讓女性不再穿罩袍的操作方式證明了這一點，當他選擇和平地下台，而不是做出抵抗，並讓他的國家陷入流血衝突時，他再次表現出了偉大的一面，儘管他的主要動機可能不是為了拯救他的國家，而是為了他的家庭。毫無疑問的，導致達吾德辭職的因素有家族政治、幕後交易和未公開的壓力，但是，同樣能夠確定的是，在達吾德所擁有的所有手段中，他是能夠做出其他選擇的，但他選擇了下台。

接下來發生的是一件更了不起的事情。國王決定削弱自己和家族的權力。國王下令制定一部新憲法，限制他的權力，把更多的控制權交給他的人民。這樣的事情什麼時候發生過呢？*

當然了，在起初時，每個人都憂心忡忡，滿腹懷疑。人們說這只不過是沙・馬赫穆德的虛假阿富汗之春。審查制度即將取消，選舉即將舉行，這是為了給潛藏的叛亂分子施放煙霧彈。一旦新的領導人出現，他們的頭就會被砍掉，事情就會恢復原狀。

人們錯了。國王言出必行。他不僅僅是要求達吾德辭職，他還要求他的整個內閣辭職。他任命了一個技術派官僚的主要成員擔任首相，並在國王的批准下成立了一個新內閣，其中沒有一個成員是來自王室家族，裡面有兩個人甚至不是普什圖人。時代的確在不斷變化。

重要的政治犯們看到他們的牢房門被打開，查爾黑家族的成員們，那些在監獄裡長大的男女，走到了大街上，對著他們以為再也見不到的陽光眨眼。歷史學家穆罕默德・霍巴爾從十年的國內流放中回到了喀布爾大學，開始重執教鞭。

經過國王的批准，新首相和他的內閣任命了一個由有識之士組成的委員會，來編寫一部新憲法——這次是真正的憲法。委員會的七名成員裡，包括我那位脾氣古怪的叔叔納吉姆丁，他是一名一直沒有從事本職工作的牙醫。另一個提供這個委員會諮詢的會議成員，包括了幾位女性活動家，比如馬蘇瑪・艾斯瑪提—瓦達克、庫布拉・努爾札伊和莎菲卡・齊雅伊

* 阿曼努拉不算。他雖然是一個民粹主義者，但是卻沒有正式放棄過一絲一毫的王權。——作者註

（Shafiqa Ziaie），齊雅伊後來被任命為沒有實職的內閣部長——也就是說她會參加內閣會議和政府決策，但是沒有具體部門要管理。委員會花了一年多的時間提出草案，並且花了幾個月，使草案獲得批准，然而他們拿出的最終文件震撼了阿富汗。

新憲法建立了一個真正的議會，宣布其成員將會透過真正的選舉產生，它的職能將會包括真正的立法權。它明確地限定了國王的權力，把國王變成了一個像是伊麗莎白女王那樣的禮儀性的君主。

然後是其中最令人驚愕的地方——第二十四條。

第二十四條規定，王室成員和國王的近親不能擔任任何內閣級別或是以上的職位，也不能成為議會成員，不能擔任最高法院的法官，也不能屬於任何政黨。

哇哦！

即便是我現在動筆之時，我也會對這件事情感到驚訝。這樣的事情何曾發生過呢？不要引用美國的例子：當美洲殖民地發展成小規模的民主國家時，他們的國王在大洋彼岸，而且他們仍然被迫打了八年的戰爭，才把國王的手掌從他們的生活中撬開。法國大革命也不算。是的，法國在一瞬間從極端專制變成了極端民主，但是這需要一場血腥革命和恐怖統治來完成。在阿富汗，變化發生在一夜之間，是由新近才被剝奪了權力的菁英們發動起來的。

所有的喀布爾人都茫然地走來走去，等著泡沫破裂之時，等著達吾德突然揮動著斧頭捲土重來。但這件事並沒有發生。達吾德住在喀布爾，過著一個退休紳士的安靜生活，他只是觀察著事態發展，和他的朋友們私下討論，不公開發表意見。由普通人組成的內閣開始工作了。選舉順利地進行了，其中有四名獲勝者是女性。一個議會召開了。一些知識人開始試探性地出版報紙，沒有人阻止他們，於是便有了更多的出版物湧現出來。

巴基斯坦和阿富汗之間的邊境開放了，貨物再次流通。巴札裡的貨架上擺滿了來自世界各地的產品——不僅僅是地區商品，還有來自荷蘭的巧克力、法國的香水、義大利的通心粉、坦干伊加的罐頭鹹牛肉、挪威的罐頭沙丁魚，還有瑞士的手錶、法國的鋼筆、德國的照相機、英國的腳踏車和美國的唱片。[1]

在外交上，一九六三年的這場天鵝絨革命†讓阿富汗回到了它所需要的位置——就在共產主義陣營和資本主義陣營之間，堅定地不結盟，對雙方的攏絡持開放態度，願意接受來自任何一邊的禮物。

確實有很多禮物。德國人給喀布爾大學建造了一區完整的現代化校園。蘇聯人建造了一個由六十座公寓樓組成的租房計畫，配備了現代化的下水道、電力供應和各種設備，這個工程方案還有遮陽的人行道、商店、娛樂設施。高樓也出現了——一家銀行……然後是一座現代的國際飯店……然後是一家百貨公司……大城市裡有了現代的公車，這都要感謝阿富汗在冷戰時的追求者們。除了老城（*Shari Kuhna*）之外，喀布爾的街道都鋪上了柏油路面，許多

† Velvet revolution，原指一九八九年捷克斯洛伐克和平轉型的民主化革命。——編者註

的街道有了路邊人行道。毛驢和駱駝商隊不再那麼頻繁進城了；它們被卡車和汽車替代了。在阿富汗的主要河流上，巨大的水力發電廠橫空出世，宛如報復一般點亮了喀布爾——點亮了那些婚宴禮堂，那裡燈火通明、夜夜笙歌；燈光還點亮了沿著主要道路兩旁開張的現代、西式餐館和咖啡廳。書店和唱片行也在市中心開業了。有大量的茶館如雨後春筍般出現，同樣還有冰淇淋店和烤肉店。在晴朗的日子裡，喀布爾蓬勃發展出來的中產階級——新技術階層的成員們，會開車前往附近的娛樂場所，例如：渡假小城帕格曼（Paghman），或是卡爾加水庫（Qargha Reservoir），卡爾加水庫有一間可以俯瞰整片湖水的巨大露台咖啡廳。

在夏末時節，被稱為 Jeshyn 的盛大獨立日慶典已經成為阿富汗最大的公共活動，如今獨立日變得更有排場了。每一年，政府都會在主要慶祝活動所在的巴札周圍，用燈光把許多個街區串連起來。

節日的特色就是前文提過的 *buzkashi*（叼羊）比賽，這是阿富汗的國家運動，一種激烈的馬術比賽。在比賽中，各位騎手藉由激烈的角逐，奪取山羊的屍體，並把羊拖過球門線。和過去的叼羊比賽不同，這些比賽的選手而今被組織成了代表各省的隊伍。在獨立日慶典那天，會場中央的湖面上還會舉行長達好幾個小時的大型煙火表演。政府各部門贊助了露天飲茶花園，有樂隊在那裡演奏，觀眾可以免費欣賞著名歌手的演出，比如半古典風格的歌唱家薩拉航（Sarahang）或是流行樂明星阿赫邁德・札希爾（Ahmad Zahir）。阿赫邁德・札希爾是電子手風琴大師，他的情歌歌詞來自於數百年前的波斯古典詩歌，它們讓女孩子沉醉其中。還有專門展示現代阿富汗畫家作品的展廳，這些畫家喜歡略帶野獸派色彩的現實主義風景畫。

更重要的是，獨立日慶典提供了一場貿易博覽會，這是一個冷戰時期各國展現自己成就的展場。各個國家都會設立展館，展示各國的商品。阿富汗人絡繹不絕地穿過這些場館，嘖嘖稱奇地看著美國、法國、捷克斯洛伐克、波蘭、中國和蘇聯製造出來的物質奇蹟——摩托車、收音機、電動打蛋器、冰淇淋機、錄音機，以及由機器製造出來從帽子到靴子等時尚產品……這個清單上的物品簡直不勝枚舉。

在節日場地上的幾個劇場裡，阿富汗觀眾可以欣賞到從美國飛來的艾靈頓公爵和他的樂隊，來自北京的中國劇團表演，或是莫斯科馬戲團的空中飛人、雜技和高空走鋼索表演。「選我！選我！」來自冷戰兩大陣營的耀眼藝術家們這樣表現。彷彿吶喊：「選我們這邊！選我們這邊！」

資金和技術援助不斷地湧入，開發了公路系統。到一九六〇年代末時，一個旅行者可以在一天內，從巴基斯坦的邊境經過喀布爾，開車穿過蘇聯建造的薩朗隧道抵達蘇聯邊境。

如今，大量的外國居民讓喀布爾的人口膨脹起來。俄國人和其他東方陣營的家庭住在骯髒擁擠的公寓或者小房子裡，有時候是兩個或三個家庭共同住在一個住宅裡，他們也出現在巴札裡，採買當地物品，和本地的阿富汗人摩肩接踵。

在喀布爾也可以看到許多美國人和西歐人，儘管和十九世紀時的英國人一樣，他們住在與阿富汗人隔絕的院子裡，在他們的商店裡購物，商店裡的商品都是從自己的國家空運來的。然而，到了一九六〇年代中期時，美國和平工作團（Peace Corps）志工湧入阿富汗。志工們不僅在喀布爾，而且也在外圍城鎮中和阿富汗人更密切地生活和工作，進行教學、醫護或是農業支援計畫。這些年輕男女幾乎沒有給當地帶來任何技術專長；他們帶來的是他們的美國臉孔和親和力。僅僅這一點就為國際理解做出了貢獻（也為美國在冷戰競爭中的事業作出了貢獻）。

到一九六七年時，六〇年代革命席捲了全球，嬉皮們開始在阿富汗流竄。通常情況下，這些新的遊牧民從歐洲開始跋涉，穿過伊朗，然後穿過赫拉特，到坎大哈，到喀布爾，然後到印度。嬉皮們很喜歡他們在阿富汗所發現的東西。這裡的大麻很好，人們也令人難以置信地溫和。阿富汗人對自己有嚴格的社會規定，但他們對其他人的標準卻很寬，至少在一開始的時候是如此（這一點早就是事實了。亞歷山大·伯恩斯在一八三〇年代穿越阿富汗時就說過這一點）。

嬉皮路線上的許多阿富汗人，從這股新的遊客潮中看到了商機。具有商業頭腦的人們很快就意識到，美國和歐洲的嬉皮們實際上並不想在真正的巴札裡和真正的阿富汗人一起吸大麻。在阿富汗，大麻長期以來都是合法的，但是吸食大麻是不光彩的行為。任何人都可以抽大麻，但是那些抽大麻的人都是日工、下班後的卡車司機和流氓。有（上層）地位的人會喝酒（儘管宗教——或許正是因為宗教禁止喝酒）。因此，阿富汗的企業家們察覺了讓嬉皮來到阿富汗的那種浪漫夢想，並為他們構建出了這個夢想。企業家們建起了酒店和俱樂部，讓西方的嬉皮們能夠可控制地體驗他們幻想中的阿富汗。[2]為了確保這種體驗是愉快的，企業家們會把閒雜人等排除在外。但更多受敬重的阿富汗人——受過教育的阿富汗人，有人脈關係的阿富汗人，則能夠進入這些迷幻藥俱樂部。嬉皮們當然喜歡阿富汗。有什麼能讓他們不喜歡的呢？但是，正如和平工作團的志工給阿富汗帶來了西方的形象一樣，嬉皮也同樣如此。當他們還只是涓涓細流時，並沒有給阿富汗人帶來什麼麻煩，不過一旦嬉皮變成了一股洪流，這種形象就會對阿富汗人的感情產生影響了。

到一九六九年時，阿富汗城市的社會結構正經歷著快速、劇烈的變化，在喀布爾尤其如此。高中的畢業生，無論是男性還是女性都不斷湧現，女生也大量進入大學深造。由於這些女性大部分是進入師範學院和醫學院，這個國家的女醫生和女教師數量也在急劇增加。

在教室裡擦肩而過的男生和女生開始了謹慎的約會。不是誰會把誰約出來——拜託！當時可不是這樣。而是男生和女生留下暗示，讓對方知道自己會出現在哪裡，然後確保會自己出現在那裡，在一個公開的情境中見到彼此。因此，男生和女生開始會彼此選擇，然後催促各自的家人去「安排」他們的婚事。這些戀愛婚姻讓兩群互不認識的人參加婚禮——這就使另一些互無關聯的男孩和女孩見到彼此、看上對方，再安排他們自己的婚事。

與此同時，在大城市喀布爾，女性開始在公眾面前出現，不僅露臉，而且還露著手臂、腿，甚至是乳溝。菁英技術階層的阿富汗女孩開始接受西方時尚。她們穿迷你裙和低胸上衣。夜總會也越來越多，提供啤酒、葡萄酒和威士忌，且不僅僅供應給外國人。阿富汗人在喝酒，而且毫不遮掩。那個曾經住在卡賈凱小鎮的有趣義大利工程師，科里埃加先生，現在已經搬到了喀布爾，正在把自有品牌的葡萄酒裝進瓶子裡。從根本上來看，西歐和美國正在贏得阿富汗。搖滾樂、藍色牛仔褲、迷你裙——阿富汗的首都裡擁有這一切。但是在政治和外交方面，美國和歐洲陣營正在失去優勢。赫爾曼德河谷已經成了負擔，而不是廣告了。似乎沒有人在修建水壩之前做過充分的土壤研究。新的灌溉系統將鹽分引向了地表，使得大部分地區無法耕種——沒有任何東西可以在那裡生長出來。

另外，沒有人研究過建造這些大壩和灌溉溝渠的社會後果，沒有人對將會受到影響的村民進行調查，也沒有人向他們解釋這個工程計畫。人類學家路易・杜普瑞（Louis Dupree）寫道，就在阿甘達布大壩建成後，他發現住在距離大壩僅僅二十英里外的村民，甚至根本不知道有這座大壩的存在。[3]

在卡賈凱大壩建成後的一段時間裡，我父親曾坐著 Land Rover 越野車穿過沒有道路的地形，來到大壩下游處的孤立村莊，去處理一些 HVA 的事務或是別的事情。他告訴我說，在某個地方，出來和他打招呼的村民還問他阿曼努拉國王的身體狀況。阿曼努拉在三十多年前就被罷黜了，但是村民還沒聽到這個消息，自然也對他們上游的卡賈凱大壩一無所知。他們只是知道河水不再像是往常的樣子了。如今，在一年之中的某些時候會有大量的額外的水湧入。村民們古老的水資源管理系統無法處理這些莫名其妙的新模式。他們的田地被淹沒了，生產力下降了。他們遇到了麻煩，而且挨餓了。

更重要的是，河流突然發生的神秘變化，打亂了圍繞著水資源管理形成的複雜的社會傳統。村民期待著被稱為 *mirab*，也就是受大家敬重的水資源分配人來組織與灌溉有關的工作，並裁決用水糾紛。河流中令人毛骨悚然的變化壓垮了村裡的水資源分配人，他的權威受到了影響。權力的削弱產生了一系列更為微妙的後果。

與此同時的是，這些示範城鎮並沒有真正發揮作用。政府在許多城鎮裡安置不同族群的人，而不同的群體沒有想出辦法來調和各自的習俗。衝突產生了，新城鎮的一些居民感到厭倦並離開了，恢復到他們以前的生活方式。

在新的灌溉區，當地人從他們的農場裡被遷走，以便為大型試驗農場的計畫提供空間。後來，一些當地人想要回來，但是政府不允許。怨恨在不斷地積累中。

至於坎大哈機場，整個想法都已經成為了泡影。這個機場是為了容納螺旋槳飛機而建造的，但是機場完工的時候，恰恰是螺旋槳飛機被逐漸淘汰，噴射式飛機開始起飛的時候。而且，由於坎大哈機場的加油幫浦不適合螺旋槳飛機，長途航空運輸並無法選擇坎大哈機場作為加油站，所以機場就孤冷地座落在荒漠中：巨大、現代、空空如也。

一些發展計畫成功完成了，但是它們帶來的好處並沒有惠及鄉村，而只到達了較大的城鎮。沿著那些奇妙的現代公路的任何方向走一天，就會到達不知道電力為何物的村莊。這些村莊裡的居民從來沒有聽過「冷戰」這個名詞。至於城市裡的變化，他們只聽過其他村民的傳說，而這些傳說往往又被意見不同的傳話人扭曲了。

阿布杜拉赫曼曾經試圖摧毀的那個舊阿富汗仍然在那裡，而這個舊阿富汗也曾推翻了阿曼努拉，舊阿富汗仍然占了阿富汗人的大多數；但是，這個舊阿富汗如今更加前所未有地，和喀布爾政府及其技術官僚們居住和管理的那個都市阿富汗脫節了。

第十八章 左派竄起

向蘇聯尋求軍事援助後，達吾德開始將阿富汗人送往蘇聯和東歐進行軍事訓練。一九六〇年代初，有數百名阿富汗人從西方大學歸國，他們受到過良好的培訓，可以勝任行政和技術工作，與此同時，另有數百名阿富汗人從共產國家回來，他們做好準備進入軍隊。那些在共產國家學習軍事科學的人，往往在腦中形成了一套馬克思列寧主義的架構，他們透過這套架構來理解阿富汗和他們自己的生活。馬克思主義意識形態告訴他們，阿富汗是一個正在向革命前工業社會過渡的封建國家。這套意識形態告訴年輕的軍官們，他們是一支受了啟蒙的先鋒隊，被抹消了所有關於天堂和地獄的謬論，現在他們註定要在阿富汗這裡建立一個天堂——一個工人階級的天堂。

這些思想從軍隊傳播到了喀布爾大學中。從喀布爾大學畢業後，從事教學工作者將共產主義思想引入了中學。許多大學畢業生最終在各省的公立學校裡任教，因為首都喀布爾沒有足夠的工作來吸收他們；年輕的軍官也被派往了全國各地。透過這些人，現代共產主義思想滲透到了阿富汗省級社會中，成為了一個薄薄的階層。在喀布爾，少數持不同政見的知識人，開始在小型學習小組中偷偷會面，對自己進行馬克思列寧主義教育。這些團體的成員通常不超過十個人或十二個人，當議會時代開始時，這些團體總共不超過幾十人，但理念存在著，它正在醞釀。

一九六五年，三十個來自一些馬克思主義研究圈子的人，來到記者努爾・穆罕默德・塔拉奇（Nur Mohammed Taraki）的家裡聚會，塔拉奇因為他寫過關於阿富汗工人和農民的說教小說和短篇小說，而在蘇聯獲得了一些關注。塔拉奇出生於一個貧窮的吉利札伊普什圖人家庭，在政府設立的學校裡就讀，並進入了技術部門，甚至在阿富汗駐美國大使館擔任過短期助理。塔拉奇的一部小說被翻譯成為了俄語，蘇聯人稱讚他是「阿富汗的馬克西姆・高爾基」（the Afghan Maxim Gorky）。參加會議的大多數人都是剛畢業的大學生，塔拉奇在會議上確立了自己的主導地位，因為只有他是一個白髮蒼蒼的老人，而在阿富汗社會裡，年齡就是分量。

然而，他沒能打動會議上的一個人。巴布拉克・卡馬爾（Babrak Karmal）可能沒有塔拉基的白髮，但在三十六歲的時候，他自己也算是半個老人了。卡馬爾在喀布爾的激進分子中具有一定的威望，因為在他的學生時代，他曾組織過一些反政府集會，這最終為他贏得了著名的四年監禁判決。正是在達吾德主政時期的陰暗牢房裡，卡馬爾的獄友們（都是持不同政見的知識人）向他介紹了馬克思主義。在出獄後，巴布拉克．卡馬爾回到大學並獲得了法律學位，但與此同時，作為一個有魅力的學長，卡馬爾在年輕的同齡人中獲得了一批擁護者。在一九六五年，他已經不再是學生了，但他和左派學生活動者仍有很多的聯繫。

在那天傍晚，參加會議的三十個人決定組建一個政黨，參加即將舉行的議會選舉。他們自稱為「阿富汗人民民主黨」（People's Democratic Party of Afghanistan, PDPA）。那天晚上，房間裡的人不僅是該黨的領導人，也是該黨的（大部分）成員。他們中約有一半來自農村的普什圖人家庭：他們是被政府學校從舊阿富汗拉到新阿富汗中的男孩。其他人則是出身自優越的城市。塔拉奇是第一類人的代表，他的父親是個牧羊人，他先祖是遊牧民。巴布拉克．卡馬爾是第二類人的代表。他的父親是一位將軍，是達吾德首相的好朋友。

在議會選舉中，卡馬爾集團的人幾乎都當選了。而塔拉奇的小組則幾乎沒有人贏得席位。無論如何，人民民主黨在國家的新立法機構中有了代表。但是，當議會開議時，大學生們擠進了旁聽席，舉行了一次給學生活動人士們帶來了壞名聲的示威活動。大學生們對著這些新當選的議員起鬨，認為他們無法代表民意，噓聲大作打斷了議員們的發言，學生們還指控議員們腐敗和利用裙帶關係。大學生們要求一年前由國王任命的首相和內閣辭職或被解職。很明顯的，人民民主黨組織了這次示威。在呼喊聲中，一名議員在大廳中赫然起身。他是卡馬爾，穿著襯衫，看起來像個學生。示威者們陷入了沉默，這給巴布拉克．卡馬爾帶來了一種指揮官的光環。他對國家面臨的困境和農民群眾的苦難發表了慷慨激昂的演講，甚至讓他的對手們都流下了眼淚。卡馬爾一坐下來，喊叫聲又響起來了，議會不得不休會。[1]

學生們日復一日地擾亂議會程序，直到最後保安人員將他們趕出了大樓。他們繼續在外面的街道上示威，其他學生聽說了這一激動人心的事件，加入示威的學生人數也不斷增加，人們湧入到這個歷史時刻中，無論這個歷史時刻到底是什麼。

一九六五年十月二十五日，領導人們下令警察驅散人群。開了三槍，三具屍體倒下了。其中有兩個是學生，一個是圍觀者。你可能會認為，在一個政治暴力奪走了這麼多生命的國家，再多加上三具屍體的一件事情也會被人們忽略，但你錯了。這三名受害者成為了焦點。這一天被載入了阿富汗歷史。在阿富汗日曆中，這一天被稱為 *Sehum-i-Aqrab*，即「Aqrab（月）的第三天」*，在接下來的十年中，*Sehum-i-Aqrab* 不僅表示一個日曆上的日子，而且表示一場運動。

在一九六五年，示威活動演變成了罷工，大學被迫停課。學生們向副校長（恰好是我的父親）提交了一份請願書，要求查明並懲處那個下達向學生開槍命令的人。學生們警告說，如果他們的要求得不到滿足，他們將在今年餘下的時間裡癱瘓這所大學。

示威活動已迫使第一任首相辭職了。他的繼任者哈希姆．邁萬德瓦爾（Hashim Maiwandwal）收到了請願書，並承諾展開調查。最終，一個沒沒無聞的大學教師被指控犯了一些模稜兩可的輕罪，但實際上，調查沒有任何結果。街頭流言說，國王的堂親、喀布爾駐軍指揮官阿布杜．瓦利（Abdul Wali）將軍下達了開槍的命令；如果是這樣的話，難怪調查沒有結果。有些人指責內政部長阿布杜・凱尤姆（Abdul Kayeum），他辭去了職務並流亡去了國外，從某種意義上說，凱尤姆要為這一事件負責，無論他是否真的造成此事。

時至今日，仍然沒有人知道到底是誰下令開的槍，事實上，這可能並不重要。在喀布爾這個火藥桶裡，這樣的事情註定會發生。十月的那一天發生的事件，只是使已經燃燒的炭火更進一步迸發起來。此後，在接下來的十年中，每年的 Aqrab 月三日，學生們都會湧上街頭，進行示威活動和搗亂。

——

在這一時期的世界大部分地區，「學生活動人士」這個詞彙自動意味著「左派」，或至少是「自由派」。但在喀布爾，它們並不是同義詞：在這裡，同樣聲勢浩大和具有破壞性的校園活動家是激進的伊斯蘭主義者。大學裡的一些神學教授煽動並領導著他們。布爾汗丁・拉班尼（Burhanuddin Rabbani）教授是其中之一。阿布杜・拉蘇魯・薩亞夫（Abdul Rasool Sayyaf）是另一位。兩人都在埃及著名的伊斯蘭學院愛資哈爾大學獲得了學位。正如軍校學生從蘇聯帶回了共產主義思想一樣，這些經院學生從埃及帶回了穆斯林兄弟會的思想。他們接受兄弟會的思想，也就是追求一個普遍的哈里發國家，以及需要清除伊斯蘭中的西方思

* Aqrab 即阿富汗曆法中的八月。——編者註

想，例如民主和人文主義。他們還接受了穆斯林兄弟會的願景，即建立一個完全基於伊斯蘭教法的國家。

在他們的學生追隨者中，有兩個爆烈的人物脫穎而出。阿赫邁德・沙・馬蘇德（Ahmad Shah Massoud）是塔吉克人，古里布丁・希克瑪提亞爾（Gulbuddin Hekmatyar）是吉利札伊普什圖人。希克瑪提亞爾是一個特別有威脅的人物。（據說）希克瑪提亞爾一開始是一名共產黨員，但他帶著復仇的念頭轉向了另一個極端。他和他的同夥在喀布爾抗議社會變革，在校園裡尾隨沒有戴面紗的婦女，向她們的臉上潑硫酸。[2]

簡而言之，阿富汗的學生活動人士從一開始就是兩極分化的。更重要的是，這兩個極端都沒有統一的領導。右派和左派都分裂成了許多派別，反映出了潛在的族群、部落和個人衝突分野；即使是分裂出來的派別，也會因爭鬥而產生進一步的分裂。人民民主黨（PDPA）成立於一九六五年，有三十名黨員。兩年後，它發展到了三十五個成員。然後，塔拉奇和卡馬爾鬧翻了，你可以預見到這個局面的到來。此後，PDPA 由兩個派別組成，每個派別有十幾個成員。每個派別都出版了一份報紙，不僅謾罵政府和君主主義者，還彼此謾罵。塔拉奇的報紙，也就是他的黨派，稱為 *Khalq*（人民）。人民派或多或少成為了吉利札伊農村普什圖人的馬克思列寧主義政黨。卡馬爾的報紙自稱為 *Parcham*（旗幟）。旗幟派成為了非部落化城市技術菁英群體的馬克思列寧主義政黨的名稱（有些人嘲諷地稱其為阿富汗皇家共產黨）。無論是人民派還是旗幟派，它們都無法團結起來。甚至有更小的左派團體也從這兩個組織中分裂出來，認同更多的特定族群、小部落或「領袖」。[3]

作為絕對不祥預兆的是，在「新民主」的這十年中，達吾德一直在邀請精心挑選的左派人士們到他家中進行私人討論，他要了解他們的歸屬、忠誠和想法，並以阿富汗的老方式建立新的聯盟網絡。達吾德這位前強人很自然地在軍隊的年輕軍官中找到了朋友和盟友，他們中的許多人都屬於旗幟派（「阿富汗皇家共產黨」），而他們團結在達吾德身邊也並非不可能，因為正是達吾德的政策將他們送到蘇聯接受培訓和教育，並被激進化。到一九六〇年代末的時候，喀布爾正在沸騰，充滿了能量。嬉皮在這裡流動，音樂從夜總會和私人聚會中雷鳴般地響起，工廠在增加，工人在激增，學校在萌芽。學生們因為要求更寬鬆的成績評分等學業問題，不斷地罷課。工人們為了更高的工資和更短的工作時間等問題而鼓動變革、罷工。在一九六八年的夏天，阿富汗發生了十五次大型的學生罷課和二十五次工人罷工。與此同時，軍隊中的低級軍官們在嘀咕著「革命」。大學和清真寺裡的伊斯蘭主義者學生大肆宣揚末日即將到來——這是最好的時代，也是最壞的時代。喀布爾的力量麻痺了人們的感官，但麻煩卻潛伏在浮華的背後；在從任何一條主要公路或政府前哨站步行幾小時，就會抵達另一個時間如靜止一般的阿富汗，一個由鄉村共和和無政府主義者、毛拉、馬利克（村莊頭人、掌管人）和汗組成的世界裡，這個舊的阿富汗也正在沿著它自己的軌道隆隆作響。

在一九七三年，斧頭終於不可避免地落下了。當國王前往義大利渡假時，他的堂親達吾德迅速執行了一場幾乎不流血的政變。這可能是一場安排好的政變：至少有一輛國王的勞斯萊斯轎車被送去了義大利，如果你能明白的話，這是一場很講情面的政變。王室的核心成員可能已決定，無政府狀態是對國家的最大威脅，必須加以制止。達吾德早就在為這一天做準備了。一旦達吾德廢黜了國王，他就宣布自己是這個國家的第一位總統。許多人會說，真正的總統不會自己任命自己，但是，嘿，政治發展是一個緩慢的過程；美國不是一天建成的。「國王」這個名字現在聽起來太老套了。「總統」這個頭銜聽起來就現代多了。

達吾德利用旗幟派重新掌權，然而他本人並不是共產黨員。一旦達吾德覺得自己的權力安全了，他就開始打擊他的左派盟友，將一些人降級，將另一些人安置到不重要的位置上去，並把許多人派到國外，擔任無法興風作浪的大使職務。達吾德張口閉口都在談論阿富汗和蘇聯之間的永恆友誼，但卻開始與美國的地區盟友培養關係。他會見了祖利菲卡爾·阿里·布托（Zulfiqar Ali Bhutto），這位在柏克萊受過教育的巴基斯坦總統穿的是來自倫敦塞維街（Savile Row）的西裝。他還會見了美國在伊朗的鐵腕人物禮薩·巴勒維國王。這三位領導人談到了組織一個阿富汗、伊朗和巴基斯坦的區域貿易聯盟。他們考慮了一項共同的安全條約。他們討論了修建一條連接這三個國家的鐵路。蘇聯從遠處盯著這些會談，並開始警覺起來。

即使是在打擊他的左派盟友時，達吾德也要確保消除所有來自右派的危險。當拉班尼、阿赫邁德·沙·馬蘇德、古爾布丁·希克瑪提亞爾和其他一些伊斯蘭主義者試圖發動叛亂時，達吾德打垮了他們，伊斯蘭主義者們逃去了巴基斯坦。

達吾德仍然是個硬漢。他仍然可以用槍和牢房以及他重新掌權後從德國訂購的新的酷刑設備來打敗他的政敵，[4]但他無法用這些工具將社會維繫在一起；他無法使社會的結構不被破壞。達吾德無法阻止學生罷課，也無法讓工人一直待在工廠裡工作。一九七八年四月，兩名身分不明的槍手暗殺了一位受歡迎的左派領導人米爾・阿克巴・開伯爾（Mir Akbar Khyber），開伯爾的死在喀布爾引發了幾天的大規模示威。這一次，達吾德決定，他要做一些決定性的事情——一些能傳遞訊息的事情。他一舉逮捕了他所知道的所有左派領導人，特別是那些屬於人民派的人，但他還不夠迅速。就在被拖走之前，一位名叫哈菲祖拉・阿明（Hafizullah Amin）的人民派高官，設法讓他的小兒子給其派系的地下幹部送去了消息，告訴他們發動政變。很顯然，他們早就制定了一個計劃，只是在等待合適的時機動手。

一兩天後，達吾德手下的一名坦克指揮官帶著令人擔憂的消息來找他。指揮官聽到了一些關於正在進行的陰謀的傳言——一些大事情。該陰謀將會在四月二十七日進行。他請求總統允許他給坦克裝上實彈，並建議達吾德在二十七日上午將坦克駐紮在喀布爾市中心的皇宮周圍，以防萬一。

在二十七日黎明時分，天朗氣清。整個上午，街道上仍然很安靜。時間一分一秒地過去。這會是虛驚一場嗎？中午十二點時，一門大砲從附近的山頂上轟然響起，這並不值得擔心。這門大砲每天中午都會響起，以標誌時間。喀布爾人會以砲聲來設定他們的手錶。然而，這一次，在砲聲響起的幾分鐘後，坦克的砲塔開始轉動，直到它們的砲口指向了王宮。

直到這時，達吾德才明白為什麼他的坦克指揮官會知道一個正在進行的陰謀。指揮官也參與其中：他是隱藏的人民派。

達吾德退到了被圍困的宮殿深處。在那裡，他把他的家人和同伴召集起來，告訴所有想離開的人現在就走。如果可以的話，他們應該抓住這個機會活下去：他不會看輕他們。但沒人選擇離開。

外面的槍聲開始雷鳴般響起。大約有兩千名精銳的衛兵守在宮殿裡，他們抵抗得十分頑強，但飛機朝著宮殿低空飛來，對著院子裡掃射。後來，有些人說這些飛機來自塔什干，而不是來自阿富汗自己的巴格拉姆軍用機場，這將會把蘇聯與政變直接聯繫起來，但據我所知，沒有任何證據能表明這一點。不管怎麼樣，院子裡的衛兵都被殺害了。人民派黨人衝進來，與達吾德和他的家人展開了白刃戰。達吾德手裡拿著一把槍倒下了。達吾德的家族中有十八到三十人與他一同遭到了殺害。在達吾德的全盛時期，他曾引起人們的恐懼，一旦宮殿被攻占下來，一小群人民派幹部迅速、秘密地把他的屍體裝入一輛有遮蓋的卡車裡帶走，埋在了某個沒有標記的地方。他們從未透露將達吾德埋在何處。事實上，他們也從來沒說出被埋葬者的名字。這就是他們對達吾德的恐懼。然而，三十年後，這些人中的一個人仍然記得那個地方，他帶著一些官員找到了達吾德的遺骨，這些遺骨被挖出並重新埋葬，但這件事是在很久以後才發生的。在一九七八年四月二十七日，達吾德、他的整個家族和他的兩千名保鏢都被送進了墳墓，多斯特．穆罕默德的家族就此終結了。

第十九章
政令變革

阿富汗人民民主黨如今在理論上掌權了。但是在實踐中，它面臨著和多斯特・穆罕默德曾面臨的相同挑戰：它必須以某種方式在喀布爾鞏固權力以支配農村，並阻止外部世界的到來。在政變後的幾天裡，人民民主黨的民兵開始在全城追捕倖存下來的王室成員。能夠逃出國境的王室成員和王室親屬都出逃了。在喀布爾廣播電台，一個鮮為人知的人民民主黨工作人員宣布「革命委員會」已經控制了局面。全國大部分地區都在想，革命委員會到底是什麼東西。後來，阿富汗人從廣播中得知，空軍中尉阿布杜・卡迪爾（Abdul Qadir）在指揮。大多數人又說：「誰？什麼中尉？」這場政變就是如此詭異，甚至連贏家都不知道到底是誰贏了。要花好幾天時間才能理出一點頭緒來。

最後，記者努爾・穆罕默德・塔拉奇成為了總統、黨的領導人、這個部門的負責人和那個部門的負責人——總之，他驕傲地擁有了所有重要頭銜。政變隊長哈菲祖拉・阿明曾經是師範學院的校長，現在他成了第二號人物。

內閣完全由人民民主黨成員組成，或多或少地由人民派和旗幟派的主事者平均分配。然而，人民派占據了主導地位，並很快擺脫了旗幟派。卡馬爾同志被派到東歐國家擔任大使去了。在喀布爾的街道上，人民派和旗幟派的幹部們偶爾會進行狂野西部式的槍戰，但旗幟派不敵對手，人民派很快就取得了最高地位。

阿富汗人民民主黨已經在地下發展成熟，儘管當旗幟派幫助達吾德獲得權力時，一些黨員已經公開了自己的身分，但是該黨的大部分成員仍然是秘密的。因此，在政變後，很少有人知道誰是黨員，誰不是黨員，包括其他黨員之間也互不知曉。

但是，隨著人民民主黨獲得了信心，即使是其低級別的成員也開始展示他們的力量了。在整個政府辦公機構裡，主管們開始遇到可怕的不尊重、不服從或來自隨機下屬的嘲弄事件。陸軍軍官們開始意識到，那裡存在著一個完整的另類指揮結構，下士的地位可能高於上校。沒有人知道該相信誰，或者在誰面前可以說什麼：更安全的做法就是閉嘴。恐懼籠罩著整個城市，因為一個迄今為止一直潛藏在地下有機體，在整個技術官僚體系中開始像海怪一樣浮出了水面：這就是人民民主黨。在這些年來，人民民主黨的各個派別和分支一直在秘密會議上制定各種「方案」。因此，人民派已經有了一整套的政策可以頒布——儘管他們沒有任何實際頒布政策的經驗。人民派開始頒布以「科學」馬克思主義理論為基礎的政令。

在理論上，人民派的許多政令是革新性質的，甚至可稱高尚。例如，這些政令提高了婦女的地位。早期政令禁止父親宰制女兒，丈夫宰制妻子，取締聘禮，禁止未成年婚姻——這些措施與阿曼努拉曾試圖頒布的措施相同。新政權下令為婦女開設掃盲班，並規定新生兒母親享有兩百七十天的帶薪產假。

但諸如此類的措施只擴及到城市裡的人；事實上，在大多數情況下，這些政令只能影響到喀布爾——這並不奇怪，因為人民民主黨是由心懷不滿的城市受薪技術階層成員組成，而不是由仍然生活在農村的農民組成。由於村裡的人沒有立即受到影響，他們採取了觀望的態度。而後，政府通過了與農村農民的生活相關的政令。有一項政令取消了農民積欠地主的所有債務，並禁止以土地為抵押的高利貸。你可以理解為什麼這個法令聽起來很高尚。長期以來，大地主藉由掠奪性的條件借錢給當地的窮人、他們的親屬和家屬，使他們受到類似農奴的奴役。儘管伊斯蘭有禁止收取利息的禁令，但地主們利用精心設計的方案規避宗教法律的條文，實施相當於激進高利貸的行為，而且這種行為是在勾結教士之下進行的。難以支付貸款的小農戶逐漸失去了他們的土地，被大地主占有。人民民主黨政權認為，他們可以一舉消滅這種罪惡，就像是用斧頭砍頭一樣。[1]

但問題是，貧窮的村民通常是出於兩種目的之一而借錢的：年輕人借錢是為了結婚；家庭借錢是為了葬禮。當政府突然廢止了所有債務，不管對方借錢的目的是什麼，地主和富商就完全不再向任何人放債了。突然間，年輕人除非很有錢，否則便沒有能力結婚，於是在性和情感上的挫折感也隨之產生。

此外，突然間，只有富人才能負擔得起奢華的葬禮。當一個貧窮甚至中等富裕家庭的族長去世時，他的遺族只能接待很少的送葬者，提供來客令人臉上無光的微薄食物，這使他們感到羞愧和不光彩。[2] 人民民主黨把能夠創造出一個傳統社會的關鍵需求的社會運行機制一舉打破，但是卻又無法提供一個新的機制來滿足那些需求。當事情開始出錯時，封建領主們很容易就能說服那些身無分文的農民，說這個政權是在攻擊他們的利益，攻擊他們的生活。

另一項法令規定了土地所有權的上限。任何人都不能擁有超過六十公頃（一百四十八英畝）的土地。在第一年，該政權從大地主手中奪走了約八十萬英畝的土地，並將其分給了十三萬兩千個貧困家庭。他們還宣布了一項計劃，也就是在下一年，將一百萬個家庭組織成四千五百個農業公社。[3] 這些法令將赫爾曼德河谷受美國教育的行政人員所犯的錯誤放大了許多倍，他們強迫不同族裔的遊牧民在示範城鎮中一起工作。人民民主黨的規劃者們認為，他們可以用一種人為的新集體來消滅來自部落和村莊的認同（以及認同所促成的合作），這種新集體就是：「公社」。

然而，在這個乾旱的國家，沒有水，土地就沒有用，而管理水需要複雜的合作。幾個世紀以來，阿富汗農村已經形成了一個技術含量低，但有效的水管理基礎設施，包括水井、溝渠和坎兒井（*kahreze*，也就是地下水道），這需要一個相應的社會角色網絡，這個網絡由部落價值觀所支持，並與宗教和民間傳統交織在一起。

共產政權的新規則是對著這個微妙體系扔下了「莫洛托夫雞尾酒」（Molotov

cocktail）*。在阿富汗，大多數的大地主並非從遙遠的村莊地產中吸取收入的城市巨頭（儘管其中有一些確實存在）。大多數大地主都是當地的酋長，他們控制著大片的土地，從某種意義上說，連所有的當地人都被認為是「他們的」。當這些大塊土地被分割成小塊時，它們被分配給了數百個家庭，這些家庭沒有既定的社會合作機制，因此無法凝聚起集體管理水資源所需的合作。土地的重新分配，使家庭與家庭之間發生了水的競爭，最終導致沒有人能夠得到他們所需要的那麼多水。我的表弟馬扎爾當時住在阿富汗，他告訴我，小農戶來到城市向政府抱怨，在新的安排下，他們的土地每天只得到三十秒的水。先前能養活了一個地區所有居民的土地（儘管是不平等的），而今卻無法維持任何一個生活在那裡的家庭。現在所有人都是平等的，都在平等地挨餓。

對於所有人越來越大聲的爭吵，重新分配的受益人們不得不為接受土地而感到內疚，因為習俗和宗教告訴他們，這些土地是從「合法的擁有者」的手中奪來的。因此，對許多農村人來說，土地改革意味著莊稼歉收、爆發爭吵和下地獄的更大可能性。再加上關於性的挫折和羞恥感，你就會明白為什麼麻煩開始在各省湧現，這種憤怒不需要意識形態的解釋，因為按照他們自己嚴格的物質標準，人民民主黨正在製造災難。

人民派政權一直堅持不懈地跳到這場災難中，因為它嚴格地從階級鬥爭的角度來分析

* 也就是汽油彈，一種土製的燃燒彈。——譯者註

阿富汗社會。人民派認為自己會在這場戰爭中獲勝，因為它站在多數人一邊，反對少數人。然而，一般來說，阿富汗農民並沒有從階級利益的角度來看待他們的生活。他們看到的世界是被族裔、部落和宗教因素分層和分割開來的。農民往往是當地富有的汗的窮親戚。即使不考慮血緣關係，富人和窮人通常也會因為相互的義務和關係而聯繫在一起，這種關係體現在幾世紀以來的家族歷史、個人交往和情感上。有人說，汗這個詞源於*distar-khwan*，也就是「桌布」，汗是為他人擺設宴席的人。[4]

在阿富汗，貧富之間的聯通確實有用：當然，富人是與普通人不同的，他們更加富有。宗教教導農民接受他們的境遇；文化則確保他們的境遇會因為那些「過得比自己好的人」的慷慨而得到改善。農民從更大的部落中得到了一些滿足。我曾聽過某家公司的員工會用「我們」這個詞，來指稱他所效力的公司，員工為雇用他們的企業的活力感到自豪。如果這種歸屬感不僅僅來自於每兩星期的薪水和聖誕節禮金的話，而且還來自於好幾代人在葬禮、婚禮、齋月和開齋節上積累下來的交情和回憶時，這種忠誠的情感一定會更加濃烈。

沒有法律規定一位汗必須養活他們的窮親戚（很多人都不養），但習俗規定，施捨行善會給他們帶來美名，他們的下屬也指望這種習俗驅動的慷慨，不願疏遠他們的汗，以免受到冷落。那些執行土地改革的人們告訴這些結構中最貧窮的人，不要在乎這些東西，不要理會汗的善意，要使用從汗那裡奪來的那些土地，而招致他的仇恨和敵意——不要擔心，因為窮人不需要他的慷慨了。政府會給窮人撐腰。

然後是遊牧民，他們仍然占人口的百分之十二至十五。[5]遊牧民不認為階級是將他們與定居的農民和城市居民分開的因素。**階級利益**在遊牧部族中意味著什麼？階級利益在一個遊牧部族和另一個遊牧部族之間又能意味著什麼呢？

只要是在部落的控制之下的土地，部落酋長們在他們的土地上進行走私活動的利益就含有部落的利益，自多斯特·穆罕默德時代以來從政府那裡獲得的補貼上也有部落的利益，在他們自豪地用來抵禦鄰近部落的槍枝上也有部落的利益。這些人打算讓自己被吸納到一個由階級利益定義的框架中嗎？

儘管每個村莊和部族都有根深蒂固的決策制度，在部族或村莊內進行準民主決策，但很少有村莊之間或跨部族的民主決策經驗。政權邀請他們進入一個基於政策，而不是基於血緣、歷史和個人關係的架構。這是不可能成功的。

若是有一個有效的喀布爾政府採取措施的話，也許可以阻止災難發生。但位於喀布爾的政府卻是革命奪權政府中的「搗亂笨警察」（Keystone Kops）。如果他們沒有導致這樣的史詩悲劇，那才是見鬼了。

以蘇維埃為導向的馬列主義人民派消滅了旗幟派之後，它便開始動手去消滅那些意識形態與它最接近的人。它對毛澤東主義者，及其他小的左派政黨下手。在剛上台時，新政權做出了釋放政治犯的浮誇姿態，但事實證明，這只是因為他們需要這些牢房來關押自己抓來的政治犯。

根據大多數人的說法，這場政變甚至讓蘇聯人都感到驚訝——蘇聯當然希望有一天會有這樣的結果——但這也來得太快了！他們把這一切都看在眼裡。哦，好吧，蘇聯人藉由派遣「顧問」來幫助新政權，從而使事情變得最好。漸漸地，在喀布爾聚集了大約五千名這樣的技術和軍事顧問，足以為每個重要的政府官員和每個關鍵的軍事指揮官，提供一個屬於他自己的蘇維埃顧問。

蘇聯國家安全委員會（KGB）幫助人民派建立起了對一個剛剛找到方向的年輕政權來說，唯一不可或缺的政府部門——秘密警察部隊。這時成立的情報機構隨著統治集團的興衰而不斷改變名稱，但最後被稱為KhAD，這個名字至今仍讓阿富汗人感到不寒而慄。

當人民派把它的敵人、對手、朋友和遠方的熟人趕到監獄裡的時候，它也在努力贏得人民的愛和尊重。這一努力主要是指向群眾宣傳努爾・穆罕默德・塔拉奇同志的英明偉大。塔拉奇在加茲尼附近的童年住所被變成了一處聖地，用紅旗和彩燈裝飾起來，他的巨大海報出現在喀布爾的各個角落，被稱為「東方的天才」和「偉大的導師」。[6]在這裡，參觀者可以看到他小時候睡過的床和他用來吃簡單飯菜的簡陋器皿。

塔拉奇在政變前，位於喀布爾一個中產階級社區的家成了一座博物館。在塔拉奇的老家（他自己搬進了其中一處王宮），他的書桌、他的墨水瓶、他用來記下他偉大思想的筆、他的鞋子、他的內褲以及他喜歡坐在上面思考的椅子都被展示出來。導遊在現場向參觀者解釋了他在那張椅子上所產生的偉大的遠見卓識。阿富汗作家協會被要求研究這位偉大導師的小說和短篇小說，並以他感人的小說為創作榜樣。但其實這些小說只是薄薄的、虛構說教的小冊子。[7]

奇怪的是，塔拉奇本人並不促成這一場浮誇的運動。他的副手哈菲祖拉·阿明構思並實施了這一計劃。針對塔拉奇的每一個頭銜，阿明都給自己戴上一個相應的尊稱。如果塔拉奇是偉大的導師，那麼阿明就是他忠實的學生。在阿明更多的文學作品中，他把自己和塔拉奇比作一片指甲和一根手指，一個嵌在另一個的肉裡，是不可分割的。

更奇怪的是，這兩個人根本沒有這種關係。阿明是一個無情的、狡猾的、受過良好教育的政治操縱者，行使著真正的權力。塔拉奇是一個反應遲鈍的、自學成才的滑稽角色，他只是作為這種權力的象徵。阿明並沒有單獨控制這種象徵性的權力；他是幾個爭奪權力的人之一。塔拉奇與其說是一個領導人，不如說是一張座椅，其他人都爭相坐在它上面。

阿明有優勢，因為他的人脈最廣，掌握了對手們的把柄，並且有最好的組織頭腦。正是他將人民派的勢力擴展到了軍隊中，一直讓他的派別比旗幟派的人馬更深地滲透到武裝部隊中。最重要的是，在四月二十七日，當所有其他人民民主黨領導人都遭到逮捕時，是阿明果斷地發起了攻擊，推翻了達吾德。若是沒有阿明的領導，他們就都死定了。

然而，有一項資產是阿明不具備的：蘇聯的信任和喜愛。蘇聯人希望由另一個阿富汗共產黨人來發動政變——最好是卡馬爾，但如果不是他，至少也是塔拉奇。也許蘇聯人相信阿明是美國中央情報局（Central Intelligence Agency, CIA）特務的傳言。在阿富汗這個可能是世界陰謀論之都的地方，幾乎沒有人不被懷疑是中情局特務，但就阿明而言，這些謠言是有一定根據的。他在一九六〇年代中期於美國讀書時，曾領導阿富汗學生協會。在一九六七年，《壁壘》（*Ramparts*）雜誌還曾發表過一篇揭露文章，揭示中情局透過一個名為亞洲基金會（Asia Foundation）的準政府援助組織，向阿富汗學生協會輸送資金。

這些傳言很可能是假的，[8]但阿明確實構成了一個問題，因為他不想作為一個全資子公司被吸收到蘇聯陣營裡。他設想為自己和自己的國家劃分出一些自治權。他希望把阿富汗變成南斯拉夫或至少是阿爾巴尼亞那樣：一個強硬的共產主義國家，但不結盟。不過，蘇聯認為這個目標是不可接受的。

阿明和蘇聯之間的衝突，可能解釋了一九七九年二月十四日發生的離奇事件。在共產黨政變九個月後，在那個情人節，一群武裝分子綁架了美國大使阿道夫・杜伯斯（Adolph Dubs）。是的，美國這時候仍在喀布爾有一個大使館。也許令人驚訝的是，美國仍然希望在阿富汗保留一些影響力。阿明的不結盟雄心助長了這種希望。據稱，綁架者屬於一個毛派分裂派別，阿富汗人將其稱為 *chupi-i-chup*，也就是「左派的左派」（這些「左派的左派」團體的數量相當多，但大多數都太小了，不能被稱之為「黨派」）。據稱，綁架者試圖讓他們的領導人從人民民主黨的監獄中獲得釋放，但是，如果這真的是他們的目標的話，他們綁架美國大使做什麼？美國人與人民民主黨沒有任何關係。為什麼不去綁架蘇聯大使呢？蘇聯大使才是一個真正能對蘇聯代理人政權施加一些壓力的人質，難道不是嗎？

此外，他們沒有像任何一個正常的綁架者那樣，把受害者帶到一個隱蔽的地方，在那個安全的地方提出要求，而是把他帶到了喀布爾最大、最有名、最中心位置的飯店——事實上，喀布爾飯店是外交官和外國記者下榻的地方，是政府的安全機構已經建立的地方，是綁架者不可能逃離的地方，無論他們的冒險結果如何。這都是一個離奇的決定。

美國使館人員懇求喀布爾的共產黨當局讓他們與綁匪談判。他們知道如何用談話來消磨這樣的人質劫持者。美國使館人員覺得他們可以安全地把大使救出來。該政權——根據喀布爾的一名蘇聯KGB特工的建議，說不行，阿富汗政府會處理這件事的。而政府也很快地處理了這個問題。他們派了一個突擊隊，帶著槍進入房間，把所有的綁架者和杜伯斯大使都殺了。問題解決了。短短幾分鐘內就解決了。

可想而知，美國關閉了大使館，撤出所有人員，並切斷了與阿富汗的外交關係。就這樣，阿明的自治夢想就結束了。該政權現在別無選擇，只能完全依賴蘇聯的援助和保護。神秘的阿道夫·杜伯斯事件使阿富汗更接近於成為一個蘇聯社會主義共和國。

接下來的一個月，一群叛軍在赫拉特綁架並殺害了九名蘇聯顧問。隨即，從蘇聯的加盟共和國塔吉克的首都杜尚別（Dushanbe）起飛的飛機，轟炸了赫拉特，將這座城市的三分之一炸成了廢墟，根據大多數人的說法，死亡人數多達兩萬五千人（蘇聯人和當時的一些左派作家聲稱這一數字是不到八百人）。[9]

無論死亡人數是多少，令人難以置信地的是蘇聯否認了與這場屠殺德關係。相反地，哈菲祖拉．阿明看到了機會，可以建立他作為恐嚇性執法者的聲譽，所以他堅持說，是他下令摧毀赫拉特的。在白沙瓦，一些從阿富汗流亡出來的伊斯蘭主義者經歷了一個對等的操作過程。喀布爾大學先前的拉班尼教授聲稱殺害蘇聯顧問是他煽動的起義，才引起政府如此可怕的反應；但他的對手蘇布葛圖拉．穆賈迪迪抗議，不！不！他才是那個組織叛亂行動，導致如此破壞的人。在政治光譜的兩端，人們都在爭相為屠殺邀功。

與此同時，激進的伊斯蘭主義者正在使整個地區對阿富汗的共產主義政權越來越不友好。和阿富汗的政變不同，鄰國伊朗的動盪才是一場真正的革命：國王的倒台和何梅尼在一九七八年的回歸，標誌著真正分水嶺的到來。在巴基斯坦，激進的伊斯蘭也在發展著他們的力量。在一九七七年，布托試圖在選舉中舞弊，但他的欺詐行為讓巴基斯坦反革新的宗教黨派將人們的憤怒集結成一股力量。大規模的示威遊行推翻了布托，一位伊斯蘭主義者將軍齊亞．哈克（Zia al-Haq）奪取了政權。齊亞．哈克和他的盟友對布托進行了審判，認定他有罪，並將他處決，這件事震驚了世界，也結束了巴基斯坦的世俗—現代主義試驗。

政變前一直活躍在喀布爾的阿富汗伊斯蘭主義者此時都住在巴基斯坦。巴基斯坦的新總統將他們視為一個機會。也許，透過幫助這些叛亂分子，巴基斯坦可能可以削弱這個好鬥的鄰國。

在阿富汗國內，新的叛亂活動在努里斯坦之類的農村地區不斷湧現出來。塔拉奇和阿明不斷地向蘇聯「請求」更多的軍事援助，很快，蘇聯派來的不僅僅是顧問，而是整個營和空降師。

即便如此，人民民主黨的控制仍在不斷惡化。蘇聯把這種崩潰歸咎於阿明。從蘇聯的角度來看，這個人結合了三個最壞的特徵。第一，阿明是一個無情的惡棍，他的戰術煽動了人們對共產主義的仇恨。第二，阿明是一個無能的指揮官，無法控制他所煽動起來的叛亂。第三，阿明不願意接受命令。即使是愚蠢的塔拉奇也能當一個比他更好的國家元首。在一九七九年夏末，塔拉奇去古巴參加了一場社會主義者的會議。回程中，他被告知要到莫斯科稍作停留，有事情要聊聊。在克里姆林宮裡，這位偉大的導師被告知在返回喀布爾時要殺掉阿明——當阿明在機場靠近飛機時將他擊斃。塔拉奇的隨行人員中包括阿明的首席間諜，雖然這位導師的隨行人員們都被排除在與克里姆林宮領導人的會議之外，但阿明的間諜在塔拉奇的口袋裡放了一個監聽裝置。他對塔拉奇的任務瞭如指掌。

在離開莫斯科之前，塔拉奇給他在喀布爾的四個親信發了消息，命令他們在機場動手殺死阿明。然而，當塔拉奇的飛機到達喀布爾時，它並沒有降落，只是在空中不斷盤旋。在地面上，負責殺死阿明的四個人——所謂的四人組，環顧四周，發現他們不認識任何機場工作人員。所有平時的工作人員都被阿明的槍手取代了。四人組意識到，如果他們做出任何嘗試的話，被槍殺的就會是他們自己。而後，就在塔拉奇的飛機終於降落的時候，阿明開著一輛白色的福斯汽車，平淡地和他四個致命的對手打招呼，然後傲慢地走出來迎接塔拉奇。當兩人握手時，阿明朝著那四個人，對他所謂的老闆說：「把他們撤下去。」

陰謀已經受阻了。怎麼辦？塔拉奇和他的四人組見面，然後大吵了起來。他們現在不能不殺死阿明，否則他們就會惹到蘇聯人了。最後他們想出了一個計劃。塔拉奇邀請阿明共進午餐。在他到達之前，四人組會在皇宮的廁所裡綁上一個定時炸彈。當阿明進去廁所時，他們就把門鎖上——轟！哈！

但是，阿明太狡猾了，沒有被廁所爆炸的老把戲騙到。他提前兩個小時就到達了午餐地點。當時四人組不在，他們正在為他們的炸彈準備定時裝置。偉大導師塔拉奇和兩個警衛站在了樓梯口。當塔拉奇看到他忠實的學生阿明穿過大門，走上樓梯時，他命令衛兵對著阿明開火。他們當場殺死了阿明的跟班，但阿明從台階上滾了下去，在摔倒時拔出了自己的手槍，一邊開槍反擊，一邊跑向自己的汽車，子彈從他耳邊呼嘯而過。

逃過一劫後，阿明集結了他的手下，回到了皇宮。塔拉奇再也沒有出現在公眾面前。據政府報紙報導，他病倒了。三個星期之後，官方報紙宣布了四行字，偉大的導師辭去了他所有的黨內職務，並壽終正寢。從此，他的忠實學生阿明將承擔起他的職責。

正如蘇聯人所擔心的那樣，阿明立即採取了措施以減少對蘇聯的依賴。他向其他幾個不結盟國家發出了外交信號，希望擴大與外部世界的聯繫。同時，他加強了國內的警察活動、鎮壓、酷刑和空襲，以確保即使失去蘇聯的支持，他也能守住自己的國家。當然，這種鎮壓措施只會激怒反對派。

蘇聯人為此絞盡腦汁。在阿明的領導下，整個局勢將會陷入困境。如果人民民主黨完全失去控制，美國可能會採取報復行動，特別是由於伊朗國王已於一九七八年倒台，美國無疑正需要在該地區尋找一個替代盟友。在蘇聯的圈子裡，有些人說最好採取直接行動，就像蘇聯一九五六年在匈牙利和一九六八年在捷克斯洛伐克所做的那樣。

那一年的十月，一名蘇聯高級將領和大約六十名高級軍官訪問了阿富汗。他們沒有提到他們是在進行偵察旅行。蘇聯軍官團巡視了阿富汗，研究地形，看看入侵是否可行。即使在偵察後，總參謀部也不確定。這是一個考慮採取激烈行動的危險時刻。布里茲涅夫（Leonid Brezhnev）仍然用鐵拳控制著這個國家，但連接著這個拳頭的手臂已經被腐蝕了，指揮這個手臂的大腦已經開始打結和運行不暢。簡而言之，布里茲涅夫已經又老又虛弱。到了隔年，他將幾乎喪失能力，而在此後的兩年裡，蘇聯將會由一個沒有實權的門面人物掌舵，而在幕後，穿著黑色大衣、戴著貂皮帽子的不露面官僚們則在爭奪權力。這是入侵另一個國家，即使是像阿富汗這樣的原始小國的好時機嗎？

根據俄羅斯總參謀部編寫的一份文件，入侵阿富汗的決定是直到入侵行動開始前的十三天才最終確定。[10] 當時，部隊被分散派往塔吉克，並在邊境附近集結。後備部隊被召集起來，組成一支八萬人的部隊，稱為第四十軍。其部隊主要來自毗鄰阿富汗的中亞地區的蘇維埃共和國，因為蘇聯的計劃人員認為，如果入侵者是阿富汗人的同族人，那麼入侵的感覺就不會那麼強烈了。但蘇聯總參謀部似乎沒有考慮到這樣一個事實，阿富汗境內有許多族群，而在數量上占大多數的是普什圖人，他們與在阿富汗北方的突厥人是不同的族群。

蘇聯人在第四十軍中安排了一位高層人士擔任領導。伊萬．帕夫洛夫斯基（Ivan Pavlovsky）將軍，他就是那個十一年前揮師進入捷克斯洛伐克，鎮壓了「布拉格之春」的蘇聯將軍。捷克斯洛伐克……阿富汗……這幾乎是同樣的問題，不是嗎？在東歐行之有效的方法在這裡也應該行得通：一次突然的、壓倒性的攻擊——把所有潛在的異見者一下子踩扁，然後讓坦克在街上巡邏幾個星期，而後……一旦恢復了平靜，就恢復共產黨的秩序，由一個有能力的當地人負責，這就是計劃。

在一九七九年十二月的最後幾個星期裡，第四十軍沿著邊境集結。在聖誕節前一天，一個蘇軍空降師在喀布爾附近的巴格拉姆空軍基地降落。部隊悄悄地飛往喀布爾，在街道上散開，並控制了關鍵的軍事和政治設施。與此同時，第四十軍的步兵營匆忙搭建完成了一座浮橋，橫跨了阿姆河，這是一條標誌著阿富汗北部邊界的寬闊水帶。十二月二十七日，蘇聯軍隊穿過這座橋進入了阿富汗。這支軍隊的士兵並不知道他們的真正任務。他們以為他們是在確保邊境附近的一塊領土，因為有「土匪」一直在破壞和平。一旦他們進入阿富汗，他們就接到了新的命令，沿著蘇聯人二十年前修建的質量極佳的公路向喀布爾進發。

到十二月二十八日時，蘇聯人已經完全控制了首都。第一批登陸的部隊匆匆趕往了總統府。哈菲祖拉．阿明知道蘇聯人這種突然的、咄咄逼人的攻勢對他來說不是好兆頭，但他不知道該怎麼做。喀布爾以外的廣大農村阿富汗人憎恨他和他的政黨，所以阿明無法向他們尋求幫助。整個城市裡幾乎所有的普通阿富汗人都害怕他，鄙視他的阿富汗人民民主黨，所以他不能指望他們的支持。在阿富汗人民民主黨內，可能有一半的幹部屬於另一個派別，也就是旗幟派的集團。旗幟派曾被阿明的人民派狠狠地教訓過，並且一直在臥薪嘗膽，等待這一刻的到來。那裡不會有人會提供幫助。阿明自己的組織呢？他自己的人民派呢？嗯，大家都知道阿明謀殺了努爾・穆罕默德・塔拉奇，雖然很多人認為塔拉基是個馬屁精，但很多人並不這麼認為。即使在阿明的核心圈子裡，他也不知道該相信誰，所以他只能依靠蘇聯提供他的保鏢。他們是雪域特戰隊（Spetsnaz），相當於蘇聯的特種部隊，是受過科學殺戮訓練的人。特種部隊已經接到了他們的命令，而且，隨著蘇聯軍隊進城，他們趕緊執行這些命令。當蘇聯主力部隊到達時，阿明已經死了。關於他是怎麼死的，人們有不同的說法。阿明可能是被槍殺的，也可能是被勒死的。但無論是那種方式，他顯然是先中了毒。

蘇聯人聲稱是一群阿富汗陰謀家殺了他。他們不得不這樣說，以捍衛他們宣稱的說法，蘇聯人是應邀進入阿富汗的。無論阿明是什麼人，無論他如何獲得權力，當蘇聯人到達時，阿明**是**統治政權的領導人。阿明是唯一有資格邀請蘇聯人進來的人。蘇聯人不能公開地宣布他們應邀進入阿富汗的第一個動作，就是殺死它的主人。

在阿明留下的位置上，他們安排了巴布拉克・卡馬爾，他是人民民主黨旗幟派的負責人。在蘇聯入侵阿富汗以前，卡馬爾一直在蘇聯生活，當人民派和旗幟派之間的鬥爭過於激烈時，他去了蘇聯尋求庇護。蘇聯人暗示卡馬爾是向他們求助的人。簡而言之，他們是被一個不在阿富汗的人「邀請」進入阿富汗的（直到蘇聯人把他帶進來）。有時候，就是要強詞奪理。我猜事情就是這樣。

第二十章
蘇聯占領

有了巴布拉克・卡馬爾掌權，共產黨的阿富汗應該可以重新開始了。首先的任務是：掃清農村起義者。在蘇聯入侵前，這些穆斯林反政府組織，一般被稱為Mujahideen——「捍衛主道者」（聖戰者），他們仍以常規軍的方式運作。聖戰者派出軍隊，與政府軍進行激烈的槍戰。在蘇聯人到來之前，這是有道理的，因為聖戰者組織和政府之間的差距並不那麼大。政府的武器裝備更好，但也並不比叛軍的裝備好到哪裡去。

然而，蘇聯人在戰場上帶來了壓倒性的軍事優勢。他們的坦克、噴射機和野戰砲迅速解決了集結在山上的聖戰者組織軍隊。在幾個星期內（比擊潰匈牙利和捷克斯洛伐克所用的時間還要長一點）聖戰者組織就這樣被消滅了。與此同時，人民民主黨的秘密警察KhAD正忙於逮捕所有被懷疑從事任何形式的反政府活動的城市居民，包括收聽BBC新聞廣播的人們。這些「叛徒」被拖入了喀布爾的主要監獄Pul-i-Charkhi，並開始了夜間處決。

接著是一個令人震驚的消息。二月二十二日，在整個喀布爾，人們從屋頂和院子裡開始高呼「Allahu Akbar!」意思是「真主至大！」蘇聯人沒有辦法阻止它，呼喊聲來自四面八方。它是在晚上發生的。喀布爾沒有探照燈，無法用轟炸來讓人們安靜下來，因為蘇聯人自己也生活在他們中間。

蘇聯人試圖透過發射火箭彈來淹沒人聲的呼喊，但人聲喊得更響，淹沒了火箭彈的聲音。整座城市齊聲吶喊的聲音是如此的響亮，附近的村莊也聽到了，他們也加入了。呼喊「真主至大」的示威活動持續了整整一個晚上。這句呼喊並不意味著喀布爾及其周圍村莊的所有居民都是宗教狂熱分子。他們呼喊這句話是因為這是表達「我們是阿富汗人，我們反對你和你的傀儡」的最有效、最普遍理解的方式。

從那時起，一場場令人震驚的示威遊行便一個接著一個到來。大學裡的學生們湧上街頭。當警察試圖驅散他們時，女性示威者嘲弄警察，嘲笑他們居然還是男人，她們把自己的頭巾戴在警察身上嘲笑他們。一些警察非但沒有殘害他們，反而加入了他們的行列。中學生們隨後開始舉行抗議活動。最後，甚至連小學的孩子們也上街了，揮舞著標語，大聲地怒吼。政府無法依靠正規的警察，但它有大量聽黨指揮的流氓惡霸來執行統治。年輕的旗幟派幹部對於槍殺婦女和女孩毫無顧忌。有一次示威遊行是由一個叫納希德（Naheed）的女孩領導的，當她旁邊的學生遊行者倒下時，納希德跪下來把倒下的學生抱在懷裡，並仍在鼓舞人群，在這時候，她自己也被槍殺了。這使納希德成為阿富汗抵抗運動的烈士英雄，就像在標誌性的邁萬德戰役中，召集阿富汗人反對英國人的那位女性一樣。納希德就是新的馬拉拉伊。

此時，負責安撫農村的蘇聯軍隊發現，擊敗和驅散聖戰者組織的軍隊並沒有解決他們面臨的問題。事實上，這麼做只是讓他們的任務更加複雜，因為在阿富汗險峻的地形上，在成千上萬的村莊裡和周圍，到處都是反政府武裝分子的小團體，他們認為自己在捍衛伊斯蘭，與不可戰勝的無神論敵人作戰，這使他們感到振奮。這些小部隊的人數從未超過一百人，而且大多數人的規模較小，只有二十人左右。

事實上，誰能說所有的「部隊」都有二十人左右呢？反蘇叛軍並不一定要是任何有組織部隊的一部分。他們可以隨機展開個人行動。喀布爾呼喊「真主至大」的示威活動證明，沒有必要建立通信線路或秘密會議或組織結構圖，以使每個人都能在同一集體志業中取得一致。流言蜚語完美地達到了這個效果：全國範圍內瀰漫著一種廣泛的使命感，以及一種理智上模糊，但情感上強烈的群眾意向，這是一種令人振奮的感覺，即一個團結一心的「我們」正在集合起來，對抗一個巨大的、邪惡的「他們」。

有了這種情緒，任何團體，從少數青少年到有組織的成年男子，都可以設想一個任務，自己計劃，並執行它。這種任務不需要與一些更大的戰略計劃相配合。只要對可恨的敵人進行打擊就足夠了，而且這個敵人很容易識別。

敵人很容易識別，因為蘇聯人看起來像外國人。他們在國內的共產黨盟友也跟農村居民的穿衣打扮不同，十分顯眼，因為他們穿得像城市人，穿著西裝、襯衫，戴西式帽子，而不是穿著長衫、寬鬆的褲子和纏頭巾。在最偏遠的村莊裡，任何自我定義的反共義士都很容易看出，誰從事的殺人行為是一種高尚的愛國主義行為，而不是犯罪。

此外，敵人還在不斷地出現，因為政府不斷地派人到村子裡，向人們宣傳什麼是共產主義，共產黨政府要為他們做什麼。這些小組試圖組織村委會來管理他們的地方，和管理蘇聯的開發計畫。蘇聯人和他們的代理政權認為，一旦人們安靜下來，一旦開發計畫開始顯示出成果，一旦電力開始流動，道路建成，貨物流入，醫療診所出現，人們看到他們的物質生活得到改善，他們就會理解並擁抱革命。

但是，政府派來的小團體總是由幾個蘇聯顧問、一個或多個可怕的 KhAD 成員、一些內政部官員（負責管理警察和監獄）、一些人民民主黨的幹部以及一兩個政府雇用的毛拉和穆斯林學者組成，在當地人看來，他們不可避免地像是一群搖尾乞憐的哈巴狗和傀儡。由於阿富汗對這群人來說已經是一個越來越危險的國家了，所以這些流動小組要有幾十名士兵隨行保護。

因此，村民們眼中看到的是一群緊張兮兮的人，他們走過來，穿得像可恨的敵人，由帶槍的人陪同，他們乘坐裝甲車進入村莊，並要求村裡的長老和領導人集合村民進行公開演講，在演講中，村民們經常被告知，政府要為他們做的第一件事是教育他們的女人和女孩。然後，政府小組命令他們把女人和女孩帶出來，以便挑選最佳的受教育人選。

政府要做的第二件事是：實施土地改革。這附近的大地主是誰？官員們會說，把他們也帶出來。大地主被告知：你的財產被沒收了。你的土地將被分割成許多份，為你工作的人們會擁有分割的土地，你現在則為他們工作。處理一下吧。

阿富汗人用簡短的一句話來總結男人打仗的原因：*zar, zan, u zameen*（黃金、女人和土地）。這正是這些外國人的目標，至少在被他們「教育」了的村民看來是這樣。

不可避免的是，當這些政府團隊進入鄉間小村莊，並試圖在一夜之間透過法令使其進入現代化時，衝突爆發了。村民們在這些衝突中敗下陣來，因為他們缺乏對抗蘇聯人的火力。因此，政府的教育和開發團隊經常對那些他們剛剛屠戮了一輪的男性村民說：「把你們的女人帶來。」[1]當政府小組離開後，聖戰者組織的煽動者就很容易回來說服村民，他們應該起身戰鬥，把這些邪惡的外國人趕出阿富汗的土地，重新獲得他們曾經擁有的生活。

與此同時，與這些零散的、越來越小規模的聖戰者部隊（如果他們可以被稱為部隊的話）作戰的蘇軍，發現自己——令人難以置信的，輸掉了這場磨人的、芝麻粒大小的暴力戰爭。首先，聖戰者組織拒絕正面迎戰。他們只有在擁有某種戰術優勢時才會出擊。

一位名叫彼得羅夫少校的蘇聯軍官描述了一次典型的遭遇。在一九八二年三月，他被派去追殺四十名聖戰者，據說他們藏在一個叫希爾汗克爾（Sherkhankel）的村莊或在那兒附近。他決定用一個砲兵師和四架武裝直升機在夜間開展行動。部隊沿著一條泥牆和水泥運河之間一條長長的直路，追趕被他們認為是聖戰者的人物。彼得羅夫沒有意識到自己正在被誘入埋伏。無論如何，他都不覺得害怕，因為他認為聖戰者組織只有二戰時期的栓動單發步槍。剎那之間，從牆上的洞裡發出了子彈、火箭彈和機槍的射擊聲。驚魂未定的彼得羅夫花了幾分鐘時間才弄清了槍聲的來源，並下達了還擊命令。當時，阿富汗人已通過那些遍布阿富汗的地下水道（坎兒井）偷偷溜走了。已經沒有人在戰鬥了。蘇聯士兵每分鐘發射的一百發子彈都射到了岩石和泥土堆上。[2] 英國人本該告訴他們這種戰爭的：他們在一八七九至一八八〇年曾去過那裡，也遇到過這種事。

蘇聯人很快發現，在這種戰爭中，他們花俏的裝備是沒有用的。地形是如此的未知，他們的坦克和裝甲車無法進入大部分地區。他們可以在城市裡巡邏，但在農村卻完全無能為力。他們有移動式裝甲車，但這些裝甲車太重，無法運進山區，所以不得不把它們留在後面。他們的高速噴射戰機有瞄準裝置，能夠以令人毛骨悚然的精確度擊斃個別敵軍士兵，但這些裝置也毫無用處，因為它們的移動速度太快，無法發現隱藏在阿富汗峽谷岩石中的游擊隊，就更不用說射擊了。蘇聯人利用他們的高科技儀器來探測聖戰者組織；聖戰者則觀察鳥類的飛行狀況，因為鳥類能感覺到空氣中最微弱的聲音和最輕微的干擾。當游擊隊看到鳥兒從遠處的山頂飛起時，就知道戰機要來了，於是他們就潛入某個方便的山洞或裂縫中，安全躲避起來。[3]

蘇聯人發現唯一真正有用的軍事裝備是他們的大型雌鹿武裝直升機，他們可以把這些直升機飛到峽谷中。武裝直升機可以在一個地方盤旋，一旦游擊隊露出頭來，槍手就可以從那裡用高能火砲向他們射擊。唯一的麻煩是，游擊隊員後來也獲得了蘇聯武器，他們從繳獲的坦克和他們殺死的士兵那裡得到武器，也從國外致力於打擊蘇聯的盟友那裡獲得武器。一旦他們擁有了機槍，蘇聯人就必須在距離他們至少三百碼的地方盤旋，這就抵銷了直升機給他們帶來的一些優勢。

最終，在峽谷和隘口以及人煙稀少的山區和沙漠中贏得戰鬥，並不能使蘇聯人和他們的傀儡統治這個國家。他們必須消滅聖戰者游擊隊——不僅僅是在孤立的戰鬥中打敗他們，而是消滅他們。

問題是，聖戰者組織看起來就像其他阿富汗農村人一樣；這幾乎不足為奇，因為他們中的大多數人就是阿富汗農村人，而不是全職的革命者或戰士。當他們不與蘇聯人作戰時，他們就過著他們平常的生活：耕田、放羊、策劃有利的婚姻，勝過下一個村子裡的堂親。

當聖戰者在峽谷中殺了幾個蘇聯顧問後，他們就躲起來了，他們躲藏的地方是當地的村莊或堡壘，在那裡，他們會加入到他們的親戚和朋友中。當一個政府小組來宣布一些方案時，聖戰者是人群中的一員，靜靜地聽著，表現得很溫順。士兵離開後，他們挖出埋藏好的武器，殺死政府留下的代表。

政府無法藉由切斷這些聖戰者與外界的供應線來打敗他們，因為他們中的大多數人與外界沒有聯繫。他們的基地是他們自己的家，或與之非常相似的家：一個人們樂意為他們提供食物和住所的地方，因為他們認識這些人，這些人和他們一樣的人，並完全贊同他們的志業。

因此，聖戰者組織本身沒有後勤問題，而且經常可以對蘇聯人造成後勤的損害。他們致力於摧毀橋梁和炸毀公路路段，使蘇聯人無法用卡車運送物資。這場戰鬥是不平等的——蘇聯人處在劣勢。

最後，蘇聯的軍事計劃人員做出了一個決定。他們決定採行他們看來唯一可行的方式，他們將藉著把人民趕出農村，切斷人民和游擊隊間的聯繫，剝奪聖戰者組織的後勤優勢。因此，這場可怕的戰爭開始了最可怕的階段，這些事跡絕不能在歷史惡行錄中抹去。蘇聯人發動了一場蓄意的行動，以減少阿富汗農村的人口。他們轟炸了無數的村莊。他們飛越農田，撒下地雷，這些地雷至今仍在阿富汗的土地上散落，使許多土地即便不是無法耕種，也是難以耕種。他們從空中對著牲畜掃射，把牠們打成碎片，使農村人口不再能夠養活游擊隊或者自己，這將迫使他們遷移。不是到最近的大城市——蘇聯人可以用他們的裝甲車和大砲控制這些城市；就是到最近的安全國家避難——對大多數人來說，這意味著就是去巴基斯坦或伊朗。戰爭中最血腥的一年是一九八五年。到這一年的年底，大約有一百萬阿富汗人被殺，大約有六百萬人作為難民生活在巴基斯坦或伊朗。

然而，這些難民一般不是完整的家庭。降臨全國的恐怖激起了阿富汗農村人堅定的決心，要與這個不可戰勝的敵人戰鬥到流盡最後一滴血。到了能夠作戰年齡的人們會把他們的家人轉移到國外的難民營，然後自己再回到國內繼續戰鬥。文化為這種家庭的消亡付出了可怕的代價，這種代價從未被系統地分析過。可以肯定的是，阿富汗的文化是一種大男子主義文化。從很小的時候起，男孩就被期望要剛強堅毅。他們對於遭受父親和哥哥的毆打感到沒有什麼大不了。他們要學會對這種皮肉之苦一笑置之，甚至為自己被最關心自己的人打得多厲害而感到自豪。這都是成為一個男人的一部分。這甚至讓他們覺得自己受到了讚賞，因為上天會幫助那些從磨礪中長大成人的男子漢。

但是，阿富汗文化中的大男子主義因素還受到許多其他因素的制約——阿富汗男孩為代表他們的家庭感到自豪，為使他們的家庭蒙羞感到羞恥，他們對於長輩的關心是理所應當、天經地義的。許多阿富汗男人天生就會對嬰兒表現出溫柔，他們會毫無顧忌地撫摸和親吻嬰兒，他們對母親、妻子和姊妹表現出的近乎誇張的保護欲，他們的文化也對他們有行善的要求，以及對慷慨行為的尊重⋯⋯。

在蘇聯占領的高峰期，阿富汗成為了這樣的國家：在這個國家裡，與家庭、宗族和社區成員的生活對男人的調節作用缺席了。數以百萬計的男人在一些可以想像到的最艱難的條件下，多年來只與其他的成年男人為伍。他們是一個沒有婦女、兒童和長者的土地上的民兵成員。這種成長經歷改變了這個國家的靈魂，在我看來是這樣。

讓情形變得更壞的是，蘇聯人發明了一種設計成玩具樣子的地雷，專門用它來吸引兒童。這些地雷的強度不足以殺人致命，但足以致殘。作為一項軍事戰略，其目的是為了傷害那些遷徙到難民營的家庭。如果兒童被地雷炸死，通常會被就地埋在他或她死去的地方，然後這個家庭會繼續遷移。而失去一隻腳或一隻手但卻活下來的孩子，會讓他們的整個家庭陷入困境。他們不會被遺棄，這群人中的男人要花更多的時間把他的家人帶到避難所，然後再回去打仗。一旦他把他們帶到安全的地方，男人甚至可能會不離開他們。純粹從科學的角度來看，這些像玩具一樣的地雷是對一個軍事問題極其精明的解決方案。

許多地雷仍留在阿富汗的土地上。埋設這些地雷的人大多數是生活在前蘇聯某個貧瘠地區的中年男子。而那些發明這個科學計劃的人，如今大多也已壽終正寢，離開人世了。

第四篇

舊阿富汗的迸發

納迪爾·沙和他的家族曾恢復了多斯特·穆罕默德發起的工程，而這項工程也曾是阿布杜拉赫曼和阿曼努拉所追求的。穆薩希班家族的行動更加謹慎，但他們的確毫不留情地鞏固一個由全能的中央集團來統治的國家。喀布爾的統治菁英們認為這一計劃的關鍵是發展，因此他們利用戰略上的不結盟，從冷戰雙方擠出資源，用於建設道路、學校、郵政服務、電信和其他基礎設施。果然，所有這些由首都引導的發展使喀布爾不僅是一個城市，而是成了那座京城：它比阿富汗所有其他主要城市的總和還要大、還要強，還要有文化上的優勢。喀布爾還催生了一個強大的新技術官僚階層，他們超越了舊的貴族階層，這個階層的聲望來自世俗的技能和教育，而不是來自祖傳的宗教和部落關係。在阿富汗農村裡，喀布爾成為了一個壓迫式的存在，它建立的機構無法避免地對阿富汗的傳統生活方式造成了壓力。新喀布爾和舊阿富汗之間的拉鋸戰，成為了現代方式和傳統方式、國際主義和鄉土主義、世俗法和宗教法、西方文化和伊斯蘭文化、城市價值和農村價值之間的較量。而納迪爾·沙的王朝似乎註定要成功了。古老的阿富汗似乎正在退卻，正在失去動力。

實際上，沒有一方退卻。將這個國家拉向相反方向的力量只會越來越強烈。它們的緊張關係產生了穩定的表象，只是因為雙方勢均力敵：平衡並不是穩定。有些東西必須退讓，而不斷加劇的緊張局勢保證了如果一旦退讓，它便將會爆炸。在城市陣營中，激進分子竭力反對溫和派推動世俗發展的力度和速度。當阿富汗共產黨人奪取政權時，並不是一場窮人反對富人，或農民反對地主的革命。這是城市菁英內部關於如何追求喀布爾絕對宰制的長期目標的政變。

然而，真正的衝突並不在喀布爾內部，而是在喀布爾和農村之間；而這一決戰還沒有到來。當蘇聯人闖入阿富汗時，他們要讓這個國家不能落在美國人手中，但蘇聯人本來不需為此擔心。新興的阿富汗左翼可能擁護共產主義和資本主義兩極全球對抗中的一方，但他們的對手對另一方並沒有類似的歸屬感。左翼的對手並不是美國利益或理想的代理人。在國內，他們代表的是舊阿富汗，也就是阿布杜拉赫曼和他的繼任者們踩在腳下，但卻無法殺死的那個阿富汗。在意識形態上，左翼的對手是全球政治中一個新要素的代理人：革命伊斯蘭主義。簡而言之，阿富汗衝突與冷戰問題沒有什麼關係。阿富汗的衝突是內部亟待解決的爭論之爆發，這場爭論可以追溯到阿曼努拉和挑水人之子的時代以及更久以前。藉由干預這場競爭，蘇聯人打破了阿富汗人在過去一百四十年中，精心設計的所有制衡和適應措施，蘇聯為那些被喀布爾的現代化工程壓制幾十年的力量打開了大門。

第二十一章

聖戰者

據說，阿富汗人是一個在面對外國侵略者時會團結一致的民族，但這個說法只是一種感情用事的刻板印象。在蘇聯入侵的一年內，就有八十多個抵抗組織在巴基斯坦的白沙瓦活動。[1]它們有的大，有的小。這些團體中有一小部分來自自由主義左派，少數支持某種形式的傳統民族主義，但絕大多數都聲稱自己在伊斯蘭教的旗幟下作戰，他們是「信仰的捍衛者」。

如果所有這些團體都是為同一志業而戰，對抗同一個敵人，為什麼會有近八十個團體，而不是只有一個呢？問得好。答案是，因為這些團體圍繞著特定人物和他們的盟友，而不是圍繞著意識形態的立場和願景而凝聚起來的。每位領導人都在與其他領導人競爭，爭奪對整體的指揮權。沒有人願意與類似的團體合併，接受其領導人的權威。為什麼呢？因為在阿富汗文化中，領導力仍然要追溯到個人交往和相關的人脈網絡。在阿赫邁德・沙・巴巴的時代就是這樣的——在一九八五年，事情仍然是這樣，而且對共產黨分子和聖戰者組織來說都是如此。

在白沙瓦運作的八十多個團體，並不對應阿富汗的八十多支軍隊。白沙瓦的大多數組織都是獨立實體，它們即便與國內的戰鬥組織有聯繫，也只是很微弱的聯繫。巴基斯坦境內的組織與阿富汗境內的組織之間的聯繫，是基於領導人之間的個人恩惠和交易。

是什麼恩惠呢？是什麼交易呢？好吧，白沙瓦的聖戰者組織領導人基本上都是籌款人，他們從廣闊世界範圍內的各種來源爭奪錢和槍。一些組織在沙烏地阿拉伯有主要贊助者，另一些人在伊朗有贊助者，還有一些在阿拉伯北非有伊斯蘭主義革命政黨支持。

而且，從一開始，美國、英國和其他西歐國家也提供了大量資金和軍火。西方的援助並沒有直接流向聖戰者組織，而是流向巴基斯坦政府，由政府在其寵兒之間進行分配。因此，各種聖戰者組織為爭奪在巴基斯坦政治機構中的影響力進行了激烈的競爭。

處理從西方流向聖戰者組織的大部分援助的機構是巴基斯坦的三軍情報局（InterServices Intelligence, ISI）。這個間諜機構理論上為巴基斯坦軍隊的所有部門服務。與巴基斯坦陸軍或空軍相比，它是一個小機構，但是，作為各軍事部門之間的聯絡人，和一個了解所有秘密的團體，三軍情報局在建立其權力方面具有獨特的地位。如今，隨著西方國家的資金在其手上流動，三軍情報局有了自己可觀的現成預算。由於三軍情報局可以隨心所欲地發放資金，而不必為自己的選擇負責，這個巴基斯坦政治機構中的秘密節點能夠對其領土上危險的阿富汗武裝分子中獲得巨大的影響力——這使三軍情報局本身成為最危險的團伙。

以白沙瓦為基地的聖戰者組織反過來將他們收到的錢和槍輸送給**他們**選定的國內指揮官，利用這些援助，在游擊隊中建立僕從，從而為他們在喀布爾相互競爭權力的那一天打下基礎。簡而言之，蘇聯人和他們的傀儡所面對的，不是一個實體，甚至不是一個運動，而是一盤**大棋局**。

聖戰者組織希望有朝一日能夠治理的國家，如今不僅四分五裂，而且是原子化的。農業和製造業幾乎都已停產了。除了寶石走私、槍枝走私和鴉片貿易之外，阿富汗幾乎沒有了任何經濟運行。阿富汗靠外國補貼生活——城市靠蘇聯人的錢，農村人主要靠阿拉伯國家和西方國家的錢。許多西方國家的錢並沒有完全透過管道進入阿富汗。很多錢都被三軍情報局黏住了，這些錢把這個小機構變成了一個國中之國。一些錢改善了白沙瓦的阿富汗募款—政治人物的生活方式，使他們自身成為獨特階層。最終阿富汗人得到的資助的只有暴力。

在白沙瓦的聖戰者組織中，每個領導人都在為爭取追隨者而相互競爭。由於所有人都在理論上是在為伊斯蘭教而戰，沒有人能藉由宣布自己比別人更溫和，來推動自己的志業。「更溫和」意味著更不堅定、更不純粹、更不穆斯林。在這種競爭的巨大培養皿中，每個領導人都面臨著壓力，要證明自己比對手更加穆斯林。如果有一個人說，他計劃建立一個伊斯蘭國家，那麼下一個人就必須說：「我的國家會讓他的國家看起來像無神論者的妓院。」這一局面的結構不斷地將聖戰者推向極端，而且它有利於那些在觀點上已經真正是極端主義者的人。

儘管大部分的援助是透過三軍情報局提供，但並非所有的援助都是如此。伊朗主要與阿富汗的什葉派打交道，其中最大的群體是哈札拉人，這個族群在十九世紀時曾經遭到鋼鐵埃米爾的壓迫。哈札拉人也對蘇聯人進行了頑強的抵抗，但他們並不打算加入白沙瓦遜尼派主導的聖戰者組織。沙烏地阿拉伯人也繞過了三軍情報局，與一些團體建立了直接溝通管道。埃及人也有自己的僕從，巴基斯坦的勁敵印度也有。

反蘇戰爭成為了更廣闊世界中許多致命衝突的代理戰爭；這些衝突反過來又激起了阿富汗人之間的族群、宗教和語言分歧，從而引發了敵對行動。非阿富汗人有時會說：「哦，這些人已經互相爭鬥了一千年了。」這麼說是錯的。在蘇聯入侵之前，除了在鋼鐵埃米爾統治時期，這個國家的各個族群、語言和宗教分支群體並沒有發生過什麼戰爭。他們已經學會了相互包容，並衍生出了複雜、巧妙的共生相互依存關係。仇殺，是的。部落間的戰爭，是的，有時是；但那些是涉及戰士與戰士之間的戰鬥，而不是軍隊互相殘殺，不牽扯對方的家園、農場、羊群和家庭。蘇聯人的入侵和阿富汗人的反應，打破了各群體之間古老的調和，並為以後的野蠻戰爭打下了基礎。

蘇聯的侵略和對侵略的抵抗，也重構了舊阿富汗的社會結構，也就是我們在第二章中描述的鄉村共和的世界，在蘇聯侵略開始時，它仍然或多或少地保持著完整。在阿富汗的鄉村共和中，權威一直是由世俗的「耆老們」（elders）掌握的，他們是土地所有者、部落首領、村長。他們與神職人員合作，但神職人員扮演著從屬的角色。老人們做出嚴肅的決定，因為他們擁有土地、財富、武器和戰鬥意志。神職人員的作用是使他們的決定獲得認可。

這場戰爭把這一等式顛倒了過來。[2]現在，當越來越多虔誠聖戰者在國內尋找夥伴時，他們把目標放在神職人員身上。神職人員階層獲得了前所未有的權力，犧牲了世俗耆老士紳們的利益。一旦土地被燒毀，經濟被破壞，舊的部落結構被蘇聯人的地毯式轟炸變得支離破碎，導致數百萬人流亡，耆老的權力基礎便消失了。另外，在這場鬥爭中出現了一個全新的菁英階層，他們的權力是基於他們的戰技，而不是部落關係、或血統等等。

在早期，並沒有人認為阿富汗抵抗力量能有任何的勝算。幾個鄉下人對抗蘇聯紅軍，勝算能有多大？每個分析家都認為，如果阿富汗人想要有任何勝算、任何機會的話，他們就必須得團結起來。但事實上，阿富汗抵抗運動的力量正在於其不團結。十九世紀困擾英國人的問題也困擾著蘇聯人。外來的超級大國並非無法擊敗任何一支阿富汗部隊。單純從軍事角度來看，阿富汗人對英國人取得的那幾場著名勝利——在邁萬德，在喀布爾和賈拉拉巴德之間的興都庫什山口，這些勝利都是微不足道的。真正的問題是，這些戰爭將阿富汗社會分解為成千上萬的碎片，每一個碎片都死死地盯著英國人（現在是蘇聯人），所以英國人（現在是蘇聯人）打敗了某一個碎片也無所謂，沒有人可以和他們談判默許進行治理的條件。

當然了，從總體上看，這種碎片化對阿富汗人的傷害遠遠大於對蘇聯人的傷害。多斯特·穆罕默德的家族在一八二六年至一九七八年間取得的所有鞏固和發展的努力都被抹去了。阿克巴・努魯茲（Akbar Nowrouz，他的父親曾在札希爾・沙時期領導議會）曾說道：「我們需要再五十年才能回到五十年前的狀態。」[3]

在眾多的聖戰者組織領導人中，有十幾位相當著名，其中有兩位非常突出。阿赫邁德・沙・馬蘇德（Ahmad Shah Massoud）和古里布丁・希克瑪提亞爾（Gulbuddin Hekmatyar）。這兩個人都很年輕，他們曾在札希爾・沙動盪的最後十年中以六〇年代活動家之姿興起過一些波瀾。

馬蘇德是來自潘傑希爾（Panjsher）的塔吉克人，因此屬於阿富汗第二大，但傳統上處於從屬地位的民族。當他的父親被任命為技術部門的某個小職位時，他們家搬到了喀布爾。馬蘇德就讀於法國人建立的、緊挨王宮的獨立中學（school Istiqlal），當時在宮廷裡主政的是註定要失敗的達吾德，他在做最後的努力。很久以後，我意識到馬蘇德一定是和我同時期在獨立中學裡唸書的，但他在六年級，而我在十一年級，所以我沒有注意到他。從獨立中學畢業後，馬蘇德進入了理工學院，這是一所由蘇聯人建立的工科學校，但由於他被政治所干擾而沒能畢業。

當馬蘇德開始上大學時，他不僅是一個虔誠的政治化穆斯林，而且經常對他同學不履行宗教義務的行為進行譴責，比方說，馬蘇德看到同學們在齋月的白天吃東西，或者是在該做禮拜的時間裡玩的時候。在這時候，馬蘇德已經背離了舊阿富汗那種典型的隨和態度。[4] 他不只是一個穆斯林，而是一個伊斯蘭主義者了。

然而，與古里布丁．希克瑪提亞爾相比，馬蘇德算是個溫和派。古里布丁．希克瑪提亞爾這位反叛者是在軍事學院開始學習的，然後，他轉到了喀布爾大學，但政治活動也讓他分了心而沒能畢業。希克瑪提亞爾確實選修了一些工程課程，這使他後來一直自稱為「古里布丁工程師」。有傳言說，希克瑪提亞爾是以馬克思主義者人民民主黨成員的身分開始其生涯，但希克瑪提亞爾和他的追隨者憤然否認了這一傳言；事實上，無論他在年輕時曾傾向什麼意識形態，毫無疑問的是，成年後的希克瑪提亞爾已經把自己的生命寄託在代表最激進的伊斯蘭極端主義上。在一九七二年時，希克瑪提亞爾因謀殺了另一名學生（一名所謂的毛派分子）而鋃鐺入獄；但是幾年後，一位希望討好拉攏伊斯蘭主義者右派的首相將他釋放了，於是希克瑪提亞爾逃到了安全的巴基斯坦。

馬蘇德屬於喀布爾大學神學教授布爾汗丁．拉班尼創立的一個名為 *Jamiat-i-Islam*（伊斯蘭大會）的宗教政黨。即使在馬蘇德成為世界上最知名的阿富汗抵抗運動領導人之後，他仍將自己定義為該黨的一個普通成員，並聽從拉班尼的領導。希克瑪提亞爾一開始是伊斯蘭大會黨的成員，但他很快就脫離了，形成了自己的組織，最終被稱為 *Hezb-i-Islam*，也就是「伊斯蘭黨」。Jamiat（大會）和 Hezb（黨）——這兩個組織將是隨後幾年暴力事件中最重要的兩個角色。

在一九七五年，當達吾德與共產黨人組成的內閣共同管理國家時，希克瑪提亞爾、馬蘇德、拉班尼和其他伊斯蘭主義者試圖在潘傑希爾組織一場政變。但他們的努力失敗了，他們不得不逃離達吾德的怒火，全都逃去了巴基斯坦。五年後，當蘇聯入侵他們的國家時，他們就生活在巴基斯坦。當蘇聯坦克跨過邊境的那一刻，這些人知道他們的時代已經到來了。

馬蘇德回到了他的家鄉潘傑希爾山谷中組織抵抗運動，而拉班尼則留在巴基斯坦，保護伊斯蘭大會的利益。在這種情況下，國內的游擊隊指揮官和國外的政治家，真的是唇齒相依的夥伴。

希克瑪提亞爾也在巴基斯坦安營紮寨，他只是零星地進入阿富汗與他的手下並肩作戰。希克瑪提亞爾把遊說、籌款和政治組織作為自己的主要職責，並且自有一套辦法把自己的影響力擴大到了阿富汗的每個角落。

在發動遊行和發表演說的時日裡，馬蘇德在學生活動家之間一直只能算是一個泛泛之輩。他不擅長這些東西，這可能是他把政治領導權讓給拉班尼的原因。然而，一旦馬蘇德進入了山區，他就找到了自己的使命。事實證明，馬蘇德是一個與切．格瓦拉（Che Guevara）和毛澤東一樣的軍事天才。崇拜者們很快就稱他為潘傑希爾之獅（潘傑希爾的字面意思是「五隻獅子」）。馬蘇德不僅能設下埋伏，擊落直升機，而且在組織人民生活方面非常有天賦，他一手拿槍，一手拿石頭當枕頭，管理著他的社區。比方說，他組織起了一個系統，讓蘇聯人進行轟炸時，山谷中的人們可以白天躲在山上，晚上下田耕種，並處理其他農村雜務。

在八〇年代初，馬蘇德組織起了一個監督委員會，以協調一百三十名獨立的游擊隊指揮官的行動，但由於馬蘇德是塔吉克人，而且這一時期的族群關係日益緊張，他無法在大多數普什圖人中建立起多少力量。[5]

馬蘇德在他的追隨者中激發了一種近乎於宗教崇敬的忠誠。多年後，我與他的親密助手阿布杜拉．阿布杜拉（Abdullah Abdullah）交談，當我問阿布杜拉博士他對馬蘇德的印象如何時，他開始回憶起馬蘇德在結束了一天艱苦的殺死蘇聯人的工作後，回家與孩子們玩耍時，散發出的溫暖光芒。傳奇就是這樣產生的，後世的人也是根據這樣的傳說來塑造神話中的英雄。看起來，事實似乎要比這複雜得多。

然而，在希克瑪提亞爾身上，馬蘇德看到的是一個強大的對手，希克瑪提亞爾擁有他自己的資產。希克瑪提亞爾並沒有馬蘇德身上那種領袖魅力，他也不是什麼游擊隊的戰士；這不是他要做的事。希克瑪提亞爾是（而且現在也是）一個出色的組織者，具有高超的政治智慧。我有一種感覺，多斯特．穆罕默德應該也是這樣的人。當馬蘇德在山區激發出人們的愛戴之情時，希克瑪提亞爾正忙著在巴基斯坦三軍情報局裡交朋友。結果，三軍情報局發放的資金和軍火有四分之三都給了希克瑪提亞爾。他利用這筆賞金將伊斯蘭黨打造成了一個強大的、跨部落的（雖然基本上是普什圖人）游擊隊網路，其戰士遍布全國各地，在巴基斯坦邊境的所有阿富汗難民營裡都有特工，在那裡，阿富汗男孩正在成長為面目猙獰、情緒不穩定的阿富汗男人。

隨著歲月的流逝，儘管伊斯蘭大會和伊斯蘭黨，都與蘇聯及其阿富汗傀儡進行了激烈頑強的鬥爭，但他們之間也在鬥爭。事實上，希克瑪提亞爾的組織，因為攻擊抵抗運動中的其他阿富汗人而獲得了聲譽。有一次，他們幾乎成功地殺死了馬蘇德。大家都知道，這兩個人之間的對決總有一天會發生。

第二十二章
冷戰終局

阿富汗對蘇聯入侵的激進反應，伊朗震撼世界的革命，布托下台和伊斯蘭主義在巴基斯坦的勝利，在整個阿拉伯世界出現的秘密、反政府、反西方、革命的伊斯蘭主義小組和政黨的崛起，所有的這些發展，都預示著全球緊張局勢將沿著新的斷層線重新配置。在穆斯林世界裡，不僅是思想家和活動家，還有巴札市場上的普通人，都在把當前的歷史重新定位為伊斯蘭和西方之間的競爭。

相較之下，在進入一九八〇年代後期的西方，政治分析家們仍然從蘇聯陣營和美國領導的陣營之間的兩極對抗的角度來看待全球事件。雙方都有核武器，所以都不能直接攻擊對方，這就使他們陷入了冷戰時期的影響力競爭，有時還在（所謂的）第三世界進行代理人戰爭。

在一九八〇年時，西方的老一輩的知識人認為蘇聯即將取得勝利。美國經濟似乎正在奄奄一息，已經把高通貨膨脹、停滯和高失業率結合在了一起，這是經濟學家們以前認為不可能的三連珠。油價飛漲，美國總統吉米・卡特（Jimmy Carter）對此的回應是，告訴美國人要共體時艱。籠罩著美國的悲觀情緒促使總統在電視上告訴全國人民：美國正在經受一種不適症。[1]

與此同時，儘管中央情報局採取了各種措施來摧毀卡斯楚（Fidel Castro），但他仍然在古巴堅守著權力。左翼的桑地諾分子（Leftist Sandinistas）已經控制了尼加拉瓜。在薩爾瓦多，左翼的游擊隊也在頑強戰鬥。在歐洲，蘇維埃政權似乎已經壓制了持不同政見的波蘭團結工聯（Polish labor union Solidarity）。蘇聯已經裝備了一種新型的核子飛彈（SS-20），有能力對西歐的目標加以打擊。在中東，美國失去了它最堅定的盟友——伊朗國王。更糟糕的是，一群學生年紀的伊朗活動人士占領了美國大使館，將五十二名美國外交官扣為了人質，這對美國這樣的超級大國來說，是前所未有的恥辱。現在，蘇聯人還在阿富汗。難道沒有辦法阻止這個巨無霸嗎？

吉米・卡特以被稱為「卡特主義」的奇怪聲明來回應蘇聯對阿富汗的入侵。卡特說，美國將把蘇聯在波斯灣的任何干涉視為對美國重要利益的威脅，並採取相應的行動。換句話說，卡特讓出了阿富汗，並將得分區移到了波斯灣。

他的國家安全顧問茲比格涅夫・布里辛斯基（Zbigniew Brzezinski）認為，阿富汗很可能會成為蘇聯的一個泥淖，它就像越南耗盡美國的血和財力一樣耗盡蘇聯。他認為阿富汗是一個讓蘇聯人吃虧的機會，只需付出很少的代價，而且不會對美國人的生命造成危險。布里辛斯基並沒有提議美國幫助阿富汗人取得勝利，因為布里辛斯基的腦海中似乎從未出現過阿富汗會勝利的想法。他只是認為美國可以延長戰爭，從而使蘇聯為了不可避免的勝利付出盡可能大的代價。

現在回頭再看的話，我們也許很難理解為什麼一九八〇年的蘇聯能給全球人民帶來如此大的恐懼和敬畏。美國也許有點飄搖，但蘇維埃帝國實際上正處在死亡的邊緣上。它的政府已經墮落為一個生鏽的官僚機構，甚至連它自己的職能部門都鄙視它。它的「指令型經濟」除了生產巨型武器和工業機械外，什麼也生產不出來——蘇聯公民現在知道「自由世界」正在享受著大量的誘人消費品，而這些東西他們肯定製造不出來。

最糟糕的是，蘇聯帝國沒有激勵人心的理想來彌補日常生活的單調乏味。共產主義曾經滿足了這一功能，但共產主義甚至在共產世界中也失去了可信度，而今共產主義甚至連共產黨人自己也激勵不了。

布里茲涅夫是一個又病又老的人，無力統治，但也不能將他推到一邊去。蘇聯的政治機構只是在等待布里茲涅夫的死期到來，但是也沒有一個有魅力、有遠見的接班人正等著取代他。當布里茲涅夫終於在一九八二年死去時，權力被傳給了尤里・安德羅波夫（Yuri Andropov），人們對此人知之甚少，因為作為KGB頭子，不為人知就是安德羅波夫要做的分內之事。安德羅波夫已經是個老病號了，才上任十五個月就死了，他的繼任者則是一個更打不起精神的政治局委員康斯坦丁・契爾年科（Chernenko），他也是一個老病號，只堅持了不到一年時間。這就是那個在西方人看來正在贏得冷戰的國家，並可能很快統治世界（此處播放邪惡笑聲）。

然而，由於蘇聯確實仍然構成巨大的威脅，隆納・雷根（Ronald Reagan）以一個牛仔的形象競逐美國總統大選，贏得了一九八〇年的大選勝利。雷根稱蘇聯是一個「邪惡帝國」，[2]他發誓要與之抗衡，而他那畏首畏尾的前任吉米・卡特卻沒有這樣做。阿富汗（和伊朗）給雷根提供了一個用來敲打卡特的頭和肩膀的決定性武器。阿富汗是正中雷根下懷的有利話題，因為它已經成為右翼保守派反共人士的熱門話題，而這些人正是雷根的關鍵選民。對伊斯蘭主義（或是和此事相關的伊斯蘭教）知之甚少的右翼政治活動家，將阿富汗聖戰者讚美為迷人的自由戰士，只將他們視為反共人士。

選舉之後，雷根不得不用一些實際行動來支持他的男子漢競選形象。我並不是說這一切都是在作秀。雷根的確言出必行。為了在冷戰中獲得優勢，雷根毫不猶豫地使用核武器擦邊球政策。他把潘興飛彈（Pershing missile）部署在德國，距離近到足以攻擊莫斯科，並對蘇聯因此而發出的叫聲，和藹地報以微笑。雷根威脅說要建立一個防禦盾，使蘇聯的核飛彈失去意義。他的戰略防禦倡議（俗稱「星際大戰」防禦計劃）使核政策專家感到震驚，因為它違反了冷戰僵局（和全球穩定）所依據的「相互確保毀滅」的核心公式：任何一方都不能使用核武器，因為這將導致雙方同歸於盡。如果美國獲得了免受蘇聯核攻擊的免疫力的話，美國就可以不受約束地攻擊蘇聯了。如果蘇聯人看到這種結果迫在眉睫，他們可能會發動先發制人的打擊。雷根閃爍著他那充滿魅力十足的笑容，他會冒這個險。

星際大戰防禦計劃可能不可行，但蘇聯人不可能忽視它。蘇聯人不得不傾注他們無法承受的巨額資金來開發新的核武器，以使他們能繼續在軍備競賽中較勁。

然而，作為一種耀武揚威的姿態，「星際大戰」倡議有一點抽象，即使對那些贊成的人來說也是如此。為了真正支持雷根言出必行的立場，他必須在當時的美蘇對抗戰線上做出行動。其中一個地點是在尼加拉瓜；另一個是在阿富汗。

對雷根政府來說，尼加拉瓜是議程上的主要事項。在尼加拉瓜，雷根政府支持了名為「康特拉」（Contras）的右翼叛亂分子，他們最終推翻了第一個桑地諾政府。雷根政府還開閘放水，讓軍火和錢更自由地流向聖戰者組織。雖然只有幾千萬美元，但這比卡特行政團隊曾考慮過的花費金額要高。

與以往一樣，所有這些冷戰的推動和姿態對阿富汗產生了影響。在一九八五年，蘇聯終於有了一個充滿活力的年輕人米哈伊爾・戈巴契夫（Mikhail Gorbachev）掌舵了，但是他所繼承的，卻是一艘正在沉沒的船。雷根的倡議迫使蘇聯冒著花錢買命的風險。戈巴契夫知道，他必須縮減軍隊，縮小國家的對外承諾，否則國家就註定要失敗。因此，戈巴契夫推出了幾項政策。一個是*perestroika*（改革），讓市場在蘇聯經濟中發揮作用。另一項是*glasnost*（開放），允許蘇聯公民享有一些有限的言論自由。西方稱讚戈巴契夫是一個英雄般的改革者。

這位蘇聯領導人還與雷根會面，討論如何減少核緊張局勢，他們的談話導致了真正的進展。雷根收穫了國內的讚譽，但戈巴契夫作為和平締造者，也贏得了一些掌聲（除了右翼福音派基督徒將戈巴契夫額頭上的胎記視為他是反基督的標誌）。[3]

戈巴契夫可能確實值得稱讚，但是，對於阿富汗來說，他的到來最初帶來了語言難以形容的恐懼。戈巴契夫認為蘇聯的入侵是個錯誤，他想把阿富汗這個卡在蘇聯喉嚨裡的骨頭吐出去；但戈巴契夫沒有下令立即單方面撤軍，而是告訴他的將軍們要用任何必要的手段盡快贏得戰爭。就像理查・尼克森（Richard Nixon）在越南尋求「體面的和平」[4]一樣，戈巴契夫希望在離開阿富汗時至少要有勝利的表象，他不能在他啟動的敏感核談判中顯得軟弱。

蘇聯軍方加強了轟炸，實施了比以往更頻繁的轟炸，在阿富汗狹窄的山谷中來回盤旋，從他們致命的武裝直升機上對著農民開火。戈巴契夫任期的第一年成為阿富汗戰爭中最血腥、最恐怖的時期。正是在這一年，蘇聯軍方採取了滅絕種族的計劃，將清除阿富汗農村的人口作為其勝利戰略。在這一年，蘇聯的地毯式轟炸給舊阿富汗的部落鄉村共和帶來了不可彌補的損失。就在這時，在巴基斯坦和伊朗的阿富汗難民人口已經非常龐大，已經超過了六百萬人，而戰爭開始時阿富汗只有兩千萬人口。在一個難民時代中，阿富汗人成為了世界上難民人口的最大宗。阿富汗的毀滅並不是發生在一個強大的超級大國在其傲慢的權力頂峰之時。阿富汗是被一條垂死的巨龍，在最後的痛苦中，甩動牠的尾巴之時毀滅的。

隨著阿富汗的火焰越燒越旺，美國國防和情報機構的人員開始瞥見了阿富汗實際勝利的驚人可能性。在國會裡，參議員戈登・漢弗萊（Gordon Humphrey）、國會議員唐・里特（Don Ritter）和其他人為阿富汗事務進行了遊說。雷根招募了一位阿富汗事務顧問，一位在貝魯特美國大學接受過教育的阿富汗僑民，札勒瑪依・哈利勒札德（Zalmay Khalilzad）。擔任眾議院行動委員會主席的德州議員查理・威爾遜（Charlie Wilson）支持了阿富汗事業，並與國會和中央情報局的盟友一起，設法將美國對聖戰者組織的（秘密）資金增加了兩倍。更重要的是，他說服了沙烏地人，使之與美國的捐款相匹配。到一九八七年時，聖戰者組織每年從美國獲得十億美元的資金——當然了，幾乎所有的資金都是透過三軍情報局的渠道獲得的，而且沙烏地人提供的也有這麼多。

然後，威爾遜和他的盟友有了一個具有里程碑意義的點子。他們想出了阿富汗抵抗力量所需要的武器類型：一種游擊隊可以隨身攜帶到山上，並用來擊落直升機的武器。

目前還沒有這樣的武器，所以威爾遜和中情局內部一個自封的阿富汗特別小組開始著手發明這種武器。在以色列人的技術幫助和埃及的後勤幫助下，他們想出了被稱為「刺針」（Stinger）的地對空飛彈，一種從一根長發射管中發射的熱追蹤火箭，兩個人便可以攜帶，一個人可以負責發射。這不算什麼尖端技術，但足夠用了。

在一九八六年九月二十五日，伊斯蘭黨指揮官阿布杜・賈法爾（Abdul Ghaffar，工程師阿布杜・賈法爾，他這樣自稱）向降落在賈拉拉巴德機場的一架蘇聯直升機發射了第一枚刺針飛彈。當它擊中目標的那一刻，戰爭實際上已經結束了。很多炸彈仍然會落下，很多人仍然會喪生，但這件事的經濟效益是決定性的。根據三軍情報局的報告，到一九八七年夏天為止，阿富汗人每天都會用這些武器，擊中一到兩架的蘇聯飛機。一台刺針的生產成本不到四萬美元。一架武裝直升機的成本超過了一千萬美元。算一算吧。中情局向聖戰者組織提供了超過五百台「刺針」，數目也許有兩千五百台之多（這種武器的英國和中國版本，很快也開始送達聖戰者組織手中）。[5] 在財政上，疲憊不堪的蘇聯根本無法在如此不平等的條件下打仗——一次就損失一千萬美元，而游擊隊的武器不過是大把的獵槍而已。戈巴契夫知道他必須以任何方式，盡快讓他的軍隊離開阿富汗——和平和榮譽都不重要了。

第一步是擺脫巴布拉克．卡馬爾。他的管理是一場無以復加的災難。在他的位置上，蘇聯人安排了 KhAD 的主管納吉布拉博士（Dr. Najibullah），一個大塊頭，因為他的肌肉發達的舉重運動員的身體，通常被稱作「公牛」。納吉布拉得到了他的指示：他要放棄推崇共產主義，與聖戰者談判，建立一個聯合政府，並建立一個廣泛的國內支持基礎。只要他能成功做到這一點，蘇聯人就能問心無愧地離開。

納吉布拉努力了，他真的努力了。他嘗試了一切可能的方法。他把 KhAD 的名字改成 WAD，但大家都知道這仍是那個令人生畏的秘密警察組織。他把人民民主黨改名為「祖國黨」，但沒有人開始唱愛國歌。他制定了一部新憲法，宣布阿富汗是一個伊斯蘭共和國，並保證所有公民的自由權利，但沒有人相信他。納吉布拉開始建造清真寺和宗教學校。他呼籲實現民族和解。他向選定的聖戰者組織領導人提供內閣職位。他甚至提出，如果某些條件得到滿足，他將下台。

如果這個計劃在十年前推出的話，它可能會奏效。但到了八〇年代末，橋下已經流了太多的血。納吉布拉這個長期擔任旗幟派秘密警察局長的人，永遠無法讓阿富汗人相信，他是一個只對恢復舊阿富汗的價值觀感興趣的穆斯林民族主義者。聖戰者組織擦乾淨了他們的槍，並向城市進軍。

聯合國在戰爭剛開始時，就在日內瓦啟動了和平談判。這些年來，各國代表一直在艱難地前往日內瓦，盡職地談判。然而在一九八七年，戈巴契夫宣布蘇聯將在下一年開始撤軍，無論阿富汗發生什麼情況，都要撤軍。那一年，在日內瓦，蘇聯人試圖從巴基斯坦和美國那裡獲得一些協議。他們希望得到一些關於邊境的保證；他們希望美國承諾停止向反政府武裝提供軍事援助；他們希望世界接受不干涉阿富汗的政策。沒有人有心情讓步，而蘇聯也沒有能力堅持自己的觀點，因為它的解決方案正在加快步伐。

一九八八年，第一批蘇聯軍隊確實從阿富汗回國了。在這一年裡，撤軍的腳步一直在繼續；但與此同時，從蘇聯和全球的角度來看，更大的事情正在發生。波羅的海國家愛沙尼亞、拉脫維亞和立陶宛，組成了民眾陣線，反對他們地方上的共產黨。亞美尼亞爆發了示威活動，然後是亞塞拜然，然後是喬治亞。帝國的崩潰已經開始了。

一九八九年二月，蘇聯指揮官鮑里斯·格羅莫夫（Boris Gromov）上校是最後一個離開阿富汗的蘇聯軍人，他走過鐵爾梅茲大橋，前往烏茲別克。蘇聯的撤退已經完成，但很少有人注意到，因為當時世界的注意力都集中在席捲東歐的革命浪潮上。東歐劇變始於戈巴契夫訪問波蘭之時，戈巴契夫否定了布里茲涅夫主義，並宣布蘇聯不干涉其他獨立國家事務的新政策。從官方來說，這也包括了蘇聯在東歐的衛星國。在波蘭，團結工聯強推選舉並贏得了勝利。匈牙利隨後舉行了自由議會選舉，並從「匈牙利人民共和國」改國名為「匈牙利共和國」。

嚴酷的東德政權試圖阻止成千上萬的公民逃往西德，但沒有成功。強硬的東德統治者埃里希・昂納克（Erich Honecker）被推翻了，在十一月，東柏林人民開始拆毀將他們與西半部城市隔開的牆。具有象徵意義的是，這一時刻標誌著冷戰和蘇維埃帝國的結束。我想不出歷史上還有什麼時候，這樣一個巨大的帝國會如此突然地、如此決絕地終結。到一九八九年新年前夕，所有的蘇聯衛星國都已脫離了。在隨後的一年裡，組成了蘇聯本身的各個加盟共和國開始紛紛宣布獨立。當俄羅斯在一九九一年宣布獨立時，結局已經到來：已經沒有什麼可剩下的了。

第二十三章
從恐怖到混亂

這些戲劇性的事件把阿富汗最後的共產黨統治者納吉布拉綁住了。他仍在努力與聖戰者組織達成妥協，但他根本是在玩一場瘋狂撲克。隨著蘇聯的消失，「公牛」納吉布拉除了依靠自己之外，已經沒有任何人可以依靠了。納吉布拉確實還有蘇聯人留下的、令人不寒而慄的軍火庫，而且喀布爾也有軍隊駐紮，因此，他在接下來的一年零五個月裡堅守，而游擊隊卻步步緊逼。

正如喀布爾大學的經濟學家沙姆斯博士（Dr. Shams）所指出的，[1] 彼時的阿富汗有接近三十萬名經過戰鬥考驗的士兵——其中可能有十萬名國家軍人，約十八萬名為聖戰者組織作戰的戰士。阿富汗還有噴射轟炸機、坦克、重型火砲、多達一千台仍未使用的刺針飛彈[2]，全國每一個男人、女人和孩子都有一挺以上的機槍，以及足夠使用多年的彈藥。如果納吉布拉和聖戰者組織走到一起，組成一個統一的政府，阿富汗將立即成為該地區最強大的國家。

當然了，這是不可能發生的事情。納吉布拉像鬥牛犬一樣戰鬥，但卻無法阻擋狼群。納吉布拉的軍隊整個編制地投奔到他的敵人陣營。最嚴重的一次是在一九九二年四月，納吉布拉的一個重要盟友，一個名叫拉希德・杜斯塔姆（Rashid Dostum）的烏茲別克族軍官，與塔吉克族指揮官阿赫邁德・沙・馬蘇德聯手了。在共產黨接管之前，杜斯塔姆曾是一個工會領導人，但在一九七八年的政變後，他加入了軍方，並在軍隊中一路高升。

在這些年裡，杜斯塔姆建立了一支紀律嚴明的烏茲別克士兵隊伍，這支軍隊直接效忠於他，成為國家軍隊中的軍中軍。在蘇聯占領的最後日子裡，杜斯塔姆麾下有三萬多人，甚至可能有五萬多人（代表蘇維埃）為他而戰。[3]然而，杜斯塔姆後來的職業生涯表明，他既不是一個真正的旗幟派或人民派，也不屬於任何其他意識形態類型。杜斯塔姆是一個赤手空拳起家、大口喝酒的世俗海盜，他信奉的宗教是政治現實主義，他的行動綱領就是生存下去。

在一九九二年的這個關鍵時刻，納吉布拉和聖戰者組織陷入了僵局，杜斯塔姆看到了增加自己分量的機會。當他帶著他的私人軍隊改換門庭時，這就是一場競賽，是對納吉布拉的競賽。到四月底時，數以萬計的游擊隊已在喀布爾周圍的山坡上進入戰備狀態。這座城市即將淪陷——但不是被任何一個團體獨占。山上的這幾千名游擊隊員代表了不少於十一支的不同軍隊。

一九九二年四月十六日晚上，馬蘇德用衛星電話呼叫了希克瑪提亞爾。他們的談話被錄了下來，一段模糊的錄音仍在網路上流傳。[4]在錄音中，我們可以聽到馬蘇德對希克瑪提亞爾說：「我們得談談。我很擔心這星期日。可能會有麻煩發生；因為只要有一方進入，所有的其他軍隊和勢力也會進入。這會導致混亂，會讓結果難以收拾……聖戰者之間會打起來，我想要解除這些疑慮，與你和你的追隨者坐下來，我們一起解決一些問題，建立一個可以接受的政府，然後我們再進行選舉。最好是現在就這麼做，而不是等到用武力解決問題的階段。如果你能答應我這個即將到來的星期日……」

希克瑪提亞爾打斷了他的話。「不會有任何麻煩的。只要局勢發展不用我們的人，我們的追隨者，我們的聖戰者動手，我們大概就不會在這時候出手。」

「你說不會爆出麻煩，但我向你保證，」馬蘇德說，「如果我們不採取一些措施的話，將會有嚴重的麻煩。我們並不害怕。一切都取決於你和你的追隨者……」

「我聽到你的話了，」希克瑪提亞爾插話道，「我已經告訴你我的意圖了。」

「你是在告訴我你一定會在星期日進攻嗎？我應該做準備嗎？」

「準備什麼？」

「準備保護喀布爾的人們，喀布爾的女人，喀布爾的男人，喀布爾的年輕人和老人，」馬蘇德感嘆道。「準備好保護這個已經遭受了殘酷傷害的國家，這些人每天都在祈求真主庇護他們，懇求知道他們的未來。我告訴你們，我把保護這些人免受各種形式的攻擊作為我的職責，我會盡我所能。」

然後，一切陷入了靜止，談話結束了。

第二天，各路人馬開始向城裡湧入。納吉布拉和他的兄弟乘坐他們的專車離開皇宮，前往機場。在那裡，根據事先的安排，一架聯合國飛機正在等待他們前往印度。但杜斯塔姆已經知道了這個計劃，並封鎖了機場。那天不會有飛機能夠離開。

當納吉布拉看到路障時，他讓司機調轉車頭，直接把他送去聯合國總部，聯合國總部會給予這些人政治庇護。聖戰者組織尊重這一庇護：只要納吉布拉和他的同伴們留在位於市中心的聯合國大樓裡，他們就是安全的，但他們只能待在那座大樓裡。因此，在接下來的四年中，他們一直在那裡。他們的「政治避難所」與監獄沒有什麼區別，不過他們可以叫外賣送餐，可以看所有的寶萊塢電影。

當他們還在巴基斯坦的時候，聖戰者組織已經拼湊了一個鬆散的阿富汗臨時政府（Afghan Interim Government, AIG）計劃。根據這個計劃，白沙瓦的七個主要伊斯蘭黨派中，最小的一個黨派的領導人，相對來說並不重要的蘇布葛圖拉．穆賈迪迪將開始擔任總統。兩個月後，他將就會下台，布爾汗丁．拉班尼將會接任四個月。然後他將下台，舉行選舉。被許多西方媒體視為抵抗運動代言人的阿赫邁德．沙．馬蘇德，將只會是國防部長（當然了，這也是一個關鍵職位）。白沙瓦的每個重要政黨都將獲得至少一個內閣職位。另一個主要人物希克瑪提亞爾將會擔任首相。

希克瑪提亞爾拒絕了這個頭銜。「首相」的頭銜對他來說太小了。他領導著最大的政黨伊斯蘭黨，他認為他應該領導整個政府，他的贊助者三軍情報局決心要讓他擁有領導政府的位子，因為他們已經把希克瑪提亞爾看作是巴基斯坦控制阿富汗的人物了。他必須成為頭號人物。

拉班尼接任總統後，希克瑪提亞爾確實勉強接受了首相的職位，但他仍拒絕進城。如果內閣必須開會，他堅持要求內閣到城外的一棟大樓裡去見他。

幾乎在新政府才剛剛成立時，就像馬蘇德所預料到的那樣，混亂就爆發了；不過應該指出的是，馬蘇德是這場混亂的策劃者之一。當代表哈札拉族所有不同黨派的大集團 *Hezb-i-Wahdat*（統一黨）聲稱喀布爾西南部是哈札拉人的主要居住地時，馬蘇德採取了行動。他不允許這件事發生。馬蘇德與阿拉伯國家支持的普什圖族軍閥阿布杜・拉蘇魯・薩亞夫達成了共識。薩亞夫的軍隊占據了哈札拉人西南部的領土。馬蘇德占領了他們東北部的領土。在他們的兩支軍隊之間，馬蘇德和薩亞夫將哈札拉人夾在了中間。

但哈札拉人進行了凶猛的反撲。其後果是可怕的：在槍戰和轟炸中，搶劫、強姦和謀殺竄升到了頂峰。當這些戰鬥開始時，我的表妹札赫達住在城市的西部邊緣。她後來講述了一夥哈札拉人是如何衝進了她家的院子，將其徵用成了軍事駐地。札赫達和她的家人急忙跑出來，趕往我叔叔阿塞夫的房子，他家住在城市的更深處，因為我叔叔已經逃到了美國，所以那棟房子已經被遺棄了。

札赫達告訴我，這裡一開始很平靜，雖然可以聽到遠處偶爾有槍聲。然後，槍聲響得似乎更近一些了，但一切都很難聽清楚。後來，槍聲似乎更加頻繁了，但仍很難判斷。再後來，槍聲就很近了，而且持續不斷，但札赫達和她的家人現在不能離開院子了——這太過危險。不過，他們當時本應該離開，因為仍有可能離開。他們是後來在離開變得更危險時才意識到這一點；戰鬥非但沒有消退，反而越來越激烈。子彈在院子裡飛來飛去，砲彈在牆上飛來飛去——他們不得不退到房子裡去。

但後來砲彈開始擊中窗戶，他們不得不退到內部更深處去，來到一個沒有窗戶的儲藏室，在那裡他們有生洋蔥和馬鈴薯吃，但沒有水。因此，每天晚上，在黑暗的掩護下，札赫達的丈夫都要出去到院子裡的水井取水。一天晚上，一塊彈片擊中了他，他爬回來的時候血流不止。所幸傷口並不嚴重；札赫達用沾了酒精的棉片幫他的傷口消毒；但那一刻讓她陷入了歇斯底里的狀態。她說：「如果我們不馬上離開這裡，我們都會死在這個房子裡。」

於是，她戴上了她所有的珠寶，這是一個阿富汗女人可以帶走的資產，一家人把他們所有的錢捆在一起，一旦槍聲平息，他們就走出了院子。街道上到處都是屍體。在街道的盡頭，他們看到了一個哈札拉族青少年，一手拿著菸，一手拿著機槍。他吸一口菸，再朝山坡上開幾槍，然後再吸一口，再開一槍。每當他向山坡開槍時，在山上掩體裡的馬蘇德的部隊就會開火還擊。

我的表妹對那個男孩喊道，求你停止幾分鐘，這樣他們就可以離開了。他聳了聳肩，然後讓他們走了。他們隨後走到了河邊，沿著河岸走到了一個比較安全的街區，在那裡他們認識一個會收留他們的人。

對於在一九九二年至九六年之間生活在喀布爾的人來說，我表親一家的經歷很典型。新聞上的報導將爭奪該城市的爭鬥記錄為一連串夾雜著平靜期的戰鬥，但是對喀布爾居民來說，這可能是一場連續的屠殺：有超過六萬人被殺，可能有三十萬人逃到了鄉下，最後成為了IDP，也就是難民在沒能離開該國時，被稱為的「國內流離失所者」（internally displaced persons）。拉希德．杜斯塔姆不斷地轉換陣營，並在某些時候與其他主要人物結盟，發動了一些最為血腥的戰鬥。哈札拉人受到了惡毒的打擊——但讓我們面對事實吧，他們也使出了同樣野蠻的手段。薩亞夫、馬蘇德——所有這些人最後雙手都沾滿了鮮血。

然而，從各方面來看，最大的、最不可原諒的流血事件的製造者是工程師古里布丁．希克瑪提亞爾。當他的對手馬蘇德在喀布爾站穩腳跟後，希克瑪提亞爾就鑽進了幾英里外的一處郊外地點，並從那裡用火箭彈無情地攻擊喀布爾。在兩天的時間裡（一九九二年八月十日至十一日），希克瑪提亞爾向喀布爾發射了一千多枚火箭彈。希克瑪提亞爾聲稱自己瞄準了特定目標，但由於他沒有讓火箭彈精確瞄準的技術，所以他的說法不可能是真的。此外，希克瑪提亞爾從城外幾英里的據點開火，即使他能瞄準，也不可能知道他的炸彈會落在哪裡。有的時候，火箭彈以每分鐘兩到三枚的速度飛來，會隨機地擊中一些地方，無論誰碰巧站在那裡都會被炸死。

蘇聯人摧毀了阿富汗的鄉村，現在阿富汗人自己摧毀了城市。聖戰者組織把近一半的喀布爾變成了廢墟。坎大哈也四分五裂，陷入到了各派勢力纏鬥的混亂中。內戰帶有族裔的色彩，這就埋下了難以消除的怨恨，因為儘管很少有人記得或甚至知道是哪個**人**殺害了他們的親人，但他們知道並將牢牢地記住是哪個**族群**犯下的罪行。

當屠殺將城市撕成碎片時，軍閥們正在為鞏固自己在農村的控制權而戰。數以百計的人劃定出了他們自己擁有半主權的小領地。在剩下的道路上出現了無數的檢查站。在每個檢查站，一些地方強人會向路過的旅行者收取通行費。能夠進入商店的少數商品的價格超過了大多數人的支付能力。貧困變得越來越嚴重。飢餓迫在眉睫。這就是蘇聯入侵阿富汗的最終遺產。

第二十四章
走出難民營

在蘇聯於一九八九年解體後，美國及其盟友本有可能會把他們的代理人們召集起來，為一個穩定的後共產時代政府制定出一個框架。我們不知道這是否會奏效，但至少在那個時候，美國對巴基斯坦和聖戰者組織都有一定的影響力。

但是，恰恰在這個時候，阿富汗退出了美國外交政策的視野。全球政治將美國的注意力吸引到了其他地方。阿富汗曾是冷戰時期的戰場，而冷戰已經結束了。冷戰是直到一九九一年才正式宣告終結的，但當蘇聯帝國進入其最後的陣痛期時，冷戰實際上已經落幕了。蘇聯帝國的殞落是一九九〇年代初的決定性政治地震，其餘震在這十年的大部分時間裡完全占據了西方政策和專家學者的研究。在一九九一年，當助理們向美國的老布希總統（George H. W. Bush）介紹喀布爾新的戰鬥爆發情況時，他回應道：「那件事還沒結束嗎？」[1]

實際上，對美國來說，阿富汗的麻煩才剛剛開始。這個麻煩的關鍵因素在阿富汗——蘇聯戰爭期間開始形成。在那個時期，大約有三百五十萬阿富汗人逃到了巴基斯坦，還有幾乎同樣數量的阿富汗人逃到了伊朗。他們住在沿著國境線分布的巨大難民營裡，例如位於白沙瓦附近的沙姆沙圖（Shamshatoo）和奎塔附近的哈札拉鎮（Hazara Town）。這些難民營無一例外地都建在城市之外，以減少難民與巴基斯坦本國人民之間的摩擦。難民不被允許找工作，因為他們會搶走巴基斯坦人的就業機會。他們也不被允許創業，因為他們會與巴基斯坦人競爭。我們歡迎他們蜷縮在難民營，躲避蘇聯的轟炸，但不歡迎他們建立新的生活。食物和水是由聯合國提供的；食物主要包括油、麵粉、糖、鹽和茶。難民們所要做的就是無所事事。

整體而言，這些難民營被鐵絲網的圍欄所包圍，讓人感覺有點像露天監獄。每個營地裡都有一個由巴基斯坦軍人把守的大門。我在二〇〇二年訪問了其中一些營地，驚奇地發現裡面都是小孩子。我在納西爾巴格的小巷裡與每個孩子交談，他們都自稱有十個或十二個兄弟姊妹。營地官員當時告訴我，這裡四分之三的人口都在十五歲以下。成千上萬的男孩被關在這些營地里，他們不安分的青春期精力得不到宣洩，除了害怕之外，沒有別的任何東西可以用來構成回憶。

然而，這些男孩有一個擺脫無聊的辦法。他們可以去宗教學校裡學習。數以百計的此類學校是由巴基斯坦的神職人員建立的，它們由巴基斯坦強大的右翼伊斯蘭教政黨控制，比如伊斯蘭學者大會（*Jamiat-i-Ulama-Islam*），這些政黨與三軍情報局有密切聯繫。許多學校都得到了富有的沙烏地阿拉伯人的資助，他們希望推廣沙烏地阿拉伯的瓦哈比派（Wahhabi sect）的教義，瓦哈比派是在十八世紀時在阿拉伯世界中出現的最嚴格的清教主義、原教旨主義和政治化的伊斯蘭改革運動。瓦哈比派又透過婚姻和傳統，與沙烏地阿拉伯的統治菁英階層緊密相連，近幾十年來他們一直在大力傳教，但他們並不是在非穆斯林中傳教。他們對讓非穆斯林皈依伊斯蘭教不感興趣；他們想讓穆斯林改信他們自己的伊斯蘭教品牌。官方記錄顯示，在巴基斯坦邊境附近的十八個地區裡，有兩千多所這樣的瓦哈比派宗教學校，總入學人數接近二十二萬人。[2]沒有人知道還有多少統計檔案之外的學生。

阿富汗男孩可以免費進入這些學校，他們甚至可以得到食宿供給，只要他們把自己完全託付給他們的老師。一旦他們進入宗教學校，難民男孩就幾乎與世界的其他新聞和資訊來源隔絕了。而他們的老師在這裡不僅僅是教授宗教。一份提交給巴基斯坦總理的官方報告指出，大約有一百所宗教學校也在教授戰鬥技能。實際數字可能比官方統計的數字要高。[3]

然而，宗教教師給他們的聽眾講的大多是故事。他們向這些睜大眼睛的難民男孩講述了歷史上僅有的一次完美狀態，也就是先知穆罕默德在麥地那時存在的完美狀態。他們解釋說，在一代人的時間裡，整個社區都生活在對全能真主的律法的絕對服從中，這種服從使他們變得強大，因為真主伴隨著最初的穆斯林參加的每一場戰鬥，而在真主面前，沒有任何力量可以阻擋。這並不是狂妄的囈語；這幾乎是穆斯林標準的核心敘述。使它變得不易控制的因素，是這一套敘述的上下文脈絡。

此外，在當時，穆斯林世界裡一直充斥著一種真主信徒和撒旦追隨者之間的世界末日之戰的說法，這種說法開始滲透到了難民營和伊斯蘭學校中。宗教教師宣揚，完美社區的重生將標誌著這場戰鬥的開始。是的，只要一些穆斯林群體能夠像先知指導下的麥地那人那樣生活，按照那些確切的規則和守則生活，世界就會被拯救。經歷了地球上最糟糕的童年的男孩們被允許想像，他們的命運可能就是去建立一個能夠拯救世界的社區。

對於巴基斯坦政府在這一切之中所扮演的角色，總會有一些爭議。他們正在培養未來的塔利班骨幹，但他們知道這一點嗎？巴基斯坦是否有意識地建立一支軍隊，以便有朝一日蜂擁進入阿富汗？公開的紀錄沒有給出答案。如果有的話，也是在緊閉的大門背後進行的深思熟慮。

但有一件事是肯定的。巴基斯坦在阿富汗有利益要推動，這些利益是由阿富汗本身以外的因素、力量和思慮所決定的。是的，全球力量再次來到場上，為巨大的獎品而戰，而阿富汗再次位於這些力量將要相互碰撞的地方。

在美國總統柯林頓（Bill Clinton）的第一個任期內，他的國務卿沃倫・克里斯托弗（Warren Christopher）在公開演講中從來沒有提及過阿富汗，連一次也沒有。[4] 克里斯托弗

的外交精力主要集中在東歐，這麼做也的確有道理；因為蘇聯的解體在這裡產生了最劇烈的影響。在這裡，共產主義所形成的「穩定」，隨著民族國家解體為相互對戰的「各民族」，他們決心要把舊賬算清。塞爾維亞人與克羅埃西亞人作戰，克羅埃西亞人與波士尼亞人作戰，馬其頓人與塞爾維亞人作戰，科索沃人與馬其頓人作戰。由於每個群體都試圖在其領土上清除其他群體，於是「種族清洗」這個詞便進入到了人類的恥辱詞典裡。難怪全世界的注意力都如此聚集在東歐。

但是，蘇聯解體的餘震也波及到了前帝國的東部邊境，產生出了同樣重大的影響，儘管這些影響在一開始的時候並沒有被外界注意到。中亞的前蘇維埃社會主義共和國——哈薩克、吉爾吉斯、土庫曼、烏茲別克和塔吉克，只是不情願地與歐洲的俄羅斯結合。一旦莫斯科的權力瓦解，被歐洲共產主義長期淹沒的早期文化痕跡記憶，便開始重新出現。

所有這些國家（除塔吉克外）自古以來都有說突厥語的族群居住在那裡。所有國家（包括塔吉克在內）都曾經是穆斯林世界的組成部分。蘇聯解體後，官僚主義的慣性使共產黨的高層官員變成了新式的獨裁者。他們不再以共產黨員的身分進行統治，而是以強人的身分，向人民提供自己的海報和雕像，以及慶祝自己生日的全國節日，以取代任何可以相信的東西。難怪伊斯蘭教會在這裡重新崛起。這是一個本土的精神理念，有能力提供一些有凝聚力的社會意義。

而且，由於蘇聯解體後的中亞正處於這樣的文化變遷，它看起來在政治上可以被爭奪。

土耳其對此很感興趣，因為，畢竟來說，一個從伊斯坦堡延伸到中國的泛突厥國家不是一個合理的願景嗎？伊朗人的鬍鬚也開始動了，因為，畢竟來說，古典時代的幾個主要帝國不都包括了伊朗和突厥草原在內嗎？不要忘了，在那些帝國中，波斯是一個被征服的省分，而征服者正是突厥人。

最重要的是，巴基斯坦在中亞的重新配置中看到了誘人的可能性。在其短暫的歷史中，巴基斯坦一直是一個脆弱的國家，被夾在敵對的阿富汗和敵對的印度之間。中亞看起來像一個逃生艙口，因為中亞和其他地方一樣，隨著共產主義的消退，伊斯蘭教湧入，而伊斯蘭教恰恰是巴基斯坦的基本政治和意識形態前提，是為巴基斯坦的不同區域提供社會凝聚力的主題。另外，不管土耳其和伊朗怎麼想，古代的貿易、交通和對中亞的探索，在南北方向也同樣蓬勃地流動著。不要忘了，這些連通往來主要是中亞的騎兵以迅雷不及掩耳之勢南下劫掠平原上的城市。中亞和南亞之間存在著歷史聯繫，而伊斯蘭教可能是一種文化溶劑，可以將它們再次融為一體。

對巴基斯坦來說，這一前景看起來特別有希望，因為遜尼派伊斯蘭在中亞和巴基斯坦都是占主導地位的教派。相比之下，伊朗人是什葉派，他們與遜尼派的矛盾已經持續了十四個世紀，所以伊朗看起來沒有真正在中亞擴大影響力的機會。至於土耳其，它是如此的遙遠。如果巴基斯坦能與中亞建立一些貿易聯繫，它可能會在伊斯蘭馬巴德（Islamabad）建立一個鬆散的遜尼派穆斯林共同繁榮圈，從而有能力與印度和伊朗平起平坐。如果這樣的話，巴基斯坦最終可能會成為該地區最強大的國家，和穆斯林世界的主導國家！

這個願景中只存在一個問題：巴基斯坦和中亞之間的任何貿易路線都必須經過阿富汗。因此必須要對阿富汗做些什麼。

蘇聯解體並不是影響九〇年代全球政治的唯一因素。甚至在冷戰正式結束之前，被政治學家邁克爾・克萊爾（Michael Klare）稱之為「資源戰爭」的一系列新戰爭，就已經打響了第一砲。

問題的核心資源是石油。石油政治在七〇年代就已經出現了，當時阿拉伯石油輸出國組織突然減產，以懲罰西方工業大國支持以色列。他們發起的石油禁運使石油價格在一年內漲了兩倍，使西方世界陷入衰退。一九七四年的石油禁運發出了一個警訊：石油就是影響力。冷戰結束時，由於世界人口增長了近十億，工業化在整個「第三世界」進行，[5] 人們對石油的需求只增不減。

一九九〇年，伊拉克獨裁者薩達姆・海珊（Saddam Hussein）突然吞併了鄰國科威特，從而控制了世界上第二或第三大的石油儲備量。只有沙烏地阿拉伯（可能還有伊朗）比伊拉克擁有更多的石油。海珊的軍隊集結在科威特的遙遠邊界上，他似乎也擺好了架勢，準備要接管沙烏地阿拉伯。他當然有一支足夠大的軍隊。

但沙烏地阿拉伯也有自己的資產：一個巨人朋友。美國老布希總統對伊拉克的入侵宣稱：「這行不通。」他的政府組建了一支由三十八個國家組成的聯軍，並且獲得了聯合國對戰爭的授權。該聯盟在沙烏地阿拉伯領土上部署了八十五萬軍隊，以打擊海珊。[6] 戰爭於一九九一年一月十七日打響，持續了四十二天。美國及其夥伴用八萬五千噸[7]的炸彈襲擊了伊拉克，海珊的軍隊像一根爛掉的蘆葦一樣折斷了，他的部隊——大部分是悲慘的、被強徵來的人，向巴格達市區逃去，聯軍的戰鬥機從空中向他們開火。聯軍在那場戰爭中遭受了三百五十八人的傷亡，伊拉克的傷亡人數則高達十萬人。[8] 老布希隨後宣布突然停火，讓薩達姆．海珊待在位子上。

那一場（第一次）波斯灣戰爭證明了大家已經知道的事實：世界上的石油主要來自波斯灣，這片水域周圍的少數幾個國家——伊朗、伊拉克、沙烏地阿拉伯、科威特和阿拉伯聯合大公國中的少數地方，可以把整個工業世界當成人質。世界的穩定需要石油和天然氣來源的多樣化，而且由於對石油的競爭肯定會隨著供應的減少而變得更加絕望，主要的工業大國必須從戰略上考慮，如何對任何新開採的石油保有自己的可用性。

在一九九〇年代，地質學家計算出的世界已探明石油儲量的一半以上都位於波斯灣地區，但這些石油正在被大力開採，並迅速耗盡。第二大已知儲量被認為位於裏海盆地，該地區的石油幾乎尚未被開採過。[9] 該地區包括土庫曼、哈薩克和烏茲別克，而這些國家正是巴基斯坦、伊朗和土耳其所渴求的。隨著波斯灣石油的減少，裏海盆地的石油和天然氣將變得更加珍貴。

工業化的西方國家如何才能獲得這些石油？有三個選擇。其一：可以建造一條從裏海盆地直接通往西歐的管道，但它必須穿過數千英里的前蘇聯帝國，而且俄羅斯肯定會徵收令人望之卻步的關稅。在俄羅斯之外，還有飽受衝突的東歐，管道將不得不穿越許多國家的邊界，毫無疑問，每一個國家都會產生費用和關稅；如果這些不穩定的國家之中，有某一個點起一把火的話，那一切就全完了。因此這個方案看起來前景不佳。

方案二：石油可以通過管道輸送到波斯灣的港口，這些港口已經被設置為運輸石油的地方。然而，在這種情況下，管道將直接通過伊朗，使伊朗對工業國世界的未來形成扼制，而這對美國來說不可接受，因為美國人仍然將伊朗視為他們的頭號敵人（反之亦然）。

這就讓方案三付出了水面：一條可以直接從土庫曼通向巴基斯坦的管道。從阿拉伯海上的卡拉奇等港口，油輪可以將石油運到世界上的任何地方。方案三將是三條管道中最短的一條。美國當然傾向於這個方案，因為巴基斯坦是一個長期的盟友。當然，巴基斯坦也贊成這一方案，不僅僅是出於經濟原因，還因為這條管道將給巴基斯坦在世界政治中帶來真正的影響力。而且這條管道還有可能建立一個從巴基斯坦延伸至吉爾吉斯的遜尼派穆斯林實體，哇：未來看起來太令人振奮了！

但方案三仍有一個問題：這條管道必須穿過阿富汗。

從表面上看，在情勢一觸即發的、無政府的阿富汗建造一條管道，這個想法似乎——讓我想想用一個什麼詞呢？喔對，是瘋了！

但是在你考慮了其他選擇之後，阿富汗看起來並非那麼糟糕。畢竟，這只是一個國家。確定無疑的是，一個國家可以被馴服，不管它有多混亂。簡而言之，巴基斯坦在穩定和控制阿富汗方面有著巨大的利益。而三軍情報局長期以來一直在努力為實現這一確切的目標做好準備。該計劃的關鍵是他們的派系工程師古里布丁．希克瑪提亞爾。三軍情報局希望他能成為阿富汗無可爭議的老大。

然而，希克瑪提亞爾卻讓他的贊助商失望了。首先，作為一名戰士，他無法與馬蘇德相提並論。希克瑪提亞爾在喀布爾大開殺戒，但卻無法獲得一寸領土。此外，他無法與其他聖戰者組織領導人組成聯合政府。沒有人信任他。即使在他談判達成停火協議時，他自己也破壞了停火協議。最糟糕的是，事實證明希克瑪提亞爾無法贏得阿富汗民眾的支持。

在這一點上，也必須要說，其他反抗軍領導人的表現也沒有好到哪裡去。他們中的每一個人都在迅速失去人氣。事實上，聖戰者組織作為一個整體，正在喪失作為救世主的信譽，因為無論他們在哪裡接管，都會陷入搶劫、強姦、殺戮和相互爭鬥。

最後，巴基斯坦的一些決策者開始認為三軍情報局把籌碼押在了一匹錯誤的馬的身上。巴基斯坦內政部長納斯魯拉．巴巴爾（Naseerullah Babar）少將（已退役）就是這樣一個人。即使是在三軍情報局內部，一些人也開始失去了信心。懷疑者們開始尋找替代方案，他們的目光落在了當時在坎大哈城剛剛組織起來的一個小團體上。

烏茲別克
中國
塔吉克
土庫曼
道拉阿巴德
天然氣田
馬札里沙里夫
潘傑希爾村
阿富汗
★喀布爾
赫拉特
哈札拉賈特
高地
白沙瓦
拉瓦爾品第
坎大哈
提案的管道
伊朗
奎塔
巴基斯坦
海德拉巴
卡拉奇
塔利班控制或有影響力的地區

圖七 輸氣管道提案

在一九九四年時，這些活動家並不被稱為「塔利班」（神學士）或其他什麼名字。甚至連「組織」這個詞聽起來都可能太誇大了。他們幾乎不是一個團體，只是一小群年輕人，他們一起經歷了戰爭的熔爐，並與一個名叫毛拉奧馬爾的稍年長者混在一起。他們崇敬奧馬爾，並幫助他開展有時是為了保護當地人不受暴徒傷害的勇敢行動。

這時的奧馬爾大約三十歲。他在十幾歲時就加入了伊斯蘭黨的一個分支組織，成年後的大部分時間都在作戰。奧馬爾在與共產黨的戰鬥中失去了左眼，這是一個值得驕傲的徽章。蘇聯撤軍後，奧馬爾把武器交給了一名高級指揮官，並進入伊斯蘭教學校裡學習，以獲得一些宗教知識。就在那時，人們開始叫他「毛拉」。

就像許多的阿富汗人一樣，毛拉奧馬爾也對他以前的戰友們感到失望。他開始咒罵他們是信仰的叛徒，是伊斯蘭教法下的罪犯。奧馬爾大膽的譴責，為他贏得了同齡人或更年輕的人們的追隨，他們中的大多數人都是，或曾經是伊斯蘭學校的學生。「學生」一詞的阿拉伯文是talib，其複數形式是taliban，所以這個詞最初並不是一個政黨或運動的名稱。塔利班只是描述毛拉奧馬爾和他的同伴們的身分：學生。

傳說是在一九九四年春天的某個時候，先知穆罕默德在夢裡出現在了毛拉奧馬爾面前，向奧馬爾提供了他的斗篷，並要求奧馬爾拯救穆斯林大眾。幾天後，奧馬爾聽說他所在的社區發生了一起特別可怕的犯罪事件：一些殘暴的聖戰者團伙成員綁架了兩個女孩，供自己和手下強姦。奧馬爾告訴他的追隨者們，一定要做點什麼，而他們也做到了。他們不僅救出了女孩，還把強姦犯吊死在了自己坦克的砲筒上，以向惡人發出警告：鎮上來了個新警長。

我用了「傳說」這個詞，是因為這個故事有可能是編造出來的。我不知道有什麼證據能表明當時就有這樣的說法流傳。這個故事和許多類似的故事都是後來才傳開的，而且被經常提到，當時塔利班正在樹立自己作為伊斯蘭的虔誠、清廉騎士的形象，並向公眾傳播這個形象。必須要說的是，塔利班毫無疑問地相信這個形象是真實的。

即使這些故事是虛構的，這些年輕人也一定在做一些事情來打動當地人，因為他們引起了巴基斯坦重要人物的注意。三軍情報局在赫拉特的工作人員伊瑪姆上校（Colonel Imam）聯繫上了奧馬爾，並開始與他合作。巴基斯坦駐坎大哈的總領事（也是三軍情報局的人）提供了幫助。巴基斯坦內政部長納斯魯拉．巴巴爾將軍讚許地看著這一切。[10] 巴基斯坦邊防軍（內政部管理的民兵）開始為毛拉奧馬爾的追隨者們提供軍事訓練。到十月時，塔利班已經準備好接受考驗了。

巴巴爾下令讓一隊滿載誘人貨物的卡車進入阿富汗並試圖穿越阿富汗。他想看看卡車是否能一直穿過這片軍閥橫行的領土，到達土庫曼。如果它可以到達，巴基斯坦就可以打開一條與中亞的貿易路線，巴基斯坦的產品可以流向北方，而石油可以流向南方。

不出所料，在坎大哈附近，一幫軍閥劫持了車隊，偷走了貨物。然後，一支由兩百名全副武裝的年輕人組成的隊伍從山上衝下來，與劫持者打了兩天的仗，把他們打得落花流水，吊死了他們的頭目，並把貨物重新存放到理所應當的主人那裡。[11] 塔利班就這樣到來了！一些戰士講烏爾都語——這是巴基斯坦的通用語，這一事實在當時就被注意到了，但沒有得到人們太多的討論。最大的新聞是毛拉奧馬爾和他一幫不苟言笑的追隨者們。巴巴爾將軍很高興他所看到的事情！他同意將奧馬爾的塔利班發展成一支真正的力量，就在那時，關於塔利班的傳說便開始流傳開了。而且，儘管這些傳說最初可能是由巴基斯坦間諜植入的，但它們很快就有了自己的生命。

這些傳說能夠「爆紅」，是因為毛拉奧馬爾的塔利班真的做到了他們所宣稱的事情。比方說，他們清除了坎大哈和邊境之間的所有「檢查站」，於是商品便湧進了坎大哈的市場，而且價格更便宜，因為商人不再需要支付邊境和集市之間的七十多道「過路費」。

當月稍晚，塔利班占領了靠近巴基斯坦邊境的一個軍火庫，據說這個軍火庫屬於伊斯蘭黨。他們幾乎不費吹灰之力就拿下了它，獲得了大約八百輛卡車的槍和子彈。[12]如果你覺得是巴基斯坦把軍火放在了那裡，讓塔利班去「拿下」它，那你可真夠憤世嫉俗的。

在兩個月時間內，塔利班便擁有了飛機、汽車、大砲、坦克、直升機、精密的無線電通訊設備、槍枝、子彈和錢。巴基斯坦對這些勇敢的年輕人的進步如此之快表示驚訝，而且他們是靠他們自己，因為巴基斯坦否認自己與創建或武裝塔利班有任何的關聯。根據巴基斯坦發言人的說法，塔利班的所有物資都是從聖戰者組織那裡獲得的，或者是從加入他們的指揮官那裡獲得的。[13]與此同時，巴基斯坦官員打開了阿富汗難民營的大門，讓成千上萬的新兵湧入了邊境，加入到這支新部隊中。

十一月時，塔利班決定征服阿富汗的第二大城市坎大哈，並以令人震驚的方式拿下了它，部分原因是坎大哈是被聖戰者團伙蹂躪得最慘的一個阿富汗城市。其市民一直生活在恐懼之中。市民厭惡暴力，憎恨「聖戰者」。他們並不反對伊斯蘭或伊斯蘭法，他們只是反對聖戰者組織。市民歡迎塔利班，因為這些年輕人宣稱自己是真正的、廉潔的穆斯林，遵真主之命：解除所有民兵的武裝，恢復秩序，並執行伊斯蘭法。普通人相信他們，因為他們是如此熱切地渴望一個可以信得過的拯救者。

坎大哈的勝利為塔利班注入了活力，小夥子們開始行動起來。他們拿下了加茲尼，拿下了瓦爾達克，拿下了洛加爾；他們贏得了一支常勝軍的形象。在一九九五年九月，塔利班到達了阿富汗第三大城市赫拉特，這座城市是由阿赫邁德·沙·馬蘇德的盟友、軍閥伊斯瑪儀·汗（Ismail Khan）統治的。伊斯瑪儀·汗一看到塔利班來了，就立刻逃往伊朗，因此這支「真主的軍隊」毫不費力地就占領了赫拉特。

在人們才聽過塔利班名字的六個月之後，他們就控制了全國三十四個省中的九個。塔利班日益增長的神秘感，和公眾對聖戰者組織的廣泛仇恨，為他們的成功做出了貢獻，但塔利班也有另一項資產：大量現金。塔利班只需付錢給軍閥，讓他們停止戰鬥，由於大多數軍閥只是為了錢，他們就同意了。憤世嫉俗者會指責說，一幫所謂的學生不可能自己籌集到這麼多現金：他們一定是從巴基斯坦得到的。巴基斯坦官員聽到這樣的指責後感到震驚。而且，問題是，在這第一年裡，塔利班實際上言出必行。無論他們在哪裡接管局面，他們都解散了民兵組織，沒收了武器，並帶來了脆弱的安全感。

即便是當塔利班還在征服阿富汗西部的時候，他們也同時湧入東邊，他們乘坐在各種路況上都能行駛的豐田（Toyota）小貨車，在這些小貨車的車廂上安裝了機槍，這些車輛使他們移動迅速而致命，就像過去幾個世紀裡，蒙古人的機動騎兵一樣。塔利班現在正在向喀布爾進發，喀布爾不僅是首都，而且比其他的六個最大城市加起來還要大。

塔利班於一九九五年九月抵達了喀布爾市郊，這大約是和他們征服赫拉特同時發生。希克瑪提亞爾警告塔利班，不要接近他的據點，否則他會讓他們看看成年人是怎麼用槍的。荒謬的是，希克瑪提亞爾還提出要接管他們的部隊，做他們的老闆。就在希克瑪提亞爾發出警告和提出建議的同時，他的手下卻成群結隊地投奔了塔利班。希克瑪提亞爾向他在巴基斯坦的贊助人發出了呼籲，卻發現他們已經不再愛他了。希克瑪提亞爾被迫忍氣吞聲，與馬蘇德聯手（很快就又背叛了馬蘇德）。

潘傑希爾之獅將塔利班從喀布爾趕了出來，這是這支突如其來的軍隊首度遭受挫折。但奧馬爾只是發出了召集新志願者的呼籲，成千上萬的新兵就從巴基斯坦的宗教學校和難民營裡趕來。他們在穿越邊境時沒有遇到任何麻煩。巴基斯坦邊境官員很高興能提供任何幫助。塔利班包圍了喀布爾，在接下來的幾個月中，他們的轟炸將一半的剩餘人口趕出了城市，進入了國內流離失所者的營地。

第二十五章
塔利班VS聖戰者

在一九九六年的四月分，在攻克喀布爾的過程中，約有一千名農村的神職人員聚集在了坎大哈，他們擁戴毛拉奧馬爾是Amir al-Mu'mineen，也就是「信士的指揮官」。這是先知穆罕默德的第二位繼承人（名字也正是「奧馬爾」）採用的頭銜。利用「信士的指揮官」這個頭銜，毛拉奧馬爾便把自己和伊斯蘭歷史上最令人尊敬的聖門弟子之一產生關聯了。為了防止有人忽略這種象徵意義，他在人群中出現時，毛拉奧瑪爾還舉著一件據說是先知本人的斗篷。這是坎大哈最重要的清真寺裡，最珍貴的收藏，公眾很少有機會能親眼目睹，但清真寺裡的工作人員現在很高興地把它交給毛拉奧馬爾，讓他把這件收藏用在政治目的上。

毛拉奧馬爾聲稱自己的地位超過了任何一個普通的國王。對他的追隨者來說，他是神在大地上的副手，就像先知穆罕默德的直接繼承人（正統哈里發）一樣——這個人對科學、地理、數學或經濟一無所知，除了普什圖語外不會說任何語言，而且很可能從未讀過報紙。

對喀布爾的第一次圍攻雖然失敗了，但塔利班在秋季再次發起了嘗試，帶著四百輛新坦克以及戰鬥機、直升機和重砲投入了戰鬥——對於一支由沒受多少教育的農民領導的學生軍來說，這樣的裝備並不壞。杜斯塔姆仍然擁有他的五萬名紀律嚴明的精銳部隊，但他認為喀布爾不值得一戰，於是退到北部建立了一個準自治國家。在那時候，士兵叛逃已經讓馬蘇德的部隊從三萬五千人縮減到了僅剩一萬人。[1] 塔利班圍困了喀布爾，日復一日地對著城市開火。最後，馬蘇德也決定最好立即逃跑，留得青山在，不怕沒柴燒。馬蘇德回到了他的家鄉潘傑希爾山谷，這是在喀布爾北部山區的一條六十英里長的裂谷。

一九九六年九月二十六日上午，當喀布爾人醒來時，他們發現，塗黑眼圈、留大鬍子、戴著厚重黑色纏頭巾的年輕人們在街上巡邏。對喀布爾人來說，這並不像是政權的改變，而是一種占領。這些新的征服者對他們來說，就像藍眼睛的俄羅斯人一樣陌生。馬蘇德、拉班尼、薩亞夫、希克瑪提亞爾和穆賈迪迪等聖戰者組織領導人至少是在六〇和七〇年代動盪時期裡的熟悉臉孔。人們至少認識他們。

相比之下，塔利班是來自西南部沙漠和橫跨巴基斯坦邊境的山區的農村普什圖人的孩子。他們真正來自「另一個」阿富汗，一個被阿布杜拉赫曼征服，但未能吸納進來的阿富汗。早在當前的戰爭之前，這些人和喀布爾的先進分子之間就已經出現了文化隔離的鴻溝。更重要的是，大多數拿著機槍在街上閒逛的年輕人和青少年，並不是直接從舊阿富汗的農村走出來。他們是從難民營裡走出來的。大多數人對他們父母很久以前享受的阿富汗傳統生活只有扭曲的印象，或者根本沒有印象。[2]

塔利班信奉的是與聖戰者組織相同的教義，只是更加信奉。在每一點上，塔利班都更直白、更簡化、更極端。在他們自己看來，他們是更純粹的。他們沒有興趣討論什麼對阿富汗最好，因為他們已經知道什麼是最好的：伊斯蘭法。塔利班在這裡是為了執行法律（按照他們對教法的理解來執行），沒有妥協，沒有偏差。這無疑是大部分塔利班幹部所相信的。

塔利班在喀布爾的第一天，就把前共產黨主席納吉布拉和他的兄弟從聯合國總部引誘出來，對他們施以酷刑，將他們毆打致死，閹割他們，肢解他們的身體，並把他們掛在阿里亞納廣場的燈柱上，在那裡，他們用屍體做為練習射擊的靶子。

這個訊息傳遞得很清楚：塔利班根本不在乎世界輿論。但如果是這樣，他們怎麼會費盡心思把納吉布拉引誘出聯合國大樓呢？是什麼讓這些沒見過世面的狂熱分子對侵犯聯合國神聖性的外交後果這麼敏感呢？答案很可能是：他們對此並不敏感。在這群衣衫襤褸的幹部背後，站著一支隸屬於巴基斯坦政府的複雜軍事戰略家和戰術家團隊。這個事例中的顧忌應該是屬於他們的。[3]

但是，為什麼巴基斯坦政府的高級官員，會對將塔利班的社會秩序理念強加在阿富汗身上這件事感興趣呢？他們為什麼會關心阿富汗婦女是否穿罩袍，阿富汗男孩是否放風箏呢？答案是，他們可能並不關心。只要塔利班為巴基斯坦的全球利益服務，伊斯蘭馬巴德的官員可能並不關心塔利班在國內推行什麼政策。大博弈又開始了，巴基斯坦穿上了英國人曾經穿過的鞋子。

相反，儘管毛拉奧馬爾的塔利班在大國博弈的考量中可能被看作是巴基斯坦的工具，但他們有自己的計畫，與巴基斯坦的需求和願望是分開的。一旦塔利班有了政府的雛形，他們就宣布了他們的計劃。

只有在那時，阿富汗人才發現塔利班強加的安全將使他們付出怎樣的代價。從此，婦女被禁止在公共場合拋頭露面。婦女不能外出工作或上學。婦女不能離開她們的院子，除非她們穿著從頭到腳的壓迫性遮蓋物，即所謂的罩袍。在沒有男性的監護下，婦女不能上街。這位男性監護人必須是丈夫或足夠親近的親屬，以滿足伊斯蘭法的要求。計程車被禁止接載沒有身分或無家屬陪伴的婦女。商店老闆不能向這些婦女出售商品。在家戶之外，女性應該是被無視的——除非她們露出了皮膚，露出一點也不行，如果她們裸露著皮膚出門，就要當場被鞭打。

在教法中所羅列過的刑罰將完全按照規定執行。盜賊將被砍掉手。在特定情況下，他們還必須失去雙腳。醫生們被從正當合理的病患身邊調走，去進行這些手術。謀殺受害者的親屬會得到槍，如果罪犯被抓到，受害者家屬會被邀請來射殺兇手。被指控通姦的婦女被當眾用石頭砸死。至少有一次，這種做法是在城市的主要體育場進行的，在以前，人們曾聚集在那裡觀看足球等娛樂活動。漫長的審判被認為是過去的事情了。判決要迅速作出，判決要當場執行。

音樂被禁止。電影被禁止。攝影被禁止。所有的表演藝術都被禁止。劇院變成了清真寺。錄影帶商店被燒毀。電視機仍然提供了一些娛樂——不是裡面播放的電視節目，而是電視機本身：那些電視機被擺放在街上，然後幹部們用機槍把它們打成碎片。任何與賭博有關的東西都被取締。放風箏也被禁止。足球、象棋都被嚴厲禁止，因為人們可能在這些遊戲上下注。阿富汗人喜歡養鵝和其他鳥類，但這種日子已經過去了。寵物被禁止了。

慶祝任何非伊斯蘭教的活動（如新年或阿富汗獨立日）都被定為犯罪。每個人，不管是男人還是女人，都必須穿上符合伊斯蘭教法規定的服裝。全國性的部落服飾——長襯衫、寬鬆的褲子、男性的纏頭巾、女性的頭巾，都要符合這一要求。西式服裝是不合乎規定的，所以西式服裝都被禁止了。男子的長髮被禁止了。相對的，留鬍鬚則是強制性的。任何被發現違反服裝規定的人都會受到懲罰。禮拜也是強制性的。任何不在規定時間做禮拜的人都會受懲罰。

值得注意的是，這個對現代人來說聽起來如此空前嚴峻的計劃，與挑水人之子在將阿曼努拉國王趕下台後所實施的計劃幾乎一模一樣。這整個劇本在以前就上演過。

至少有兩個人因為沒有做禮拜，而被從二樓的窗戶扔了下去。那些犯了小錯的人，比如刮鬍子，可能會被鞭打。這些懲罰是由一個新的政府機構的爪牙實施的，這個機構被稱為「懲惡揚善部」（它有一個更長的官方名稱，但幾乎沒有人使用它）。懲惡揚善部的內閣地位等同於外交部和國防部等部會。鋼鐵埃米爾阿布杜拉赫曼也曾有一個名稱相似的部門，但其工作與國家事務無關。相比之下，在塔利班時期，劇除「惡習」和執行「美德」是國家機關的核心目的。

儘管塔利班認為他們只代表最純粹的伊斯蘭教，但他們是一個絕大多數成員都屬於普什圖人的政黨，塔利班的政策表現的是族群、種族和宗教仇恨，大部分是直接針對什葉派的哈札拉人。在塔利班統治的早期，他們對哈扎拉人的社區進行了掃蕩，抓去所有他們能抓到的男人和男孩，作為他們攻勢的砲灰。所有反抗的人都會被殺死。長期遭受苦難的哈札拉人，從未像在塔利班統治下那樣，遭受過如此的苦難。塔利班在阿富汗對哈扎拉人採取的做法與世界其他地方所謂的種族清洗完全一樣。

然而，在最初的幾個月和幾年裡，世界對塔利班的行為視而不見。讓世界上大多數國家保持中立的是石油政治。事實上，石油是整個塔利班這場戲的副敘事。巴基斯坦從一開始就支持塔利班，因為他們認為這個組織可以使阿富汗成為一個安全的石油管道。西方的石油公司也有同樣的想法。早在一九九一年，阿根廷小型石油公司布利達公司（Bridas）的董事長卡洛斯・布爾哥羅尼（Carlos Bulgheroni）就曾飛往該地區，尋求獲得土庫曼石油和天然氣的權利。他會見了土庫曼古怪的獨裁者尼亞佐夫（Saparmurat Niyazov）總統，提出了第一個在阿富汗修建管道的建議，並與阿富汗軍閥競爭，討論交易。布爾哥羅尼實際上相信他的管道會給阿富汗帶來和平。

巴基斯坦的權力掮客與布爾哥羅尼勾結，儘管他們的分析正好是相反的：巴基斯坦認為和平會帶來石油管道。不計代價的和平是第一位的。因此，出現了塔利班。

布利達公司的高級管理人員與塔利班進行了洽談，但是他們也和該國的其他勢力展開了接洽。為了以防萬一，他們兩面下注。在一九九六年初，布爾哥羅尼與拉班尼政府談判，達成了一項為期三十年的協議，以獲得在阿富汗境內修建管道的權利。他還得到了保護的保證。但拉班尼保證的是他無法兌現的東西。當時，他的政府在喀布爾之外幾乎什麼都沒有控制權，甚至在一年之內就會被趕出喀布爾。布爾哥羅尼實際上簽署了一份幽靈合約。

美國的石油公司起初對這條管道持懷疑態度，但一旦布利達公司的談判消息傳開，總部位於德州的石油公司優尼科（Unocal，加州聯合石油公司）就對此感興趣了。優尼科的高級幹部們飛到土庫曼與尼亞佐夫洽談，尼亞佐夫認為他與布利達的交易並不成熟。他讓這家阿根廷公司暫時被擱置，同時邀請優尼科公司的人向他提供更多訊息。

為了與布利達公司競爭，優尼科公司帶來重磅火砲。他們在共和黨內有朋友，包括亨利・季辛吉（Henry Kissinger）和亞歷山大・海格（Alexander Haig）等權力掮客，以及雷根總統以前的阿富汗事務顧問哈利勒札德。哈利勒札德還擁有一個名叫哈米德・卡爾札伊（Hamid Karzai）的阿富汗夥伴。哈利勒札德和卡爾札伊與他們在華盛頓特區的新保守主義盟友一致認為，塔利班值得美國支持，因為他們可以成為一支穩定的力量。哈利勒札德預言，塔利班將發展成為一個與沙烏地阿拉伯很相似的政權，與伊朗的那些瘋子形成鮮明對比。[4]當布利達公司正忙著和聖戰者們討價還價的時候，優尼科把信任放在了塔利班的身上。

當優尼科公司開始競標時，許多美國的軍事、情報和外交官員都參與進來。他們可能會有所幫助，因為他們與巴基斯坦政府的關鍵人物有聯繫。美國政府自然希望幫助一家美國公司能擊敗外國競爭者，獲得裏海盆地的石油。可以肯定的是，美國政府確實有一些安全疑慮。美國公民在阿富汗修建管道，或於管道建成後在那裡工作是否安全？巴基斯坦官員向美國人保證，塔利班控制了阿富汗的大部分地區，而且很快就會擁有一切。他們是有能力結束自相殘殺的戰爭，並使阿富汗的商業安全的唯一力量。

這一背景解釋了為什麼西方國家政府對塔利班的社會政策如此不重視。他們的立場是，阿富汗政府的內政不關其他人的事，只關乎他們自己。如果塔利班成為一個像沙烏地阿拉伯那樣的政權，那會有那麼糟糕嗎？美國人不必喜歡沙烏地人的生活方式，但是卻能和他們做生意。美國人是理性的人。對美國來說，唯一真正的問題是——塔利班真的能夠穩定他們的國家嗎？哈利勒札德堅持認為他們可以，而國務院官員認為他的話應該是在行的：他畢竟是一個阿富汗人。

美國並沒有像一些批評者後來指控的那樣，創造塔利班或直接資助他們。美國人只是持續資助他們的盟友巴基斯坦，並無視巴基斯坦正在扶植塔利班的事實。美國也接受巴基斯坦的建議，停止支持馬蘇德和他的盟友。事實上，美國試圖確保沒有任何源自西方的援助落入馬蘇德手中。

然而，馬蘇德沒有被徹底打敗。當塔利班正在確保喀布爾的安全時，馬蘇德正在潘傑希爾山谷中重振旗鼓。一九九六年十一月，他召集了許多前反蘇團體的領導人，組成了一個名為「解救阿富汗聯合陣線」（United Front for the Salvation of Afghanistan）的聯盟，其中包括烏茲別克軍閥杜斯塔姆、阿富汗中部的哈札拉民兵、東北部的七伊瑪目什葉派塔吉克人，以及幾乎所有其他非普什圖少數族群的代表，還有南方的一些普什圖族「溫和派」。這是阿富汗第一個真正的多族群政治實體。

我稱它為一個「實體」，因為它比一個政黨要多，但比一個政府要少。表面上看，這個「北方聯盟」（Northern Alliance）——它後來被稱為「北方聯盟」，尋求把阿富汗從包括巴基斯坦在內的所有外國勢力中獨立出來，他們承諾建立一個現代的、多族群的伊斯蘭國家。北方聯盟現在可以大張旗鼓地宣揚自己的路線了，因為塔利班所持的極端主義給了北方聯盟空間來去宣傳他們更溫和版本的伊斯蘭，從而爭取信賴。

北方聯盟推選拉班尼為其總統，馬蘇德為其總司令。拉班尼在鄰國訪問，尋求除巴基斯坦以外其他國家的軍事幫助，援助源源不斷地到來了，有來自伊朗的，有來自印度的，甚至有來自俄羅斯的。俄羅斯人提供了援助，因為他們想阻止塔利班式的伊斯蘭原教旨主義向他們國家蔓延。伊朗人擔心塔利班式對什葉派的仇恨會感染這個地區。印度將阿富汗視為其與巴基斯坦鬥爭的一個籌碼。

在接下來的四年多時間裡，塔利班對北方聯盟發起了一次又一次的攻擊。他們奪取了領土，又失去了領土，奪回了領土，又失去了領土，然後又奪回了領土。一九九七年春天，塔利班占領了北方的主要城市馬札里沙里夫，並屠殺了城裡的哈札拉人。他們中識字的神學家也來支持這種種族清洗行徑，給出的理由是哈札拉人不是穆斯林。他們認為，殺死哈札拉人甚至能幫助一個人進入天堂，只要此事不是他所行的唯一善功就可以。

巴基斯坦選擇了這個時機，承認塔利班是阿富汗的合法政府。沙烏地阿拉伯、阿拉伯聯合大公國也迅速跟進。包括美國在內的其他所有國家（以及聯合國）都有所保留，但總的來說，對塔利班的態度仍然模糊不清。在這一時期，優尼科公司將塔利班內政委員會的高層成員帶到了達拉斯談論管道問題。塔利班在華盛頓特區開設了一個辦事處，以開展業務，塔利班在華盛頓特區的支持者則雇用了一家公關公司，來美化該組織在美國的形象。

第二十六章

蓋達組織

長年以來，穆斯林世界已經成為了滋生革命性行動主義的完美溫床，因為從巴基斯坦到摩洛哥，幾乎每個穆斯林人口占多數的國家，都有一個由警察力量支撐的專制政府。自從一九七〇年代以來，由於穆斯林國家裡那些根深蒂固的統治菁英，可以不斷地從西方帝國主義列強那裡獲得軍火和錢，以幫助他們保住根基，因此激進的反西方情緒一直在這些國家中蔓延著。這些國家的發展擴大了富人和窮人之間的差距，而且不祥的是，這種貧富差距反映出了西化的統治菁英，和被他們統治的大眾之間的**文化**鴻溝——這也是阿布杜拉赫曼時代在阿富汗開始出現的鴻溝，這條鴻溝在此後一直在不斷地擴大。

在冷戰期間，一些心懷不滿的穆斯林擁護共產主義，他們這樣做，只是因為可以由此得到強大的蘇聯援助。但是，馬克思主義從來就不適合伊斯蘭世界，而且，一旦蘇聯帝國土崩瓦解，穆斯林革命者所堅持的共產主義學說就沒有任何的好處了。許多人現在轉向了一種在穆斯林土壤中根基深厚的本土革命意識形態。這就是**伊斯蘭主義**，一種源於伊斯蘭教的政治綱領。阿富汗成為了伊斯蘭主義的中心，因為它的反蘇獨立戰爭吸引了成千上萬來自阿拉伯世界的伊斯蘭主義活動家。他們來到阿富汗時是激進分子，離開時則是對暴力習以為常的頑固分子。這些參加阿富汗戰爭的阿拉伯老兵被稱為「阿拉伯阿富汗人」。

奧薩瑪．賓．拉登是這些阿拉伯伊斯蘭主義者中的一員，他是一位與沙烏地阿拉伯統治家族關係密切的葉門裔億萬富商所生的五十多個孩子中的第十七個。賓．拉登家族中的大多數人都是趾高氣揚的私人飛機乘客，但奧薩瑪卻反其道而行之：作為對他家族的奢華生活的回應，他擁抱了極端的「虔誠」。在一九八〇年代，他加入了數以千計湧向阿富汗的阿拉伯人意識形態擁護者的行列。在那裡，他用自己的財富資助衛教戰爭，這為他贏得了許多阿富汗朋友。奧薩瑪還參加了戰鬥，這為他贏得了尊重，儘管他在軍事上的功績，比後來在傳說中聽到的要不起眼得多。在早期，奧薩瑪在白沙瓦為前來阿富汗作戰的阿拉伯激進分子們建立了一座旅館，他們可以從這個基地出發去打仗，然後回來洗個熱水澡，飽餐一頓。這家旅館被稱為「蓋達」，是阿拉伯語「基地」的意思。在一九八八年，隨著戰爭的結束和阿拉伯阿富汗人的回國，賓．拉登將「蓋達」這一名稱放到了他建立的一個新組織身上，這是一個致力於幫助阿拉伯激進分子推翻其本國政權的組織。

賓．拉登回家後，對他在阿富汗的行動感到十分了不起。薩達姆．海珊當時剛入侵科威特，並在沙烏地邊境部署了軍隊，但是賓．拉登告訴沙烏地政府不要擔心。他將帶領一支由阿拉伯阿富汗人組成的軍隊對海珊發動衛教戰爭。沙烏地政府並沒有認真對待他的提議。他們把這位阿富汗的衛教戰爭英雄推到一邊，更像是在傷口上撒鹽一般，反而向美國尋求了幫助。他們甚至讓以美國為首的聯軍將沙烏地阿拉伯的土地作為其基地。奧薩瑪為這一切詛咒沙烏地王室，而王室給出的回應則是要求他離開這個國家。

賓・拉登搬到了蘇丹，在那裡，他繼續公開怒斥沙烏地王室，這促使沙烏地王室最終註銷了他的沙烏地公民身分。在那時，奧薩瑪正在忙著建立起蓋達組織，研究恐怖主義在政治上的可能性，也就是說，利用他的組織的弱點——缺乏人數、資源和領土，讓個人破壞者和自殺式炸彈襲擊者潛入「敵人的領土」上，對平民造成可怕的傷害。在一九九五年十一月，蓋達組織特務測試了他們的方法，在沙烏地阿拉伯首都的一個美軍駐地裡策劃了爆炸事件，造成幾十名美國工程師和支援人員死亡。

現在中情局盯上了賓・拉登。他們向蘇丹施壓，要求對這個傢伙採取行動，蘇丹政府只好不情願地要求賓・拉登另謀高就。在一九九六年，賓・拉登搬回了龍蛇雜處的阿富汗，但對奧薩瑪來說，這就像是羈鳥歸舊林一樣：他回家了。

奧薩瑪與他在反蘇衛教戰爭期間結識的三軍情報局人員重修舊好，並開始著手培養塔利班。毛拉奧馬爾的人馬當時正在阿富汗各地擴張，賓・拉登付給了他們三百萬美元，幫助他們收買喀布爾以南的軍閥，這使奧薩瑪成為了他們最喜歡的阿拉伯阿富汗人之一。五個月後，塔利班占領了喀布爾，這對賓・拉登來說簡直就是個天大的好消息，因為他所擁護的一切，塔利班都擁護。賓．拉登宣稱奧馬爾的阿富汗是世界上唯一真正的穆斯林社區，這讓奧馬爾感到很高興。

與塔利班結盟的軍閥們在賈拉拉巴德附近一個叫托拉博拉（Tora Bora）的地方，給了賓．拉登一座複雜的灌溉隧道。賓．拉登不僅用自己的錢，而且在世界各地富有的瓦哈比主義分子暗中支持下，將這個洞穴群改造成一個強大的地下軍事設施。毛拉奧馬爾喜歡賓．拉登的所作所為，並在阿富汗南部靠近邊境城市霍斯特（Khost）的地方給了他更多的土地。賓．拉登在那裡建立了一連串的訓練營，可以說是恐怖主義的西點軍校：準備參加全球衛教戰爭的士兵來到這裡，學習教給美國海豹突擊隊和陸軍遊騎兵的相同技能。

塔利班還在坎大哈市附近給賓．拉登提供了一個大營地，這是一個名為塔納克農場（Tarnak Farms）的前農業合作社。賓．拉登把塔納克農場作為他的總部。賓．拉登把他的妻子和孩子帶來和他一起生活，就在那裡，賓．拉登和他的夥伴們擠在一起，謀劃著他的全球運動。

一九九八年二月二十三日，奧薩瑪．賓．拉登和他的同夥發表了一份當面聲明，向以色列、美國和西方宣戰。兩年前，他曾發表過一份類似的聲明，但由於篇幅較長，沒引起人們的注意；而這份聲明則更短、更大膽。賓．拉登引用了《古蘭經》中的一些段落（關於打擊不信教者），列舉了穆斯林在猶太人和「十字軍」（指在伊斯蘭世界進行任何計畫的任何西方人）之下遭受的悲苦，並發布了以下的判定：

「殺死美國人及其盟友——無論是平民還是軍人，這件事是每個穆斯林的個人責任，在任何有可能這樣做的國家，都可以這樣做。」

賓．拉登稱他的聲明為「法特瓦」（教法裁定）。法特瓦並不像人們普遍認為的那樣，是一則暗殺令或戰爭宣言。它是對現有的先例未曾涉及過的事物作出的宗教裁決。當一個新情況出現時，宗教權威機構必須決定伊斯蘭教法如何適用於這種情況，這一裁決為不斷增長的既定法律體系（伊斯蘭教法）增加了另一個先例。因為這在伊斯蘭教中是一個非常重大的問題，只有最高的宗教權威可以發布法特瓦。奧薩瑪．賓．拉登是這樣的一個權威嗎？並不是。他沒有受過宗教訓練，他在主流穆斯林學者中沒有地位。他只是一個參加過衛教戰爭的有錢人。

伊斯蘭教沒有類似教皇的人物，或教士等級制度，來正式取消任何人發布法特瓦的資格。對於法特瓦的認可最終來自於群體的共識。如果有人說他發布了一道法特瓦，而且穆斯林群體接受它為法特瓦，那麼它就是一道法特瓦。賓．拉登發表了他的聲明，好像他有權力這樣做似的，而且，由於賓．拉登有追隨者，至少有些穆斯林接受了他所強加的「宗教義務」。

對於美國的政策制定者來說，這本該是一個很好的時機，本該讓他們能退後一步，對問題形成更宏觀的看法。美國人本該開始研究什麼是衛教戰爭主義，它來自什麼地方，對誰有吸引力，為什麼對他們有吸引力，以及它是如何進入阿富汗和巴基斯坦的文化之中。美國人本該試圖找出在穆斯林中具有公信力的宗教知識分子，因為這些知識分子提供的其他解釋值得支持。美國人本該探討衛教戰爭主義及其對手，是如何與穆斯林社會的社會和政治暗流交織在一起，從而能制定出政策，在實際的危機發生之前，來削弱聖戰主義的誘惑力。以及，美國人本該研究如何將長期存在的地方性爭議與全球性爭議區分開來，並將它們分開處理。

但美國的政策制定者卻反其道而行之。他們縮小了方法的範圍，將社會、政治、文化和經濟因素排除在考慮範圍之外，而將伊斯蘭主義作為一個軍事問題嚴密地關注。美國人還將軍事問題的定義最終縮減到一個人身上——奧薩瑪・賓・拉登。言下之意就是，消滅了賓・拉登，就能結束威脅。

可以肯定的是，這種簡單化的分析也有一定道理。賓・拉登是一個危險、堅定的人。美國總統柯林頓認識到了他所代表的威脅，並希望有人能做些什麼，但誰應該去做呢？這麼多機構都有處理恐怖主義問題的人員。到目前為止，他們主要關注的是發現和挫敗相關陰謀：這裡有劫持事件，那裡有爆炸事件。但一個範圍未知的跨國組織向一個國家宣戰，則是一件新鮮事。誰被允許對付這種情況呢？中情局？五角大廈？國家安全委員會？聯邦調查局？陸軍情報部門？海軍情報部門？海軍陸戰隊？柯林頓總統任命了理查・克拉克（Richard Clarke）擔任白宮恐怖主義政策顧問，用以協調所有的反恐工作，這是一個內閣級別的職務。最終，克拉克只是在關於恐怖主義威脅的不和諧的喧囂中，增加了一股喧囂聲。

國務院讓這一問題更複雜化了。副國務卿托馬斯・皮克林（Thomas Pickering）等專家說，只有來自南方的普什圖人才能真正統治阿富汗，美國絕不能把自己的力量押在阿富汗舞台上的任何其他明星身上。在皮克林看來，只有塔利班符合這個條件，因為他們是來自南方的普什圖人。因此，美國必須讓他們完成接管工作。無論對奧薩瑪・賓・拉登做了什麼，都不能妨礙塔利班的進展。國務院還將巴基斯坦鎖定為其在該地區不可缺少的盟友。畢竟，在一九八〇年代，巴基斯坦在向聖戰者組織輸送美國援助方面表現得非常好，而且，在冷戰期間，巴基斯坦藉由完成對共產主義的圍堵，為美國的政策提供了很大的幫助。無論這個區域有什麼新的麻煩，美國都必須與巴基斯坦合作打擊它。因此，無論美國對賓・拉登做什麼，都不能刺激到巴基斯坦人的神經。

不幸的是，賓・拉登與塔利班同穿一條褲子，而且也受到巴基斯坦的保護——他們彼此之間完全是交織在一起的。問題是，如何在不「改變戰場形勢」的情況下將賓・拉登從這種糾葛中拉出來呢？正當需要一個全景式的協同參與時，美國的政策卻縮小到了一種狹窄的執著上。

中情局制定了一個「鑷取行動」（snatch operation）的計劃。預備猛撲過來，抓住賓・拉登，把他帶出阿富汗，不留下任何蛛絲馬跡。鑷取行動將會很容易，因為所有人都知道賓・拉登住在哪裡：塔納克農場，一個孤立的院落，周圍只有沙漠和灌木。中情局制定了一個計劃，在一個晚上將一支三十人組成的突擊隊投放到這個沙漠上。這些人將通過排水溝悄悄進入大院，把賓・拉登拖出來，塞進一架直升機，然後飛走。

然而，在最後一刻，柯林頓總統臨陣退縮了。在一九八〇年的伊朗人質危機期間，吉米・卡特曾在伊朗嘗試過類似的行動，但由於一場沙塵暴，行動出現了災難性的錯誤。卡特從此在政治上再也沒能恢復過來。然後，在塔納克農場大院的衛星照片中，柯林頓也看到了一個小孩子玩耍用的鞦韆，他想到了最壞的情況：如果行動失敗，賓・拉登逃脫，而且……有孩子被殺，那怎麼辦？柯林頓無法承受這種失敗帶來的影響。他取消了整個行動。

中情局很失望，但他們制定出了一個新計劃。他們將在奧薩馬・賓・拉登和他的同夥在霍斯特的訓練營地時，藉著轟炸其中的一個訓練營地來殺死賓・拉登。然而，在最後一刻，柯林頓再次退縮了。柯林頓收到消息說，那個營地的人不是賓・拉登和他的同夥，而是阿拉伯聯合大公國的王室，他們每年都來這裡玩獵鷹。柯林頓最不願意看到的結果就是他本來是要殺死賓・拉登，但卻殺了阿拉伯聯合大公國的王室，並將面臨責難。所以他再次取消了這次行動。（對柯林頓優柔寡斷的指責，應該被他做出正確決定的事實所緩和：事實證明報告是正確的。這次打擊很可能會錯過賓・拉登，並殺死一個美國盟國的王室成員。）

與此同時，賓・拉登正在策劃他的下一步行動。他在世界各地都有潛伏的特務，包括非洲，他認為現在是喚醒其中一些人的時候了。

在一九九八年八月八日上午十點半，蓋達組織的人炸毀了位於肯亞首都奈洛比（Nairobi）的美國大使館後面的一輛卡車，造成兩百一十三人死亡，四千多人受傷，其中又有三百人隨後陸續死亡。傷亡人員中包括十二名美國人。九分鐘後，一輛滿載炸藥的卡車駛入了坦尚尼亞三蘭港（Dar al-Salaam）的美國大使館，造成了十一名坦尚尼亞人死亡，八十五人受傷。

像這樣的犯行需要美國總統立即做出強有力的反應。然而，柯林頓不得不在一個喧囂的、完全不相關的國內危機中做出反應。早在他成為總統之前，柯林頓和他的妻子就在白水開發公司（Whitewater Development Corporation）兜售的阿肯色州一些價值黯淡的土地交易中損失了資金。柯林頓一當上總統，他的反對者就要求進行調查，國會任命了一位特別檢察官肯・斯塔爾（Ken Starr）來調查此案。他以維克多・雨果（Victor Hugo）筆下的賈維探長（《悲慘世界》中的角色）般的頑強精神，對柯林頓夫婦進行了調查。他無法確定與白水案有關的任何確切指控，但在他的調查期間，一位名叫寶拉・瓊斯（Paula Jones）的女性對柯林頓提起了訴訟，指控他在擔任州長期間對她進行了性騷擾。

寶拉・瓊斯的訴訟最終被駁回了，但當時肯・斯塔爾已將這名女子納入了調查範圍，在她的證詞中，他發現柯林頓總統與白宮實習生莫妮卡・陸文斯基（Monica Lewinsky）之間曾發生性關係的暗示。斯塔爾不遺餘力的調查，發現了這個實習生可能在總統處理政府事務時，在橢圓形辦公室內與總統發生了性關係的證據。斯塔爾在非洲爆炸案發生前的幾星期裡，向媒體透露了調查結果中最令人血脈賁張的細節，使整個美國都沸騰了。爆炸案發生當天，莫妮卡・陸文斯基正在向大陪審團作證，講述她與總統的性事。八月十七日，柯林頓上了電視，承認了他的醜事。柯林頓在這次羞辱地上了電視之後，他直接與他的軍事和情報專家舉行了一次秘密會議，討論美國應該如何應對非洲的大使館爆炸事件。那天，柯林頓下達了一項命令，並在八月二十日執行：美國向霍斯特附近的恐怖分子訓練營地發射了六十枚戰斧式巡弋飛彈，並向蘇丹的一家據說正在製造化學武器的化工廠發射了十幾枚飛彈。

這次打擊耗資了五千五百萬美元。但它沒有殺死任何重要的蓋達組織成員。賓・拉登在導彈襲擊前幾小時就離開了營地，這並不奇怪，因為巴基斯坦總理納瓦茲・謝里夫（Nawaz Sharif）在襲擊發生的前一天就知道了即將發生的襲擊。至於蘇丹的化工廠，蓋達組織的宣傳人員很快就聲稱，它實際上是一座生產阿斯匹靈的工廠。這一說法仍有爭議，但在當下，只有觀念是重要的，而蓋達組織贏得了這場觀念之戰。

柯林頓從他的決定性行動中得到的是嘲弄。在美國，很少有潛在選民相信他這樣做，是為了從恐怖分子手中拯救美國。學者們和深夜電視搞笑節目的主持人們一致認為，這都是為了莫妮卡・陸文斯基的醜聞。他們提到了前一年夏天的熱門電影《桃色風雲搖擺狗》（*Wag the Dog*），在這部電影中，一位虛構的美國總統假造了一場入侵阿爾巴尼亞的行動，來分散選民對他性醜聞的注意力。

相比之下，賓・拉登從爆炸事件中得到了他想要的一切，他的目標群體是被極端衛教戰爭主義吸引，並願意被招募到蓋達組織中的、心懷不滿的穆斯林。他那則名滿天下的法特瓦已發出了信號，他不希望被歸類為豺狼卡洛斯（Carlos the Jackal）和甘比尼兄弟（Gambini brothers）之流，而是要與世界上的國家領導人和大人物同列。現在，唯一的超級大國用通常是在國與國之間的戰爭使用的各種武器來打擊他，這更是樹立了他的形象。賓．拉登不僅能夠活著講這個故事，而且很快就拍出了一卷錄影帶，來歡慶他的勝利。在巴基斯坦，兩本關於賓．拉登的諂媚傳記進入了書店，並一舉成為了暢銷書（在當時的美國，出現在非小說類暢銷書排行榜上的是一本關於黛安娜王妃的書和另一本關於莫妮卡．陸文斯基的書）。

那年秋天，國會開始討論彈劾柯林頓，因為他在性議題撒了謊。彈劾事件進一步阻礙了柯林頓對賓．拉登採取軍事行動的能力，而且，無論如何，軍事手段並沒有真正發揮作用，所以美國政府改變了策略，決定要求塔利班把賓．拉登抓起來，並移交給美國人審判。美國的這種試探性要求只會讓塔利班的自負感大增。他們興高采烈地說，不，奧薩瑪．賓．拉登是他們的客人。普什圖規則要求了他們要用自己的生命來保護客人。此外（他們這樣聲稱），他們也不知道賓．拉登可能住在哪裡。

美國試圖從巴基斯坦身上獲得一些幫助。柯林頓向巴基斯坦總理納瓦茲．謝里夫發出呼籲，要求他為美國抓捕賓．拉登。謝里夫說他會試試看，但不能保證什麼。他感嘆自己沒有訓練有素的軍事專家組成的菁英團隊，來抓捕這樣一個難以捉摸的恐怖分子主謀。因此，中情局向謝里夫提供了他所需的資金、物資和顧問，以建立這樣一支打擊力量。

一旦開始運作，這支菁英團隊並沒有前去追捕賓．拉登。它的目標是去打擊其敵人。一九九九年一月，這支隊伍被牽連到了謀殺阿布杜．哈克（Abdul Haq）的妻子和孩子一事上，阿布杜．哈克是最著名的反塔利班普什圖族戰士——這是一個相當大的挫敗，因為反對塔利班的普什圖人就像鉑金一樣珍貴。

事實是，巴基斯坦的高級官員已經不再有能力幫助美國了，即使他們想這樣做也不能。巴基斯坦已經不再能控制塔利班了。當巴基斯坦的軍事和情報官員一開始扶植塔利班時，他們考慮的是自己的地區和全球利益。他們希望在阿富汗有一個政府，透過這個政府，他們可以控制阿富汗的外交政策。換句話說，巴基斯坦人會讓塔利班推行他們想要的任何國內政策。

但是塔利班的巴基斯坦設計師們沒有考慮到幾件事。他們沒有考慮到塔利班主義可能對他們國家無數心懷不滿的穆斯林的吸引力。他們沒有注意到，塔利班不僅是伊斯蘭主義者，而且是普什圖沙文主義者，巴基斯坦有數百萬普什圖人公民，他們與巴基斯坦國家的關係一直有爭議。他們沒有預料到，這些塔利班，這些歷經磨難、經過戰鬥考驗、具有激進宗教色彩的普什圖沙文主義者，他們不再是男孩，而是男人了，他們有能力與巴基斯坦社會中強大的、潛在的反叛分子建立更緊密的聯繫，甚至比三軍情報局的高級官員還要緊密。例如，塔利班與巴基斯坦的激進宗教黨派、跨越杜蘭線的走私黑幫、在保守的貧困群眾中具有巨大影響力的清真寺和宗教學校、對世俗價值觀進行抨擊和憤怒的農村神職人員、邊境省分的集市商販，以及瓦濟里斯坦（Waziristan）等地區的部落首領都關係密切。他們為什麼不呢？他們說著同樣的語言，有著共同的文化，而且在很多情況下，他們都有部落的親戚關係。

巴基斯坦將塔利班派往了阿富汗，但塔利班主義又越過邊境滲入了巴基斯坦，擾亂了巴基斯坦社會。到一九九九年時，巴基斯坦的軍事和情報官員已經知道他們創造了一個怪物，但為時已晚。兩國之間的邊界正在消失，從卡拉奇到喀什米爾的巴基斯坦領土上，充斥著塔利班主義。軍隊和三軍情報局的中下層人員像是忠於巴基斯坦一樣忠於塔利班。因此，這些機構的高層官員，特別是政治任命的官員，不再敢命令他們的下屬對塔利班採取行動，因為他們擔心這些命令會遭到違抗——如果下層人員意識到他們可以不服從他們的上級而不受懲罰，那麼一切就都完了。

第二十七章
美國登場

與此同時，在美國，柯林頓的團隊挫敗了彈劾企圖。他得以完成他的任期，但醜聞已經將他削弱了，而柯林頓指定的繼任者艾爾·高爾（Al Gore）必須要考慮和大選有關的後續影響。民主黨迫切需要鞏固美國女性選民的選票。這一政治需要，使白宮注意到了關於塔利班的全新聲音。美國的女權主義活動家們看到了塔利班正在打造一個什麼樣的社會，她們對此感到很震驚。當柯林頓與他的批評者們糾結於辦公室裡的口交時，喀布爾的教法廣播電台正在自豪地宣布，每天有數百名婦女因為在公共場合露出手或臉而在街上被毆打。

一個名為「女權多數派」（Feminist Majority）的團體開始極盡可能地大力宣傳有關塔利班的訊息。這些訊息構成了一個令人信服的恐怖故事，其大致內容是真實的。主持人傑·雷諾（Jay Leno）的妻子瑪維斯·雷諾（Mavis Leno）為這項事業捐了款。女權多數派散發了一封電子郵件，報告了有關塔利班社會政策的嚴峻事實，其中最早被瘋傳的一篇文章將「性別隔離」一詞引進了美國的政治認知。

如果這些女權主義活動家的努力是為了羞辱塔利班，改變他們的政策的話，那麼這些努力將是徒勞的。毛拉奧馬爾完全掌控著他的領土，他並不關心美國女性對他有什麼看法。但是，女權主義活動家們的目標確實很重要。他們對優尼科公司在美國的辦公室發起了抗議，這向西方公司和政府發出了一個警告：與塔利班打交道，可能會讓他們付出代價。優尼科公司擱置了它的輸油管道計畫（儘管該公司否認他們對抗議活動作出了回應）。美國的政策也出現了變化的痕跡。國務卿馬德琳・歐布萊特（Madeleine Albright）發表了批評塔利班的聲明，而且在一九九九年，美國支持了一項對塔利班實施經濟制裁的聯合國決議。

如果說塔利班不為所動就太輕描淡寫了。他們的政策變得更為惡毒。奧馬爾發布了一則法特瓦，規定印度教徒必須攜帶黃色的識別貼紙——這讓人想起了納粹對猶太人的命令。在馬札里沙里夫，一名被指控犯有通姦罪的婦女在一個體育場裡，被興師動眾地用石頭砸死，在場的男性觀眾人數眾多。奧馬爾還向巴基斯坦總理發出了一則簡短的訊息：他命令巴基斯坦總統開始「一步一步地……實行伊斯蘭教法」，否則「你們國家可能會出現不穩定」。

在阿富汗中部的巴米揚山谷，塔利班士兵用炸藥摧毀了世界上最大的雕塑——一千多年前雕刻在懸崖峭壁上的兩座古代大佛。在他們所有的行為中，這次引起了最廣泛的國際關注和譴責，這讓毛拉奧馬爾不解地問，大家在大呼小叫什麼。「我們只是炸了些石頭，」他說道。[1]

然而，即使美國對塔利班越來越不友好，美國仍然和北方聯盟保持著距離。反對馬蘇德集團的標誌仍然沒有改變：他們中有太多人不是普什圖人，而美國國務院仍然確信，非普什圖人不能在統治阿富汗中發揮作用。馬蘇德的決策核心中現在包括了哈米德．卡爾札伊，他是坎大哈的杜蘭尼普什圖人的後代，在塔利班暗殺他的父親後，卡爾札伊轉而反對塔利班。還有哈吉．卡迪爾（Hajji Qadir），他在賈拉拉巴德的吉利札伊普什圖人中很有名氣，是著名指揮官阿布杜．哈克的兄弟。另外還包括烏茲別克領導人杜斯塔姆、哈札拉領導人卡里姆．哈利利（Karim Khalili）和赫拉特領導人伊斯瑪儀．汗等人——這的確是一個廣泛的聯盟。美國對馬蘇德聯盟的真正反對，可能是因為它從伊朗得到的支持。美國敵人的朋友只能被視為美國的敵人。

即便如此，美國的戰略家們確實看到了北方聯盟的一些價值。如果北方聯盟被消滅的話，塔利班將失去交出賓．拉登的所有動力。只要北方聯盟還在繼續戰鬥，塔利班可能會覺得需要一些外部的幫助。因此，中情局開始向馬蘇德集團提供足夠的援助，以維持其生存，但不足以讓其獲得發展。中情局確實暗示了，如果馬蘇德能夠活捉奧薩瑪．賓．拉登，並在不傷害他的情況下將他交給美國，中情局將給予馬蘇德更多的幫助。

這是一個真正毫無道理的要求。作為一個實實在在的問題，美國人要求的是不可能的事情，但這個要求，在政治上更不可行。馬蘇德是一位穆斯林領袖，他與賓．拉登爭奪的是同樣的人心和思想。他可以在戰鬥中殺死賓・拉登，而且不會丟失任何聲望，但是在美國的要求下抓住賓・拉登，並將他交給美國人來審判，這麼做會使馬蘇德被標記為一個傀儡，在阿富汗穆斯林心中失去一切的位置。在此之後，馬蘇德與美國人的合作就將對美國毫無價值可言了。

柯林頓的任期即將結束了，美國總統大選也即將到來。柯林頓行政團隊在阿富汗問題上可能有著一些長遠打算，而小布希（George W. Bush）的團隊對阿富汗和它帶來的問題卻視而不見。柯林頓的人對賓・拉登很感興趣。小布希的人則是幾乎沒有注意過賓・拉登，認為他只是風暴中的一滴水罷了。在二〇〇〇年的總統大選活動中，當小布希被問及塔利班的問題時，他甚至以為採訪者所問的是一個什麼搖滾樂隊。[2] 小布希的外交政策專家康多莉札・賴斯（Condoleezza Rice）將塔利班視為伊朗的一個幌子——而塔利班恰恰是伊朗最難對付的區域敵人。至於蓋達組織及其同類的組織，小布希團隊承諾將最終制定一個總體計劃，但不想對個別威脅大驚小怪。小布希對賴斯說：「我已經對打蒼蠅感到厭倦了。」恐怖主義很重要，國防部長拉姆斯菲爾德（Donald Rumsfeld）承認，「但不是明天。」[3]

小布希和他的團隊還有其他事情要做。他們是具有新的全球觀點的新保守主義者（neoconservative）。蘇聯解體後，地球上只剩下一個超級大國了，美國的新保守主義知識分子（最初稱為新自由主義者〔neoliberal〕）認為，新的環境給了美國一個機會，甚至是一項使命，要按照美國自己的形象來重塑全世界。

對新保守主義者來說，這意味著要在任何可能的地方建立選舉民主制度，推進美國的社會價值觀，在世界各地推動自由市場資本主義，拆除自由貿易的障礙，並減少政府監管私營企業的能力。干預型經濟是共產黨的藥方，看看他們得到了什麼下場吧；現在是時候看看私人資本在擺脫所有限制後，能做些什麼了。

碰巧的是，在剛剛結束的十年中，也發生了一場技術革命，其規模之大，之突然，讓工業革命看起來就像石器時代一般古早。當聖戰者組織摧毀喀布爾的時候，電腦及其影響力已經在工業化的西方達到了一個轉捩點。當塔利班進軍喀布爾的時候，個人電腦也正在進入數以百萬計的中產階級家庭，電子郵件也開始使郵政服務顯得過時。在一九八九年時還不存在的手機，如今正在演變成一個錄音帶大小的設備，很快就會把通信從空間的固定位置上解放出來。當塔利班正在試圖把阿富汗拖回到西元七世紀的時候，網際網路正在以飛快的速度擴張，到二〇〇一年時，世界上任何地方只要有一個連接到網絡的數據機（modem），便可以訪問一個歷史上前所未有的、無與倫比的資訊世界。

新技術和新保守主義的願景，與日益增長的全球化趨勢相吻合，這意味著，除其他事項外，大公司可以以任何方式將其業務分布在各國邊界，以實現利潤的最大化。由於「較不開發國家」（less developed countries）的工人薪資較低，因此生產正在向中國、印度、東南亞和墨西哥等地轉移，而這些企業的執行職能正在向西歐和美國等基礎設施發達、生活舒適的地方集結。同時，財務和會計職能部門則轉移到稅收低廉的「主權」國家去。

阿富汗與這些發展形成了最為鮮明的對比。與索馬利亞和其他的「失敗國家」（failed states）一樣，阿富汗似乎與這些偉大的新發展毫不相干，它幾乎不值得人們的注意。但正是在這裡，在一個迅速全球化的星球上，最先進和最不先進地區之間的巨大差距，並非到達了一個臨界點，而是到達了撕裂點。

二〇〇〇年的美國總統大選陷入了僵局。在這一年的年底，當兩位候選人在爭論「吊孔票」（hanging chads）的時候，在德國漢堡聖城清真寺中學習的阿拉伯學生們，正沉浸在阿富汗衛教戰爭老兵、激進的穆斯林教士札馬爾（Zammar）的怒吼之中。學生中的四個人，穆罕默德·阿塔（Mohammed Atta）、齊亞德·賈拉（Ziad Jarrah）、馬爾萬·謝黑（Marwan al-Shehhi）和拉姆齊·比納希布（Ramzi Binalshibh）前往阿富汗，與蓋達組織高層領導人會面，提出他們構想的計劃：利用被劫持的飛機作為自殺炸彈。賓·拉登饒有興致地聽著他們的構想。

在二〇〇一年夏天，阿赫邁德·沙·馬蘇德第一次也是唯一一次離開了阿富汗。他應一名比利時外交官的要求前往法國，在歐洲議會上發表了演講，有關蓋達組織所帶來的危險。在那裡，馬蘇德告訴歐洲議會，阿富汗是一個遭到占領的國家。他說，塔利班是另一個外國入侵者——這次是巴基斯坦的一個幌子。他說道，塔利班和蓋達組織已經把他們控制下的領土變成了一個巨大的恐怖分子訓練營，他們的唯一目的是傷害西方，如果西方不幫助馬蘇德和他的聯盟的話，西方將會遭受可怕的後果。代表們禮貌地鼓起掌來。

迎接馬蘇德回國的是失敗。他的聯盟到這時已經失去了國家的大部分地區。他們被擠到了阿富汗東北部，甚至要為在這個小地方生存下去而頑強戰鬥。在餘下的炎熱夏夜裡，馬蘇德在他家的屋頂上閱讀古典波斯詩歌，他家有幾百卷的詩歌藏書。他的頭髮已經變白，他的背部一直處於極度的疼痛中，他一生奮鬥的事業正處於崩潰狀態，但他並沒有放棄。馬蘇德相信，潮流正在轉向。穆斯林將會認識到塔利班版本的所謂「伊斯蘭教」的殘酷和邪惡，然後他們就會接受道德、理性的穆斯林所擁護的那種詮釋。他相信，總有一天，阿富汗會成為一個繁榮的、現代化的、受教育的國家，其伊斯蘭的實踐將為世界提供一個例子，說明伊斯蘭教可以是多麼公正、溫和和民主。馬蘇德只需要把他的訊息傳達給全世界的穆斯林，就能引起潮流的轉變。馬蘇德需要打破巴基斯坦、塔利班和美國把他困在其中的孤立的外殼。

因此，當馬蘇德收到倫敦的電視台要求採訪他的請求時，他感到非常高興。該電視台說，他們將派兩名記者去拍攝他。馬蘇德的一個游移不定的盟友，頗受沙烏地人的資金和瓦哈比分子嘉惠的普什圖人軍閥，阿布杜．拉蘇魯．薩亞夫，聲稱已經審查了這些記者的底細，並向馬蘇德傳話說這兩個人是正當的。至於薩亞夫究竟是出於邪惡的意圖，還是連他自己也被騙了，這件事沒人知道。

在九月九日這一天，兩名「記者」，卡里姆．圖札尼（Karim Touzani）和卡西姆．巴卡利（Kasem Bakkali），在馬蘇德稀疏地擺著幾樣家具的辦公室裡拜訪了他。他們問了幾個問題以消除懷疑，然後攝影師便引爆藏在照相機裡的炸彈。馬蘇德本人在爆炸中死亡，他的臉被炸飛了，他的助手，著名詩人哈利利的兒子受了重傷。第二名「記者」從窗戶逃出，但馬蘇德的手下抓住了他，當場將他打死了。有一些人認為把兇手打死的事情十分可疑。他們問，為什麼不扣留這個人，進行審問？是不是因為他有一些關於馬蘇德手下叛徒的罪證呢？是不是因為他的某個核心成員實際上是……中情局特務？還是三軍情報局特務？或者是蓋達組織的特務？或者……

就我個人而言，我會對這種理論報之一笑。這個人深入到了馬蘇德總部的中心地帶，在他的家裡殺死了這位神話般的英雄。當然了，暗殺行動在馬蘇德的追隨者們中釋放出了盲目的憤怒，這些人可都是怒目圓睜的戰士。對接下來的殺人事件根本不需要解釋。如果刺客能活著出來，那才需要一個說法呢。

就在兩天後，就如同全世界都知道的，與蓋達組織有關的二十二人，其中有四人曾在那年夏天在奧薩瑪·賓·拉登位於阿富汗的一個營地裡，為確切任務進行了訓練，他們劫持了四架民用客機，將其中一架撞向了五角大廈，兩架撞入了世貿中心，一架墜毀在匹茲堡附近的地面上，總共殺死了約三千人。這是世人所見到過最可怕的一次恐怖主義行動。

———

當這一消息傳到阿富汗時，一些上層的塔利班成員感到欣喜若狂。他們不知道是誰幹的，但這讓他們很高興：美國是敵人，敵人受到了傷害。他們做夢也沒有想到，這件事會反過來打擊他們。畢竟，華盛頓是如此遙遠。美國人能夠對喀布爾做什麼呢？[4]

喀布爾的大多數人有不同的感受。受過教育的阿富汗人認為美國是一個壓倒性的力量，他們不必等待小布希的演講就知道這個巨無霸正在到來。事實上，在大規模謀殺發生後的幾天內（根據《紐約時報》的報導，是幾小時內）[5]，美國就進入了戰爭狀態。

二〇〇一年十月七日，攻擊開始了。從阿拉伯海的戰艦上發射的戰斧式巡弋飛彈以致命的速度擊中阿富汗的城市。英國和美國的遠程轟炸機向無助的阿富汗傾瀉了毀滅。CNN有線電視新聞網等全球新聞電台對襲擊事件進行了連篇累牘的報導，並配以動畫圖示。觀眾看到的是一連串從阿拉伯海發射到代表阿富汗城市的小圓圈的箭頭，那裡反覆出現了代表爆炸的圖標。

新聞播報員用文字充實了這些圖像，但只有講英語的人才知道他們在說什麼。數以百萬計觀看廣播的穆斯林只明白他們從圖示中得到的訊息：爆炸正在打擊著阿富汗，轟隆隆，轟隆隆，轟隆隆。

與此同時，奧薩瑪．賓．拉登正在錄製一段影片，他在一個山洞口講話，身上穿著莊重的白色長袍，用嚴肅的聲音引用《古蘭經》的經文。這段影片也在全球播出。賓．拉登說的是阿拉伯語，而且，由於大多數穆斯林並不會說阿拉伯語，就像他們不會說英語一樣，他們也不知道賓．拉登在說什麼，但他們能理解這些畫面。賓．拉登正在試圖喚起穆斯林腦海中最有共鳴的場面——先知穆罕默德從一個普通人變為真主使者的那一刻。簡而言之，除了軍事鬥爭外，媒體領域的資訊戰也在進行。西方贏得了「地面」戰爭，但賓・拉登可能贏得了「空中」戰爭的第一階段，特別是，如果他的目標是在穆斯林和西方之間挑起一場全球對決，並將自己定位為這場衝突中的一位領袖的話。

幾星期後，美國在阿富汗已經沒有重要的目標可轟炸了，他們轉而採取雙管齊下的新戰略。第一，將實際戰鬥交給北方聯盟，只向他們提供空中支援。第二，對巴基斯坦施加壓力，使其減少對塔利班的支持。

這種壓力包括美國多年來本該用上的財政和外交措施。這些措施一經嘗試，就發揮了作用。沒有了巴基斯坦的支持，塔利班就什麼也不是了。在西方的軍事支持下，北方聯盟證明是不可阻擋的。

在十一月八日，巴基斯坦命令塔利班撤出他們位於卡拉奇的領事館。僅僅三個晚上之後，塔利班領導人在夜色的掩護下就悄悄地溜出了喀布爾。第二天，喀布爾城裡已經沒有政府了。北方聯盟部隊就在城外幾英里處徘徊著，但美國指揮官命令他們留在原地，直到「國際社會」（同樣是：美國）為一個新的管理機構制定出一項計畫。也許美國政策制定者希望避免一九九二年的失敗重演。或者，事情已經定了下來：也許巴基斯坦同意支持美國的干預行動，交換條件是只要其代理人將得到繼續控制阿富汗的保證。在塔利班出逃前的一週裡，媒體根據流出來的報告猜測，實際上有兩種塔利班存在——一種是壓迫婦女並與奧薩瑪・賓・拉登等人有共同利益的壞人，另一種是僅僅致力於本國傳統伊斯蘭教的保守阿富汗人。

北方聯盟現在由馬蘇德的前助理和夥伴組成的一個相當簡陋的小組領導，他們決定不等待「好的塔利班」到位，就先下手為強。他們知道，唯有占領了這座城市，他們才能確保對國家的未來有任何的發言權。如果他們沒有得到喀布爾，他們就會被排擠。因此，在十一月十三日，許多以前相互交戰的聖戰者黨派的不同部隊，又開進了他們五年前放棄的城市。這一次沒有暴力事件發生。首先，希克瑪提亞爾的組織沒有出現。喀布爾對聖戰者組織表示歡迎，部隊表現良好，城市居民湧上街頭慶祝。人們簡直欣喜若狂，這也難怪：大家都以為戰爭終於結束了：美國人來了，美國人是救星。

十二月七日，就在對阿富汗的轟炸開始兩個月後，毛拉奧馬爾和他的同夥逃離了他們真正的據點——不是喀布爾，而是坎大哈。他們向巴基斯坦邊境匆匆趕去，一邊遁逃，一邊潛入到人群中。他們中的最後一批人最終消失在了邊境地帶，他們中的大多數人在曾經在反蘇戰爭期間作為難民兒童生活在那裡。

第五篇

糾葛繼續

從表面上看，當阿富汗人拿起武器驅逐蘇聯侵略者時，他們是在發動一場愛國的獨立戰爭。實際上，這場反蘇戰爭映射出了許多阿富汗社會中預先就存在的衝突。阿富汗共產黨人不僅僅是蘇聯的傀儡：他們是城市。聖戰者不僅僅是反共產主義的「自由戰士」，他們是國家。這場戰爭恢復了一九二〇年代保守派穆斯林反對阿曼努拉的運動。它恢復了阿富汗文化中，關於婦女在社會中的適當角色的激烈爭論。這是一場世俗的現代主義推動力，與掌控一切的伊斯蘭宗教之間的戰爭。

自從一個普什圖人戰士建立了這個國家後，普什圖人在政治上的主導地位一直是阿富汗社會的既定事實，但反蘇戰爭重新開啟了這個老問題。戰爭將族群之間的權力關係問題重新擺上了桌面。當阿赫邁德·沙·馬蘇德與共產黨人作戰時，他不僅是在與蘇聯人作戰，而且也是在為塔吉克人作戰。哈札拉民兵是作為哈札拉人而戰的，烏茲別克人則是作為烏茲別克人而戰的。塔利班占領喀布爾標誌著普什圖人對其他族群的勝利，在普什圖人社會中，它代表了橫跨杜蘭線地區的南部普什圖人對其狡猾的北部對手——貴族杜蘭尼人的勝利。隨著這場勝利，舊的阿富汗似乎已經決定性地擊敗了新的阿富汗；農村力量已經擊敗了城市；阿富汗婦女的解放和賦權已經永遠停止了；阿曼努拉的革命改革計劃終告死亡了。

事實上，由多斯特・穆罕默德的家族所建立的一切都成了廢墟。喀布爾甚至不再是阿富汗唯一的、毋庸置疑的首都了。坎大哈是塔利班權力的真正所在地，赫拉特又開始發揮作用，馬札里沙里夫是北部一個小型王國的首都，而阿富汗大部分地區則由自治的地方軍閥統治。在南部和東南部，甚至連邊界都在解體。阿富汗真的是一個國家嗎？對一些人來說，甚至連這個問題也重新擺在了桌面上。

但是，當蓋達組織利用這片領土作為其襲擊紐約世貿雙子星大樓的基地時，它將美國捲入了阿富汗的故事。美國很快就推翻了塔利班，但這對阿富汗來說意味著什麼呢？喀布爾會捲土重來嗎？城市菁英們現在會不會從流亡中歸來？舊的技術官僚們會再次崛起嗎？阿富汗是否已經回到了成為一個擁有民主憲政的、中央集權的、現代民族國家的軌道上？

這些都是阿富汗人現在所面臨的問題。

第二十八章
波昂計劃

那一年的十二月，聯合國在德國召開了一次會議，為阿富汗打造出一個計劃。這不是通常意義上的戰後和平會議，在這種會議上，贏家會坐下來，對輸家要遵守的條件發號施令。在這裡，輸家甚至沒有出現在會議桌前。這次會議的目的是在贏家們中間進行和平談判——也就是那些與蘇聯人作戰的阿富汗各個爭吵不休的派別和勢力之間的談判。實際上，在二〇〇一年十二月的波昂會議，本應是在一九九二年蘇聯撤軍後立即舉行的會議。它匯集了那個時代的所有關鍵角色（除了共產黨人，他們現在已經不重要了）。

代表們是以個人身分參加會議的，但可以分為四個可識別的團體。一個是北方聯盟，代表北方少數族群政黨。有「白沙瓦集團」（the Peshawar group），也就是在巴基斯坦的辦公室外活動的普什圖人聖戰者。還有「絲柏樹集團」（Cypress group），即和伊朗支持的各種團體有聯繫的代表，包括哈札拉人和伊斯瑪儀・汗等赫拉特人。最後是「羅馬集團」（the

Rome group），即前國王札希爾・沙的盟友、同夥和支持者。這些人是戰前阿富汗的城市菁英階層成員，包括在這些年來一直生活在西方的、受過教育的技術專家。「羅馬集團」代表了在歐美的阿富汗僑民，對這個國家的希望；對在歐美的阿富汗僑民而言，那些人是能把阿富汗帶回到未來的男女們。

位於南部和東南部農村地區的普什圖人，被排除在了會議之外，因為塔利班是從他們中間產生的，美國管理層認為，如果給他們發言權的話，塔利班可能就會隱姓埋名地重新掌權。

問題是，被排除在外的普什圖人是阿富汗人口的一個關鍵部分。將他們排除在外，只會擴大阿富汗社會現有的裂痕，比如吉利札伊人和杜蘭尼普什圖人之間的競爭，他們的關係可以追溯到阿赫邁德・沙・巴巴的時代。將這些人排除在外還映射出了阿富汗歷史上不斷惡化的痛點——杜蘭線，這條線分割了被拒之於波昂會議門外的阿富汗人的領土。對這些普什圖人的排斥，也突顯了北部富裕城市，特別是喀布爾，與南部貧困的農村部落之間的鴻溝。這種排斥及其後果將再一次困擾這個國家。

然而，在當時，參加波昂會議的代表們，帶著十足的精力和樂觀的精神開展了他們的工作。在西方大國的「指導」下，他們提出了一個四步計劃：

一、他們首先將組建一個臨時政府來管理這個國家，為期六個月。

二、接下來，他們將召開支爾格大會——也就是部落大會，以建立一個為期兩年的「過渡政府」，並選出一個好人，作為政府首腦。

三、第三件事，是在這兩年的過渡期內，讓一個由有學識的阿富汗人所組成的委員會，起草一部新憲法。

四、最終將會舉行總統和議會選舉，從而完成阿富汗向正常議會民主制的蛻變。

這個計劃有一個明顯的缺陷。它假定了一個結束點。波昂會議的代表們認為他們可以根據一部尚未制定出來的憲法，來授權總統和議會選舉的舉行，因為他們已經知道，這部憲法將建立一個由民選總統和議會組成的政府。波昂計劃對一個從零開始組建起來的國家來說也許是完美的。然而，在阿富汗，已經有劇情在進行當中，這個故事是兩股相反的驅力之間的長期糾結，這兩股驅力一再將社會拉向相反的方向，它們的糾葛包括了城市與鄉村，變化與停滯，新與舊，國家官僚機構與部落關係，世俗機構與宗教機構，國家軍隊與自發的、自行組織的地方游擊隊，以及在喀布爾運作的中央政府，與沒有任何中心的鄉村共和的無定形宇宙，原始的阿富汗與阿布杜拉赫曼的阿富汗的糾葛。

阿富汗的歷史就是在這兩端之間來回擺動的故事。近幾十年來，鐘擺的每一次擺動都會使國家在各個方向上更進一步。共產黨政權代表了這個國家向城市中央集權國家的最極端擺動，它在全國領土上建立了世俗權威；而塔利班政權則是向保守宗教阿富汗的最極端擺動，是一個由神職人員變成的封建軍閥所統治的國家。

波昂會議的結果不是一個調和這些極端的計劃，而是為鬥爭的其中一方爭取國際支持。協議描繪了阿富汗作為一個以西方價值觀為核心的世俗國家而重建的願景。許多阿富汗人真誠地希望看到這一計劃取得成功。我自己也在這個行列中。但是在當時，我們會這樣希望：我們是阿富汗歷史上現代主義推動力的產物。大多數美國人所認識的多數阿富汗人也是如此，因為我們是在蘇聯入侵，阿富汗人流亡各處時來到西方的人。

波昂計劃代表了阿富汗技術官僚和舊貴族的捲土重來。它標誌著由多斯特·穆罕默德發起的、由阿布杜拉赫曼擴大的、由阿曼努拉所激進化了的、經常遭到中斷的阿富汗工程的重新啟動。從來沒有人懷疑過另一方會重整旗鼓，進行反擊，因為在阿富汗，鐘擺從來沒有停止過擺動，在一方取得暫時的勝利之後，另一方會出現反擊，取得另一個短暫的勝利。

波昂會議順利地完成了它的工作。在美國親口宣布的、也許是在其強硬指導下，代表們形成了他們的臨時權力機構，並選出了一個經過妥協的人選——哈米德·卡爾札伊來領導它。卡爾札伊是一個合乎美國人邏輯的選擇，儘管他從來沒有做過什麼事情，來證明自己是一個能帶領別人的領袖。卡爾札伊有親戚住在美國——他的兄弟馬赫穆德在美國開辦了第一批重要的阿富汗餐廳，其中包括位於舊金山的赫爾曼德餐廳，這家餐廳曾贏得了《美食》雜誌（*Gourmet Magazine*）的讚譽。

卡爾札伊也與雷根的阿富汗事務顧問札勒瑪依·哈利勒札德是朋友，並透過他與推動小布希總統競選的共和黨人有聯繫。據傳，他曾為總部設在達拉斯的優尼科石油公司工作，但具體關係仍不明確（卡爾札伊本人也否認曾有過這種關係）。卡爾札伊是個世故的人，他了解全球商業的優先事項，能說流利的英語，而且可以相信他不會在外交聚會上造成社交上不悅。

另一方面，哈米德・卡爾札伊也有一些良好的、舊式的阿富汗部落中的信譽。他是普什圖人；他的父親是波帕爾札伊人（Popalzais）的汗，這個家族是普什圖人的一支主要（杜蘭尼）家族，是坎大哈的一支重要家族，而坎大哈是阿富汗普什圖色彩最濃的城市。儘管卡爾札伊家族在早期支持塔利班，但卡爾札伊的父親被塔利班暗殺了，這使得哈米德作為被推翻政權的反對者，變得更加可信。

卡爾札伊在阿富汗確實沒有對他個人的追隨者，但這意味著他在那裡也沒有死敵。他沒有傳奇性的反蘇軍事行動，但是，每一個在戰爭中脫穎而出的領導人也都在戰爭中和戰爭後丟了臉。卡爾札伊沒有追隨者，沒有敵人，也沒有戰爭罪行來弄髒他的履歷，他看起來是監督建立一個完全與過去割裂的新國家的理想人選。

然而，北方聯盟是不能被忽視的，因為他們占據了喀布爾，所以三個關鍵部門——國防部、內政部和外交部都被馬蘇德的三個主要助手法希姆將軍（General Fahim）、優努斯・卡努尼（Younus Qanouni）和一個名字好聽得讓人重複的人——阿布杜拉・阿布杜拉博士（Dr. Abdullah Abdullah）占據了。

波昂會議在另一個方面，也與大多數和平談判不同：它在戰爭結束前就開始了。事實上，它甚至在戰事達到頂峰之前就開始了。在阿富汗代表前往德國的途中，美國特種部隊和北方聯盟的戰士們正在攻擊阿富汗東南邊境附近的托拉博拉洞穴群。美國部隊向山洞發射了燃燒裝置，燒死了裡面的所有人，但賓．拉登不知何故逃脫了。

在北方，北方聯盟部隊繼續與阿拉伯和巴基斯坦聖戰者的核心部隊作戰。後者中有數百人被俘，但其中大多數人後來在一次試圖越獄的行動中被殺。多達七千名塔利班武裝分子和核心蓋達組織成員被逼到了北部，但美國允許巴基斯坦在北方聯盟部隊接近他們之前，用巴基斯坦的飛機將這幾千名阿拉伯人和巴基斯坦人空運走了。[1]

在南方，托拉博拉之後，戰鬥轉移到了沙希科特山谷（valley of Shahikot）。八名士兵在那裡的直升機墜毀事件中喪生，這是美國受到的第一次重大傷亡。我在白沙瓦一家賓館的大螢幕衛星電視上看到這則新聞，當時我正好住在那裡，這台電視可以收到五六十個頻道，從CNN到半島電視台，到幾十個通常播放板球或足球比賽的地方電視台，應有盡有。在那一天，所有人都在報導這八名美國人的死亡，不停地、重複再重複地報導。

一位剛越過巴基斯坦—阿富汗邊境的阿富汗村民坐在我旁邊，驚恐地盯著電視。「這些大將軍是誰？」他問。

「他們不是將軍，」我告訴他。「他們是普通士兵。」

他很不解。「在我的村子裡，每天都有人被殺，有時一天就有十幾人、二十人被殺，但新聞卻從來沒有報導過。你一定是搞錯了。這些人一定是非常重要的大人物。」

在沙希科特，塔利班進行了困獸之鬥，但在一個星期內就被打敗了。三月十八日，美國將軍湯米．弗蘭克斯（Tommy Franks）宣布，主要戰事已結束，美國已經獲勝。與所有「帝國墳場」的說法相反，征服阿富汗是很容易的。幾千名部隊將留在邊境「掃清」塔利班的殘餘分子，但波昂進程現在可以進行了。

第二步計劃在六月分進行。那些在後台運作的管理者們也為這一步的順利進行做了安排。老國王札希爾．沙已經同意不重新行使他以前的權力。作為回報，被驅逐的總統布爾汗丁．拉班尼——強大的北方聯盟的領導人，也同意不競選任何職位。這筆交易為哈米德．卡爾札伊負責的過渡政府掃清了道路，他現在已經被廣泛認為是一個風度翩翩的國際時尚圈風雲人物了。

然後出現了一個小問題。在支爾格大會召開前的一週，國王的一個孫子接受了一次採訪。他說，實際上，國王陛下畢竟可能想扮演一個更積極的角色。第二天早上，城市的牆壁上貼滿了拉班尼的海報，這發出了一個令人心寒的訊息。如果國王要競逐的話，拉班尼也會跟進，而且，如果他跟進的話，喀布爾的街道可能很快就會被血染紅，成為一九九二年的恐怖重演。

札勒瑪依．哈利勒札德趕來平息事態，他做到了：國王說他的意思被曲解了，拉班尼的海報也消失了。支爾格大會於六月十一日如期召開並順利進行。相當順利。

也許，太過順利了。在真正的支爾格大會上，人們會爭論好幾天，大聲發表演講，並在周邊地區進行交易。支爾格大會的決議結果在一開始就是不為人知的，而群體做出的決議將代表一個實際的、來之不易的共識。但這次支爾格大會已經被操作安排到了極致，其結論預先就已設定好了。每個人都知道，卡爾札伊是美國人的選擇，而且他會贏。

出於形式上的考慮，另外兩名候選人也被列入了名單，並在講台上做了簡短的發言。其中一位是名叫馬蘇達・賈拉勒（Masooda Jalal）的女性，她是一個強有力的女權主義者，發誓要捍衛婦女的權利。她得到了一些禮貌性的選票。另一位是詩人奈達伊（Nedai），他在大會上告訴眾人他將會創造就業機會。他得到了幾張象徵性的選票。後來，奈達伊說，他知道自己沒有獲勝的希望，但他覺得只有一個候選人的選舉看起來並不理想。他參加競選只是為了幫助建立民主本身：這確實是一個相當勇敢的姿態。

時至今日，阿富汗人仍在想，為什麼美國會如此堅決地將前國王札希爾・沙擠出局，儘管他是全國範圍內唯一可信的和解象徵。喀布爾大學的前經濟學教授沙姆斯博士告訴我，要是他被允許參選的話，他就會宣布完全支持美國人的干預，然後告訴議會，如果他當選，他將把所有權力移交給前國王，札希爾・沙才是議會真正想要的人。沙姆斯認為他的承諾會給他帶來大量的支持，從而壓倒美國人樹立卡爾札伊的計劃。他的計劃聽起來很狡猾，但他甚至不被允許進入大帳，更不用說登上講台了。支爾格大會迅速採取行動，選出了哈米德・卡爾札伊，使他的統治得到正當性，而這個過程正是將阿赫邁德・沙・巴巴推上王位的過程——至少在阿富汗人看來，這個大會是真正的支爾格大會，但許多人不這麼認為。對美國懷疑的種子是在這個第一次議會上種下的。

接下來，卡爾札伊任命了一個委員會起草新憲法，他們在二〇〇三年十二月前完成了任務。政府召集了另一次支爾格大會來批准這份文件，這次會議沒有那麼多的舞台表演，因此也就更混亂。最激動人心的時刻之一，是來自西部邊境省分的年輕女代表馬拉拉伊·卓雅（Malalai Joya）站起來，譴責圍在她身邊的大鬍子老頭們是軍閥和罪犯。她說，他們應該在審判戰爭罪的法庭上，而不是坐在國民議會中討論國家的未來。守舊派對她大吼大叫，說她是妓女。

在接下來的一個月裡，該國的每一個利益集團都在推動對憲法草案進行修改，最終形成了一份有些地方十分古怪地含糊其詞，有些地方又十分詭異地錙銖必較的文件。例如，它不厭其煩地宣稱前國王札希爾·沙是「國家的父親」，但這一規定很快就因這位老人的去世而變得無關緊要了。這部憲法還多次宣布阿富汗是一個伊斯蘭共和國，並禁止任何與伊斯蘭教法相衝突的法律，但它也明確規定男女自由，婦女有平等的權利，其中包括選舉權、工作權和獲得（免費）教育的權利，所有這些都與阿曼努拉時代的問題相呼應，並試圖以與他相同的方式對其進行處理。

新憲法設立了一個由人民選舉產生的下議院，和由總統任命的上議院組成的議會，並限制總統只能連續兩屆五年任期——除非在第二個任期結束時，他認為為了國家的利益有必要繼續執政，在這種情況下他可以繼續執政。

議會和總統都可以提出法律提案，但如果議會不批准總統提出的法律的話，他就不能頒布這些法律——除非總統認為為了國家的利益絕對有必要，在這種情況下，總統當然可以。

當新憲法頒布時，我問了我在加州的一些阿富汗熟人，問他們對新憲法有什麼看法。住在加州阿爾梅達的一名大學行政人員穆斯塔法・波帕爾（Mustafa Popal）回答說：「如果它能給我們帶來十年的和平，我就會很高興了。真的，十年，就是我的全部要求。」在我看來，這對一個國家來說真是個低標準。

然而，對阿富汗來說，真正的問題不是憲法是否能提供足夠的機制，而是阿富汗人是否會接受憲法。電影製片人塔瑪拉・古爾德（Tamara Gould）在她的紀錄片《一個國家的地獄》（*A Hell of a Nation*）中，在街上問一個男人對 *Qanooni Assasi*（達里語，意為「憲法」，字面意思為「基本法」）有什麼看法。這個男子只是搖了搖頭。「我們為什麼需要一部基本法呢？」他苦笑道。「我們已經有一部基本法了。它叫作伊斯蘭教法。」他周圍的所有夥伴都點頭，並有意無意地笑著說：「為一個已經有基本法的國家制定一部基本法是很荒謬的事情！」

不過，波昂進程起初還是進展順利。在二〇〇四年秋天，阿富汗舉行了一次非常成功的總統選舉。在選舉之前，聯合國組織了一些阿富汗人團隊去全國各地進行選民登記。這些團隊包括能夠進入農村堡壘，並告訴裡面的人選舉是怎麼回事的女性。我的表妹札赫達就與這樣的一個團隊一起工作，她發現，農村的婦女們懷有巨大的熱情。「我要讓我的丈夫給我帶來一擔子的選票，他能帶多少就帶多少。」一個女子這樣告訴她。「我將在整個選舉日裡一刻也不停歇地投票。」

最後，有一千二百多萬阿富汗人登記了投票，其中包括七十五萬生活在巴基斯坦難民營的人。考慮到阿富汗有三千五百萬人口，其中百分之五十七的人尚未成年（十八歲以下），那麼這一千二百萬人可能已經代表了大部分合格的選民。大約有四分之三的登記選民參加了投票，這個數字在美國大選中可能會顯得有些灌水，在美國，只有不到一半的選民參加投票，如果投票日下雨的話人數就更少了；但調查發現，這次選舉（相對而言）少有舞弊行為，任何在選舉日在路上開車的人，都可以看到在投票地點排起的長隊，甚至有穿著罩袍的婦女為了行使自己的權利而等候了好幾個小時。

最終選票上有十八名候選人，從世俗的塔吉克詩人阿布杜·拉提夫·佩德拉姆（Abdul Latif Pedram）到保守的伊斯蘭主義者教授「工程師」阿赫邁德·沙·阿赫邁德札伊（Ahmad Shah Ahmadzai）。馬蘇達·賈拉勒醫生也是這十八人中的一員，她在第一次支爾格大會上就反對了卡爾札伊。她的競選口號是：「這個苦難的國家需要一位母親和一位醫生，而我兩者都是。」

競選活動的規模很有限，因為只有哈米德·卡爾札伊擁有資源，將他的團隊派往該國的每一個地方。「塔利班殘餘分子」試圖恐嚇潛在的選民，在一個可怕的案例中，他們伏擊了一輛巴士，殺死了車上所有持有投票卡的人。儘管如此，還是有九百多萬人在選舉日投下了手中的一票。這是一種英雄般的舉動。

這些選民大多不識字，所以他們不知道選票上有誰。為了解決這個問題，候選人被允許在他們的照片旁邊加上一個符號或圖示，以表達他們所代表的觀點。例如，一位候選人想讓選民知道他是一個支持現代教育的進步人士，所以他選擇了他的符號——一本書。另一位候選人想讓大家知道他是一個敬畏真主的保守主義者，全心全意地遵守《古蘭經》，所以他也選擇了他的符號——一本書。

簡而言之，那天去投票的許多人並沒有真正為某個特定的候選人投下選票。他們的投票表達的是對投票本身的支持。從這個角度來看，這次選舉是一個巨大的成功。

幾個月後舉行的議會選舉則更加混亂。發生了更多的欺詐行為，在選舉日之前、期間和之後都發生了更多的暴力事件；但最終議會還是成立了，因此，到二〇〇五年初的時候，在波昂制定出來的四步進程已經完成，即使是一個謹慎的樂觀主義者也可以相信，阿富汗正處於起飛的邊緣。

然而，起飛並不是一帆風順。波昂計劃來到的是一個被暴力和混亂破壞的國家。在幾十年的動亂中，任何阿富汗人的最聰明做法就是相信槍法，不信任鄰居，並聚集在最近的熟悉

的族裔強人的保護之下。只要國家仍然處於這種混亂的妄想狀態，波昂計劃就不可能成功。從第一次支爾格大會結束的那一刻起，秩序和混亂之間就開始了一場競賽。只有秩序獲勝，和平才會到來。只有當大多數人收起他們的槍，開始制定長期計劃時，秩序才能到來。然而，大多數人不會耐心地追求長期目標，除非他們相信未來會很穩定。如果明天就會有炸彈落在房子上，那麼今天修理房子是沒有用處的。

因此，新阿富汗的設計師們必須恢復足夠的正常狀態，讓至少有幾個人相信波昂進程會起作用，從而相信那些一開始就出手投資的人，將會成為日後的大贏家。如果有少數人開始嘗試建立作為新秩序公民的信譽——藉由進入學校、獲得工作技能、創辦企業等等，波昂進程就會顯得可信，然後其他人就會仿效，波昂進程就會開始顯得不可避免，一波波的人就會在火車離站前湧向火車，社會將會達到走向（新）秩序的轉折點。

然而，並不是每個人都想要和平與秩序，至少不是波昂會議所設想的那種和平與秩序。如果喀布爾能夠將其權力強加給每個地區和村莊，整個國家可能會看到更多的和平，國內的一些人可能會建立美好的生活；但在每一處地方權力的層面，都有人會失去一些東西：在阿布杜拉赫曼時代就描繪出來的權力鬥爭還沒有結束。自封的農村神職人員、部落首領、透過支爾格會議上台的村長，所有這些人都將失去他們在混亂中獲得的地位。所有人都會看到自己的地位下降了。如果西方價值觀盛行到了家庭層面，作為一個階層的男性，將會失去他們在自己家庭中支配女性的一些權力。在女性中，主宰家庭管理、未受教育的年長女性，將會被在圍牆外的年輕女性所取代，這些女孩會去上學，甚至可能考慮在公共領域裡就業。任何從波昂計劃中蒙受損失的人，都會想要看到計劃失敗。

最重要的是，在阿富汗的土地上，有一些無根的人在混亂中長大。他們可能來自地位較低的家庭，但是，在戰爭期間，除了一個人的戰鬥能力之外，其他的一切都不重要，所以最強悍的戰士已經嶄露頭角了。而且，一旦阿富汗人開始相互爭鬥，決定排名的不僅僅是戰鬥能力，因為很多人都能戰鬥；當兩個硬漢正面交鋒時，贏家很可能是最無所顧忌和最殘暴的人。

因此，多年的戰爭和混亂起到了過濾器的作用，篩除了諸如同情心和優雅的性格，而有利於那些不擇手段的野蠻人，對他們來說，社會結構的崩潰是一項福音。家庭和社區的解體，使他們能夠從文化的評判中解放出來；不受控的權威，使他們可以肆無忌憚地行動。當阿富汗人還在與蘇聯人作戰時，游擊隊領導人被稱為「指揮官」。蘇聯人離開後，許多人被稱為「軍閥」。

軍閥的肆虐引發了反彈，導致了塔利班的興起，但最終，塔利班時代只是從最難對付的人之中，篩選出了那些可以在自己的名字上附加「毛拉」頭銜榮譽的人。阿富汗如今到處都是毛拉—軍閥—指揮官。在一個由衛教戰爭主義意識形態統治的社會中，他們的技能將發揮巨大作用。他們會成為英雄。如果波昂計劃進程成功了，他們的優勢就會變成缺點，他們可能會被重新定義為罪犯。阻止新社會的形成，與他們的利益息息相關。

大多數阿富汗人已經厭倦了戰爭。他們中的九百萬人在二〇〇四年參加了投票，說明了這一點。但是，新秩序的締造者面臨的任務，比那些有意保持社會分裂的好戰激進分子更難，因為沒有某一項單一的積極成就，可以點燃信念的燎原之火。它需要眾多美好時刻的積累。一家醫院的落成，一座橋梁的建成，一所學校的開學，一個班級的畢業典禮——每一次都會為公眾的信心增加一滴水，但需要很多滴水才能填滿一個水池。

相比之下，炸毀一家醫院、燒毀一所學校、毀壞一座橋梁、用自殺式爆炸破壞一個畢業典禮，每一個行為都會引發震驚，然後恐懼就會自我瀰漫開來，就像在有回音的室內尖叫一樣。真正的暴徒只需要提供恐怖的破壞性爆炸，他們知道每一次爆炸都會引發大量的人拿起槍，堵住窗戶，準備見人就開槍。隨著越來越多的人有這樣的行為，這樣的行為也會變得越來越明智，直到動盪達到一個臨界點。在混亂與秩序的競賽中，一切都取決於哪一方首先達到臨界點。

巴基斯坦在防止喀布爾形成自治政府方面，也有利益關係。塔利班主義滲入巴基斯坦，引發了針對伊斯蘭馬巴德政府的叛亂，從斯瓦特山谷到俾路支斯坦的部落叛亂分子，以伊斯蘭教法和族群沙文主義的名義組織了自己的軍事運動。巴基斯坦政府若能將這些叛亂分子的能量重新引向喀布爾，遠離伊斯蘭馬巴德的話，他們就能獲得一切好處，這可以透過派遣特務偶爾進行無意義的破壞活動來實現。

更重要的是，在邊境地區活動的各種黑幫——卡車幫、毒品幫、走私幫、槍枝幫（可以肯定的是，是各種相互重疊的團體）——已經與塔利班主義運動徹底結合在一起，他們正忙於建立自己的民兵組織。所有這些勢力都有自己的理由來阻止一個新阿富汗的崛起，他們排隊反對中央政府、喀布爾的城市文化、厭倦戰爭的阿富汗大多數人、旅居國外的阿富汗技術專家、國際社會以及美國的力量和金錢。

第二十九章
喀布爾之春

起初，波昂計劃的開展勢頭很好。在二〇〇二年一月波昂會議剛剛結束時，許多已開發國家的代表就在東京開會，計算出改善阿富汗問題所需的費用。令人眼花撩亂的數字被拋了出來：一百億美元……一百五十億美元……二百億美元……。

在美國，小布希總統還談到了一個「阿富汗的馬歇爾計劃」。馬歇爾計劃！城市裡的阿富汗人知道杜魯門政府幫助歐洲在二戰後重建的那個計劃。馬歇爾計劃花費了驚人的資金，而這些花費起了作用：馬歇爾計劃振興了整個西歐經濟，阻止了共產主義的蔓延，並順便幫助美國致富。馬歇爾計劃的成功，使得美國花費巨資幫助阿富汗穆斯林重新站起來似乎很合理：畢竟，一個位於中亞中心地帶的忠誠、繁榮的**穆斯林**國家盟友，可以為美國的戰略利益帶來不可估量的好處——當然也有助於阻止衛教戰爭主義的浪潮。

到夏天時，阿富汗人已經在對馬歇爾計劃津津樂道了。每個人都在談論他們要用自己那份錢做什麼。當年在從德里飛往喀布爾的飛機上，我曾遇到一個人說他要開一家化妝品廠。請注意，這不是某個來自加州佛利蒙市的阿富汗裔美國人，而是一個從來沒有離開家鄉的店主，他的家鄉位於德里。他留著濃密的黑色大鬍子，穿著傳統的過膝長衫，寬鬆的褲子，戴著厚重的纏頭巾。我很容易就能想像出路透社把他的照片用作和塔利班有關的一般報導的素材圖片。

「一家化妝品廠？」我說。

「是的。」他解釋說。「現在塔利班走了，女人要走出去了，她們會對化妝品有巨大的需求。我的表弟已經在計劃從杜拜進口口紅來發財了，但我告訴他說——為什麼要進口呢？我們阿富汗人完全有能力製造自己的口紅。」

在我家所在的村子裡，人們正在談論用他們那部分馬歇爾計劃的錢來挖自流井（戰爭前常見的小規模商業計劃）。乾旱已經進入到第七年了，但是，如果他們能夠灌溉他們的田地的話，他們就能產出可供商業供應數量的令人垂涎的胡賽尼葡萄，這些葡萄在喀布爾銷售得非常好。為什麼呢，因為喀布爾會是個錢淹腳目的地方！

年輕的卡尼什卡・納瓦比（Kanishka Nawabi）在塔利班時期曾住在白沙瓦，並在那裡為一個名為 AREA（Association for Reconstruction and Energy Conservation in Afghanistan，阿富汗重建和能源保存協會）的瑞典環保非營利組織工作，他回到了喀布爾，打算在阿富汗進行一些 AREA 發明的商業推廣。其中的一個發明是可攜式水驅動發電機，這種機器可能會被推銷給尚未與電網連接起來的村莊：畢竟，實際上每個村莊都有一條從高山上沖下來的溪流，否則那個地方根本就不會有村莊。有了納瓦比的設備，一座村莊可以利用溪流產生足夠的電力，至少可以為公共的城鎮中心供電，而且還可以用同樣的水，來灌溉下游的田地。這將是影響巨大的買賣！該組織還創造了一種可作為電視衛星天線的太陽能加熱器，和另一種從牛糞中提取燃料級甲烷的裝置。所有這些都是在阿富汗農村肯定會暢銷的產品。

東京會議最終決定，阿富汗重建需要二百五十億美元！出席會議的阿富汗領導人並不貪心。參加會議的阿富汗領導人並沒有強求，他們只要求一百億美元。不幸的是，參加會議的捐助國只認捐了三十億美元。不過這也不要緊：這比任何人在一年前做夢想到的還要多，而且可能還會有更多的認捐金額。[1]

到了仲夏時節，樂觀的情緒就像夏日裡不斷吹來的細小沙土一般，瀰漫在喀布爾的空氣中。流亡者紛紛回來了，所有那些博士和醫生，所有那些金融專家、行政人員和工程師。還有像謝爾札伊博士（Dr. Sherzai）這樣的人，他從亞洲以外的最大的阿富汗人社區——美國加州的佛利蒙市回國了，擔任阿富汗的外交部副部長。來自約翰霍普金斯大學的阿什拉夫・加尼* 教授是一位著名的政治學家和經濟學家，曾被列入接替科菲・安南（Kofi Annan）擔任聯合國秘書長的候選名單。他走上了財政部長的崗位。此外還有其他許多人。

然而，到年底時，東京會議上認捐的金額只有不到一半到位。不過，對於阿富汗這樣的窮國來說，即使是一兩億也是甘露。從西方回國的僑民開始重新認領他們在喀布爾的財產。

他們大部分的房子都成了廢墟，但土地仍然沒事——他們可以在上面重新建設。一些學習過建築和城市規劃的回國流亡者，幫助政府起草了一份城市重建計劃，其中設想了汙水管道、路燈、通往每家每戶的電線、市政供水系統，以及所有其他基礎設施的要素，這些要素對一個偉大的大都市至關重要，而一旦一座繁忙的城市已經存在，就很難再建設了。這幾乎是一項福音，真的，三分之一到一半的喀布爾城在內戰中被摧毀，而且沒有一處是塔利班重建的地方。事實上，規劃者決定，甚至不必拖走大部分斷壁殘垣：他們將在廢墟以北，在以前是農民田地或荒漠的地方上，建造一座新的喀布爾。

許多在歐洲和美國生活的阿富汗人帶著一些錢回到了阿富汗，開展他們自己的理想中的發展計畫。例如，穆罕默德．汗．哈羅提（Mohammed Khan Kharoti）是俄勒岡州波特蘭市的長期居民，他畢業於我在拉什卡爾加唸的同一所學校。哈羅提是那些被當時的政府安置在示範城鎮納迪阿里（Nadi Ali）的牧民家庭孩子。哈羅提獲得了醫療技術方面的專業知識，在美國生活得很好，但他也回到家鄉，著手建立綠色鄉村學校。實際上，哈羅提在塔利班時代就建立了這些學校，得到了當地塔利班官員的同意，他們甚至允許一些女孩在那裡接受教育，只要哈羅提答應不聲張地做他的工作就可以。現在，哈羅提不必再為他的計劃偷偷摸摸了。綠色鄉村學校蓬勃發展，吸引來了捐款，並吸引到了來自國外的志工。

---

* 在二〇一四年成為阿富汗伊斯蘭共和國總統，於二〇二一年八月逃離阿富汗。——編者註

在靠近巴基斯坦邊境的霍斯特鎮，賓・拉登和蓋達組織曾在這裡深深地紮根，賈法爾・拉坎瓦爾（Ghafar Lakanwal）曾是一名共產黨官員，他在一九八〇年代從政府中叛逃出國，一直在美國的明尼阿波利斯市（Minneapolis）擔任社區組織者，他建立了一所由美國捐助者資助，但由霍斯特當地居民支持的學校。賈法爾・拉坎瓦爾的學校也是既接受男生也接受女生。他堅持將男女同校作為建校的一個條件。拉坎瓦爾在霍斯特附近長大，在那些只有幾百名居民的農村堡壘／村莊社區中長大，這是阿富汗大部分地區的典型農村結構。他希望能對家鄉有所回報。

其他國家也開始在阿富汗興辦學校。在二〇〇三年初時，我參加了一個與伊朗電影製片人馬克馬巴夫（Makhmalbaf）有關的團體組織的募款活動，該團體有雄心勃勃的計劃，要在阿富汗建造幾十所私立學校。我並不清楚這些學校建成後會從哪裡獲得運營預算，後來我才想要知道課程是什麼，由誰來開發等問題。有一點是肯定的：這些學校將為女孩和男孩提供教育。在塔利班惡名昭彰的性別政策之後，這是每個機構都確信的一件事：為阿富汗規劃的每一個新企業，都將成為解放阿富汗女性並賦予其力量的工具。

喀布爾大學從未完全關閉，但在塔利班時代，神職人員把它變成了一個不慍不火的宗教學校。甚至在那之前，共產黨人還將馬克思列寧主義學說納入到了許多課程中，損害了大學的學術尊嚴。但現在，喀布爾大學再次成為一所成熟的四年制大學，重新回到了學術正軌上。到了秋天，校園裡擠滿了幾千名學生，而且我被告知，其中大約有百分之四十是女性。

喀布爾大學不僅提供技術、醫學和科學領域的課程，而且還設立人文學科，如文學、歷史和藝術。當我參觀藝術學院時，我看到一些學生在創作細緻的、抽象的伊斯蘭藝術，但也有其他學生在繪製或雕刻會被塔利班認為是多神教冒犯內容的肖像、風景和其他具體的題材。

音樂聲在城市裡傳出。一些人仍然擁有過去的電晶體收音機，另一些人現在則得到了新的收音機。喀布爾電台——在塔利班時代被稱為教法廣播電台，恢復了它的舊名稱，並開始再次播放流行歌曲。以前聞所未聞的流行歌手們立即嶄露頭角。我特別喜歡歌手迪力・阿加（Dil Agha）節奏歡快的歌曲〈Kabul Jan〉（最親愛的喀布爾）。這首歌是對他的家鄉城市的熱鬧慶祝。

老的音樂也再次被聽到，例如受人尊敬的阿赫邁德・札希爾的歌曲，因為事實證明，幾乎每個人都還藏著舊時代的錄音帶。在塔利班時代，他們在天黑之後，拉上窗簾，調低音量，偷偷聽他們的卡帶。現在他們把卡帶拿出來，在公共場合播放他們的音樂。在街上，人們看到人們拿著隨身聽，耳朵裡塞著耳機，一邊走路，一邊搖頭晃腦。

舊的和新的音樂都從巴基斯坦湧來，那裡的難民們從沒停止複製錄音帶。在喀布爾市中心，靠近河邊的地方，也就是在一百六十一年前被英國人燒毀的大巴札原址上，出現了一個迷宮般的有頂市場，有幾十個攤位出售錄音和錄影帶。阿諾・史瓦辛格的電影很受歡迎，但其中最熱門的錄影帶是詹姆斯・卡麥隆的大片《鐵達尼號》（*Titanic*）。事實上，店主們在喀布爾河的河床上建起了攤位（在長期乾旱期間，河水已經乾涸，直到二〇〇二年乾旱結束），這裡被稱為「鐵達尼市集」（因為如果河水像古代那樣流淌的話，商店都會被淹沒）。

國家劇院——Kabul Nindari，再次開張迎客。在一九六〇和七〇年代，劇院曾經在獨立日期間上演阿富汗原創劇目，這個獨立日慶典後來被塔利班禁止了，因為它是紀念阿富汗從英國獨立的世俗事件。古麗・馬卡伊・沙（Gul Makai Shah）在還是個女孩時，曾在喀布爾劇院的舞台上表演過，她如今已經人到中年，從流放地回國，以劇院導演的身分恢復了劇院。她重新召集了演員和劇本，在接下來的幾年中，馬卡伊・沙製作出了幾十個新劇目，並進行了兩百多場演出。[2] 一個兒童的雜耍式馬戲團開始在全國巡迴演出，另一個劇團帶著以現代阿富汗為背景的達里語版本的莎士比亞的《愛的徒勞》（*Love's Labour's Lost*）登台了。

亞洲基金會（Asia Foundation）資助了阿富汗媒體和文化中心一項淒美悲傷的計畫，產生了一部名為《揭開阿富汗的面紗》（*Afghanistan Unveiled*）的電影。十四名年輕的阿富汗女性被教授如何使用攝影機，被培訓成了影像記者。而後，這些年輕女性前往了全國各地，包括城市和農村中採訪當地女性。她們所拍攝的影片很吸引人，既是因為她們所得到的紀錄片素材，也因為女孩們自己生活的戲劇性故事由此展開。這些年輕女性所記錄的女性世界，即使在塔利班掌權之前的時代，也是男性電影人無法進入的，因為阿富汗家庭根本不允許男性陌生人進入家庭的私人部分；所以這些生活從來沒有被任何公眾看到過，即使是在自由的時代也不曾有過。更重要的是，這些年輕的攝影師都是在塔利班時代長大的。她們自己幾乎沒有踏出過自己的院子，也不知道自家院子外的另一個街區的街道是什麼樣子。如今，她們正經歷著一生中最有意義的冒險，前往遠在赫拉特、馬札里沙里夫和霍斯特等地方，與陌生人交談，了解她們的阿富汗同胞，並在這個過程中了解自己——從她們的評論中就可以看出這一點。[3]

在一九六〇年代末，喀布爾曾誕生了一種新興的電影業。一處國營機構——喀布爾電影公司，建立了一座與阿富汗有關的電影庫。其中只有大約四十部電影（大部分是短片和紀錄片）是在阿富汗製作的。內戰把電影業扼殺在了搖籃裡，然後塔利班在他們最後的日子裡派了一名官員到該機構中清除其庫存。官員燒掉了大約兩千部電影，並銷毀了所有他能找到的電影製作設備。然而，他不知道的是，該機構的員工在一堵假的牆後面藏了一千部電影和一些製作設備。[4] 如今塔利班不在了，員工拉倒了那堵假牆。喀布爾電影公司利用來自日本的資金，重建了其製作設施。外籍人士，如南加州大學電影學院的畢業生雅瑪·拉希米（Yama Rahimi）從加州飛來，在喀布爾大學為四十名熱心的學生教授暑期電影課。

在這個時候，喀布爾電影公司的前主管希迪克·巴爾馬克（Siddiq Barmaq）開始著手製作他強有力的敘事片《奧薩瑪》——該片與奧薩瑪·賓·拉登毫無關係：主角是一個年輕女孩，在塔利班時代為了生存而假扮成了一個叫奧薩瑪的男孩；但她的詭計被發現了，她被吸收到一個與塔利班有關的毛拉的後宮中，成為了他的另一份財產。《奧薩瑪》這部電影獲得了廣泛的讚譽，並在國際電影節上獲獎，為其他作品打開了道路，如霍勒斯·尚薩布的

《佐蕾哈的秘密》（*Zoleikha's Secret*），該片完全在阿富汗拍攝，在世界各地的電影節上放映，並獲得了相當多的掌聲。

雄偉的巴米揚大佛已被塔利班摧毀了，但喀布爾大學的幾位教授現在拿出了錢，要重建其中的一尊大佛，另一尊則維持被摧毀的樣貌，作為對阿富汗文化所遭受的悲劇的莊嚴紀念。這是個有爭議的提議，但就在人們爭論其利弊的時候，一位居住在法國的阿富汗考古學家澤馬利亞萊・塔爾吉（Zemaryalai Tarzi）教授宣布，他相信在巴米揚山谷的地底下有一尊更大的臥佛。他的理論是基於對古老的旅行者文本的研究，這些文本表明，臥佛可能比最大的立佛還要大三倍。此後的每個夏天，塔爾吉都會帶領一隊挖掘機前往巴米揚尋找臥佛（最近，由於擔心如果臥佛在這個仍然動盪的時代中亮相，新來的野蠻人可能也會把這座寶藏毀掉，所以這項探索被擱置了）。

喀布爾博物館本身就是一個戲劇性的故事。在一九七八年時，喀布爾博物館被認為是世界上最好的小型博物館之一。它擁有阿富汗犍陀羅時期的豐富藝術收藏，當時佛教的影響與希臘化審美相融合，產生了世界上獨一無二的希臘化—佛教風格。但在共產黨時代，蘇聯人和阿富汗政府官員從博物館裡偷竊收藏品，並將它們賣到國際黑市上去。蘇聯撤出後，喀布爾的戰爭破壞了博物館的建築。在一九九〇年代末，塔利班將剩餘的希臘化—佛教雕像敲成了碎片。現在，博物館官員將每堆雕塑的瓦礫放在一個基座上，在每堆瓦礫的上方都掛著一幅作品曾經的樣子：這座博物館成為了塔利班文化野蠻行為的證明。

然後是最令人吃驚的消息。在二〇〇四年四月，博物館館長奧馬拉・馬蘇迪（Omara Massoudi）透露，在十五年前，他和幾個同事預見到了即將到來的麻煩，於是把博物館最珍貴的兩萬多件文物藏在了一個秘密的保險庫裡。如今來自世界各地的考古學家們聚集在一起，目不轉睛地看著他打開了那個保險庫。是時尚，這就像是發現圖坦卡蒙的墳墓一樣，只不過這一次還透過了電視轉播。這批令人嘆為觀止的藏品中的幾百件後來作為一個名為「阿富汗的黃金」的計畫，在世界各地進行了巡迴展覽。

事實上，雖然許多文物是由金銀製成的，並鑲有寶石和半寶石，但是這部分的價值並非其最重要的魅力所在。這些藏品反映了阿富汗從西元前兩千兩百年到西元後一百年左右的文化，時間跨度超過了兩千年。事實證明，在這裡，在阿富汗及其周邊的地區，在埃及舊王國的最後一位法老建造金字塔和阿卡德的薩爾貢（Sargon of Akkad）打造第一個偉大的美索不達米亞帝國的同時，有人正在生產複雜的金銀碗和水壺。在西元前三百年左右建造的大夏（巴克特里亞）城市哈努姆（Al Khanum），發現了大量的希臘物品，例如青銅的海克力斯（Hercules），和描繪自然女神西布莉（Cybele）乘坐波斯戰車的銀牌。

在耶穌基督的時代，遊蕩在阿富汗北部的遊牧民擁有自己的作坊，他們在那裡製造出了結合波斯、希臘、羅馬、中國、印度和西伯利亞影響的精緻藝術品：鑲有綠松石的頭飾、可摺疊方便存放的金冠、遊牧民公主穿的薄金拖鞋。

該展覽還包括在巴格拉姆發現的兩個密室中發掘出來的驚人文物。最初，考古學家認為這些房間裡肯定存放著一些國王的寶物。現在，考古學家知道那些房間是商業用途的倉庫，有一些商人在那裡存放了他們購買和出售的物品：羅馬埃及吹製出的玻璃瓶、敘利亞的青銅雕像、中國的漆器、印度的象牙雕塑、描繪希臘神話的吊墜、敘述佛祖生活的牌匾，以及胸部豐滿的母神與跳舞的印度教諸神交織在一起的複雜雕塑。不久前，新聞學教授喬爾・布林克利（Joel Brinkley）將阿富汗人描述為地球上最殘暴、最原始的民族，並隨口斷言：「阿富汗人就像狼蛛一樣。他們吃自己的小孩。」[5]當人們站在這些文物前，反思馬蘇迪和他的助手們，為保護和保存這些文物所冒的風險時，人們會不禁發現，布林克利的種族主義言論是多麼令人厭惡。最近在阿富汗看到的恐怖，不是由阿富汗人和狼蛛間的遺傳相似性催生的，而是由數十年的災難性悲劇所造成。然而，現在，黑暗時代似乎已經結束。阿富汗人正準備開始另一個文明成就的時代。或者，他們真的在準備嗎？

不幸的是，阿富汗的馬歇爾計劃沒有實現。成千上萬擁有小規模商業計劃的阿富汗人，從未得到他們需要的啟動資金，來點燃他們的夢想。才剛剛開始報復性地發展的，是那些規模較大的私營企業。許多回國的流亡者有足夠的資金、智慧和人脈關係，能夠為銀行、手機公司和電視台等企業籌集資金。一個從未完全進入工業時代的國家，看起來即將直接進入後工業時代。一個從來沒有鐵路的地方，現在將有通往每個城市的航空服務——這就是前景。一個從來沒有什麼固定電話的地方，將直接躍向手機時代。一個從未設法讓一個真正的全國郵政系統運作的地方，現在會有網路，每個人都會有一個電子郵件信箱。

在全世界，跨國公司和國際機構正在使國家邊界變得模糊不清；在阿富汗，一個從未完全凝聚成一個民族國家的地方，第一個後民族社會似乎正在出現，在這個領土上，總部設在中國、俄羅斯、土耳其、印度、伊朗、荷蘭、澳洲、德國、加拿大和其他地方的私人公司將塑造人們的日常生活，而政府將成為事後才被想起來的東西，萎縮到無關緊要，因為一旦不受約束的私人企業真正試探出一條路徑時，就幾乎不再需要有政府了。

第三十章
甩不掉的麻煩

沒有人可以自欺欺人：新阿富汗的城市建築師們面臨著艱巨的問題。以難民為例，我指的是那些貧窮的、大多是農村人的阿富汗人，他們在逃離阿富汗的屠殺之時，最遠只到達了巴基斯坦和伊朗的難民營（我把「流亡」一詞的使用，保留在那些受過教育的阿富汗人身上，他們有資源和技能，可以到已開發國家去建立新的生活）。在二〇〇二年時，阿富汗人構成了世界上最大的難民人口，柬埔寨人遠遠地排在第二位。這六百萬難民中的許多人而今都想回家，而收容國也在催促他們回家。

但是，回家去幹什麼呢？這些人中的許多人曾以放牧為生，但他們不能再回去放牧了；他們的羊群大多被蘇聯槍手屠殺了，其餘的也在逃亡中丟失了。

在過去，水果和堅果是阿富汗農民的主要商業作物。阿富汗的葡萄曾經供應了全世界百分之十以上的葡萄乾，包括早餐麥片品牌 Raisin Bran 中的大部分葡萄乾。[1] 阿富汗還從無花果、石榴、梨子、巴旦木（扁桃仁）、核桃、桑葚、甜瓜等農產品中賺取現金。但巴基斯坦也生產許多這樣的水果和堅果，在戰爭期間，巴基斯坦人用現金購買阿富汗的裸根果樹，尤其是開心果。阿富汗的果園裡沒人種植，荒廢了。現在，即使農民種植新的樹木，它們也需要許多年才能變成成年果樹。

當然了，阿富汗人在過去也曾收穫其他的農作物，比如小麥和玉米，但他們缺乏種子，而且現在灌溉他們的沙漠土壤也很困難——不僅僅是由於阿富汗正在經歷的乾旱，還因為舊有的地下灌溉系統已經被破壞了。有些已經淤塞，有些被炸毀，許多被改造成了游擊隊的藏身之處（當你聽到阿富汗人住在山洞裡時，這裡所說的「山洞」往往是這些用混凝土改裝的地下灌溉隧道，被用作軍事用途）。

此外，他們的田地裡到處都是地雷。世界上沒有哪個國家有更多的這種有害裝置。埋置一顆地雷的成本約為三美元，拆除一顆則要花費大約一千美元。[2] 鄉下的阿富汗人們沒有那些精密的安全掃雷設備。他們只得手腳並用地在田裡爬行，尋找土色的觸發器。如果他們錯過了一個，並且爬了過去，他們就會被炸成殘廢或死亡。如今，每天仍然有兒童因為觸雷而失去手腳，而農民們不得不清理出大片的土地才能夠靠種植小麥為生。地雷太多了。這實在不可行。

因此，許多難民沒有回到他們原先的家園。他們來到城市裡找工作。由於工作機會稀少，許多人最終成了無家可歸的棚戶區居民，住在被遺棄的廢墟外殼裡。回國的家庭主要由寡婦和孤兒組成。寡婦們穿著藍色的罩袍在街上遊蕩，乞討零錢，任何看起來有錢的人都最好保持移動，以免被這些穿著罩袍的乞丐團團圍住。孩子們在街上遊蕩，撿拾易開罐作為廢金屬出售，丟棄的鞋子用來換取皮革和其他任何他們能從垃圾堆中分類出的有價值物品。

在這些擠滿了無家可歸的女乞丐，和成群結隊孤兒的城市裡，那些來自西方國家的流亡者們也來到了城市。他們擁有重建國家所需的技能，而且覺得自己有能力承擔這項工作，但是在這些計畫中，那些在國外安全舒適地生活的高層管理人員，正在指導那些一直生活在阿富汗並經歷了那些年恐怖經歷的工人，這就存在著固有的難解問題。後者開始稱前者為「洗狗的」，這是一種開玩笑的說法，指的是在西方國家，那些流亡者以給富人洗狗為生（穆斯林認為狗是不乾淨的動物）。這種說法傳達的是：「我們留下了，我們受了苦難，但我們從未低頭；你們出國了，繁榮了，但你們向異教徒磕頭，丟失了榮譽。」

西方的自由派和平活動人士認為，教育和重建是解決阿富汗所有問題的答案，是對軍事手段的有道德替代方案。也許這種想法在二〇〇二年是可行的，因為在那個時候，阿富汗復興的前景看起來很美好。這個國家迸發著創業的能量，每個人都有自己的計畫，而大規模的小額貸款可能會使一切變得不同。

我所說的小額貸款，是指外國資助者為有進取心的阿富汗個人和團體提出的小型計畫提供貸款和贈款，並讓這些阿富汗人按照他們認為合適的方式，設計和經營這些計畫——深井、製造口紅的工廠，等等。例如，一個名為 Afghans-4-Tomorrow 的團體開發了一種手工操作的設備，並在農村地區分發，這種設備可以將農業廢棄物——樹枝、樹幹、麥碴等壓縮成可長期燃燒的燃料磚。在一個幾乎沒有木柴的國家，這樣的計畫如同甘露一般，尤其是擁有這些設備的家庭可以用它們來製作出可供商業使用的家庭取暖用燃料。

向這樣的計畫提供小額貸款，意味著國際社會不是在三個計畫上花費十億美元，而是向五十萬個計畫各提供五千美元。在二〇〇二年，當一美元相當於四萬五千阿富汗尼的時候，五千美元就能發揮出巨大的作用。以這種方式支付的大部分資金無疑會被「浪費掉」。雖然有一些錢會被偷，許多計畫可能會失敗，但即使是藉由失敗的計畫，也會有可處理的小額資金滲入當地經濟，而且至少有一些錢會起到一些直接作用，因為阿富汗人對要修復什麼以及如何修復的想法，來自於他們自己的實際生活，並會利用他們熟悉的技術。

但這種情況從來沒有在任何現實的機會中發生。首先，不存在以這種方式發放資金的基礎設施，也不存在可以迅速部署的撥款官員隊伍。此外，這種方法要求捐贈者支付巨額資金，但卻無法控制資金的使用，而且對他們自己也沒有直接的好處，沒有任何資助者會這樣做。最後，大多數潛在的捐助者，包括最深刻和最純粹的理想主義者，都不希望看到阿富汗僅僅是恢復而已；他們希望看到轉變。因此，當重建資金湧入時，正如它最終從全球各國湧入一樣，這些資金是用於那些在國外籌劃出來，旨在讓一個國家發生蛻變的宏大計畫的大額資金。

美國的捐助開始得很慢，因為執政黨對於幫助任何被毀壞的國家恢復其社會和經濟基礎設施的行為，抱持矛盾態度。作為競選總統的候選人，小布希曾抨擊「國家建設」，並發誓如果他當選，他絕不會在這件事上做任何舉動。因此，小布希的行政團隊自然而然地把干預阿富汗視為一項純粹的軍事任務。其目的是推翻塔利班，殺死奧薩瑪・賓・拉登，僅此而已。阿富汗可能會受到傷害，但解決這個問題不是美國的工作——小布希政府的想法脈絡就是這樣。

在這一年的剩餘時間和接下來的一年，美國在阿富汗的大部分開支，都用於駐紮在阿富汗偏遠的東南和南部，靠近巴基斯坦邊境的五千兩百名駐軍身上。他們的任務相當具體。他們要「掃清」最後一批「塔利班殘餘分子」，一旦完成任務，就立即回家。保障阿富汗其他地區安全的事務會被移交給國際安全援助部隊，即 ISAF，該部隊由土耳其和德國等國家組成（很快便由北約管理了）。

但是，干預阿富汗的準備工作，使得快速進入和撤出變得不切實際。首先，每場戰爭都需要公眾支持。公眾支持需要正義的激情。對九一一事件的憤怒提供了大量的激情，但並沒有完全滿足「這種激情必須要是義憤」的需求。婦女的問題被用來滿足這一需求。從官方來說，戰爭可能是為了懲罰恐怖分子，但從感情上來說，戰爭是為了從阿富汗男人手中拯救阿富汗婦女。不要忘了，阿富汗婦女的狀況根植於文化之中，只有阿富汗人能夠對此做出改變。現在戰爭結束了，在美國軍隊離開阿富汗之前，阿富汗婦女的命運至少看起來要有所改善。否則整個事情就會變得毫無意義——奧薩瑪・賓・拉登已經逃跑了。

此外，就在美國干預阿富汗的幾個月後，在阿富汗的戰鬥結束之前，小布希政府開始為另一場戰爭——一場推翻伊拉克獨裁者薩達姆．海珊的戰爭敲鑼打鼓。這場新的戰爭以新保守主義的核心理論為基礎，即美國可以透過對暴政採取主動的軍事行動，來傳播民主和促進幸福。因此，美國向伊拉克派遣了幾十萬軍隊，並得到了英國的四萬七千人和「志願聯盟」（Coalition of the Willing）的兩萬七千人的支持，「志願聯盟」是由其他三十六個國家（包括冰島，貢獻了兩人）組成的拼湊陣容。事實證明，海珊很容易被推翻，但隨之而來的民主、繁榮和幸福卻難以實現。

到二〇〇三年年中時，伊拉克看起來已經失敗了，而這種失敗使得阿富汗的幸福結果變得更加重要。最初，小布希政府似乎認為阿富汗會自行恢復正常，但到二〇〇三年底時，政府開始承認這樣的可能，也就是美國可能不得不著手進行一些國家建設，以確保婦女獲得解放和權力，確保民主紮根，並確保阿富汗最終實現穩定和繁榮。

在二〇〇二至〇三年時，美國在阿富汗的軍事行動和戰爭相關費用上花費了約三百五十億美元。[3]美國為人道主義和緊急援助編列了近八億美元的預算，而用於長期重建計畫的資金則不到該數字的十分之一，約為六千四百萬美元。在接下來的一年，用於重建和發展計畫的資金開始增加。[4]那時候，許多其他國家的資金也開始湧入。有一些資金由捐助國的政府機構直接投入使用。大部分的資金則透過政府雇用的私人公司或非政府組織投入，這些組織是由公共撥款和私人捐款資助的私人組織，類似於美國所謂的非營利公司。這些非政府組織有私人慈善機構，如 Roots for Peace（一個致力於清除地雷的組織），也有歷史悠久的巨頭，如亞洲基金會，它從冷戰初期就開始在亞洲開展發展工作，主要是為了支持美國的外交政策目標。許多非政府組織，特別是那些由阿富汗人擔任工作人員，並在當地經營的非政府組織，在巨大的困難面前做了真正重要的工作。到二〇〇三年時，仍有三百多個外部非政府組織，大約一萬名雇員在喀布爾生活和工作，截至二〇〇六年時，這個數字已經攀升到了一千六百多人。[5]

事實上，根據二〇〇九年的一項研究，在阿富汗花費的百分之七十七的重建資金完全繞過了阿富汗政府：這些資金是透過非政府組織、私營公司或外國政府機構投入的，而不是經過阿富汗政府的部門。[6] 無論這數十億美元帶來了什麼好處（有一些帶來了巨大的好處），它們對建立政府在阿富汗的權威都毫無幫助。對許多阿富汗人來說，這些計畫使他們的政府看起來像一個插不上話的無助旁觀者。

在世界另一端規劃出來的一些計畫在理論上可能是合理的，但是在實地狀況中，這些計畫只是為了其他人的利益而實施，而且，由於一些計畫的實施十分匆忙（在小布希和卡爾札伊二〇〇四年將面臨的連任競選之前，提供的成功標竿），它們實行得十分草率唬弄。

連接阿富汗北部兩個省分薩爾普勒（Sar-e-Pul）和施博甘（Shibberghan）的公路就是一個明顯的例子。修建這條公路的想法是好的；公路縮短了繁忙的省會城市之間的交通時間，對貿易是很好的促進。但問題是，住在公路沿線的人沒有機會經常去城市，而且許多人沒有汽車或卡車。當他們前往城市時，通常是徒步旅行，用驢子馱著他們的貨物，所以更好的道路並沒有將他們的交通時間縮短多少。這條新路當然比村民們幾十年來自己修建和維護的土路要好。這些土路在夏天有滿是塵土的車轍，在雨季開始後則會變得泥濘不堪。

美國人修建的道路建在一個抬高的石頭架構上，以此來保持乾燥，但匆忙進行的調查，沒有考慮到道路全線的地形坡度。在一些地方，抬高又不透水的路基起到的作用就像是水壩一樣。這條路在必要的地方沒有涵洞，所以水在上坡的一側匯集成池。村民們擔心水會軟化土壤，這足以使他們的鵝卵石小屋坍塌。因此，一些村民帶著鎬頭出去，在道路上開鑿渠道作為排水口，這違背了道路的全部目的，因為汽車甚至無法穿過這樣的簡易溝渠。警察會逮捕做破壞行為的村民。[7] 因此，這條公路確實在農村居民和政府之間創造了一種互動，但並沒有使這個政府看起來像是他們的政府。

在早期，美國人嘗試的最大、最英勇的重建計畫，是重建喀布爾和坎大哈之間的公路，這是阿富汗的兩個主要城市。沒有人能夠指責這個計畫的論據，公路將這兩個城市之間的交通時間縮短了三分之二。然而，這個工程被證明極其昂貴，而且，與許多由美國技術專家和美國資金在阿富汗進行的建設計畫一樣，大部分的錢都花在了美國。這是因為，這類基礎設施計畫必須在美國國會獲得支持，投票支持的立法者對他們的選民負有責任。如果他們的投票不能為他們的選區帶來就業和資金，他們就不可能獲得連任。因此，為阿富汗制定的發展計畫，在結構上要確保必要的物資和設備在美國購買，或者在盡可能多的情況下作為支付給美國技術專家的薪資。[8]

阿富汗沒有規劃喀布爾—坎大哈公路等計畫所需的技術專家。這部分工作被外包給美國的諮詢公司，諮詢公司又將部分任務外包給分包商，分包商又將部分任務外包給分包商，如此循環下去。那麼，通常情況下，為阿富汗發展工作提供的每一美元中，有多達六十六美分被存入了美國的銀行。這並不是貪腐。這是民主。然而，對管道另一端的阿富汗人來說，這看起來很像在阿富汗通常被稱為貪腐的做法。

不過，我們還是要打開天窗說亮話：按照阿富汗的標準，流入阿富汗的確實是一筆鉅款。然而，其中一些錢支付給在現場工作的外國技術專家。這些專業人員要求，在阿富汗工作的錢，至少要與他們在國內私營部門工作賺到的錢一樣多，這也是合理的。否則他們為什麼要去這個遙遠而危險的地方呢？事實上，由於工作涉及真正的風險，只有提供比他們在國內能賺到的更多的錢，才能招募到最高水準的專業人士。因此，在喀布爾—坎大哈公路這樣的計畫上工作的工程師和技術顧問，很可能獲得至少十萬美元的年薪，最多可達二十萬美元。此外，當然不能要求他們在沒有保護的情況下從事這項工作，而阿富汗警察沒有能力提供這種安全保護，他們的能力和忠誠度都不確定。

因此，像路易斯伯格集團（Louis Berger Group）這樣的私人建築公司，從黑水（Blackwater）和全球安全（Global Security）等私人保全公司購買了精銳保鏢。這些王牌保鏢通常日薪一千美元，每人年薪二十五萬美元不等。

在阿富汗工作的大多數美國專家，甚至不會說阿富汗的通用語言達里語，更不會說普什圖語，普什圖語這是美國進行民事重建工作的大多數地區的主要語言，所以他們需要自己的翻譯，最好是能充當文化翻譯的譯員。翻譯必須能說流利的英語和當地語言，因此私營承包公司（新保守主義者的首選援助途徑）雇用了外籍阿富汗人，為大型建築公司以及非政府組織、政府機構和美國軍隊提供翻譯／口譯。

有一天，一家這樣的公司招聘人員突然打電話給我，要在未曾謀面的狀況下，在電話裡，就給我提供一份工作，我感到十分驚訝。我說我不會講普什圖語，我知道普什圖語才是在當地真正有用處的語言，但招聘人員告訴我不要擔心。「你的普什圖語已經夠好了。」由於我唯一會說的普什圖語是「我不會說普什圖語」這句話，所以我對她的保證表示懷疑。

然而，她勸我在聽到這份邀約的待遇之前，先別這麼快決定：這份工作的年薪略高於二十萬美元，其中的百分之八十是免稅薪資，還包括所有的福利和交通費用，而且沒有任何生活開銷可言，因為我將（在這個邀約的案例中）由美國軍隊提供食宿。我的不少朋友和親戚都對這種類型的提議點了頭，所以我知道這種事並非例外。

最後，當一名技術專家帶著他的保鏢和翻譯來到阿富汗鄉下時，他通常會乘坐一輛價格在十萬美元左右的裝甲車。簡而言之，一支在阿富汗境內到處遊走的技術專家隊伍代表著近一百萬美元的收入。[9] 同時，受雇從事體力勞動的當地人的工資為每週四十至七十美元。因此，懷揣百萬美元年薪的單位，管理著那些每天賺五至十美元薪水的碎石工人。這種狀況，就是醞釀出麻煩的處方箋。

而且，一天十美元的收入比那些公路計畫不經過他們家鄉的多數工人的收入還多。一旦公路延伸到下一個區，上一區的工人就會被解雇，而下一個區的人就會得到工作。因此，在公路上工作的當地人就有動力在每天的夜色下，出門破壞他們每天所做的工作，並有信心將破壞行為歸咎於「塔利班」。難怪這條公路的建設成本如此之高。

儘管撥給阿富汗發展的許多資金在離開捐助國之前就被抽走了，但大量的資金最終還是湧入了當地市場。由於這些錢與國內經濟不成比例，產生了意想不到的後果。即使是非政府組織也對這種病症的出現負有一部分責任。許多非政府組織在外國的總部運作，它們在喀布爾設有分支機構。在這些機構裡工作的人，可能是真正的理想主義者，把阿富汗的最大福祉放在心上，許多人賺的錢比他們在國內的有利部門賺的少，但是，他們的工資仍然與他們國家的低端工資水平相稱。事實上，有些人得到了更豐厚的報酬，這也是理所當然的，因為他們冒著生命危險為兒童接種疫苗，而在阿富汗，醫生會因為為兒童接種疫苗而被殺。當然，許多外國人來到阿富汗，並不是為非政府組織工作，而是為那些意圖盈利的國有公司工作。

歸根究底而言，喀布爾到處都是那些口袋裡有現金，但沒有什麼地方可以花錢的外國人。這些外國人可以為了當地的任何產品或任何服務提出任何要求。他們不必討價還價，鑒於他們的富有，相對於這個廢墟國家的普通民眾而言，討價還價確實顯得無味。因此，任何有房子或辦公室要租給外國人的阿富汗人都可以開出自己的價格。從而，頂端房產的租金價格開始飆升。慈善家詹姆斯・里奇（James Ritchie，他對幫助阿富汗感興趣，因為他小時候住在喀布爾，當時他的父母在那裡做發展援助工作）在塔利班倒台後就在喀布爾開了一個辦公室。他以每月兩百美元的價格租下了這個辦公室。當我與里奇交談時，也就是在五年後，這個地方的租金已經攀升到了每月三千美元。[10]

當外國人的租金上漲時，所有人的租金都在上漲。而當租金上漲時，房地產的價格也隨之上漲。喀布爾的房產開始以接近加州房價的價格出售。隨著住房部門的通貨膨脹，其他部門也出現了通貨膨脹。奢侈的需求意味著一些消費者願意不惜一切代價地支付溢價，來獲得他們想要的東西——不惜一切代價，現在就買！新鮮的！熱銷的！最好的！這推動了鞋子、麵包和其他普通物品的價格上漲，不僅僅是對外國人，或靠給外國人跑腿維生的阿富汗新貴而言，而是對所有人而言都是如此。

所有這些四處漂浮的新現金，並不是來自於阿富汗國內經濟的任何基本變化。這些現金不是由新的企業、不斷增長的貿易，或國內經濟生產力的提高所產生，所以這些錢與收入的普遍提高沒有關係。只有為非政府組織、跨國公司和外國政府工作的阿富汗人，可以從這些從天而降的現金中分得一杯羹。這就是為什麼擁有醫學學位的人關閉了他們的診所，轉而去給外國人當司機：他們做司機能比做醫生賺更多錢。

然而，喀布爾的許多居民還生活在舊的經濟體系中，拿著舊的工資標準。教師、警察和公務員的月薪都在三十到五十美元之間。即使是高級別的政府官員，每月的工資也只有幾百美元，而不是幾千美元。經營專注於面向當地人的私營企業的阿富汗人，可能比警察和教師的收入還要低，除非他們的業務涉及走私活動。

新舊經濟之間的差距，在外來資金（和毒品資金）的不斷湧入下，開始使阿富汗的社會結構變得緊張。小規模的「小額」貪腐變成了普遍現象。郵政職員經常以二十阿富汗尼的價格，出售票面價格為十阿富汗尼的郵票，並將其中的差價收入囊中。[11] 畢竟，他們也得養家糊口過日子。警察在發現事故現場時，會對所有他們能抓到的人進行罰款，包括目擊者、旁觀者、圍觀者和碰巧路過的人，而不會管他們是否和事故有瓜葛。負責處理任何形式的文書工作的官僚們都擁有一項權力——那就是放慢速度的權力，而且他們肯定會行使這項權力，除非他們得到小費，更常見的是得到賄賂。他們還能做什麼呢？他們每天早上必須像其他人一樣去上班，而在阿富汗，汽油的價格是每加侖四美元，就像在其他國家的價格一樣。

第三十一章
毒品和貪腐

與此同時，在鄉下，農民們找到了解決他們問題的辦法。他們可以種植鴉片罌粟。與其他作物相比，罌粟有許多優勢。首先，罌粟具有抗旱性。你幾乎可以在任何足夠溫暖的地方種植罌粟，甚至不需任何灌溉系統。其次，罌粟的汁液可以儲存多年而不喪失效力，使其不受市場變化無常的影響。第三，一旦加工成海洛因，它很輕，容易運輸。第四，鴉片的售價比小麥或葡萄高得多，農民不必冒著自己或孩子的生命危險去清除許多畝地的地雷。他們可以在小塊土地上種植足夠的罌粟來支持他們的家庭。

誠然，種植商業規模的罌粟需要特殊的專業知識，但阿富汗人擁有這種專業知識。塔利班政權藉著向罌粟種植者徵稅，獲得了大量的收入，因此他們努力提高產量，部分是透過派遣「顧問」，教農民如何種植罌粟，如何在球莖上打洞，讓汁液流出來，以及如何收集和加工珍貴的鴉片膠質。塔利班還派出執法者，讓頑固不化的農民從其他作物轉而種植罌粟。這個計劃非常有效，到一九九九年時，阿富汗的鴉片已經充斥著世界市場，塔利班的倉庫裡出現了過剩，鴉片的價格也崩潰了。這時，塔利班禁止了罌粟種植，以使價格回升，這與石油出口國為控制石油價格而減產的方式如出一轍（產生了一個持久但錯誤的迷思，認為塔利班至少是反對毒品的）。[1]

將鴉片這種非法產品運往市場也需要特殊的技能。但在這裡，阿富汗人又有了裝備，因為走私在這些地方是一種熟悉的生意。在早先的幾十年裡，走私者曾經把金磚從中東偷偷運到中國，把汽車從杜拜運到巴基斯坦，以逃避政府及其腐敗的中間人在每個邊界徵收關稅。為走私黃金而開發的技能，可以很容易地應用到走私毒品中。

每個行業都需要適當的工人以蓬勃發展。數位技術在加州的矽谷蓬勃發展，因為像史丹佛大學和柏克萊大學這樣的學校，正在湧現出電腦工程師，電腦工程師正是科技業最需要的技術工人。非法毒品走私業最需要的是有經驗的槍手，而在這種類型的勞動力方面，阿富汗則領先於世界。四分之一世紀的戰爭催生出了一代人，他們除了用槍，在其他方面並不擅長，而隨著戰爭的結束，這些用槍的專家需要工作。如果沒有毒品行業的出現，他們就得付諸於搶劫活動，來平衡自己的技能和心理需要了。因此，從某種意義上說，鴉片種植實際上促進了和平。

它也創造了收入。這個行業很快就有了一個等級結構。處於金字塔底層的是鴉片農——他們是佃農。他們可以養家餬口，但仍然貧窮。將貨物運往伊朗和巴基斯坦市場，後來又運往中亞（可運往俄羅斯）的走私者是專業人士：他們可以在死前獲得徹底的財富。然而，即使是這些專業走私者，也很快發現自己在為聰明、老練的人工作，這些人擁有組織複雜的企業、管理遠方的工人隊伍和掌握財務狀況所需的技能。這些新毒梟在赫拉特、坎大哈和喀布爾安家，他們利用毒品利潤投資於其他企業，通常是合法的企業，如航空公司、電信、銀行、卡車運輸、建築和房地產——是的，我知道我在談到流亡的菁英人士回到阿富汗時，提到了所有這些相同的行業，我並不是說老流亡者是新毒梟。我只是想說，在繁榮的喀布爾，一切都有點交織在一起。當然，錢就是這樣的。

簡而言之，新保守主義者所謂由私營企業主重建國家，而不受瑣碎法規限制的設想，正在發揮作用。阿富汗正在成長！錢很多！每個人都很高興，除了窮人，他們是大多數，還有吸毒者，他們的人數在阿富汗至少激增到了一百萬，在伊朗則遠遠超過這個數字，後來還蔓延到北部的中亞共和國，並通過俄羅斯，最終進入土耳其，然後是歐洲。當然，隨著毒品走私變得更加有利可圖，賭注也在增加。毒品民兵開始為路線和領土而戰。無辜的旁觀者被殺。此外，由於毒品在理論上仍然是非法的，富有的毒品黑幫不得不預備一些錢來收買政府官員和警察，因為他們的工作就是要阻止黑幫的活動。因此，毒品行業成為腐蝕所有政府運作的又一個因素，從最高的內閣部長到最低級別的邊防軍都會被腐蝕。

伊朗是阿富汗毒品貿易的主要受害者，伊朗在邊境地區駐紮了大約幾十萬軍隊，並在兩國之間建立了六百英里的圍牆，以阻止阿富汗毒品走私者；但走私者用現金和／或毒品收買了守衛。被派駐在邊境上阻止毒品流動的伊朗士兵最終與毒品交易勾結，或者自己染上了毒品。毒品開始滲透到阿富汗，其社會結構也隨之發生了變化。[2]阿富汗社會結構已經被普遍存在的小規模貪腐所削弱，而大範圍的貪腐以及貪腐的指控和反指控則給它帶來了更大的打擊。以易卜拉欣・阿德勒（Ibrahim Adel）為例，作為礦業部長，他的工作是與外國公司就阿富汗礦產的開採權進行談判。二〇〇八年，阿德勒的辦公室以三十五億美元的價格將銅礦權授予一家中國公司。《華盛頓郵報》報導說，他收受了三千萬美元的回扣，以換取將該契約交給中國公司。這項指控來自一位不願透露姓名的美國官員，他引用了一份軍事情報，根據這份報告，這筆錢在杜拜的一個飯店房間裡轉手。阿德勒否認了這一指控，並且從未被起訴或審判，但在指控浮出水面時，卡爾札伊已經取代了他。

阿德勒最初被任命為政府所有的古里水泥廠民營化負責人。阿德勒在最後一刻對競標的公司提出了一個有趣的條件。他們必須向礦業部交付兩千五百萬美元的現金，以表明他們是認真的。唯一能夠在如此短的時間內拿出這麼多錢的公司是阿富汗投資公司（Afghan Investment Company），該公司由總統的弟弟馬赫穆德・卡爾札伊（Mahmoud Karzai）擁有。在雇傭槍手的陪同下，馬赫穆德・卡爾札伊把錢裝在一個紙箱裡帶到了部裡，並親自放在了部長的辦公桌上。[3]馬赫穆德・卡爾札伊的公司贏得了競標，並簽約將工廠的年產量從四萬噸提高到三百萬噸。[4]

馬赫穆德・卡爾札伊怎麼會有這麼多現金呢？嗯，他從該國最大的私人銀行借來的，而他恰好是該銀行的股東。喀布爾銀行由兩位金融大鱷希爾・汗・法努德（Sher Khan Farnood）和哈利魯拉・費羅吉（Khalilullah Ferozi）創辦。法努德出身於一個貧寒之家，在蘇聯占領期間曾於莫斯科上學。在一九九〇年代，他作為一個高賭注的撲克牌玩家在世界各地遊蕩，賺取了六十多萬美元。他的副手費羅吉曾為阿赫邁德・沙・馬蘇德工作，銷售寶石，並利用利潤印刷價值數百萬美元的阿富汗貨幣，為馬蘇德的軍事活動提供資金。在馬蘇德發現他也在為塔利班印製貨幣後，他就把費羅茲拋棄了。

兩個這樣的人如何能建立一個擁有十多億美元資產的銀行呢？

嗯，是這樣的，他們擁有最適合當時情況和環境的技能。法努德與費羅吉可以與有政治關係的人建立個人聯繫。他們向馬赫穆德・卡爾札伊貸款六百萬美元，馬赫穆德・卡爾札伊用這筆錢購買了銀行的股份，然後用他在銀行的利潤份額償還了這筆貸款。另一個重要的股東是阿布杜・哈辛（Abdul Haseen），他是阿富汗副總統法希姆將軍的同父異母兄弟。法希姆在馬蘇德被暗殺後，接任了北方聯盟總司令的職位；法希姆是美國干預後在新政府中不能被剝奪權力的少數人之一。

法希姆利用他的地位，使他的兄弟哈辛開始走上致富之路。首先，他幫助哈辛獲得了為新的北約基地和美國大使館提供澆築混凝土的契約。哈辛利用這些利潤，在他哥哥花錢買下的市中心的一塊黃金地段上建造了一座高層商場，裡面有很多珠寶店。這並不違法：擁有房產的人可以隨心所欲地將它賣掉（無論是賣得貴或是便宜）。顯然，他認為值得為建立起人脈關係而吃點虧。

哈辛利用商場的利潤又做了幾筆生意，包括一家私人保全公司，該公司獲得了保護外國政府官員和中情局基地的豐厚合約。哈辛還獲得了喀布爾銀行的股份。作為股東，他從該銀行借了一億多美元，不僅為進一步的商業投資提供資金，而且還在杜拜投資房地產。

喀布爾銀行的一些股東還擁有帕米爾航空公司（Pamir Airlines）的股份，該公司是由被指控的大毒梟哈吉．札比．謝哈尼（Haji Zabi Shekhani）創立的。另一家私營航空公司KAM是由烏茲別克指揮官阿布杜．拉希德．杜斯塔姆的乾兒子建立的。這兩家航空公司都與古老的國家航空公司阿里亞納競爭，阿里亞納航空公司公司董事長納迪爾．阿塔什博士（Dr. Nadir Atash）提出將航空公司民營化，然後震驚地發現阿里亞納公司的大部分股份，被政府高級官員及其在商業界的親信收購了。[5]阿塔什後來受到另一位回國的流亡者札比烏拉．阿斯馬提（Zabiullah Asmatey）管理的反腐委員會的指責，反腐委員會被指派調查阿塔什在向波音公司購買飛機的交易中，私吞六百萬美元的指控。沒有任何證據，也沒有提出任何指控，阿塔什逃離出了阿富汗，寫了一本書來指控那些指控他的人的貪腐。反貪腐鬥士阿斯馬提短暫掌管了阿里亞納航空公司，之後因不明原因突然死亡。在二〇一一年，新任總檢察長對阿塔什和他的兩名同夥發出了逮捕令。[6]

阿塔什出逃時的總檢察長是阿布杜．賈比爾．薩貝特（Abdul Jaber Sabet），後來因為嚴重的貪腐行為被解雇了（後來，這個可憐的傢伙還被綁架了，到現在為止仍然下落不明）。薩貝特在九一一之後為美國政府的美國之音電台工作。他訪問了關塔那摩監獄的設施，回來後提交了一份非常受美國喜歡的報告，美國和英國官員向卡爾札伊施壓，要求任命薩貝特為阿富汗的總檢察長，因為他們說，他是一個「犯罪戰士的犯罪戰士」。甫一上任，薩貝特就利用他的檢察權打擊他的商業對手，對他們提出指控——你猜對了：罪名是貪腐行為。在薩貝特的任期內，據稱從喀布爾機場販運的違禁品急劇增加。最後，有傳言說，喀布爾銀行的官員每天乘坐帕米爾航空的飛機，從喀布爾走私價值高達一千萬美元的原始貨幣，但「犯罪戰士的犯罪戰士」卻忙於打擊犯罪而沒有注意到。薩貝特到達喀布爾時是一個相對貧窮的人，但是在他擔任總檢察長之後，他有了足夠的錢在喀布爾最豪華的街區，開發一處主要的住房用地。[7] 當我聽說國務院最近帶來了一些專家，來教阿富汗人如何建立關係網時，我不得不報之以微笑。[8] 因為在我看來，阿富汗人已經相當熟諳要如何建立關係了。

與此同時，阿富汗總統的另一個兄弟，阿赫邁德・瓦利・卡爾札伊（Ahmad Wali Karzai）在坎大哈已經發展得很好了。阿赫邁德・瓦利・卡爾札伊只是省議會的領導人，但坎大哈的每個人都知道他還控制著警察，並對市長發號施令。任何希望計畫得到批准的人都會來找他，因為如果他不做中間人的話，事情就不會得到解決。中情局付錢給阿赫邁德・瓦利・卡爾札伊，讓他招募一支準軍事部隊在坎大哈及其周邊地區巡邏。這是中情局想做的事情，為了完成它，中情局必須去找這個能幹的人。阿赫邁德・瓦利・卡爾札伊是著名的權力掮客，據說連最危險的毒梟都要討好他。[9]

我說「據說」，是因為關於阿赫邁德．瓦利．卡爾札伊的指控很多，但都沒有得到證實。當他最終在二〇一一年底被暗殺時，人們將其歸咎於一些私人爭吵：這是一起盛怒之下的犯罪，而不是政治或毒品犯罪。事實上，在這個新興的貪腐政體中，關鍵人物不是軍閥，而是權力掮客。

在這種情況下，「貪腐」這個詞顯得有些含糊不清。從阿赫邁德．瓦利．卡爾札伊到礦業部長，這些權力掮客中的大多數人，只是在按照這些地方的方式做生意，而在西方國家的人們很顯然不是這樣做事情。裙帶關係建立在個人關係上，而公務員制度則建立在非個人化的抽象概念上。

「把兩千五百萬美元的現金裝在一個紙板箱裡」的這句話聽起來是犯罪。在二〇一〇年時，當媒體發現哈米德．卡爾札伊——也就是總統本人，每月從伊朗收到總計數百萬的歐元現金時，滿城風雨的評論撲面而來。[10] 媒體的評論一直糾結於付款的方式上：用塑膠袋裝著，由卡爾札伊的同事作為隨身行李帶到喀布爾！在美國，只有罪犯才會這樣做。事實上，即使是罪犯也不會這麼做，因為它是如此的危險和愚蠢；但是，當你仔細想一想，這麼做並不違法。在不久以前（也許現在仍然如此），在滿目瘡痍的阿富汗，把你的現金放在有武裝人員保護的箱子裡，可能比放在銀行裡更安全，更不愚蠢。

阿富汗的大貪腐，主要是指各種形式的裙帶關係。人們利用他們的職位，為他們的親屬和親密朋友斂財。然而，在阿富汗文化中，幫助自己的親戚不僅是合法的，而且是光榮的。

事實上，這也是一種義務。如果你是一個阿富汗人，你完全可以指望自己的家人與你站在一起，對抗可能到來的外人。如果不是幫助你自己的家人親戚，你要去幫助誰呢？你不覺得羞恥嗎？因此，每一個在新阿富汗嶄露頭角的家族都盡力在政府中至少安排一個自己人，以幫助家族中的其他人謀求發展。這就是為什麼要有政府存在的緣由。就在幾代人之前，當大多數阿富汗人都是部落遊牧民，或是生活在惡劣環境中，處於生存邊緣的貧窮村民時，一種說你在任何情況下都不能拋棄你的親戚的風氣至關重要。但是把這種精神帶到一個城市環境中，經由數十億美元的資金，流入一個被毀壞的國家，就不是一件好事了。這種精神與新保守主義的教條——人們大力追求私人利益，是對公共利益的最好服務，兩者結合到一起，你就會看到通常被稱為巨型貪腐的現象。

當然了，美國新保守主義者並沒有預計自由的企業會在自然狀態下發生。必須要有規則。法律被制定，每個人都應該在這些參數內運作。他們的想法是，如果私人企業家可以透過任何合法手段自由競爭，追求自己的利益，那麼這個過程就會淘汰無能之輩，讓最優秀和最聰明的人茁壯成長，崛起並管理事務。

然而，在這些基本規則下，當兩個商業競爭者正面交鋒時，雙方都很聰明，都受過良好的教育，都有資金，誰最接近合法的界限，誰就容易獲勝。他們不一定是罪犯，只是願意冒險去做一些非法的事情，願意賭他們不會被指控，或這些指控不會被堅持。這個系統吸引並獎勵了像創建喀布爾銀行的人那樣的冒險賭徒：一個高賭注的撲克牌玩家，和一個願意為戰爭雙方偽造貨幣的寶石走私者。到目前為止，這些賭徒中的大多數人，所做的決定都是正確的。很多的反腐委員會已經成立了，但很少有政府官員被指控或被審判，或被判定犯有任何的罪行。在重建過程中出錯的事情，更加重了貪腐體系的崛起。

第三十二章
塔利班主義

在城市之外，麻煩的種子從一開始就在土壤中滋生出來，但美國的干預措施所引發的普遍樂觀情緒，在一開始創造了一個對暴力活動持有敵意的環境，因此這些種子在悄悄地秘密發芽。克里斯托夫・魯伊特（Christoph Reuter）和博爾汗・優努斯（Borhan Younus）講述了毛拉・法魯克（Mullah Farooq）的故事，毛拉・法魯克曾是一名宗教學校的學生，因此，從理論上，他是一名神學士，住在加茲尼省的一個農村地區。他對塔利班被趕走感到很生氣，並想做一些驚天動地的事情，向世界展示他的人民沒有死，仍然在戰鬥，並將會戰鬥到最後一滴血。在二〇〇二年底時，毛拉・法魯克去找他的朋友阿布杜・阿哈德（Abdul Ahad），一個更有經驗的指揮官，提議要製造一些暴力。「不，」阿哈德說。「現在還為時過早……人民還不會跟隨我們。」時機還不成熟，因為「人民」——廣大的阿富汗人，仍然對美國會改善他們的生活，抱有很大希望。[1]

因此，阿哈德和法魯克就在等著事情走下坡路，而事情也的確走了下坡。重建的失敗只是其中的一個部分。二〇〇二年夏天，第一次支爾格大會後的一個月，飛越赫爾曼德省的美國戰機將一個婚禮派對誤認為是一隊叛亂分子，因為派對上的男人向空中發射步槍，這是該地區婚禮上的節日習俗。戰機掃射了這場婚禮，造成包括婦女和兒童在內的四十七名平民死亡，另有一百一十七人受傷。發現這一錯誤後，在喀布爾的美國官員表示了深深的歉意。這一事件給人們留下了不好的印象，然而，當時我聽到喀布爾的人們說，他們理解當時的情況很混亂，錯誤時有發生。他們願意原諒美國人，只要美國人從錯誤中吸取教訓，不再重蹈覆轍。

然而，到了這一年年底，從阿富汗人的角度來看，美國在阿富汗的暴力正在制度化。美國接管了蘇聯建造的巴格拉姆大型空軍基地，就在喀布爾北部，並將其改造成一個堅不可摧的堡壘，任何阿富汗人都無法接近，更不用說進入了。少數看到裡面的阿富汗人說，在巴格拉姆有一整座現成的美國城市，裡面有夜總會、電影院、餐館和商店（嚴重誇張）。來自許多國家的士兵和私人承包商在那裡生活和工作，因此該基地需要花費數百萬美元來維持，但這些開支對周圍地區的經濟沒有影響，因為巴格拉姆居民使用或消費的所有東西都是從外國直接空運過來的。例如，餐廳裡的牛肉來自澳洲。甚至還有關於豬肉的傳言。

在巴格拉姆，美國建立了一個拘留中心，其暗黑的名聲很快就能與關塔那摩不相上下了。美國特種部隊和情報人員，將涉嫌參與恐怖活動的阿富汗人帶到這個該地區最大的拘留中心，由專家進行審訊。這些專家並不都是美國軍事人員；他們包括美國政府雇用的私人承包商。有時，美國承認他們錯誤地逮捕了一些無辜的人，這些被拘留者被釋放，但不一定在他們被「審訊」之前。那些進入巴格拉姆並出來講述故事的人報告說，人們在那裡遭受毆打，或被鎖住，戴上頭罩，在一個箱子上站了幾天幾夜。有一個人，一個被認為與塔利班沒有任何關係的計程車司機，被毆打致死，顯然是因為審問他的專家在他每次被打了一拳後，就喊一聲「喔，真主啊！」[2]這些報導與從關塔那摩傳出的類似故事混在了一起，在阿富汗人中傳播著一種恐怖的感覺。

卡爾札伊政府迅速採取了行動，建立了一支阿富汗國民軍（ANA）和阿富汗國家警察（ANP）部隊，這顯然是正確的做法：否則就會陷入持續的混亂。但是，「迅速」意味著將槍枝和權力交給數以千計未經審查的人，並將他們派往戰場，發出阻止惡人的模糊指令。

不可避免的是，這些新的安全部隊中的許多人，表現得好像他們手裡的槍和身上的徽章讓他們有了什麼特權一樣。比方說，有一天，一名為國家情報局工作的軍官來到加茲尼的布料商阿布杜．卡里姆那裡購買布料。軍官要求布商給他一個大折扣，商人拒絕了他，然後這位軍官便指控阿布杜．卡里姆為蓋達組織提供掩護，並把他送進了監獄。在那裡，阿布杜．卡里姆這個可憐的人遭到了毆打。最後，他支付了一萬盧比出獄，但整個事件使他離開他的生意長達一年之久，阿布杜．卡里姆的生意幾乎全毀了。[3]

這位布商的情況並不是特殊案件。像這樣的事情已成為了慣例。更糟糕的是，軍隊和警察部隊中的塔吉克人和烏茲別克人比例過高，因為這些族群在勝利的北方聯盟中占主導地位。雖然他們來自北方，但他們主要駐紮在南方，因為人們認為那裡是動盪的地方，而這些地區主要住著普什圖人。因此，塔吉克人和烏茲別克人被賦予了國家權力，並被派去持槍對不安的、被打敗的普什圖人強加秩序，這無助於促進建立一個單一的、團結的阿富汗社會。

隨著怨恨的積累，每一個關於新政權掠奪行為的故事都在不斷壯大。從喀布爾回來的人報告說，他們看到街上到處都是空酒瓶。喀布爾以西農村地區的一位毛拉，在星期五的演講中沉痛地說，首都的男孩和女孩在公共場合隨意發生性行為，然而公眾卻對這種行為毫不關心、冷漠以對。他說，這就是喀布爾的現狀：它現在就是「歐洲的一部分」。謠言開始流傳，美國人在巴格拉姆強姦年老的男人。這種離奇的故事對阿富汗農村人來說很容易相信，因為此時許多人已經看到或聽說了在伊拉克阿布格萊布監獄拍攝的照片，其中一張照片顯示，一名美國女獄警像對待狗一樣用繩子牽著一名赤身裸體的穆斯林男子，另一張是一堆穆斯林男子被迫赤身裸體躺在一起，像木柴一樣堆在一起。

在二〇〇三年八月，毛拉．法魯克和他的同夥認為，時機已經到了，是時候點燃燎原的星星之火了。他們襲擊了一個軍事車隊嗎？沒有。美軍的一個基地營？不是。政府設施？不是。他們殺害了紅新月會（Red Crescent Society，穆斯林版的紅十字會）雇傭的兩名救援人員。

這一恐怖事件引起了廣泛的憤慨，但這種憤慨只有助於毛拉．法魯克的事業。他並不是為了成為萬人迷。毛拉．法魯克想讓自己出名。重要的不是他的行為引起了多少人的反對，而是有多少人聽說了這件事。謀殺案使毛拉．法魯克和他的小團體浮現在地平線。人們現在知道，在他們自己的社區裡有一些值得恐懼的東西了。

幾個月後，二〇〇三年秋天，兩名騎摩托車的男子槍殺了一名法國救援人員，二十九歲的貝蒂娜．瓜拉爾（Bettina Goislard），她在那裡參加了聯合國的一個計畫，以安置五萬名流離失所者（阿富汗國內難民）。瓜拉爾的工作很受尊敬，也是很值得珍惜的。被激怒的當地人抓住了兇手，毆打他們，並將他們移交給了政府進行審判。你可能認為這種反應會導致毛拉．法魯克和他的組織重新考慮他們的戰略。但是他們沒有：他們認為——相當正確地認為，任何一段沒有創傷事件的日子，都有利於喀布爾政府及其外國贊助者的事業。任何令人恐懼的暴力事件，不管是誰做的，都會破壞公眾對積極的未來的信心，並削弱民政當局。混亂是勸阻和趕走外國人所需的中間階段，然後起義者才能重新實施法律和秩序——他們的法律，他們的秩序。

美國、北約和卡爾札伊政府在某種意義上促成了法魯克的事業。在貝蒂娜．瓜拉爾被殺害的一個月後，北約的一次空襲摧毀了一棟被認為是關押塔利班嫌疑人的建築。然而，這次空襲使得九名兒童和一些與塔利班毫無關係的人們喪生。這一行動引起了與殺害瓜拉爾相同的反感，並助長了一種道德上的對等感：塔利班在殺害無辜的慈善工作者；美國及其盟友在殺害無辜的兒童。這有什麼區別呢？

當美國誤殺平民時，美國人承認自己的錯誤，並對受害者家屬進行賠償，但賠償本身成為一種有問題的做法。問題是，美國國防人員知道，在阿富汗的普什圖人部落中，謀殺案有時是由兇手的家人向受害者的家人付錢來解決的。這可能太容易導致（我懷疑）對非正常死亡的賠償是一種商業交易的概念。我曾在華盛頓特區的一個培訓課程上，遇到過一位認真的年輕分析師，他告訴我，在伊拉克這類案件的標準賠償是什麼，他已經研究過了，他想知道在阿富汗的「了結價碼」是什麼。

但是，對非正常原因死亡的賠償並不是一種「了結價碼」上的交易。這種賠償是調節部落互動的複雜社會機制網的一部分。這種特殊的機制提供了一個逃避條款，使人們可以從另一種社會機制所引發的無休止血仇中解脫出來，這另一種機制，就是人們深切感受到為自己的親屬報仇的義務。每一項解決方案都是在文化背景下，個人之間的複雜談判。從美國的角度來看，付款肯定已經解決了問題，因為款項已被接受。事實上，這些錢可能只是讓人們對自己的親屬在自己的土地上被外國勢力殺害的怨恨更加複雜。

二〇〇四年七月，阿富汗警察在喀布爾的一處居民區偶然發現了一間私人監獄，這個監獄是由「離群」的前特種部隊特工傑克·艾德馬（Jack Idema）建立的。他與合夥人布倫特·貝內特（Brent Bennet）和第三個人愛德華·卡拉巴洛（Edward Caraballo）一起工作，卡拉巴洛在那裡拍攝他們的活動情況。當他們被逮捕時，他們在他們的恐怖之家關押了八個阿富汗人。三個人的腳被綁在天花板上倒掛著。艾德馬和貝內特已經將他們的囚犯「審訊」

了好幾天了。天知道他們希望得到什麼訊息。美國否認與艾德馬有任何瓜葛，但美國在私人監獄被發現前的一兩個星期就開始否認，這表明一些美國官員可能已經知道艾德馬在做什麼了（當然了，也有可能他們只是覺得他很怪，不討人喜歡）。[4]

卡爾札伊政府正努力在安達爾（Andar）這樣的地方建立一個正常的行政機構，安達爾是毛拉．法魯克稱之為家的農村地區。政府為各區任命了區長，為警察部隊配備了人員，並建立了市政中心和法院，以履行政府職能。各種非政府組織也進入了安達爾和類似地區，恢復供水系統，建立醫療診所，並提供人們迫切需要和希望的其他改進。

但是，新的叛亂分子磨練出了一種策略，以削弱這些發展努力可能帶來的好處。他們沒有直接向卡爾札伊政府或外國軍隊發起攻擊，而是攻擊他們所精心挑選的個人，一次抓一個，就像是狼抓走流浪狗一樣。有時這些人是政府官員；更多時候，他們只是與政府合作，或表示願意接受新秩序的人。政府可能會召集軍隊來保衛一個地區、一個城鎮、一個區甚至一棟建築。但一個警察？一個辦事員？幾乎不可能。這就讓目標個人在暴風中飄搖不定了。

以阿布杜．哈基姆為例，他在加茲尼的警察局工作。他沒有什麼重要的工作，只是一個與警察部門有關的不起眼職位。毛拉．法魯克發信警告阿布杜．哈基姆，要他辭掉工作。毛拉．法魯克還在阿布杜．哈基姆的牆上貼了「恐嚇標語」，描述了如果他不辭職會發生什麼事。阿布杜．哈基姆則堅持不懈地工作。然後，有一天，他的大兒子從軍隊中休假回家，不明身份的襲擊者在他父親的門前將他殺了。幾星期後，阿布杜．哈基姆的小兒子也被「逮捕」了，也就是被綁架，他被視為美國間諜「受審」。阿布杜．哈基姆的小兒子被認定有罪並遭到了處決。阿布杜．哈基姆已經得到消息了。[5]

當一家私人建築公司試圖修建一條穿過毛拉．法魯克所在地區的道路時，他的手下多次破壞該計畫。法魯克讓人們知道，他並不反對修路；他只是反對外人未經他的許可在他的地盤上工作。非政府組織和私營公司意識到，只要在來到毛拉．法魯克的地盤之前與他取得聯繫，並獲得他的批准，他們就可以省去很多麻煩。這樣做既不花錢，又能確保他們安全地開展工作，何樂而不為呢？但是，當外人尋求毛拉．法魯克在他的地盤上工作的許可時，他們就傾向於確認他是那個小地區的統治者了。

毛拉．法魯克並不重要。他只是一個人，他的影響力是有限的。然而，在美國干預的幾年內，數以百計的法魯克在阿富汗崛起。他們是自主行動的參與者，但又不是。他們有親戚，而這些親戚又認識像他們一樣的其他人的親戚。他們與這些人建立了聯繫，達成了合作安排，並達成了協議。漸漸地，眾多的法魯克們凝聚成了由大人物指揮的網絡，他們的領導是這些地方所熟悉的那種人物，領導方式基於透過傳統管道獲得的威望，建立在多年的恩惠和分享的艱辛，以及部落和家庭聯繫所產生的互惠義務之上。

其中一個最大的網絡是在賈拉魯丁．哈卡尼（Jalaluddin Haqqani）的指揮下，在東南部運作的，哈卡尼是聖戰者組織時期的傑出人物。在一九八〇年代時，哈卡尼從中央情報局獲得過大量資金和武器，以幫助他對抗蘇聯。在第一任聖戰者組織政府中，他曾擔任司法部長

（與哈米德．卡爾札伊一起，後者是該內閣的外交部副部長）。塔利班被推翻後，哈卡尼宣布自己是塔利班成員，並開始與西方軍隊作戰。他宣布毛拉奧馬爾是他的精神總司令，並聲稱奧馬爾已任命他為整個東南部地區的軍事司令官。哈卡尼的兒子西拉吉（Siraj）是著名的無情自殺式爆炸和斬首行動的倡導者，擔任他的副手。

古里布丁．希克瑪提亞爾，這個過去的年老倖存者，也從伊朗回來了，他之前一直在伊朗藏身。希克瑪提亞爾在過去曾是中央情報局和三軍情報局的主要寵兒，但現在他也宣布加入塔利班。實際上，這意味著希克瑪提亞爾重新啟動了他原來的伊斯蘭主義黨組織。希克瑪提亞爾沒有像哈卡尼主宰東南部那樣，主宰任何一個地區，但希克瑪提亞爾有全國性的影響力。他在全國各地和其他人的領土上建立了控制的「各個小島」。希克瑪提亞爾再度成為了一個競逐者。

毛拉奧馬爾和他的政權的高級官員，在阿富汗邊境以東的城市奎達重新整合起來，成立了一個舒拉——委員會。據稱，奧馬爾仍然負責整個叛亂活動，儘管他從未公開露面。奧馬爾的演說透過發言人進行；而且，由於發言人有時會相互矛盾，因此無法判斷他們是真的為奧馬爾說話，還是只為自己說話。為了解決這個問題，奧馬爾任命了兩個人作為他的官方發言人——但他也是透過發言人來任命的。這兩個人發言人被稱為札比烏拉．穆賈希德（Zabiullah Mujahid）和哈尼夫博士（Dr. Hanif）。因此，只有來自這兩個人的消息才是官方消息。[6]但他們只在未公開的地點透過電話與媒體溝通，也沒有人知道他們的長相，所以他們可能是使用同樣兩個名字的許多人。如果是這樣的話，就無法判斷他們中的哪一個聲明是真的來自毛拉奧馬爾了。

這些都不重要，因為奧馬爾並不是一個實際的行動領袖，而是一種想法。如果奧馬爾與真正的人互動，親自指揮叛亂，他可能會得到許多人的服從，但他肯定也會樹立一些敵人。沒有人能夠取悅所有人。透過不露面，而是只發布宏大的主題性指令，奧馬爾便成為一個神話般的人物，每個人都可以把奧馬爾塑造成自己想要的領袖。因此，相互間有激烈衝突的人都可以聲稱毛拉奧馬爾是他們的精神領袖。畢竟，這樣做並沒有讓他們做出承諾，來採取任何具體的行動方案。

無論其總體權力如何，奎達的舒拉委員會據說指揮著整個阿富汗南部的叛亂行動。我使用「據說」這兩個字，是因為舒拉委員會實際上的行政控制力存在爭議。在當地，整個叛亂分子網絡聲稱是在奎達的舒拉委員會的指揮下行動，但它們實際上似乎相當自主。這些網絡有時合作，但有時又為控制毒品路線等事競爭。

一個網絡的領導人毛拉・阿赫塔爾・奧斯曼尼（Mullah Akhtar Osmani）為塔利班徵稅，作為其大規模走私活動的一部分。在二〇〇七年，他在北約的一次空襲中喪生，這可能是因為他的行蹤被另一個網絡的領導人、惡名昭彰的毛拉・達杜拉（Mullah Dadullah）洩露給了北約，達杜拉的凶殘甚至讓他的朋友和同夥都感到害怕，他們稱他為「屠夫」（這裡是說他喜歡揮起斧頭把頭砍下來）。據報導，毛拉・達杜拉指揮著幾百名副手（每個人都有自己的半自治小組），但達杜拉本人又被英國特種部隊殺死了，這件事可能是發生在達杜拉的行蹤被奎達舒拉委員會內部的敵對毒梟把消息洩露給北約之後。[7] 達杜拉的兄弟曼蘇爾（Mansur）繼承了這個網路，但他被巴基斯坦特工抓獲，這次行動據稱是在奎達舒拉中擔任高級職務、甚至可能是第二號職務的毛拉・巴拉杜爾（Mullah Baradur）的授意下完成的（毛拉・巴拉杜爾本人又於二○一○年二月被三軍情報局逮捕，但在九個月後可能已被釋放了）。

媒體經常將阿富汗的暴力行為歸咎於所謂的那個「塔利班」。我認為，這一指控具有誤導性，因為它暗示了塔利班是一個具有既定等級制度的單一組織。也許，在一九九六年時，當塔利班首次席捲阿富汗南部，他們鬆散地符合這一描述。但是在美國的干預下，已經形成了一場最適合被描述為「塔利班主義者」（Talibanist）的新叛亂。

今天，「塔利班」這個名字被隨意地和各種人物混在一起，從毒品黑幫頭目，到當地的宗教狂熱者，再到外國的衛教戰爭主義激進分子，以及與蘇聯作戰的聖戰者運動前首腦們。

倫敦《泰晤士報》的湯姆・科格蘭（Tom Coghlan）提供了一個例子。在二○○六年六月十八日，一輛載有卡爾札伊政府官員阿米爾・達多（Amir Dado）的汽車在坎大哈附近遭到襲擊，達多的兄弟被殺。此後，一股暴力浪潮席捲該地區，到當天結束時，阿米爾・達多的四十多名親屬被殺。這是一次塔利班的行動嗎？

嗯，有點像。在塔利班接管之前，阿米爾・達多是一個殘暴的軍閥，他是那些犯罪分子之一，他們的掠奪行為首先助長了塔利班的崛起。在美國的干預下，達多是眾多軍閥中的一員，他們重新確立了自己的地位。卡爾札伊政府無力反對所有軍閥，只好權宜地任命其中一些人在他們掌握權力的地區擔任官方職務。

達多也是一個部落的成員，該部落長期以來一直與其他兩個當地部落爭奪統治權，這種爭鬥可以追溯到古代。在最近的日子裡，這些部落之間的爭鬥，已經演變成對當地毒品貿易控制權的爭鬥。阿米爾．達多的部落因其在卡爾札伊政府中的職位而獲得了優勢，而這一事實使敵對部落的不滿。[8]

因此，當那天反對達多的槍戰在該地區蔓延時，有一部分是民眾的起義：當地人從以前就討厭阿米爾．達多。這在一定程度上，也是一場反對中央政府的地方主義起義，也是三個部落之間長期爭鬥的一段插曲，同時也是一場關於毒品和金錢的鬥爭。但在某種程度上，它也是總部設在巴基斯坦的奎達舒拉委員會，在重新確立其對坎大哈控制權的運動中的一次打擊。因此，將這場戰鬥「追溯」到塔利班是準確的，但一旦解構了「塔利班」一詞的意涵，這種追溯的意義就不復存在了。

在整個二〇〇五年，反政府的暴力事件不斷增加，但在這期間，政府也取得了進展。一位當選的總統開始了他的第一個任期。一個民選的議會開始工作。新的公司在喀布爾興起。漂亮的小旅館在許多城市裡開張營業。喀布爾出現了像精緻的塞雷娜飯店這樣的五星級飯店，為從世界各地湧向阿富汗的國際商人提供了高級住宿。在喀布爾、馬札里沙里夫和赫拉特等城市，外國人社區可以外出用餐，而且不僅僅吃例如烤肉串或手抓飯的阿富汗菜餚，還有從泰國菜到義大利菜的各種美食供人選擇。在二〇〇五年，一位剛從喀布爾回來的美國人告訴我，阿富汗現在好多了。「你可以在街上買到啤酒，」他高興地說。在喀布爾，購物者可以參觀一個看起來與加州聖莫尼卡的百貨公司沒有什麼不同的百貨公司，而在瓦齊爾・阿克巴・汗（Wazir Akbar Khan）社區的高級住宅區裡，外國人可以在一間西式超市裡購買食品。

喀布爾各個部會的顧問們開始整理阿富汗錯綜複雜的土地所有權檔案。他們對這些紀錄進行了整理和數位化，以方便流亡者拿回他們的財產，因為多年來，每一次政府的更迭都給了一組全新的官員機會，來沒收理想的房屋並偽造文件，以支持他們的所有權索求。

喀布爾大學增加了學習和專門研究特定學術課題的分支機構。一所阿富汗研究中心開始蒐集歷史文件，並將其數位化，現在他們正將這些文件放到網路上，讓世界上任何地方的學者都能看到。一所新的私立大學在喀布爾啟動，它並不便宜，但現在已經有阿富汗人可以負擔得起那種不便宜的學費了。

憲法承諾了新聞自由，儘管發生了幾起所有人都心知肚明其企圖的審查事件，但媒體仍然蓬勃發展。私人報紙、雜誌和廣播電台應運而生。一個從澳洲歸國的流亡者家庭建立了著名的 TOLO（日出）電視台。隨後，阿里亞納電視台、沙姆沙德電視台和許多地方電視台也相繼成立，更不用說還有幾十個獨立的廣播電台。

當然了，流亡者、非政府組織、外國政府和阿富汗政府繼續推動在所有城市、所有城鎮和農村地區建立學校和更多的學校。所有人都同意，教育是關鍵。引用一位二〇〇二年在洛杉磯的一次會議上與我交談的女士的話，當時九一一事件才發生後不久，她對我說：「如果我們能**教**那些阿富汗人就好了。」當我問她，認為我們應該教那些阿富汗人什麼時，她攤開雙手哀嘆道：「就是……**所有事情！**」

第三十三章
引爆點

至少到二〇〇五年年底時，在通往臨界點的競賽中，混亂和秩序是並駕齊驅的。有橋梁被炸毀，有診所被破壞，有無辜的人被殺害；但與此同時，也有橋梁修建起來，手機激增，新學校開張，甚至連偏遠的村莊也開始參加全國選舉。在二〇〇六年，混亂的局面開始逐步展開。在這一點上，即使是外行的觀察員或是政策專家也都會同意：二〇〇六年是一個轉折點。而且，對於塔利班叛亂分子來說，學校變成了關鍵：二〇〇六年是焚燒學校的一年。

在談到學校時，許多人似乎把它們視作是一個中性事物。當然了，這種想法是認為，所有的父母都希望他們的孩子接受教育，但這種想法也假定了在「受教育」的含義上存在著普遍的共識。學校是傳播思想的工具；當一場思想戰爭正在進行之時，建造學校就成了一種戰爭行為。在阿富汗，當心地善良的人們在叛亂分子肆虐的農村地區建造學校時，他們是在戰爭區域裡建立不設防的建築，並將最柔軟的目標——兒童，填入其中。在二〇〇六年時，塔利班叛亂分子意識到了這是一個多麼好的機會。

也許在此之前，塔利班分子還不敢襲擊學校，因為他們害怕這麼做會越過一條界線，會使他們與他們希望有朝一日能夠統治的人民無可挽回地、永久地疏遠開。然而，在二〇〇二年至二〇〇五年期間，一場宣傳戰軟化了這個領域。在此期間，來自奎達的舒拉委員會和巴基斯坦宗教學校的無情宣傳，造成了所謂的「教育焦慮症」。

那些本身是文盲的父母被告知，如果他們把孩子送到西方認可的學校，他們的孩子會反對伊斯蘭教。宣傳中提到了六〇年代和七〇年代在政府學校就讀的農村兒童的情況：他們變成了共產黨員，爬進了蘇聯人的戰機，回來轟炸自己的村莊和自己的家庭。現在（宣傳人員說），那些在喀布爾的街道上扔著半空的威士忌酒瓶，在巴札上出售赤裸的色情製品，還教女孩怎麼半裸著身體在公共場合走動，那些把堆積如山的豬肉空運到巴格拉姆的人，正要求允許他們來「教孩子」。

在這場運動所激起的焦慮中，塔利班分子發動了他們的攻擊。二〇〇五年十二月中旬，他們在赫爾曼德省的一所學校門口殺死了一名教師。在接下來的一個月裡，他們在扎布爾省斬首了一名中學教師。在當月，他們燒毀了坎大哈省、赫爾曼德省和朗格曼省的學校。在隨後的幾個月裡，有更多的教師被殘害，更多的學校被攻破、燒毀或嚴重損壞。[1] 例如，在霍斯特的加法爾拉坎瓦爾的學校，叛亂分子將所有的課桌堆在了一個房間裡，然後放火燒掉。在納迪阿里，穆罕默德・汗・哈羅提（Mohammed Khan Kharoti）開辦的綠色村莊學校遭到了圍攻。到年底時，阿富汗東南部和東南部的兩百多所學校已經關閉：家長們似乎不願意讓他們的孩子上前線。

學校襲擊事件開始耗盡了希望的氣息。突然間，未來看起來又變得血腥了。叛亂分子的暴力行為在南部，沿著阿富汗和巴基斯坦之間的整個邊界激增。在二〇〇七年，赫爾曼德省發生了七百五十一起暴力事件，從襲擊、謀殺到越獄，不一而足。

如果說這是糟糕的一年的話，那麼下一年就更糟糕了。推動了暴動蔓延的態度就像是蛀蟲感染一樣。我所說的「態度」，是指一種普遍的意識，也就是任何與攻擊在阿富汗的外國項目相關的人都是值得讚揚的，無論是政府官員、美國人員、北約人員、聯合國人員、非政府組織工作人員，還是救援人員，等等。

塔利班主義運動開始有了結構。境外的思想家和所謂的「各種舒拉委員會」散發出一種意識形態，作為一種溶劑和黏合劑，給異質的「運動」一種團結感，使分散各地、不同背景、不同族裔、彼此間沒有直接聯繫的人們，有可能形成一種統一的意識，從而知道他們是誰，他們在為什麼而戰。

這種意識是很容易被喚起的，因為它是來自於傳統的、部落式的伊斯蘭教，這是阿富汗農村非常熟悉的社會體系，也是農村群眾無論有什麼分歧，都會認同的一套觀念。

哈卡尼、曼蘇爾、希克瑪提亞爾和毛拉．托爾（黑毛拉）等網絡首領制定了宏偉的軍事計劃，這些計劃需要許多指揮官和他們網絡的共同參與。這些領導人與巴基斯坦的同行進行協調，那裡的塔利班叛亂分子的類似網路正在形成（可以說就像是阿米巴變形蟲一樣），例如貝伊圖拉・馬赫蘇德（Beitullah Mehsud）及其家族在斯瓦特山谷領導的網絡。這些網絡的負責人負責籌集資金，管理資金，並分發武器。

在首領的下面，出現了一個行動指揮官的層級，他們是專業的武裝分子和全職殺手，唯一的職業就是叛亂。這些人從一個村子到另一個村子，從村民那裡獲得食物和住所，打擊有機會的目標，然後撤退到巴基斯坦，進行休整並獲得新的武器。

全職叛亂分子在任何地方都有一群數目多得多的兼職人員可供調用，這些兼職戰士只在他們的家鄉地區活動。在不打仗的時候，這些人都在耕地，或做其他標準的農村瑣事。只有當他們和他們的朋友制定了一些計劃，或者當他們接到一些受人尊敬的當局（如奎達舒拉委員會）的電話，讓他們在自己的地區幫助開展行動時，兼職戰士才會去戰鬥。

叛亂活動幾乎完全依靠謀殺、暗殺和小規模的「打了就跑」的攻擊戰術。這種戰爭方式使擁有更多部隊、更多資金、更多武器和更好技術的敵人享有的優勢被削弱了。塔利班分子有時確實會襲擊警察局和其他受保護的地點，而且為了這種襲擊行動，他們可以在兩三天前召集多達一百名兼職戰鬥人員。然而，即使如此，在發動突然襲擊後，他們通常只是戰鬥幾個小時，然後在北約的空中支援到達之前就散去了。[2] 一旦他們溜走，他們就變得與普通民眾無異——部分原因是，他們中的大多數人就是普通民眾。在蘇聯人的時期，蘇聯人也曾面臨過完全相同的問題。在他們之前的英國人也是如此。

到二〇〇八年時，塔利班正在指定他們的某些指揮官為影子政府的「官員」。有男人們被任命為城鎮的影子市長、影子警察局長、影子區長、整個省分的影子省長。我們並不清楚這些影子管理者是否從事了任何實際管理。僅僅是叛亂活動有了官員這一事實，就給人一種波昂計劃的成熟替代方案的感覺——似乎一個新政府已經準備好介入，而且他們準備好在卡爾札伊和他的外國朋友被趕走後，開始管理事情。

最重要的是，塔利班開發了一種替代政府司法系統的方法。[3] 塔利班分子的流動法庭開始在各地巡迴（就像是舊英格蘭的巡迴審判法庭一樣）。這些法庭不是由上面指揮的——他們並不需要指揮。這些法庭基於一個已經存在的司法系統。司法系統在十五個世紀的過程中發展起來。法律非常具體，它們已經寫在書上，而且是無數的書。所有那些可以宣稱具有某種學術聲望的人——這幾乎是所有名字中包含毛拉維、穆夫提或 *qazi* 等榮譽稱號的人——他們都可以宣稱有權力按照伊斯蘭教法來執行司法。就這一點而言，任何被稱為「毛拉」的人也可以這樣做，儘管嚴格上而言，毛拉並不代表有足夠的學術能力來進行立法或審判。在緊要關頭，甚至是連那些被稱為「哈只」（hajji）的人（這只意味著此人至少到麥加朝聖過一次），也可以稱自己有資格主持公道。如果人們接受了他的判決，那麼他就擁有了他所聲稱的權威，因為伊斯蘭教就是這樣在基層運作的。並不是說，所有這些法官真的了解伊斯蘭教法。他們所知道的只是生活在其中的人們的固有判斷和習俗。

因此，在受叛亂影響的地區，有糾紛需要解決的人有一個選擇。他們可以去最近的政府開設的法庭，在那裡，他們可能需要支付賄賂來審理他們的案件，而且賄賂的多少可能會決定結果，或者，他們可以等待塔利班的流動法庭來到他們的地區，再將他們的案件提交給法官小組。

農村人開始越來越多地向塔利班法庭尋求裁決，這不僅是因為如果他們去政府法庭的話，他們有可能會被（叛亂分子）殺害，而且還因為，即使在最不腐敗的政府法庭，判決的依據也是與尋求判決的人的習俗、風俗、根深蒂固的權力關係和最深的偏見相矛盾的法律規範。例如，如果一個人給了一個遠房親戚一定數量的鴉片，以換取他十二歲的女兒，然後這個親戚把鴉片賣掉換成了現金，但卻沒有交出女孩，因為女孩自己反對——那麼，塔利班的法官會理解原告的不滿；相反，一個誠實的、高尚的政府法官，根據首都頒布的開明法律行事，可能會說：「你把女兒賣給這個傢伙？用來換取鴉片？別管誰有冤情，你們都得坐牢！」

叛亂活動已經毒害了農村的生活。在二〇〇七年，當聯合國試圖在緊鄰巴基斯坦邊境的帕克蒂卡（Paktika）進行對政府態度的調查之時，其研究人員甚至無法進入許多地區。

戰火也悄悄地進入了城市。自殺式炸彈襲擊了工業城市巴格蘭（Baglan）的一家糖廠，造成了七十五人死亡。在二〇〇八年一月，四名深藏炸藥的槍手襲擊了塞雷納飯店，殺死了一名警衛，然後其中兩人被殺，另外兩人被俘。死亡人數並不誇張，但它的目標很令人驚駭！塞雷娜飯店是喀布爾國際商務人士的首選飯店。一個月後，坎大哈的自殺式炸彈襲擊者在一群觀看鬥狗的下注人群中引爆了自己，殺死了大約一百人。那年七月，有人駕駛汽車炸彈進入了印度大使館，殺死了五十八人，其中大部分是當地的阿富汗人。媒體猜測，塔利班要對此負責。正如我之前所說，嗯，當然了。

在此時，塔利班對於建立徵收稅款的體系，已經取得了很大的進展，可以對所有的收益（特別是農民的收益）徵收一成的稅款。此時唯一值得討論的農產品是鴉片，而且，在主要的鴉片種植區，這種產品已經經歷了一種奇怪的蛻變。它不再是人們為賺錢而出售的一種作物。鴉片已經變成了錢。人們把它當作貨幣來使用，甚至用來支付衣服和雜貨等日常消費品。[4] 鴉片（就所有實用目的而言）是不會腐壞的，它可以精確地量化，它是普遍可以得到的，而且供應是有限的：擁有鴉片的唯一途徑是生產它，或參與它被交易的經濟體系。因此，像任何貨幣一樣，鴉片為經濟互動帶來了（某種）穩定和秩序。

有了一種稅收制度、一個影子行政官員網絡、一個迅速發展的（流動的）法院系統，以及（一種模擬的）自己的貨幣，塔利班可以合理地聲稱，自己是卡爾札伊政府的替代者，至少在鄉下是這樣。我使用「聲稱」這兩個字，是因為他們沒有明顯的機制來實際管理一個國家。但非常肯定的是，他們確實擁有使阿富汗無法被治理的能力。

因此，塔利班叛亂對北約和美國構成了同樣的挑戰，就像一九八〇年代聖戰者叛亂對蘇聯構成的挑戰一樣，這也是阿富汗部落成員在一個世紀前的英國—阿富汗戰爭中，對英國人構成的挑戰。英國人放棄了擊敗當時叛亂的努力，在他們找到可以交出轠繩的人的那一刻，他們乾脆撤出了阿富汗。接手的阿布杜拉赫曼足夠強硬，可以統治這個國家，但又足夠精明，可以在國際和戰略問題上充當英國的夥伴。如果美國能找到像阿布杜拉赫曼這樣的人，那麼美國人的撤離同樣是明智的，但現在，阿富汗的政治舞台上似乎沒有人符合這個條件。

第三十四章
歐巴馬的進擊

當巴拉克·歐巴馬（Barack Obama）於二〇〇八年競選總統時，他一直在談論從伊拉克撤軍，並將撤出的美軍派往阿富汗。我知道，許多投票給歐巴馬的人，把這種摩拳擦掌的說法看作是一種修辭上的嘗試，讓自己看起來和他的競選對手一樣，對恐怖主義採取強硬態度。歐巴馬的支持者們認為，如果他贏了，他就會結束美國在海外的所有軍事活動。

他們錯了：很顯然，歐巴馬的確要兌現這件事。歐巴馬帶著四個明確的觀點上任，並打算根據他的這些觀點來付諸行動。他的第一個觀點是，認為阿富汗比伊拉克更重要；他的第二個觀點是，阿富汗不僅僅是一次清掃任務，而是一場真正的戰爭；他的第三個觀點是，美國及其盟友正在輸掉這場戰爭；最後，美國必須離開這個地方，但在離開時，不能讓房子著火，否則整個街區都可能會被燒毀。

歐巴馬是第一位正式注意到巴基斯坦在阿富汗局勢中所扮演的狡詐角色的美國總統，儘管歐巴馬的關注很低調。歐巴馬還意識到問題集中在橫跨巴基斯坦和阿富汗之間不斷消融的邊界領土上。事實上，歐巴馬和他的顧問們開始將這塊邊境領土稱為阿—巴（Af-Pak），將其視為一個單一的實體，在某種意義上，可以與它兩側的兩個國家分開考慮。在所有這些方面，這位新總統都是正確的：他看到了問題所在。

很好。那麼——現在的解決方案是什麼呢？

歐巴馬決定派遣更多部隊。這並不完全是對過去的大膽突破。在整個小布希時代，阿富汗的部隊數量一直在穩步上升。在小布希執政時期的每一年的年末，美國在阿富汗的作戰部隊數量如下：[1]

二〇〇二年：五、二〇〇人

二〇〇三年：一〇、四〇〇人

二〇〇四年：一五、二〇〇人

二〇〇五年：一九、一〇〇人

二〇〇六年：二〇、四〇〇人

二〇〇七年：二三、七〇〇人

二〇〇八年：三〇、一〇〇人

注意到趨勢了嗎？這些數字僅指積極加入美國軍隊的戰鬥人員。為美軍提供支持服務的私營公司，也為戰爭努力提供了幫助；它們的勞動力也在不斷增加。截至二〇〇八年十二月，這些私營公司在阿富汗有七萬一千五百五十五名雇員。[2]其他國家也有軍隊，在北約的指揮下，作為國際安全援助部隊（ISAF）為整個國家提供安全保障。在二〇〇六年時，戰爭的總體指揮權已經被正式移交給了北約，在這時候，從加拿大到澳洲，這些國家的軍事存在也升級了。例如，英國也已派遣了五千名士兵參與這項工作。

在歐巴馬的第一個總統任期開始時，包括美國在內的北約國家，總共有五萬六千名士兵駐紮在阿富汗。如果加上私人承包商，這個數字達到了十二萬七千人。即使這個數字也是騙人的，因為它忽略了在該國行動的另一支軍事力量，即私營保全公司（不要把它們與提供烹飪、洗衣和維修等服務來支持美國軍事行動的私營軍事承包商相混淆）。私營保全公司是純粹的軍事行動方，只對他們的客戶負責：他們為了錢來保護個人和公司。有近百家這樣的公司在阿富汗興起，在它們的鼎盛時期，有大約四萬名人員。

因此，當歐巴馬決定向阿富汗派遣更多部隊時，他並沒有與現有政策徹底決裂。在小布希時代，部隊的增加沒有大張旗鼓地進行，以避免削弱阿富汗現在幾乎已經修復、已經很好地掌握在手的形象。

隨著歐巴馬的到來，形象發生了變化。歐巴馬說，伊拉克是一個錯誤的選擇，真正的敵人在巴—阿地區，他將去對付這個真正的敵人。在歐巴馬就職後不久，他宣布向阿富汗增派一萬七千名士兵。我不禁注意到，這個數字與一八四二年逃離喀布爾並在興都庫什山口遭難的英國群體規模相吻合。但總統很快就在他的升級行動中，又增加了四千名士兵，從而削弱了這個數字的象徵意義。

歐巴馬還解雇了小布希的軍事指揮官，讓一個名叫史丹利．麥克里斯特爾（Stanley McChrystal）的人負責。麥克里斯特爾可不是什麼圓滑的操作者，他軍銜上的星星不是在華盛頓四處討好的時候贏得的。麥克里斯特爾是一個硬漢中的硬漢，一個戰士中的戰士，是那種每晚睡四個小時，每天吃早餐前會跑幾英里的人。據報導，麥克里斯特爾手下的人都很敬重他，因為他對自己的要求，甚至比對他們的要求還要嚴格。在伊拉克，麥克里斯特爾因追捕並殺死惡名昭彰的恐怖分子扎卡維而表現突出。人們希望他能在阿富汗創造類似的奇蹟，追捕奧薩瑪．賓．拉登。

在麥克里斯特爾的就任聽證會上，麥克里斯特爾告訴國會，他將在阿富汗推行一項新戰略，稱之為「反叛亂」方法。反叛亂意味著，他將專注於把阿富汗人民拉到美國一邊，給他們良好的政府和安全感，他要和塔利班直面對決，就在他們的據點，就在赫爾曼德和坎大哈以及鄰近的省分來實現這一目標——清掃領土，控制領土，並把平民召集起來。麥克里斯特爾衡量成功的標準，不是有多少恐怖分子被殺，而是有多少阿富汗平民感到更安全。他還將實施嚴格的交戰規則，以確保美軍不會繼續誤殺平民。然而，麥克里斯特爾警告說，他的方法最初可能會導致更多的美國人傷亡，因為這涉及到美國士兵在沒有防彈衣保護的情況下與更多的阿富汗人進行面對面的交流，其中任何一個人都可能意圖殺害美國人。公眾應該振作起來，堅持到底。

副總統喬・拜登反對這一戰略。他贊成被稱為「反恐方法」的、更有針對性的戰略。拜登希望撤走大部分的作戰部隊，並將美國在阿富汗的軍事足跡減少，只有少數訓練有素的特種部隊留守，這些部隊將嚴格地專注於識別、追捕和殺死關鍵的武裝分子。

拜登的方法確保大多數阿富汗人永遠不會與美國軍隊直接接觸，理想情況下，這將使他們不會討厭美國。拜登的方法還將使更少的美國人傷亡，從而使美國公眾不反對這場戰爭——這反過來又給政府提供了喘息的機會，只要有必要，就可以在阿富汗追求其目標。

拜登還贊成擴大無人機的使用範圍。無人機是可以沒有飛行員駕駛的飛行器，由例如在亞利桑那州的控制台，像玩電動遊戲那樣，控制無人機向地面的精確目標發射火箭。無人機將真正減少美國人的傷亡。

歐巴馬對這兩種方法進行了權衡，對兩個辦法都很肯定。他為麥克里斯特爾批准了更多的部隊——又來了三萬人，但他也派來了更多的專家。此後，逮捕塔利班嫌疑人的行動增加了。北約通常使用「夜間襲擊」的方法來逮捕塔利班嫌疑人。隊員們會在夜深人靜時，以最小的警告，最大的動靜，來襲擊嫌疑人的房子。他們穿著防彈衣，戴著夜視鏡，以迅雷不及掩耳之勢衝進屋內，抓住嫌疑人，把他裝進袋子，然後離開。有時他們根據錯誤的訊息採取行動，逮捕了一個無辜的人，但這種錯誤似乎很少發生。但是，即使夜間突襲抓到了一個真正的叛亂分子，也使他的社會群體中的其他人受到了創傷——妻子、孩子、親戚、與他同住的其他人，這些人在這之前，可能只是參與了叛亂的外圍活動。

曾為美國軍隊擔任翻譯的比斯米拉・伊克巴爾（Bismillah Iqbal）曾向我描述過一次這種夜襲行動。

「你不能在白天去。如果他們知道你要來，那就算了吧。他們會開始射擊。即使你到了前門，他們也已經逃走了，他們總是有辦法。但是當你半夜來的時候，你突然衝進去，那時候人們在地板上睡覺，黑暗中的人睡得到處都是——兒童、青少年——沒有人知道你是誰，也沒有人知道你為什麼在那裡，在他們能夠移動之前，你已經拖出了一些人。有一次，我記得看到一個孩子蜷縮在角落裡，用毯子裹著。他一定只有十歲左右。他之前在睡夢中，現在他醒了，身處在噩夢裡。我們戴著護目鏡，所以他看不到我們的臉。我不知道我們在他眼裡是什麼樣子！我們拖走了那個人，也許是他的父親？他的哥哥？我不知道。婦女們在叫喊，孩子們在尖叫，嬰兒在哭，你不會相信這種騷動！那個孩子進入到我的視線，我看到了他的眼睛，那時候我就在想，『哇，我們之後會要回來抓他了。』」

歐巴馬政府大幅增加了對無人機的使用。在二〇〇八年，美軍進行了大約三十五次無人機襲擊。在歐巴馬政府的第一年，美國進行了一百四十次無人機襲擊，殺死了近兩百人。不可避免的是，關於他們殺的對象是誰，也出現了爭議。美國和北約官員堅稱他們只殺恐怖分子；被襲擊的村民通常聲稱被殺害的人與叛亂無關，他們無緣無故地遭受了隨機的平民傷亡。我猜測，真相就在這兩者之間。

因為，據說問題集中在阿富汗—巴基斯坦邊境地帶，所以無人機經常向國界上巴基斯坦一側的目標發射火箭。這激怒了各行各業的巴基斯坦人，迫使巴基斯坦政府抗議無人機的攻擊。具有諷刺意味的是，巴基斯坦政府正忙於從美國購買無人機，並在同一地區部署無人機對付同樣的叛亂分子，而此時，巴基斯坦政府也在大肆抨擊美國使用無人機的行為。[3]

簡而言之，到二〇〇九年年底時，美國和北約在阿富汗（和阿富汗—巴基斯坦邊境地帶）既開展了廣泛的反叛亂運動，也開展了精準的反恐運動。北約在該國駐紮了超過十萬名作戰部隊，還有十萬七千名私人承包商，其中的兩萬六千人是外國人（其他的八萬一千人是為美國或其他北約國家之一工作的阿富汗人）。整個部隊遠遠超過了蘇聯在其巔峰時期，在阿富汗部署的部隊。即便如此，反叛活動仍在不斷擴散。

在二〇一〇年時，麥克里斯特爾在距離赫爾曼德省首府拉什卡爾加二十英里遠的一個小鎮馬爾賈（Marjah），組織了這場戰爭中的最大戰役。麥克里斯特爾聲稱馬爾賈是叛亂活動的總部，並說，拿下這個城鎮就能打垮塔利班的後方。戰鬥很激烈，其結果不可避免地到來：北約在一個星期內就贏得了勝利。一旦所有的塔利班被殺死或被趕到地下，麥克里斯特爾的部隊就在憂患中開展了所謂的管治。在短時間內，馬爾賈的學校重新開放，診所開始運作，警察在街上巡邏，基礎設施得到維護，生活看起來不錯。

唯一的問題是，孤立的暴力事件不斷困擾著該鎮及其環境——沒有激烈的戰鬥，沒有民兵的攻擊，沒有警察和軍隊無法處理的事情：它更像是犯罪而不是戰爭，但底線是，暴力不斷發生，不斷發生……。薩利夫人（Lady Sale）的《阿富汗災難記》（*A Journal of the Disasters in Afghanistan*）一書，曾經對一八四一年英國人在喀布爾經歷的情況作了類似的描述。幾個月後，麥克里斯特爾稱馬爾賈為「流血的潰瘍」，這個說法引發了騷動，但他並沒有錯得很離譜。北約的真正問題是，部隊無法區分他們所對抗的人和他們所保護的人。這並不是他們的錯。人們必須身處其中才能知道其中的差別，而且即使身在其中，其界限也往往是模糊的。[4]

無論麥克里斯特爾建立了怎樣的勢頭，他都在二〇一〇年七月時打破了這一勢頭，當時他同意接受《滾石》（*Rolling Stone*）雜誌的一個奇怪採訪，他在採訪中表達了對歐巴馬總統的公然蔑視。[5] 麥克里斯特爾對記者說，當總統面對他自己手下的軍事指揮官時看起來「受了驚嚇」。他對副總統拜登進行了更嚴厲的嘲諷，假裝不知道他的名字，讓他的助手暗示拜登的名字可能是「咬我」（Bite me）。這位將軍被他的總司令叫到了華盛頓，去接受軍事禮儀方面的進一步指導，富有傳奇色彩的戴維·彼得雷烏斯（David Petraeus）將軍被安排到他的位置上。

一般認為，彼得雷烏斯是在伊拉克實現「進擊」的人——「進擊」是指突然部署許多的額外部隊。彼得雷烏斯贊同麥克里斯特爾「在塔利班的據點中打擊塔利班」戰略，但他放棄了嚴格的交戰規則。無論如何，這些規則都是更多地被違反，而不是得到遵守，彼得雷烏斯說，他不能違背良心，讓自己的部隊面臨更多危險。在彼得雷烏斯上任的當天，北約的一次空襲在坎大哈市附近殺死了三十九名平民，其中大多數是婦女和兒童。那年秋天，彼得雷烏斯將軍發起了一場比在馬爾賈的戰鬥更大的戰鬥。他決定征服坎大哈本身，這個國家的第二大城市和塔利班的發源地。

在坎大哈郊區的早期小規模戰鬥中，美軍在一個叫塔洛克科拉奇（Tarok Kolache）的村子上，投下二十五噸的炸彈，將這個村子從地球表面抹去了（村民得到了警告要事先疏散；官方消息來源說沒有平民傷亡）。[6] 最後，經過大約兩個月的戰鬥，美國宣布在坎大哈戰役中取得了勝利。不幸的是，之前在馬爾賈取得的戰果已經基本上喪失了，叛亂活動正在向北猛烈地蔓延。

即使在坎大哈，北約的控制程度在二〇一一年四月二十五日晚間也出現了問題，當時約有八百名囚犯從坎大哈的主要監獄裡越獄。他們通過一條挖了幾個月的隧道離開，一切都沒有被人注意到。有如此多的囚犯越獄，以至於他們在四個小時內不斷地湧出去，一切也沒有人注意到。他們在監獄對面的大院裡出現。在那裡，汽車將他們帶到更遠的地方，至少有一些人是乘坐計程車完成他們的逃亡。直到在他們全部離開後，警報聲才響起。[7]

二〇一一年五月二日，奧薩瑪．賓．拉登被殺，這本應是一個轉折點，因為美國在二〇〇一年進入阿富汗時，抓捕奧薩瑪．賓．拉登和擊敗蓋達組織，是發動戰爭的公開目標。塔利班進入到戰爭中，只是因為他們慫恿了賓．拉登。至於一般的阿富汗人，他們被定義為外國介入措施的目標受益人。賓．拉登在二〇〇一年的神秘出逃和他隨後的沉默，使阿富汗的反恐戰爭失去了一個可以定義勝利的標誌。勝利包括什麼？除了賓・拉登和蓋達組織之外，沒有統治者可以推翻，沒有組織可以搗毀，沒有首都可以攻破。在小布希的戰爭中，另一方永遠不會說「我們投降」，因為在阿富汗的「另一方」不是一個「我們」，不是一個國家、集團或任何形式的固定實體，而是一種狀況：貧窮、無能、怨恨、羞辱和侵略的混合物，被一種憤怒的意識形態烹煮成了一股運動，已經滲透到伊斯蘭世界中。美國為瓦解叛亂所做的任何努力都只會增加屈辱感，從而助長怨恨之火：戰鬥成為了導致戰爭的原因。更加激烈的戰爭只會讓戰火燒得更旺。多年來，蓋達組織及其同夥的「聖戰主義」融進了阿富汗歷史上經久不衰的老戲碼中，也包括外向型的喀布爾和內向型的阿富汗鄉村世界之間的長期拉鋸，而美國和北約不可能解決這一衝突。相反，他們「修復」阿富汗的嘗試，演變成了一場運動，許多阿富汗人現在認為，這是一場對阿富汗文化的戰爭。

直到二〇一一年五月，政治上的顧慮，使得任何一位美國總統都很難簡單地結束戰爭，並讓軍隊回家。他的國內政治對手，會指責任何一個這麼做的美國總統是在接受失敗的事實。但是，當一小隊海豹突擊隊降落在距離巴基斯坦軍事學院不到一英里的巴基斯坦城市阿伯特阿巴德（Abbottabad）的一個院落中，擊斃了奧薩馬・賓・拉登，他們實現了戰爭唯一可確定的目標。當然，現在可以宣布勝利並回家了。但是，事實證明，這已經太晚了。美國在阿富汗被捲入得太徹底，已經無法輕易脫身，儘管歐巴馬培訓阿富汗國家軍隊和警察部隊，並將國家移交給他們的計劃仍在執行中。

賓·拉登死後，阿富汗叛亂分子透過一系列的打擊行動顯示出了似乎越來越強大的力量。在二〇一一年六月，槍手和自殺式炸彈襲擊者對喀布爾的洲際飯店發動了長達五個小時的襲擊，當時的外國政要正在那裡開會，討論阿富汗的未來。那年九月，叛亂分子在首都進行了一整天的戰鬥，向美國大使館發射火箭彈，並在該市不同的地方同時引爆了四枚自殺式炸彈。一週後，刺客殺害了北方聯盟領導人和該國前總統布爾汗丁·拉班尼，拉班尼當時正擔任卡爾札伊所委託，與塔利班進行談判的非正式「和平委員會」領導人。二〇一二年四月，叛亂分子在喀布爾進行了另一系列的襲擊，又是一場全天的戰鬥。一個月後，他們暗殺了「和平委員會」的另一名主要成員。事情就這樣發生了。

不祥的是，越來越多的襲擊由穿著阿富汗警察或阿富汗軍隊制服的人進行。一名自殺式炸彈襲擊者在國防部的中心地帶炸碎了自己。在二〇一二年，裝扮成警察的殺手在內政部戒備最森嚴的地區殺害了兩名美國官員。這並不是一時盛怒下的殺人，而是精心策劃的犯罪行為，行凶者化妝成了「我們的人」。

叛亂分子是在偷竊制服嗎？還是在滲透北約正試圖建立的阿富汗軍隊和警察部隊？哪種情況更糟糕呢？很難說。無論如何，政府的反應是禁止裁縫製作軍隊的制服。

隨著叛亂的加劇，美國和北約部隊不斷地在火上加油，犯下了一連串的罪行和失誤，使阿富汗人重新認為西方是一個與他們交戰的侵略者。二〇一一年夏天，對斯特賴克旅（Stryker Brigade）「殺人小組」的審判開始了。斯特賴克旅是十幾名士兵在坎大哈組建的一個殺人俱樂部，以獵殺阿富汗平民為樂，並收集（和交易）受害者的手指，和其他身體部位——這些細節在審判期間出現。二〇一二年一月，四名美國海軍陸戰隊員在阿富汗人的屍體上小便的影片在 YouTube 上瘋傳。二月時，巴格拉姆的美軍在一場垃圾焚燒中燒毀了《古蘭經》，這與一年前的另一事件相呼應，當時佛羅里達州的一位牧師把焚燒《古蘭經》作為一種蓄意的挑釁行為，引發了整個阿富汗的致命騷亂。在二〇一二年三月，一名美國士兵在坎大哈瘋狂地隨機屠殺了十六名的阿富汗平民。

美國總統候選人紐特・金瑞契（Newt Gingrich）在回應這次屠殺和隨後的騷亂時說，美國應該儘快從阿富汗撤軍，因為戰爭不會「從根本上改變阿富汗文化」[8]，這句話坐實了所有這些部隊和武器的意義，一直都是為了「從根本上改變阿富汗文化」的假設。

第三十五章

遍地閃爍的一切

上述的這些形勢發展，可能使阿富汗看起來毫無希望。無論塔利班是誰，他們都正在前進，現在沒有什麼能阻止他們使阿富汗重新陷入九〇年代末的黑暗之中了……看起來似乎是這樣。

然而，這種判斷也可能不夠成熟。另一方也在全速前進，部分原因是現在有大筆資金在起作用。在二〇一〇年七月，就在麥克里斯特爾被解雇之後，一個重要的好消息開始與所有來自阿富汗的不愉快可怕戰爭報導相競爭。首先是《紐約時報》的一篇文章，揭示了阿富汗至少有價值一兆美元的未開發礦產資源。該報告是基於五角大樓在二〇〇九年的委託，所進行的地質調查，但它並不是真正的新聞。亞歷山大大帝就已經知道阿富汗的銅了。馬可波羅也提到過阿富汗的礦產資源。我第一次聽說採礦會拯救阿富汗是在一九七八年，是一位訪問亞洲基金會的阿富汗礦業部官員告訴我的，當時正我在那裡工作。後來，蘇聯人繪製了礦產地圖。然而，據《泰晤士報》報導，在最近的調查之前，很少有人意識到這些礦床有多麼豐富。

阿富汗在一個叫梅斯艾納克（Mes Aynak）的地方擁有世界上第二大的未開發銅礦床。阿富汗擁有全亞洲最大的未開採的高品位鐵礦之一。這個國家有黃金和寶石、鈷和磷、鋇、鍶，和鈾。還有大量的天然氣，甚至有少量的石油。

最有趣的是豐富的「稀土礦物」，其中包括鋰、鑭、鈰、釹和其他的十三種金屬，我承認在阿富汗發現這些礦物之前，我從來沒有聽說過它們。

「稀土」礦物實際上並不比錫更稀少，但通常它們在岩石和土壤層中分散得十分稀薄，因此開採出商業用途數量的稀土是一件十分困難的工作。然而，時至今日，開採稀土礦物是非常值得的，因為沒有它們，光纖、電腦顯示器、硬碟、手機電池、筆記型電腦電池、低能耗照明、太陽能轉換電池、混合動力汽車發動機和衛星通信等技術就將無法實現。稀土礦物也出現在一系列先進的軍事設備中，如精靈炸彈（Smart bomb）的導向和控制系統、無人機、精準飛彈、雷射武器、信號干擾裝置和軍用雷達。對下個世紀的權力和繁榮至關重要的技術，將取決於稀土礦物，所以很有可能這些礦物會在不久的將來，像之前的石油一樣，成為財富的基礎。而貧窮的阿富汗又位於眾多大國爭奪這些財富的戰線上。

中國擁有世界上最大的已知稀土礦物儲量，約為三千六百萬噸。俄羅斯緊隨其後，擁有一千九百萬噸，然後是美國，擁有一千三百萬噸。沒有人知道阿富汗有多少，但美國軍事地質學家估計，在赫爾曼德山谷不到一平方英里的地方就蘊藏了大約一百五十萬噸。如果這就是阿富汗的稀土礦物的總和，對於一個小國來說，這仍然是一個很大的數字。可能還有更多，儘管現在很難說，因為稀土礦的位置正好是叛亂活動最激烈的地方——坎大哈省和赫爾曼德省。

這是巧合嗎？

是的，我很確定是這樣的。對不起，陰謀論者，但使這些省分如此混亂的因素，要比使稀土礦物質如此珍貴的技術出現得更早。赫爾曼和坎大哈的大多數居民，對他們所擁有的財富一無所知。但這種狀況將會發生改變。

我稱阿富汗的礦產財富為好消息，但實際上，這既是好消息，又是壞消息。對於一個擁有開發自身資源的技術知識、擁有遏制虎視眈眈的外國人的力量、擁有確保財富能惠及整個社會而非少數人的社會制度的國家來說，這些礦產將是無價之寶。目前，外國公司是開發這些資源的先鋒。阿富汗人將透過租賃和合作，從這些資源中獲得一些東西，但他們還沒有發展出政治和社會機制，來公平地吸收這部分財富，而且是沒有衝突地吸收這部分財富。可悲的是，這種機制可能不會在大國爭奪的壓力鍋中發展起來，大國之間的爭奪一直在給阿富汗造成壓力，而且這種情況將繼續延續下去。

在對阿富汗礦產的爭奪中，中國到目前為止已經成為了大贏家。在《紐約時報》爆出阿富汗巨大銅礦消息的前一年，中國的中冶集團簽署了一份價值三十五億美元的阿富汗銅礦交易合約（據稱阿富汗礦業部長就是在這筆交易中拿到了一大筆回扣）。在二〇一一年底時，中國石油天然氣集團宣布了與阿富汗擁有的國家公司（Watan）建立合資企業，開發該國的石油和天然氣。在接下來的十年時間裡，阿富汗政府預計將從這項業務的使用費和稅收中獲得五十億美元。目前還沒有消息說，有什麼錢被私下轉手以促進這項交易。也許沒有。看來奇蹟確實會發生。

總部設在科羅拉多州的紐蒙特礦業公司（Newmont Mining Corporation）是美國最大的黃金生產商，它參與了阿富汗主要鐵礦的開發競標，但是卻輸給了由七個印度公司組成的財團。印度投資者計劃花費七十億至一百一十億美元來開發這些鐵礦。同時，英國、伊朗和土耳其的公司也像飢餓的鷹一樣，圍著阿富汗的其他礦產資源打轉，爭相與阿富汗公司組建合資企業，開發金礦、鈾礦、鈷礦等等。

中國沒有向阿富汗派遣軍隊，也沒有在阿富汗的軍事行動上花費一塊錢，所以他們贏得了阿富汗這麼多開採礦產的權利，這十分具有諷刺意味。話說回來，中國沒有任何軍事活動的形象，可能給了他們一種優勢。在梅斯艾納克，中國公司簽下的合約裡，要求中方在該地區建設學校、道路、清真寺和一座四百兆瓦的燃煤電廠。採礦將使一些村民流離失所，但據報導，中冶集團已同意雇用流離失所者，在受影響的地區之外建造新的村莊，並複製那些將被摧毀的村莊。村民們會得到新的家園，也會得到建設新家園的好工作。至少這是個承諾。

恰好在這時，法國和阿富汗的考古學家在梅斯艾納克發現了一座建於西元前七世紀的佛教寺院遺址。這個驚人的遺址中所裝載的珍貴文物，足以將喀布爾博物館塞得滿滿的，但中國人的採礦作業將會破壞它。中國原計劃在二〇一一年開始採礦，但他們同意把開工日期推遲三年，據說是為了讓考古學家完成挖掘工作。實際上，建立採礦作業至少也需要這麼長的時間，所以不清楚中國人是否做出了任何財政上的犧牲。在該遺址工作的考古學家們說，他們至少需要十年才能完成工作。不過，中國人還是從他們的延遲公告中獲得了良好的公關聲譽。

阿富汗在過去從來沒有一條鐵路，但由於採礦，很快就會有三條鐵路，也許還會有更多。中國人正在修建一條從阿富汗北部邊境到喀布爾以南的洛加爾省的鐵路，以便從梅斯艾納克運銅。印度人將需要一條鐵路來開採哈吉嘎克（Hajigak）的鐵，所以他們正在建造一條從喀布爾以西的巴米揚省一直到伊朗的查巴哈爾（Charbahar）港口的鐵路。一旦建成，這些鐵路就將可以用於運輸阿富汗境內和境外的其他貨物。同時，一條從烏茲別克到北部城市馬札里沙里夫的鐵路已經在二〇一一年建成了，如今已經開始了乘客和貨物的運送。

在巴爾赫省的首府馬札里沙里夫，儘管有叛亂發生，但經濟發展仍然很繁榮。土耳其投資者在這裡建立了工廠，生產食用油和罐裝食品，供國內消費和出口。該省有紡織廠、服裝廠和一個摩托車裝配廠。

事實上，全國大部分地區的商業都在蓬勃發展，就在暴力事件發生的同時。一家阿富汗人擁有的公司（總部在杜拜）與百事可樂簽署了一份價值六千萬美元的協議，在阿富汗分銷其產品。另一家與阿拉伯聯合大公國商業利益有聯繫的阿富汗公司，正計劃投資一億美元來發展3G電信服務。它希望在已經擁有手機服務的數百萬阿富汗人之外，再增加六百萬新用戶，這三家公司都是在九一一事件後成立的。其中一家公司還提供先進的行動電話銀行服務，使人們能夠在該國任何有行動通信基地台的地方開展銀行業務。

數以百萬計的阿富汗人正在陷於嚴峻的貧困之中，但喀布爾和其他城市卻在蓬勃發展。當你看到新晉超級富豪的婚禮慶典時，有大量現金正在到處飛舞晃動的事實，就能一目了然。阿富汗人總是把奢侈的婚禮和葬禮作為家庭榮譽的標誌。即使在過去，年輕人有時也無法結婚，因為他們不能負擔一場足夠盛大的婚禮，來維護家族在社區裡的形象。

但是，近年來的婚禮已經讓過去的炫耀性消費相形見絀。參加這些婚禮的客人通常有數百人。據了解，最富有的權力掮客的兒子和女兒，在一次宴會上曾招待了兩千名客人（權力掮客已經取代了軍閥，成為了阿富汗大人物的標準頭銜）。即使是中產階級家庭也在努力維持表面形象，他們舉辦的慶祝活動將他們拖到了經濟崩潰的邊緣。

這種打腫臉充胖子的好處，在於它提供了經濟上的刺激。經營婚禮宴會廳可以賺大錢，這種宴會廳是一種專門為這些誇張聚會而建造的、宮殿般的場所。喀布爾現在有八十多座這樣的宮殿。[1] 婚禮的費用可能是一個人通向毀滅的路徑，但也是另一個人通往致富的道路，因為這個行業為阿富汗婦女開闢了許多工作機會，並為女性企業家提供了新的機會。美容店蓬勃發展，因為有錢的男人會打開他們的錢包，讓他們的女人們在這些活動中看起來很時尚。製作高級禮服的婦女的生意很好。餐飲業已從婚禮生意中分離出來。鍋碗瓢盆容器的租賃公司正在蓬勃發展。音樂家們在現代喀布爾不愁找不到工作。

事實上，慶祝活動是如此的奢侈，以至於政府試圖透過法律來限制阿富汗人的盛大婚禮——但無濟於事。想要透過花大錢來炫耀自己有多成功的人，總是會想出辦法來做到這一點，而不會在乎法律上怎麼說。

在二〇〇一年，也就是九一一事件發生前不久，發展工作者伊德里斯・阿赫邁德・拉赫曼尼（Idrees Ahmad Rahmani）在阿富汗的農村地區進行了廣泛的走訪調查；他發現，只要他離開任何一條主要道路或小路，他就會發現沒有電、沒有市政排水管道、沒有郵件服務、沒有電話的村莊——這些內向的定居點與外部世界的消息是隔絕的，他們甚至不知道在喀布爾發生了什麼事，就更不用說在巴基斯坦、巴黎或皮奧里亞（Peoria，美國伊利諾州城市）發生什麼了。在二〇一〇年，當拉赫曼尼以研究人員的身分再次進行同樣的走訪調查時，他說，他再也沒找到之前那種類型的未開發村莊了。阿富汗的農村世界在十年內發生的變化超過了之前數十年的時間。怎麼會這樣呢？

拉赫曼尼把這種變化的一部分功勞歸於電視的存在。在他造訪的每個村莊，他都能看到至少有一台電視機，它總是連接著一座衛星天線，而且往往安裝在一間具有市政廳功能的公共建築裡，村民們可以在晚間聚集在一起，觀看來自世界各地的節目。

他們從哪裡獲得運行電視機的電力呢？拉赫曼尼說，他們擁有燃氣發電機，因為中國人賣的發電機足夠便宜，幾乎每個村莊都能買得起至少一台。他們如何獲得運行發電機的天然氣呢？拉赫曼尼說，長老們派村裡的年輕人騎著摩托車定期去最近的城鎮，把天然氣帶回來。而這些年輕人怎麼能買得起摩托車呢？你猜對了：中國人和伊朗人一直在生產堅固耐用的摩托車，價格非常便宜，每個村莊都能買到幾台。[2]偏遠地區的村民哪來的錢買太陽能電池板、摩托車，甚至是最便宜的發電機？更不用說驅動它們的汽油呢？拉赫曼尼沒有說，但答案似乎很明顯。阿富汗各地的許多村莊有一種可以在世界市場上流通的貨幣：鴉片。

當與塔利班有聯繫的毒品出口商來到偏僻的村莊購買毒品時，他們可以將毒品走私到國外並轉售，以資助其叛亂活動，他們不一定用現金支付。他們通常是用實物商品來支付，例如手機、電視機、摩托車、休旅車，甚至電腦。[3]塔利班被普遍（而且正確地）視為一股想要把阿富汗拉回到西元七世紀社會的力量，然而他們卻幫助將科技傳播到整個國家，從而無意中促進了訊息和文化影響流入阿富汗農村，這可能使他們的核心計畫變得毫無希望：因為當村民們聚集在他們的公共電視機前時，由於他們的衛星天線，他們可以看到來自全世界的節目。拉赫曼尼稱，有些人甚至觀看盜版的ＨＢＯ節目。我沒有辦法確認村民是否這樣做，但我想他們做得到。

即使村民們只看喀布爾的節目，農村的阿富汗人也有很多開眼界的節目可以選擇。他們可以觀看《阿富汗之星》，這是一個仿照《美國偶像》的真人秀節目。歌手們為評審小組表演，一些人被淘汰，一些人獲准進入下一輪，這個逐輪淘汰過程最終產生了一名冠軍。即使在播出的第一年，也有幾位女性進入了最後一輪的角逐。其中一位是來自赫拉特的歌手塞塔拉，她在演唱決賽曲目時沒有戴頭巾跳舞，這讓阿富汗觀眾感到震驚，我說的跳舞不是指阿富汗婚禮上的那種舞蹈，其中包括扭動脖子、彎曲手臂姿勢和眼神調情；我是指扭屁股的那種夜店舞蹈。不要誤會我的意思：在美國，她的這種舞蹈可能會被認為是徹頭徹尾的老土舞姿；但在阿富汗，她的這種舞蹈讓她接到了死亡威脅。

死亡威脅上了國際新聞，加強了經常與阿富汗聯繫在一起的落後的野蠻主題；但對我來說，最大的新聞在於，有女性參加到了這個節目中，並且進入到了最後角逐，而且更不用說那些參賽者裡包括了普什圖人、塔吉克人和哈札拉人；冠軍是由數百萬電視觀眾透過手機投票選出的；當一個哈札拉男子在第一年獲勝時，沒有人發覺他的族裔背景有什麼值得注意的。

阿富汗之星並不是唯一的同類型節目。TOLO 電視台的另一個節目，是根據《誰想成為百萬富翁》製作的遊戲節目。在二〇一〇年，一部名為《房子裡的秘密》的戲劇性節目在 TOLO 電視台首播。這是一部完全在喀布爾製作的肥皂劇，由獲獎作家阿提克・拉希米（Atiq Rahimi）編劇，他從在法國的流亡生活中回國，參與了該劇的製作。[4]《飛鷹四組》，一個主要由美國大使館資助的警察劇集，也於二〇一〇年開始在 TOLO 播出。該劇以阿富汗國家警察部隊中的一支反恐部隊為主角，他們追捕壞人，並不太在乎那些所謂的規章制度中的小細節，就像基弗・薩瑟蘭（Kiefer Sutherland）的《24》一樣。劇集中的這支隊伍是男女混合的，這並不完全是亂編的，因為第一批被警察培訓計畫錄取的女性，在二〇一〇年畢業並加入了該部隊。第一批進入ANA軍官行列的女性也是如此。而且，在二〇一二年，我在喀布爾看到了一個有關阿富汗最近發生的綁架事件的真人實境秀節目，節目中穿插了紀錄片和戲劇性的重演。

藝術正以驚人的活力回歸。二〇一一年時，藝術家拉敏・賈瓦德（Rameen Javed）帶著由阿富汗新藝術家創作的三十幅前衛繪畫，作品在美國畫廊巡迴展出。由英國作家羅里・斯圖爾特（Rory Stewart）創立的綠松石山基金會（Turquoise Mountain Foundation）現在已經完全由阿富汗人管理了，它將年邁的阿富汗工匠和心懷抱負的年輕人配合起來，以保持傳統藝術的活力。席琳・帕沙（Shireen Pasha）拍攝的紀錄片《慢慢的，慢慢的，泥巴和蓮花》（*Slowly, Slowly, Mud and Lotus*）讓觀眾對這些工匠和他們的工作讚嘆不已。[5] 在二〇一一年時，綠松石山基金會啟動了一個計畫，以修復喀布爾最古老的街區中錯綜複雜的建築和狹窄的小巷，這個街區曾在九〇年代的城市內戰中遭到了破壞。在這裡，一些在世的阿富汗傳統藝術和手工藝大師——木工、陶瓷工、瓦工、金屬工等，正在進行修復工作。

他們與年輕的學徒一起進行了修復工作。到目前為止，電影藝術也保持著活力。德國阿富汗裔導演布爾漢・庫爾班尼（Burhan Qurbanni）的電影《清真言》（*Shahada*）進入了著名的柏林國際電影節。兩個月後，索尼婭・納斯里・科爾（Sonia Nassery Cole）的電影《黑天鵝》（*Black Swan*）在喀布爾的阿里亞納電影院上映。科爾的電影完全是在阿富汗拍攝的，講述了一個喀布爾家庭努力經營一家舉辦詩歌朗誦會的咖啡館的艱辛歷程。她的電影遭受了悲慘的打擊，反動人士綁架了扮演女主角的演員，並砍掉了她的腳，以懲罰她所謂的對宗教不忠。此後，科爾自己親自出演了這個角色，完成了影片。

鼓手阿西夫·穆罕默德（Asif Mohammed）和歌手法爾哈德·達里亞（Farhad Darya）等音樂大師已經從流亡中回到了自己的國家。阿富汗國家博物館也正在進行整修。阿富汗企業家在喀布爾建立了一個國家體育博物館，阿富汗還在二〇一二年再次派出了運動員參加奧運會，其中包括女性短跑運動員塔赫米娜·科希斯塔尼（Tahmina Kohistani），她戴著頭巾參加了一百公尺比賽，還有魯霍拉·尼克帕伊（Rohullah Nikpai），他在跆拳道比賽中獲得了銅牌，就像他在二〇〇八年時一樣。

阿富汗可能是一齣悲劇，但它並非沒有喜劇演員。例如，阿曼努拉·穆賈迪迪（Amanullah Mujaddedi）是一個安迪·考夫曼（Andy Kaufman）那樣的搞笑演員。有一次，穆賈迪迪在一條公共道路上設立了一個檢查站，攔住了汽車，就像阿富汗的許多暴徒所做的那樣，但他沒有要求收費，而是把錢送了出去，是真的錢——他的「受害者們」感到十分驚愕和迷惑。穆賈迪迪的喜劇小品以他開發的「聖戰黑幫」角色為特色，該角色身穿金色長袍，戴著黑框眼鏡，身邊有穿著暗示性的服裝、穿罩袍的女助手。取笑阿富汗聖戰分子的做法，為「前衛喜劇」一詞賦予了新的含義。你可能會認為，像這樣的傢伙來自於文化激進主義的長久傳統；但事實上，他的叔叔是蘇布葛圖拉·穆賈迪迪，這位保守派宗教領袖在反蘇戰爭期間，領導了以白沙瓦為基地的那七個主要聖戰者政黨之一。

簡而言之，這場競賽還沒有結束。農村的保守派不斷向城市逼近，向擁擠的市場派出自殺式炸彈襲擊者，並竭力破壞圍繞現代主義思想和價值觀發展起來的社會凝聚力；但另一方正在激烈地戰鬥，將國家拉入一個不可知的未來，並與廣闊的世界發生充分的接觸。

金錢不斷地湧進這個國家，竊盜行為肆虐得令人難以置信，能量在聚集咆哮，槍響聲、爆炸聲、火箭彈呼嘯而過的聲響日夜不停，而歌手們卻不停地歌唱，喜劇演員也在不停地講著笑話。阿富汗，一個經常被打斷，但也總是被恢復的工程，它是一個仍在凝聚中的國家——誰也不知道它會凝聚成什麼樣子。

結語
宏觀圖景

有鑒於當前的事態仍在游移，我沒有把歷史敘事帶到當前；但我確實想在本書的結尾，談談今天的阿富汗，因為「今天」畢竟是阿富汗歷史上一個更大的循環模式的一部分，這個循環模式由持久作用的因素產生。

對於阿富汗來說，其中最重要的因素，一直是位置。這是一塊介於兩者之間的土地，這塊土地被強權所擠壓，而且這些強權間爭鬥著比阿富汗大得多的利益。在古代，突厥、波斯和印度文明就在這裡交鋒。阿富汗吸收了這三種文明，但卻不屬於任何一種。人們相互交融，但這塊領土從未簡單地成為波斯的邊界或印度的最北端。這裡始終有一塊「自己」。古往今來，大國不斷變化，爭奪從未結束，但這塊夾在中間的土地卻從未消失。阿富汗從沒有被綁架，而是不斷地自所有侵占它的人那裡吸收元素，無休止地將自己重新配置為一個不同於鄰國和入侵者的實體。

在二〇〇二年，就在最初的塔利班被趕走之後，我在三十七年後第一次造訪了喀布爾，並向北漫遊了農村地區，一直去到了阿赫邁德·沙·馬蘇德曾經的總部——潘傑希爾谷。首都的三分之一甚至更多的區域已經變成了廢墟，城市北部的平原仍然被最近的戰火灼燒，然而，在關鍵的方面上，我發現阿富汗與我當初離開時的情況基本相同。

我和我的朋友們仍然可以在潘傑希爾河邊隨便找個地方停下來，幾分鐘後，就發現自己被當地的牧羊人和農民包圍了，他們漫步過來，看看我們是誰，給我們提供新鮮的桑葚和熱茶。在任何地方，陌生人都很隨意地給我們講故事，跟我們談話，一連持續幾個小時，儘管我後來也不記得我們談了些什麼。物質世界遭受了令人難以置信的破壞，但文化卻保留了對期限和時間的平靜漠視，更不用說咄咄逼人的交際能力了，這種能力一直是在阿富汗地面上生活的特點，無論哪個蘇丹目前在國家的王座上停留了一兩個小時。

但是，儘管在性別角色問題上流了很多血，阿富汗仍然是一個公共和私人領域分明的世界，公共領域幾乎完全屬於男人，而女人仍然主要生活在院牆內，隔離於陌生人的目光之外。然而，作為一個了解至少我自己的部族和家庭隱秘世界的阿富汗人，我可以證明，這些女性仍然像以前一樣有力量、有活力。

十年後，我再次訪問阿富汗，發現很多東西都變了——但很多東西沒有變。二〇〇二年時，這座城市充斥著被炸毀的建築物廢墟。二〇一二年時，它仍然雜亂無章，但卻是由新建築的廢墟造成的。在二〇〇二年時，幾乎沒有人擁有電話。現在，雖然沒有人有固定電話，但幾乎每個人都至少有一支手機，而且很多人有兩支。在我之前的訪問中，雖然我在城市範圍內很少看到有人騎驢子，但我在鄉下看到很多人騎驢子。現在，我在鄉下仍然看到驢子，但騎驢子的人有時在馬鞍袋裡裝著電腦。

二〇〇二年，喀布爾是一個約有三十五萬人口的城市，擠滿了汽車，但（據我所知）只配備了兩個交通號誌。這造成了一種喧囂的混亂，但似乎沒有人注意到。在二〇一二年時，喀布爾已經成為了一個擁有數百萬人口的大都市。有多少人？美聯社說是三百萬，喀布爾的許多人說是五百萬，還有一些人估計是一千萬，但沒有人真的知道或是自以為自己知道。然而，正如我所說的，許多事情仍然沒有改變。這個擁有數百萬人口的大都市，似乎仍然只有兩個交通號誌。交通堵塞是普遍現象，但似乎仍然沒有人在乎。他們只是在等待時用手機處理各自的事情。「如果我不是在這的話，我也是會在別的什麼地方。」一個人聳了聳肩，然後加了一句：「真主至大。」

鄉下保留了一些古老的、潛存在內部的平靜。在離喀布爾一百英里的地方，在一個似乎無人居住的山谷裡，我們停下來換輪胎，但幾乎擰不開車輪上的螺絲，這時候，有一個頭髮灰白的當地人，從甚至不在我們視線裡的村莊走了過來，邀請我們回家喝茶。在城市裡，那種深深的平靜感已經讓位給了瘋狂的喧囂，金錢和技術在阿富汗呼嘯而過，然而，這只是阿富汗人性格的另一個方面，因為矛盾的是，這個社會也一直是一個自由交易者的社會，在一個個個人關係的叢林擂台上，人們會在不同的方向牽線搭橋。在阿赫邁德·沙·巴巴的時代是這樣，在今天也是這樣。

十年前，喀布爾的人們似乎把交通法規看作是不適合當地氣息的古怪外國進口品。他們仍然如此。人們開玩笑說，在喀布爾開車就像玩 *buzkashi*（叼羊）。汽車不斷地衝出自己的車道，甚至進入所謂的單行道，逆向行駛，因為司機在那裡發現了空隙。你可能會認為，這裡沒有規則。

那你就錯了。如果真的沒有規則，人們會看到成千上萬的車禍。我看到的是：數以千計的險情，卻沒有一次碰撞。這些規則對外國人來說可能並不明顯，但它們存在，而且阿富汗人理解它們。而阿富汗這個國家的社會和政治生活，無疑也是如此。

這些規則可能很難辨別，部分是因為不只有一套規則。當阿富汗在十八世紀第一次開始作為一個民族國家凝聚起來時，它可能有一個一致的文化，而且，儘管阿富汗在不斷發展，但它是在一個連貫的架構內進行發展。

然後，阿富汗經歷了一系列來自歐洲的入侵，這引起了各種衝突的漩渦。在這個國家裡，許多人的凝聚力，僅僅來自於傳統的部落和伊斯蘭價值觀，他們希望他們的統治者能夠用生命來遵守和捍衛這些價值觀，否則的話，就乾脆不要去動它們。然而，阿富汗統治者不能就這麼簡單地服從，因為在他們向外看時，他們總是看到兩個或更多裝備精良的西方巨人在互相對峙，而無助的阿富汗就在他們的爭奪線上。每個巨人都打算進入這個空間，阻止另一個巨人進入這個空間。每個人都期望在阿富汗人身上獲得成功，因為這些巨人認為，這將給阿富汗帶來文化和物質上的改善。只要阿富汗領導人在歐洲人熟悉的文化土壤上運作，各方都樂意與他們打交道。

試圖在本地和全球力量之間，在內部和外部世界之間進行談判，使阿富汗統治者陷入了雙重困境。任何想統治這個國家的人都必須獲得當時對這個國家衝擊最大的外國人的支持；然而，如果沒有這個國家最深厚的傳統力量的效忠，任何阿富汗人都無法長期統治這個國家。因此，對於占主導地位的外部勢力來說，每一個未來的統治者都必須把自己塑造成一個合作夥伴。同時，對於阿富汗的內部力量，他必須把自己塑造成對抗外國惡霸的硬漢。在這種平衡行為中，最成功的國王是暗中追求「現代化」，同時又公開宣稱自己是保守社會和宗教價值觀的擁護者。

同樣的事情現在又在發生了。阿富汗人看到卡爾札伊政府與美國人簽署了一個又一個協議，他們難以置信地搖搖頭。美國人看到卡爾札伊批准越來越多反革新的社會法律，並發出了加入塔利班的離奇威脅，他們懷疑阿富汗總統是否已經失去了理智。實際上，任何擔任卡爾札伊職務的人都會表現出類似的精神分裂。卡爾札伊看似反覆無常的行為，並不一定反映了個人的不穩定，而是他在大環境中面臨的超現實矛盾。

瀰漫在阿富汗周圍的各種勢力聯合，引起了對阿富汗身分的不同看法。每一個闖入的外國勢力都認為自己是在干預「一個國家」，但外國勢力實際上是在阿富汗人之間，對於這個國家是什麼的持續競爭中選了一種立場。因此，每一次外國干預的始作俑者都發現了同樣的局面。通常情況下，外國勢力將一個代理人放在王位上，並試圖透過他來治理這個國家。但是，賦予這個代理人的權力，因為來自外國人，所以削弱了代理人在舊阿富汗傳統力量中的權威。外國勢力基本上想抓住鍋的把手來晃動這個鍋，但是鍋卻破掉了，外國勢力只剩下了一個把手。英國人有他們的沙・舒賈，然後是他們的雅古布・汗。蘇聯人有他們的塔拉奇，然後是他們的巴布拉克・卡馬爾。沙・舒賈、雅古博・汗、塔拉奇、巴布拉克・卡馬爾——他們都是同一個人，只不過是名字不一樣而已。現在，美國和北約有的是哈米德・卡爾札伊。

外國勢力對阿富汗的介入，不僅僅削弱了他們所指定的代理人，同樣也在阿富汗國內削弱了喀布爾的權威。中央權威的腐蝕，釋放出了這個國家固有的碎裂傾向，因此外國勢力就會發現，自己正在面對著越燒越旺的混亂，並且正在耗盡自己的資源，沒有時間或沒有力量來實施介入行動的最初企圖，無論它們最初的企圖是什麼。問題不是在於阿富汗人團結一致，所以讓他們變得無法被征服；問題在於阿富汗人的裂解，然後他們就無法被治理。外國強權有很多利益都繫於阿富汗是否能變得更加可以治理之上，但是唯一能夠達成這個大團圓結局的人就是阿富汗人——因為這件事的基礎，在於阿富汗文化內部的矛盾是否得到了解決。一旦外國勢力憎惡地從它所試圖幫助的阿富汗之中撤走，一些新的排列組合就會從阿富汗城市（或鄉村）的統治階級中間出現，然後回到權力之位上，新統治階級的威望，會因為它（據說是）在趕走外國人這件事情上扮演了重要角色而得到重振。然後，鐘擺就又會從四分五裂轉向中央集權，讓這個重新振作起來的政府開始工作，試圖把這個不同族群的大雜燴，壓縮成一個凝聚在一起的國家。

每一個阿富汗政府都必須要重啟這個計劃；沒有阿富汗政府可以兩手一攤地放任不管，眼看著社會四分五裂，因為外國人永遠在那裡虎視眈眈。如果不是美國，就會是中國。如果不是中國，就是伊朗。如果不是伊朗，就會是印度或者是俄羅斯，或者是某個阿拉伯聯合勢力，或者是那些中亞共和國——烏茲別克、土庫曼、塔吉克……。

只要新的統治者在阿富汗人中間取得了信譽，他們就要做兩件事：第一，他們小心地向外邁出一步，和某個經過選擇的外部勢力進行互動和調適，與此同時要公開宣稱在世界政治中採取不結盟政策；第二，他們會試圖讓阿富汗人的習俗和價值觀和世界上一般的習俗和價值觀相配。如果他們能夠漂亮地做好這件事，他們就能存活一段時期；如果他們做得笨手笨腳的話，他們就會倒台。

這樣的事情會再次發生的。無論選舉是否會再讓一個美國屬意的現代主義者坐上總統寶座，或者是所謂的「塔利班」捲土重來，攻下城市。這件事一定會發生，它實在足夠令人費解，因為強權大國介入的威脅持續存在，這會讓喀布爾的中央集權政府把目光投向外面，會致力於成為現代世界的一員。如果「塔利班」成功奪權，你可以打包票，他們也會發展出同樣的外向的態度和興趣，很快就會有相同的現代性樣式。

世界上的強權大國們可以做選擇。它們可以輪流去試著征服阿富汗，或者可以聯手起來，當一個中立的裁判員，推動阿富汗的和解。但諷刺的是，所有外部大國的利益都維繫在和解上，和解可以讓阿富汗人形成一個主權國家——在文化上有主權，在政治上也有主權。我說它「諷刺」，是因為只要阿富汗一擁有這種主權，它就會採納一種頑強不屈的中立外交政策，不會完全為任何一個其他國家服務。這就可能會導致另一國決定要征服阿富汗，認為這才是一個更好的選項，但這個選項永遠不會是可行的。實際上的選擇有兩個：

一、一個不完全服務於任何一個國家的中立阿富汗。

二、把另一個倒霉大國拖住的可怕阿富汗沼澤。

既然如此，那麼留給美國的真正問題，就不是美國人要如何在阿富汗打造出真正的民主，或者是結束阿富汗的貪腐，或是如何改變阿富汗女性地位了：這些問題是留給阿富汗人的，而且阿富汗人肯定會解決這些問題，只要你能讓他們用自己的辦法。給美國人的真正問題是，如何讓阿富汗從美國人以及其他外部勢力手中獲得自由。最能夠做到這件事的是正式商議，它的參與者不只有北約和阿富汗，而且還包括在阿富汗領土上擁有潛在利益的所有國家——為數甚多。這樣的商議必須要斧鑿出來一項協議，讓所有國家都能讓阿富汗擁有一個符合「中亞瑞士」地位的協議。

一旦外部壓力減輕，阿富汗便可以開始解決它的文化矛盾。這條道路曾經荊棘密布，但這條路可能已經展開。太久以來，鄉村靈魂和城市靈魂之間的角力已經讓這個國家滿目瘡痍，不過，兩個靈魂之間的差異現在正在變得愈來愈模糊。十年前，我遠祖家族的村莊是一個位於喀布爾之外的小偏鄉。沒有正式的道路通向那裡。如果你要去那裡的話，你得知道在公路的什麼地方岔出去，然後還要知道往哪個方向岔出去，你得越過小山丘和谷地，你得步行，或騎著毛驢，或是坐在一輛飽經風霜的車上。可是今天，我的親戚們正忙著對他們一直耕種的土地提出正式的產權索求，因為新喀布爾即將到來，屆時政府將對無證財產進行處理，在那之後，葉海亞村（Deh Yahya）將會成為首都的另一個街區。

在二〇一二年時，我遇到了一個來自瓦爾達克（Wardak）農村的普什圖人，他在喀布爾當司機。當他得知我正在寫一本關於阿富汗的書之時，他懇求我向全世界介紹他的人民。「所有人都認為我們只想要打仗、傷害和殺戮。這不是真的！看看我吧！我難道不是最討喜、舉止最得宜的人嗎？」（事實上，他的確是我在很長一段時間內遇到過最令人喜歡的人之一了。）他繼續說：「這個政府鋪設了通往我村莊的道路。以前，到喀布爾需要四個小時。現在只需要四十五分鐘。如果我的母親生病了，我需要把她送到喀布爾的醫院，你不覺得我對這條路的鋪設是很開心的嗎？我們不反對道路！我們不反對醫院！我們只是想和平地生活，就像我們一直以來的生活那樣。」

在那次旅行中，我有機會造訪巴米揚，在被塔利班炸毀之前，巴米揚大佛就坐落於此。我在兩歲的時候就去過巴米揚，但除了照片之外，我的腦海裡沒有任何關於這個地方的印象。然而，當我們開車進入這個位於巴米揚省中心的小鎮時，一切都顯得異常熟悉。首先，巴米揚的市集看起來很像我童年時所有小鎮的巴札，甚至像我們在喀布爾的迪赫布利（Dehbouri）街區的巴札。那是一條狹窄的街道，兩邊是房間大小的攤位。有些是肉鋪，出售掛在鐵鉤子上的新鮮肉品。另一些攤位則是販賣當地的水果和蔬菜，這些水果和蔬菜高高地堆放在籃子裡，還有一些雜七雜八的日用百貨，比如火柴、電池、鉛筆、睫毛膏和玩具。在商店裡，店主們正在和他們的顧客喝茶。在人行道上，街頭小販在兜售各式各樣的商品和服務。我看到一個人坐在凳子上，前面放著一張小桌子，有一瞬間我以為他是一名達拉克（*dalak*），也就是以前會在街上理髮的那種流動的理髮師／拔牙醫生。

當然了，他不是達拉克。那些人已經不存在了。當我走近時，我看到這個人有一個個人的太陽能電池板，約有一個手提箱大小，立在他的凳子旁邊。電池板被連接到一個十二伏特的汽車電池上。電池提供電源給一台筆記型電腦。這台筆記型電腦以無線網絡的方式連接上網，即使在阿富汗中部，這個人也可以連上網路。

他是在從喀布爾或印度的某個網站上下載歌曲，然後賣給路人，讓他們把這些歌曲作為應用程式載入到手機上，以此來賺錢。歌手的聲音做了電音特效，雖然這些歌曲的風格是現代的，但仍可以認出是來自我在一九五〇年代經常在喀布爾電台聽到的那種音樂，這些音樂是來自山上的民間音樂，可以追溯到西元十二世紀以及更久以前——就像是現代美國的鄉村音樂透過阿帕拉契藍草音樂（Appalachian bluegrass）追溯到都鐸時代的英國鄉村音樂，或者像油漬搖滾透過密西西比河三角洲藍調，可以追溯到非洲的根源一樣。

在阿富汗，二十一世紀直接疊在了十二世紀的上面，但阿富汗文化和歷史的矛盾潮流可能最終會融合成某種新的混合物。站在巴米揚的巴札裡，在懸崖上巨大的佛陀形狀缺口之下，我清楚地感覺到，我不是被今天或過去所包圍。包圍在我身旁的是未來，它從阿富汗歷史的沼澤中升起，它的最終形狀我無法想像。在那時，我突然意識到，阿富汗就像一座實驗室。在過去這麼多個世紀裡，有這麼多水流從這麼多地方匯流至這塊土地。在這個國家裡充滿了矛盾，但這個星球也是如此。如果阿富汗能成功地將其眾多細流融合成一個有凝聚力的文化整體，那麼，或許這個星球也還存在著希望。

致謝

對於那麼多人為這本書提供的資訊、談話和建議，我十分感激。他們是 Akbar Nowrouz、Ghafar Lakanwal、Bismillah Iqbal、Yalda Asmatey、Humaira Ghilzai、Idrees Rahmani、Anwar Rezayee、Abdul Hayy、Bashir Sakhawarz、Zahir and Shafiqa Ansary、Farid and Saman Ansary、Akhtar Jamal Ansary、Fazluddin、Najibullah Sedeqe、Wahid Omar、Zmarak Shalizi、Kasem Gardezi，以及其他難以盡數的人們。我也要感謝 Joe Quirk 提供的寶貴回饋；還有最重要的，要感謝我的妻子 Deborah Krant，她一次又一次地閱讀我的初稿，耐心地和我討論，充當我的第二雙眼睛，這是任何作家都不應該缺少的。我還要感謝由 Susan Hoffman 在柏克萊的奧舍終身學習學院（Osher Institute of Lifelong Learning）所開設的課程，它幫助我構成了這本書的架構。還要感謝我的經紀人 Carol Mann，以及 Lisa Kaufman 一直以來目光如炬的編輯工作。

主要人物

阿布杜．哈克（Abdul Haq）：普什圖聖戰者領導人，二〇〇一年被塔利班殺害。

阿布杜．馬吉德．札布里（Abdul Majid Zabuli）：阿富汗企業家，國家銀行的創立者。

阿布杜．拉希德．杜斯塔姆（Abdul Rashid Dostum）：烏茲別克人領袖，和共產黨和聖戰者都有聯繫。

阿布杜．拉蘇魯．薩亞夫（Abdul Rasool Sayyaf）：重要的伊斯蘭主義者，主要的聖戰者政黨的首腦。

阿布杜拉．阿布杜拉（Abdullah Abdullah）：阿赫邁德．沙．馬蘇德的左膀右臂，二〇〇四和二〇〇九年的總統參選人。

阿赫邁德．沙．巴巴（Ahmad Shah Baba）：阿富汗帝國的建立者，第一位杜蘭尼國王，薩多札伊宗族（Sadozai clan）的首領，阿富汗之「父親」（巴巴），西元一七四七至一七七三年在位統治。

阿赫邁德・沙・馬蘇德（Ahmad Shah Massoud）：聖戰者黨派伊斯蘭大會的軍事指揮官，一九九四至一九九六年的國防部長。

阿赫邁德・札希爾（Ahmad Zahir）：於一九六〇和七〇年代非常具有影響力的阿富汗流行歌手，常常被稱為「阿富汗的貓王」。

亞歷山大・伯恩斯（Alexander Burnes）：麥克納登（Macnaghten）在喀布爾的政治代理人，自一八三九至一八四一年在阿富汗活動。

埃米爾阿布杜拉赫曼，「鋼鐵埃米爾」（Amir Abdu'Rahman，the Iron Amir）：多斯特・穆罕默德的孫子，希爾・阿里的侄子，一八八〇至一九〇一年在位統治。

埃米爾阿曼努拉（Amir Amanullah）：哈比布拉的兒子，阿布杜拉赫曼的孫子，一九一九至一九二九年統治阿富汗。

埃米爾哈比布拉（Amir Habibullah）：阿布杜拉赫曼的兒子和繼任者，一九〇一至一九一九年在位。

埃米爾希爾・阿里（Amir Sher Ali）：多斯特・穆罕默德的兒子和繼任者，分別在一八六三至六六，和一八六八至七九年在位統治。

巴布拉克・卡馬爾（Babrak Karmal）：阿富汗共產黨人總統，領導了PDPA（阿富汗人民民主黨）的「旗幟派」。

「挑水人」哈比布拉・卡拉坎尼（「Bachey Saqao」Habibullah Kalakani）：塔吉克人土匪，

推翻了阿曼努拉的王位，於一九二九年二月至九月在位。

布爾汗丁・拉班尼（Burhanuddin Rabbani）：伊斯蘭主義學者，聖戰者政黨伊斯蘭大會的創立者和首腦，一九九四至一九九六年的阿富汗總統，於二〇一一年遭暗殺身亡。

查爾黑家族（Charkhi family）：阿曼努拉的堅定盟友，在阿曼努拉倒台後被穆薩希班家族（Musahibbans）所滅。

多斯特・穆罕默德大帝（Dost Mohammed the Great）：第一位穆罕默德札伊宗族的國王，分別於一八二六至一八三九年和一八四三至一八六三年在位。

杜蘭尼人（Durranis）：阿赫邁德・沙・巴巴出身的家族，來自杜蘭尼家族的諸君主於一七四六至一九七八年間統治阿富汗，其間僅有哈比布拉・卡拉坎尼（挑水人之子）在位間的九個月為例外。

弗里德里克・羅伯茨（Frederic Roberts）：在一八七八至一八八〇年的第二次英國—阿富汗戰爭時的英軍指揮官。

吉利札伊家族（Ghilzais）：主要的阿富汗部落聯盟，是杜蘭尼家族長久以來的對手。

古里布丁・希克瑪提亞爾（Gulbuddin Hekmatyar）：激進伊斯蘭主義者，伊斯蘭黨（Hezb-i-Islam）的創立者和首腦。

哈菲祖拉・阿明（Hafizullah Amin）：人民黨領導人，一九七八年政變的策劃者，塔拉奇的左膀右臂，一九七九年九月至十二月的阿富汗總統。

哈米德・卡爾札伊（Hamid Karzai）：二〇〇四至二〇一四年間的阿富汗總統。

哈希姆・汗（Hashim Khan）：納迪爾・沙的兄弟和總理，在一九三三至一九四六年間於幕後統治阿富汗。

沙爾巴札（鬧市）的哈札拉提（Hazrats of Shor Bazaar）：穆賈迪迪（Mujadeddi）宗教人士家族中受人尊敬的領導成員們。

伊斯蘭黨（Hezb-i-Islam）：由古里布丁・希克瑪提亞爾創立和領導的伊斯蘭主義政黨。

ISI（InterServices Intelligence，三軍情報局）：巴基斯坦軍事情報機關，美國通過該機關把軍火和資金輸送給聖戰者。

伊萬・維特科維奇（Ivan Vitkevich）：一八三七至一八三八年於喀布爾活動的俄羅斯特工，宣稱自己是俄國沙皇的特使。

賈拉魯丁・哈卡尼（Jalaludin Haqqani）：一九八〇年代重要的聖戰者軍頭，在二〇〇二年後附屬於塔利班。

賈瑪魯丁・阿富汗尼（Jamaluddin-i-Afghani）：激進的伊斯蘭現代主義智識分子，希爾・阿里的導師。

伊斯蘭大會（Jamiat-i-Islam）：伊斯蘭主義政黨，由布爾汗丁・拉班尼和阿赫邁德・沙・馬蘇德領導。

人民派（Khalq）：阿富汗人民民主黨在一九六七年分裂後的一個派系。

奧克蘭勛爵，喬治·伊登（Lord Auckland George Eden）：一八三六至一八四二年的印度總督，發動了一八三八年的第一次對阿富汗的入侵。

萊頓勛爵，愛德華·布沃（Lord Lytton Edward Bulwer）：一八七六至一八八〇年的印度總督，於一八七八年發動了第二次對阿富汗的入侵。

路易·拿破崙·卡瓦格納里（Louis Napoleon Cavagnari）：領導了英軍一八七九年在喀布爾的行動。

馬赫穆德·塔爾吉（Mahmoud Tarzi）：埃米爾哈比布拉宮廷中重要的現代主義智識分子。

馬拉拉伊（Malalai）：標誌性的阿富汗抗英女英雄，在邁萬德召集起了部隊。

馬拉拉伊·卓雅（Malalai Joya），女性主義活動分子，二〇〇四年獲選進入阿富汗議會。

馬蘇瑪·艾斯瑪提—瓦達克（Massouma Esmatey-Wardak）：女性主義智識分子先鋒人物，一九七九至一九九〇年阿富汗婦女大會的首腦。

穆罕默德札伊家族（Mohammedzais）：多斯特·穆罕默德的家族，一八二六至一九七八年間統治阿富汗的杜蘭尼王室分支。

穆賈迪迪家族（Mujaddedis）：重要的宗教家族。

聖戰者（Mujahideen）：在一九八〇年代反抗蘇聯的伊斯蘭抵抗組織。

毛拉·阿赫塔爾·奧斯曼尼（Mullah Akhtar Osmani）：重要的塔利班叛亂分子，赫爾曼德省的毒梟，二〇〇七年被北約擊斃。

毛拉・巴拉杜爾（Mullah Baradur）：阿富汗南部最重要的塔利班叛亂分子之一，二〇一〇年被巴基斯坦逮捕和監禁。

毛拉・達杜拉（Mullah Dadullah）：阿富汗南部的叛軍領袖，和塔利班有關聯，在二〇〇七年被殺。

毛拉・法魯克（Mullah Farooq）：加茲尼省的叛亂領袖，二〇〇二年之後開始活躍。

毛拉奧馬爾（Mullah Omar）：隱居的獨眼教士，被認為是塔利班的首腦。

穆薩希班家族（Musahibbans）：一九二九年至一九七八年間統治阿富汗的家族，他們是多斯特・穆罕默德兄弟的後裔。

納迪爾・沙（Nadir Shah）：穆薩希班家族的首領，一九二九至一九三三年的阿富汗國王，在第三次英阿戰爭中贏得了對英國的軍事勝利。

「公牛」納吉布拉（Najibullah "the Ox"）：旗幟派的成員，KhAD 秘密警察組織的首腦，一九八八至一九九二年的阿富汗總統。

納斯魯拉・巴巴爾（Naseerullah Babar）：貝納齊爾・布托任內的巴基斯坦內政部長，是打造出塔利班的設計師。

北方聯盟（Northern Alliance）：反對塔利班的各聖戰者黨派的聯盟，由阿赫邁德・沙・馬蘇德組織起來。

努爾・穆罕默德・塔拉奇（Nur Mohammed Taraki）：一九七八至一九七九年的阿富汗共產

黨總統，PDPA中的人民派的首腦。

奧薩瑪・賓・拉登（Osama Bin Laden）：激進的聖戰者，蓋達組織的創立者。

旗幟派（Parcham）：阿富汗人民民主黨於一九六七年分裂後的一個派系。

PDPA（阿富汗人民民主黨）：阿富汗主要的共產黨，一九六五年建立。

嘎西姆・法希姆（Qasim Fahim）：阿赫邁德・沙・馬蘇德死後的北方聯盟領導人。

索拉雅王后（Queen Soraya）：塔爾吉的女兒，阿曼努拉的妻子，重要的阿富汗女性主義者。

奎塔舒拉／委員會（Quetta Shura）：忠於毛拉奧馬爾的塔利班領導人們，自二〇〇二年後在巴基斯坦的奎塔活動。

薩多札伊家族（Sadozais）：阿赫邁德・沙・巴巴的家族，杜蘭尼家族的一個分支。薩多札伊系的國王自一七四七至一八二六年實行統治。

薩達爾・阿尤布（Sardar Ayub）：希爾・阿里的兒子，在邁萬德戰役中擊敗了英軍。

薩達爾・達吾德（Sardar Daoud）：納迪爾・沙的侄子，於一九五三至一九六三年擔任首相治理阿富汗，而後於一九七三至一九七八年擔任總統。

薩達爾・納伊姆（Sardar Na'eem）：納迪爾・沙的兄弟，一九五三至一九六三年擔任外交部長。

沙・馬赫穆德（Shah Mahmoud）：納迪爾・沙的兄弟，一九五〇至一九五三年擔任首相治理阿富汗。

沙・舒賈（Shah Shuja）：阿赫邁德・沙的孫子，兩度在位（一八〇三至一八〇九年，一八三九至一八四二年）。由英國人在一八三九年推立。

希爾・阿嘎・穆賈迪迪（Sher Agha Mujadeddi）：阿曼努拉在一九二〇年改革的重要反對者。

希迪克・巴爾馬克（Siddiq Barmaq）：電影人，指導了電影《奧薩瑪》。

瓦齊爾・阿克巴・汗（Wazir Akbar Khan）：多斯特・穆罕默德的兒子；在一八三九至一八四二年的第一次英阿戰爭中的重要阿富汗軍官。

威廉・海・麥克納登（William Hay Macnaghten）：領導了一八三九至一八四一年英國在喀布爾的行動。

雅古布・汗（Yaqub Khan）：希爾・阿里的兒子，一八七九年被英國人推立為國王。

札希爾・沙（Zahir Shah）：納迪爾・沙之子，一九二九至一九七三年的阿富汗國王。

札勒瑪依・哈利勒札德（Zalmay Khalilzad）：阿富汗非保守的智識分子和外交官，擔任雷根和布希總統行政團隊的阿富汗事務顧問。

專有名詞

badmash：群眾暴徒。

Bala Hissar：高堡，可俯瞰喀布爾的堡壘和宮殿建築群。

buzkashi：叼羊，一種馬上運動。騎手在賽場上爭奪一隻羊的屍體，並將它帶入到設定的球門中。

chad'ri：也叫 burqa，是阿富汗婦女在公共場所穿戴的一種覆蓋全身的罩袍。

dalak：流動理髮師和拔牙醫生。

Deobandism：一個誕生於印度迪奧班德（Deoband）的宗教學院之原教旨主義伊斯蘭運動。

Eid：年度最盛大的兩個伊斯蘭教節日。

Farangi：法郎機，特指歐洲人。法蘭克人的轉音說法。

fatwa：法特瓦，教法裁定，一種以先例為基礎的法律裁決，由一名有權威的宗教學者發布。

ghulam bacha：奴子，從親生父母手中收來的男孩，在宮廷中加以培養，作為國王的從士／僕從。

hazrat：對在宗教上有重要地位的人的尊稱。

Hezb：政治黨派。

imam：伊瑪目，掌管清真寺並且在清真寺裡帶領大家禮拜的人；同樣也是人們對一個具有宗教信譽的人的尊稱。

Jeshyn：慶典，特指夏末舉行的阿富汗獨立日；在共產黨統治時期被禁止。

jihad：衛教戰爭，在捍衛伊斯蘭教或伊斯蘭社群時的武裝鬥爭。

Jihadism：一個原教旨主義伊斯蘭運動，它認為衛教戰爭是穆斯林的基本責任。

jirga：支爾格，鄉村委員會；也是鄉村委員會的會面商討場合。

kafir：卡菲勒，異教徒。

kahrez：坎兒井，地下灌溉水道系統。

kalantar：卡蘭塔，政府代理人，由地方選出，負責將地方事務呈報給國王。

khan：汗，封建領主的頭銜，通常是一個大地主。

Kohistan：科希斯坦，字面意思是「山地」，是位於喀布爾以北的一片地區。

kotwal：克托瓦，內政部的僱員，由政府指派以監督地方事務。

kuchi：字面意思是「移動的人」，即遊牧民。

loya jirga：支爾格大會，由阿富汗所有部落的代表們參加的大會，決定全國性的重大事務。

madrassa：伊斯蘭學院。

malik：馬利克，鄉村頭人。

mawlawi：毛拉維，傑出的宗教學者。

Mes Aynak：梅斯艾納克，位於喀布爾以南的一片地區，蘊藏有豐富的銅礦石。

mirab：水資源分配人，是受尊敬的鄉村耆老，負責調節灌溉用水爭議。

mirza：米爾札，擁有直接和國王接觸的特權的官僚，這個詞是減縮自Amir zada，即「埃米爾的孩子」。奴子（ghulam bacha）出身的人也通常會進而成為米爾札。

muezzin：穆安津，宣禮人，在清真寺中唸誦宣禮詞的人。

mufti：穆夫提，在法律解釋上給出教法建議的宗教學者。

muhtasib：國家道德警察機構的官員，負責推動伊斯蘭行為。

mujahid：參與衛教戰爭的人，聖戰者。

mujahideen：聖戰者的複數形式。

mullah：毛拉，從事日常宗教儀式的教士。

mustaufi：穆斯陶菲，財政官。

Nizamnama：秩序之書，一九二〇年代於阿富汗頒行的世俗法典。

Paylucha：字面意思是「赤腳男孩」、「泥腿子」，這是一支混跡在坎大哈的街頭幫派，後

來將自己包裝成了聖戰者。

purdah：把女性從非近親男性的視線中隔離開的做法。

Pushtoonwali：普什圖規則，規定了普什圖人要如何待人接物之非書面法律。其內容包括普什圖人有給旅行者提供庇護的責任，要待人熱情，對客人要大方，要捍衛女性親屬的性貞潔，以及為血親復仇。

q'root：奶疙瘩，一種在阿富汗人餐桌上十分常見的乾優格。

qala：封建領主在鄉村地區的堡壘；有時候一個堡壘裡會居住著一整個宗族。

qazi：法官。

Ramadhan：齋月，伊斯蘭曆九月，是穆斯林在白天封齋的月份。

Shari'a：伊斯蘭教法，數世紀以來由伊斯蘭學者們豐富而成的行為法典。其中包括了涵蓋民事和刑事事務，從宗教到日常生活的律例的完整法典。

shura：舒拉／委員會，「協商會議」的伊斯蘭術語。

Taliban：塔利班，一個源自位於巴基斯坦的阿富汗難民營中的激進伊斯蘭主義運動。其字面意思是「talib」的複數形式，意為「追尋者」或「學生」。

wazir：瓦齊爾，國王的主要官員；相當於宰相或內閣總理。

Wikh-i-Zalmayan：一九四〇年代的學生行動組織，追求現代主義和普什圖民族主義。

第三十四章　歐巴馬的進擊

1. Amy Belasco, *Troop Level in the Afghan and Iraq Wars, FY2001-1012* (Washington, DC: CRS Report for Congress, July 2, 2009), http://www .fas.org/sgp/crs/natsec/R40682.pdf.
2. Moshe Schwartz and Joyprada Swain, *Department of Defense Contractors in Afghanistan and Iraq* (Washington, DC: CRS Report for Congress, May 13, 2011), http://www.fas.org/sgp/crs/natsec/R40764.pdf.
3. 來自伊斯蘭馬巴德的一家英語廣播電台。"U.S. to Provide 85 Drones for Pakistan," Xinhua News Agency, April 22, 2011, http://www .afghanistannewscenter.com/news/2011/april/apr222011.html#16.
4. 重要的聖戰者高層指揮官薩亞夫和共產黨總統阿明有姻親關係；他們的妻子是姊妹。在我的村子裡，有一些人是隸屬伊斯蘭黨的，而他們的表兄弟則是為旗幟派作戰的。
5. David Hastings, "The Runaway General: The *Rolling Stone* Profile of Stanley McChrystal That Changed History," *Rolling Stone*, June 22, 2010, http:// www.rollingstone.com/politics/news/the-runaway-general-20100622.
6. Spencer Ackerman, "25 Tons of Bombs Wipe Afghan Town Off Map," *Wired*, January 19, 2011, http://www.wired.com/dangerroom/2011/01/25-tons-of-bombs-wipes-afghan-town-off-the-map/.
7. Taimour Shah and Alyssa Rubin, "Taliban Proudly Describes Secrets of Great Escape," *Sydney Morning Herald*, April 27, 2011.
8. Geneva Sands, "Gingrich: 'I Don't See a Path Ahead' for Reform in Afghanistan," *Hill*, March 13, 2012, http://thehill.com/video/campaign/215749-gingrich-i-dont-see-a-path-ahead-for-reform-in-afghanistan.

第三十五章　遍地閃爍的一切

1. Kirk Semple, "Big Weddings Bring Afghans Joy, Debt," *New York Times*, January 14, 2008, http://www.nytimes.com/2008/01/14/world/asia/14wed dings.html?pagewanted=all.
2. 作者在二〇一一年六月十七日和拉赫曼尼的談話，他正在加州大學洛杉磯分校完成博士學業。
3. Peters, "The Taliban and the Opium Trade," 9.
4. Elizabeth Rubin, "Studio Kabul," *New York Times Sunday Magazine*, October 24, 2010, 40.
5. http://www.imdb.com/title/tt1506942/.

brother-wikileaks; see also Dexter Filkins, Mark Mazzetti, and James Risen, "Brother of Afghan Leader Said to Be Paid by C.I.A.," *New York Times*, October 27, 2009, http://www.nytimes.com/2009/10/28/world/asia/28intel.html?_r=1.

10. Dexter Filkins, "Iran Is Said to Give Top Karzai Aide Cash by the Bagful," *New York Times*, October 23, 2010, http://www.nytimes.com/2010/10/24/ world/asia/24afghan.html?pagewanted=all.

第三十二章 塔利班主義

1. Christopher Reuter and Borhan Younus, "The Return of the Taliban in Andar District," in Giustozzi, *Decoding the New Taliban*, 101, 105.
2. Tim Golden, "In U.S. Report, Brutal Details of 2 Afghan Inmates' Deaths," *New York Times*, May 20, 2005, http://www.nytimes.com/2005/05/20/inter national/asia/20abuse.html?pagewanted=all. Also see Carlotta Gall, "U.S. Examines Death of Afghan in Custody / Pathologist Described It as a Homicide," *San Francisco Chronicle*, March 3, 2003, A-5, http://www.sfgate.com/cgi-bin/article.cgi?f=/c/a/2003/03/04/MN204728.DTL#ixzz1dtkZHw3U.
3. Reuter 和 Younus, "Return of the Taliban," 102-103.
4. Duncan Campbell and Kitty Logan, "The Man Who Thinks He's George Clooney. A Story of Today's Kabul," *Guardian*, July 9, 2004.
5. Reuter and Younus, "Return of the Taliban," 109-110.
6. Joanna Nathan, "Reading the Taliban," in Giustozzi, *Decoding the New Taliban*, 25 - 26.
7. Peters, "The Taliban and the Opium Trade," Giustozzi, *Decoding the New Taliban*, 13-14.
8. Tom Coghlan, "The Taliban in Helmand: An Oral History," Giustozzi, *Decoding the New Taliban*, 119-120.

第三十三章 引爆點

1. "UNICEF Alarmed as Attacks on Afghan Schools Rise," *Unicef News*, http://www.unicef.org/infobycountry/media_35196.html. 另見 Carlotta Gall, "Taliban Behead High School Teacher in Southern Afghanistan," *New York Times*, January 4, 2006, http://www.nytimes.com/2006/01/04/international/ asia/04cnd-afghanistan.html。
2. 比方說，可以參閱 Abdul Awaal Zabulwal, "Taliban in Zabul: A Witness Account," 184-186，和 David Kilcullen, "Taliban and Counter-Insurgency in Kunar," 238-240，兩篇文章都收錄於 Giustozzi, *Decoding the New Taliban*。
3. Mohammed Osman Tariq Elias, "The Resurgence of the Taliban in Kabul, Loar, and Wardak," in Giustozzi, *Decoding the New Taliban*, 50-52.
4. Nawa, *Opium Nation*, 176.

Diaspora (Bloomington, IN: AuthorHouse, 2010), xii.

6. Lydia Poole, *Afghanistan: Tracking Major Resource Flows, 2002-2010* (Wells, UK: Global Humanitarian Assistance), http://www.globalhumanitarian assistance.org/wp-content/uploads/2011/02/gha-Afghanistan-2011-major- resource-flows.pdf.
7. Fariba Nawa, "Deconstructing the Reconstruction: A Corpwatch Investigative Report," http://www.corpwatch.org/article.php?id=14076, 15.
8. 阿富汗大使塔伊布・賈瓦德（在二〇〇七年四月在加州大學柏克萊分校的一次演講中）指出，分配給阿富汗的援助資金有三分之二都存在美國的銀行裡。
9. 二〇一一年六月提交給美國參議院外交關係委員會的一份多數工作人員報告（Majority Staff Report）估計，在阿富汗派駐一個美國平民的花費是五十萬美元，其中還不包括安全費用和薪資。
10. 二〇〇六年六月十四日和詹姆斯・里奇的談話。
11. 二〇〇六年和瓦希德・穆罕默德（Wahid Mohamad）的談話。

第三十一章　毒品和貪腐

1. Fariba Nawa, *Opium Nation: Child Brides, Drug Lords, and One Woman's Journey Through Afghanistan* (New York: Harper Perennial, 2011), 100-101. 另請參考Gretchen Peters, "The Taliban and the Opium Trade," Antonio Giustozzi, ed., *Decoding the New Taliban* (New York: Columbia University Press, 2009), 14.
2. Nawa, *Opium Nation*, 142-144.
3. Joshua Partlow, "Afghan Minister Accused of Taking Bribe," *Washington Post*, November 18, 2009, http://www.washingtonpost.com/wp-dyn/content/ article/2009/11/17/AR2009111704198_2.html?sid=ST2009111800831.
4. Jonathan Landay, "Factory, Coal Mine Show Connections Matter Most in Afghan Business," *McClatchy Newspapers, Washington Bureau*, November 14, 2010, http://www.mcclatchydc.com/2010/11/14/v-print/103393/afghan-busi ness-model-connections.html.
5. Dr. Nadir Atash, *Turbulence: The Tumultuous Journey of One Man's Quest for Change in Afghanistan* (New York: Planetpix Productions, 2009), 188-189.
6. Ben Farmer, "Karzai Under Pressure After Investigations Target 15 Officials on Corruption Charges," *Telegraph*, November 23, 2009, http://www.telegraph.co.uk/news/worldnews/asia/afghanistan/6636999/Karzai-under-pressure-after-investigations-target-15-officials-on-corruption-charges.html.
7. Arthur Kent, "West's Afghan Mission Undone by Farcical Spy vs. Spy Bribes," *Sky Reporter*, August 31, 2010, http://skyreporter.com/blog/page/2/20 100830_01/.
8. 作者在二〇一二年一月二日和胡麥拉・吉利札伊（Humaira Ghilzai）的談話。
9. Jonathan Steele, "US Convinced Karzai Half-Brother Is Corrupt, WikiLeaks Cables Say," *Guardian*, December 2, 2010, http://www.guardian.co.uk/world/2010/dec/02/us-karzai-half-

2. 關於這種情況的描述，請參考Abdul Salam Zaeef, *My Life with the Taliban*, ed. Alex Strick van Linschoten and Felix Kuehn (New York: Columbia University Press), 2010。
3. Tomsen, *Wars of Afghanistan*, 20.
4. 出處同上，17頁。

第二十七章　美國登場

1. Coll, *Ghost Wars*, 548.
2. 出處同上，538頁。
3. 出處同上，543頁。
4. Zaeef, *My Life with the Taliban*, 141-143.
5. http://www.nytimes.com/interactive/2011/06/22/world/asia/afghanistan-war-timeline.html.

第二十八章　波昂計劃

1. Ahmad Rashid, *Descent into Chaos: The United States and the Failure of Nation Building in Pakistan, Afghanistan, and Central Asia* (New York: Viking, 2008), 90-93.

第二十九章　喀布爾之春

1. 這個數據是從不同的資料來源中收集起來的，其中包括莉迪亞・普爾（Lydia Poole）給全球人道援助組織（Global Humanitarian Assistance）所做的報告，見http://www.gao.gov/new.items/ d05742.pdf。
2. Stacia Teele和Ed Robbins執導的電影*Defying Silence*中採訪。
3. http://www.pbs.org/independentlens/afghanistanunveiled/film.html.
4. http://old.bfi.org.uk/sightandsound/feature/242.
5. Joel Brinkley, "Pity Afghanistan's Children," *San Francisco Chronicle,* November 6, 2011.

第三十章　甩不掉的麻煩

1. Gayle Lemmon, "Raisins Give Hope to Afghan Farmers," *New York Times,* October 8, 2010.
2. 在二〇〇三年九月，美國加州馬林郡（Marin County）為Roots for Peace組織的一次籌款活動中，一位發言者引用了這一統計數字。Roots for Peace（和平之根）是一個非政府組織，致力於清除戰亂地區的地雷並在清查後的土地上種植葡萄。
3. http://www.infoplease.com/ipa/A0933935.html.
4. General Accountability Office Report to Congressional Committees, July 2005, *Afghanistan Reconstruction: Despite Some Progress, Deteriorating Security and Other Obstacles Continue to Threaten Achievement of U.S. Goals* (Washington, DC: GAO, 2005), http://www.gao.gov/new.items/d05742.pdf.
5. Tomsen, *Wars of Afghanistan*, 640; and Sayid Sattar Langary, *Women from Afghanistan in*

2. Steve Coll在*Ghost Wars*一書的337頁中指出在一九九六年時，有六百台刺針飛彈仍在阿富汗人手中。
3. Mark Urban, *War in Afghanistan* (New York: St. Martin's Press, 1988), 241-243.
4. http://www.youtube.com/watch?v=p_Kp21GGccE.

第二十四章　走出難民營

1. Peter Tomsen, *The Wars of Afghanistan* (New York: Public Affairs, 2011), 17.
2. Matinuddin, *Taliban Phenomenon*, 18.
3. 出處同上，20頁。
4. Ahmad Rashid, *Taliban: Militant Islam, Oil, & Fundamentalism in Central Asia* (New Haven: Yale Note Bene, Yale University Press, 2000), 178.
5. http://www.infoplease.com/ipa/A0762181.html.
6. 關於聯軍的國家和派遣部隊的完整名單，請參考http://www.cryan.com/war/AlliedForces.html。
7. 這個數字是來自很多的資料來源，例如BBC的新聞報導，見http://news.bbc.co.uk/2/shared/spl/hi/middle_east/02/iraq_events/html/desert_storm.stm。
8. 美國國防部 (http://www.defense.gov/news/newsarticle.aspx?id=45404) 對美國人在這場戰爭中死亡的官方統計數字是147人。CNN (http:// articles.cnn.com/2003-04-17/world/sprj.irq.casualties_1_combat-deaths- casualties-coalition-deaths?_s=PM:WORLD) 給出的聯軍總傷亡人數是358人。關於伊拉克一方的傷亡人數統計，請參考http://www.cryan.com/war/AlliedForces .html. 這一統計的準確性還有帶討論，因為美國國防部的官方資料來源避開了對伊拉克方面傷亡的估計數字，另請參考John Heidenrich的討論，見 "The Gulf War: How Many Iraqis Died?" *Foreign Policy*, no. 90 (Spring 1993): 108-125頁。
9. Michael Klare, *Resource Wars: The New Landscape of Global Conflict* (New York: Henry Holt, 2001), 2-3；另請參考美國中央情報局估算的全球石油儲量，https://www.cia.gov/library/publications/the-world-factbook/rankorder/2178 rank.html。
10. Matinuddin, *Taliban Phenomenon*, 65-66.
11. Michael Griffin, *Reaping the Whirlwind: The Taliban Movement in Afghanistan* (London: Pluto Press, 2001), 36-37.
12. 出處同上，40頁。
13. Matinuddin, *Taliban Phenomenon,* 49-50. 但是按照美國國務院的通信資料，美國情報機構相信是巴基斯坦直接給塔利班提供了資助和武裝。見http://www.gwu.edu/~nsarchiv/NSAEBB/NSAEBB227/ index.htm#15#15。

第二十五章　塔利班VS聖戰者

1. Matinuddin, *Taliban Phenomenon*, 87.

10. 關於這一艱難決定的更多細節，請參考Anwar, *Tragedy of Afghanistan*, 166-173頁。

第二十章　蘇聯占領

1. 來自作者於二〇〇二年夏天和瑪麗亞・祖力菲卡（Malia Zulfiqar）的談話，她曾是阿明政府的婦女事務部長，後來選擇了辭職（然後和阿明政府分道揚鑣），因為她曾被要求從事這樣的任務。
2. Russian General Staff, *Soviet-Afghan War*, 21-22.
3. 這些細節是來自於馬哈塔布・穆賈迪迪（Mahtab Mujaddedi），他曾在一九八〇年代作為聖戰者參戰。

第二十一章　聖戰者

1. Kakar, *Afghanistan*, 80.
2. 出處同上，138頁。
3. 來自他和作者的談話。
4. 在胡拉姆・伊巴迪（Ghulam Ebadi）未出版的個人文章〈王子與獅子〉（"The Prince and the Lion"）中記載了這種變化的時間歷程。
5. 來自阿布杜拉・卡吉（Abdullah Qazi），〈生平：阿赫邁德・沙・馬蘇德〉（"Biography: Ahmad Shah Massoud"），*Afghanistan Online*, http://www.afghan-web.com/bios/yest/asmasood.html, 2001年, 2007年更新。

第二十二章　冷戰終局

1. 在一九七九年七月十五日發表的全國演說中，卡特使用了「信心危機」（crisis of confidence）一詞，但是他的顧問帕特里克・卡代爾（Patrick Caddell）在給卡特的備忘錄中使用了「不適」（malaise）一詞，這一演說在後來被人們稱作是卡特的「不適」演說。
2. 一九八三年三月八日，雷根在佛羅里達州奧蘭多市，對全國的全美福音派基督徒協會（National Association of Evangelicals）的一次演說中首次用到了這個詞。
3. 如果你不相信我說的，那你不妨去Google搜尋「Gorbachev, birthmark, anti-Christ」這三個詞。
4. 尼克森在一九七二年的總統大選前的競選演說中使用了這個說法的變體，並且在一九七三年一月二十三日的演講中明確描述了他的談判代表剛剛與北越簽署的《巴黎和平協定》（*Paris Peace Accords*）。
5. Kamal Matinuddin, *The Taliban Phenomenon: Afghanistan 1994-1997* (Oxford: Oxford University Press, 1999), 53. Steve Coll在他的著作中指出了由中央情報局提供的刺針系統是兩千五百台，請參考*Ghost Wars* (New York: Penguin, 2004), 337頁。

第二十三章　從恐怖到混亂

1. 沙姆斯博士二〇〇二年七月二日和作者的談話。

第十六章　要發展，別停滯

1. 我記得我小時候在喀布爾聽到過這些演說，但我並不明白它們是在說什麼。
2. Dupree, *Afghanistan*, 546-548.

第十七章　民主時代

1. Dupree, *Afghanistan* 549.
2. 這部分內容是來自於我和前阿富汗駐法國大使納賽爾·胡賽尼（Nasser Hosseini）、馬札爾·安薩里等人的私人談話。
3. Dupree, *Afghanistan*, 501.

第十八章　左派竄起

1. Raja Anwar, *The Tragedy of Afghanistan: A First-Hand Account* (London: Verso, 1988), 45.
2. 小說《馴蛇人》（*The Snake Charmer*）的作者巴希爾·薩哈維茨（Bashir Sakhawerz）在二〇一一年七月向我敘述了這件事。胡拉姆·伊巴迪（Ghulam Ebadi）也對我說過一樣的事情，他是未能出版的回憶錄《追尋哈利勒》的作者，他在我編輯這本書的過程中去世了。
3. Anwar, *Tragedy of Afghanistan*, 39-45.
4. 《追風箏的孩子》的作者卡勒德·胡賽尼曾經提到過這件事，他是在他父親任職於政府中的熟人那裡聽到這件事的。

第十九章　政令變革

1. 作者於二〇〇五年八月十六日和賈法爾·拉坎沃（Ghaffar Lakanwall）的談話，他曾經是卡馬爾政府的農業部長。.
2. 出處同上。
3. *Kabul Times*，頭版，一九七九年八月九日。
4. 作者於二〇一一年六月十七日和伊德里斯·阿赫邁德·拉赫曼尼（Idrees Ahmad Rahmani）的談話。
5. Anwar, *Tragedy of Afghanistan*, 129，文中援引了一份一九七八至七九年的調查報告，稱當時有兩百五十萬阿富汗人——也就是總人口的六分之一，是遊牧民或半遊牧民。
6. Fred Halliday, "The War and Revolution in Afghanistan," *New Left Review*, no. 119 (January-February, 1980): 31.
7. Anwar, *Tragedy of Afghanistan*, 179-180.
8. 我的表親法立德曾和阿明同時在美國留學，當時他正在紐約讀書，他回憶了阿明曾經十分誠摯地招募他加入阿富汗共產黨，但是最後無功而返的事情。
9. 和其他人一樣，Kakar在他的著作*Afghanistan: The Soviet Invasion and the Afghan Response, 1979-1982*中給出兩萬五千這個數字。八百這個數字則是來自於Anwar, *Tragedy of Afghanistan*, 156-157頁。

第十三章　分崩離析

1. Rhea Talley Stewart, *Fire in Afghanistan*, 416-417。另請參考挑水人之子在他號稱的自傳中關於他功績的「自」述：Habibullah Kalakani, *My Life: from Brigand to King* (London: Octagon Press, 1990), 54-59, 66-68, 71-82。
2. 關於挑水人之子形象的討論，請參考Ludwig Adamec, "The Two Faces of Habibullah Kalakani," *Afghanistan Studies Journal* 2 (1990-1991): 85-90。
3. Rhea Talley Stewart, *Fire in Afghanistan*, 425-426, 435-437. 挑水人之子的自傳對這件事做出了十分有趣的不同描述，見Kalakani, *My Life: from Brigand to King*, 115-116, 118-120。
4. Rhea Talley Stewart, *Fire in Afghanistan*, 480。二十五年後，當我在喀布爾長大時，這些故事仍然在坊間流傳著。詩人哈利利的回憶錄對挑水人之子的描述要正面得多（59-60，71-82頁），他的埃米爾哈比布拉·卡拉坎尼傳記也同樣如此。
5. Khalili, *Yawd-dasht hai Ustad Kahlili*, 71-73. Rhea Talley Stewart, *Fire in Afghanistan*, 438.
6. Kalakani, *My Life: from Brigand to King*, 158-180.
7. M. H. Anwar, *Memories of Afghanistan* (Bloomington, IN: AuthorHouse, 2004), 127-129.

第十四章　風暴之後

1. Anwar, *Memories of Afghanistan*, 131-132.
2. Ghobar, *Afghanistan in the Course of History*, vol. 2, 96-97.
3. Khaled Siddiq Charkhi 在下面這本書中講述了查爾黑家族長老們被打倒的過程和剩餘的家族成員們的下場。見：*From My Memories: Memoirs of Political Imprisonment from Childhood in Afghanistan* (Bloomington, IN: AuthorHouse, 2010)，參閱1-37頁。
4. Ghobar, *Afghanistan in the Course of History*, vol. 2, 68.
5. Anwar, *Memories of Afghanistan*, 200 - 201, 212 - 215, 228, 225 - 226, 262 - 277.
6. Ghobar, *Afghanistan in the Course of History*, vol. 2, 151-161.
7. Amin Saikal, *Modern Afghanistan: A History of Struggle and Survival* (New York: I. B. Taurus, 2004), 114-115.

第十五章　不結盟國家

1. Dupree, *Afghanistan*, 510.
2. 當毛澤東發明出「第三世界」這個稱呼的時候，他的意思是把蘇聯和美國稱為「第一世界」，法國和德國等已開發國家被稱為「第二世界」，包括中國在內的所有開發中國家被稱為「第三世界」。然而在西方的通常用法中，第一世界是指資本主義西方，第二世界是蘇聯領導的共產集團國家，第三世界是其餘各國。這個詞彙的確切含義一直是模糊的。
3. 該其龐大體量的說法來自Dupree, *Afghanistan*, 483頁。
4. 出處同上，513-522頁。

2. Rameen Moshref, "The Life and Times of Amir Habibullah," Afghanistan Online, http://www.afghan-web.com/bios/detail/dhabib.html。另見Dupree, *Afghanistan*, 408-409。
3. Khalili, *Yawd-dasht hai Ustad Kahlili* [Memoirs of Master Khalili]（他的女兒也這樣說）(Herndon, VA: Marie and Mohammed Afzal Nassiri, 2010), 25-27.
4. 出處同上，37-38頁。
5. Senzil Nawid, "Political Advocacy in Early Twentieth Century Afghan Persian Poetry," *Afghanistan Studies Journal* 3 (1992): 5-15.
6. Saeed, *Afghan Women in History*, 19.
7. Rhea Talley Stewart, *Fire in Afghanistan* (Garden City, NY: Doubleday, 1973), 11.
8. Ludwig W. Adamec, *Afghanistan, 1900-1923: A Diplomatic History* (Berkeley: University of California Press, 1967), 95.
9. Rhea Talley Stewart, *Fire in Afghanistan*, 20-21.
10. 出處同上，20頁。
11. Khalili, *Yawd-dasht hai Ustad Kahlili*, 28-31.
12. 出處同上，32頁。
13. 出處同上，36頁。
14. 出處同上，36頁。

第十一章　進取的國王

1. Rhea Talley Stewart, *Fire in Afghanistan*, 23.
2. 出處同上，37頁。
3. 出處同上，43頁。
4. 出處同上，61頁。
5. 出處同上，73頁。
6. 出處同上，73頁。

第十二章　國王的法律VS真主的法律

1. Rhea Talley Stewart, *Fire in Afghanistan*, 188.
2. Sana Haroon, *Frontier of Faith: Islam in the Indo-Afghan Borderland* (New York: Columbia University Press, 2007), 117-119.
3. Rhea Talley Stewart, *Fire in Afghanistan*, 346.
4. Khalili, *Yawd-dasht hai Ustad Kahlili*, 55-59.
5. Rhea Talley Stewart, *Fire in Afghanistan*, 378.
6. 出處同上，377-379，403-405頁。

5. Ghobar, *Afghanistan Dar Maseer-i-Tareekh*, vol. 1, 595-596.
6. 出處同上，594頁。希爾普爾位於今日喀布爾的範圍內。

第八章　再遭中斷

1. Niall Ferguson, *Colossus: The Price of America's Empire* (New York: Penguin Books, 2004), 15.
2. Paul Kennedy, *The Rise and Fall of Great Powers* (New York: Random House, 1987), 151.
3. Maud Diver, *Kabul to Kandahar* (London: Peter Davies, 1935), 21.
4. 出處同上，29頁。
5. 出處同上，48頁。
6. 出處同上，54頁。
7. 出處同上，55頁。
8. 出處同上，58頁。
9. 出處同上，61頁。
10. 出處同上，94頁。
11. 出處同上，98頁。
12. 出處同上，100頁。

第九章　鐵血時代

1. Kakar, *Government and Society in Afghanistan*, 3-6.
2. Habibi, *Tarikh-i-Mukhtasar-i Afghanistan*.
3. Kakar, *Government and Society in Afghanistan*, 48.
4. 出處同上，13頁。
5. 出處同上，16頁。這件事也在Saeed, *Women in Afghan History*, 17頁中提到。女戰士的故事來自於我和*Spy of the Heart*的作者Bob Darr/Abdul Hayy的談話。
6. Kakar, *Government and Society in Afghanistan*, 98-100.
7. 出處同上，105頁。
8. 出處同上，40頁。
9. 出處同上，40頁。
10. 出處同上，35頁。
11. 出處同上，38-39頁。
12. 出處同上，xxiii。

第十章　嶄新的開始

1. Ghobar, *Afghanistan in the Course of History*, vol. 2, 19-23.

7. Stewart, *Crimson Snow*, 102-103.
8. Fraser-Tytler, *Afghanistan*, 114.
9. 我曾在網上找到這篇日記，但不幸的是現在已經不見了。然而，我很樂見「主動得讓人害怕」這幾個字進入到了的阿富汗商業部門對第一次英國—阿富汗戰爭的記載中，見：http://www.afghanchamber.com/history/englishinvation.htm。他們一定也看過我看到的那篇日記。
10. David Loyn, *In Afghanistan* (New York: Palgrave MacMillan, 2009), 35-46.
11. Macintyre, *Man Who Would Be King*, 259-260.
12. Dupree, *Afghanistan*, 386.
13. 出處同上，389頁。
14. John William Kaye, *History of the War in Afghanistan* (New York: Palgrave MacMillan, 2009), 368-370.
15. 出處同上，376頁。
16. 出處同上。

第六章　多斯特．穆罕默德再次歸來

1. Ghobar, *Afghanistan Dar Maseer-i-Tareekh*, vol. 1, 573.
2. 出處同上，587-588頁。
3. 出處同上，573頁。
4. 出處同上。
5. 出處同上。
6. Habibi, *Tarikh-i-Mukhtasar-i Afghanistan*, 290.
7. Ghobar, *Afghanistan dar Maseeri Tarikh*, vol. 1, 547.
8. 出處同上，583頁。
9. 出處同上，588頁。

第七章　短暫的榮景

1. Abdul Hakim Tabibi, *The Politicial Struggles of Syed Jamaluddin al-Afghani* (Kabul: Muassisa Intasharat Baihaqi, 1977)。另請參考Jamil Ahmad, "Jamaluddin Afghani," http://www.renaissance.com.pk/julletf94.html。關於他是伊朗人的爭論，請參考Nikki Keddie, *Sayyid Jamal al-Din "al- Afghani": A Political Biography* (Berkeley: University of California Press, 1972)。
2. Saeed, *Women in Afghan History*, 15.
3. Ghobar, *Afghanistan Dar Maseer-i-Tareekh*, vol. 1, 594-595.
4. Habibi, *Tarikh-i-Mukhtasar-i Afghanistan*, 291-293.

Government Publications Department, 1967), 573，但是他指稱經濟活動遭受了多斯特・穆罕默德的損壞。Fraser-Tytler則是對於他的統治時期持有更加讚許的態度，見W. K. Fraser-Tytler, *Afghanistan: A Study of Political Developments in Central and South Asia* (London: Oxford University Press, 1950), 127。

第四章　獅與熊之間

1. 這句話的出自《國富論》(*The Wealth of Nations*, bk. 4, chap. 7, pt. 3.)。亞當・斯密這句話實際上是在說英國是「一個其政府會受到商店老闆影響的國家」。這本書可以參見此處：http://www.gutenberg.org/files/3300/3300-h/3300-h.htm#2HCH0027。
2. Burnes, *Travels into Bokhara*, 1:127.
3. 出處同上，1:128。
4. 出處同上，1:178。
5. 出處同上，1:210-217。
6. 出處同上，1:234。
7. 出處同上，2:15-17。
8. 摘錄於Ben Macintyre, *The Man Who Would Be King: The First American in Afghanistan* (New York: Farrar Straus Giroux, 2004), 201頁。
9. 摘錄於Karl Ernest Meyer 和Shareen Brysac, *Tournament of Shadows: The Great Game and the Race for Empire in Central Asia* (New York: Basic Books, 2006), 85頁。
10. 摘錄於Fraser-Tytler, *Afghanistan*, 110頁。關於這份宣言的全文，可參考Abdul Hakim Tabibi, *Afghanistan: A Nation in Love with Freedom* (Cedar Rapids, IA: Igram Press, 1985), 144-148頁。

第五章　奧克蘭的愚行

1. 關於部隊組成情況的細節，請參考Terence Blackburn, *The Extermination of a British Army: The Retreat from Kabul* (New Delhi: APH, 2008), ix-x。
2. Jules Stewart, *Crimson Snow: Britain's First Disaster in Afghanistan* (Gloucestershire: Sutton Press, 2008), 78頁提到了八百個妻子。在Florentia Sale的回憶錄作品*A Journal of the Disasters in Afghanistan* (Franklin, TN: Tantallon Press, 2002; 初版於1843年發行)的第48頁提及了這位國王的女眷，其中包括妻子、女兒和女僕，總共有八百人。
3. Mohan Lal是英國人的印地語翻譯，他提及了這件事，但是沒有提及這位女士的姓名。他的記錄被摘錄於M. Saeed, *Women in Afghan History*, http://www.scribd.com/doc/30234527/Women-in-Afghan -History, 13頁。
4. Louis Dupree, *Afghanistan* (Princeton, NJ: Princeton University Press, 1980), 384. Fraser-Tytler, *Afghanistan*, 114.
5. Sale, *Journal*, 6-20.
6. Dupree, *Afghanistan*, 382-383, quoting John William Kaye, *History of the War in Afghanistan, Third Edition* (London, 1874), 2:130.

註釋

第一章　建國者

1. Pohand Abdul Hayy Habibi, *Tarikh-i-Mukhtasar-i Afghanistan* [Concise History of Afghanistan] (Arlington, VA: Association of Afghan Refugees, 1989), 256-257.
2. Mohammed Ali, *Cultural History of Afghanistan* (Kabul: Mohammed Ali, 1964), 217-220.
3. Saira Shah, "'Afghaniyat' Is Alive and Well in Afghanistan," *Guardian*, April 7, 2011, http://www.guardian.co.uk/commentisfree/2011/apr/07/afghanistan-nation-building-alive-well.

第二章　阿赫邁德·沙的阿富汗

1. Hasan Kawun Kakar, *Afghanistan: The Soviet Invasion and the Afghan Response, 1979-1982* (Berkeley: University of California Press, 1995), 135-140.
2. Mohammed Ali, *Cultural History of Afghanistan*, 198-199.
3. 這個關於qala（堡壘）的畫面部分來自於我和阿克巴·努魯茲（Akbar Noruz）的某次交談，他家住在洛加爾的這樣一個堡壘裡面。
4. 請參考Hasan Kawun Kakar關於阿富汗社會的論文，*Government and Society in Afghanistan: The Reign of Amir 'Abd al-Rahman Khan* (Austin: University of Texas Press, 1979), 50-66頁。
5. 對於*dalak*的描述主要是來自阿克巴·努魯茲的記載和我小時候關於剃頭師傅的經歷。
6. Ali, *Cultural History of Afghanistan*, 199.
7. Kakar, *Government and Society in Afghanistan*, 124-126.
8. Ja'far Taheri博士收集的阿富汗諺語，*Zarb-ul Masal-ha*，129頁。

第三章　地平線上的歐洲人

1. 對於多斯特·穆罕默德的描述有一部分是來自Alexander Burnes, *Travels into Bokhara: Being the Account of a Journey from India to Cabool, Tartary, and Persia* (Philadelphia: E. L. Carey and A. Hart, 1835), 2:23。
2. Mir Ghulam Mohammed Ghobar描述了阿富汗人的貿易商品，請參考*Afghanistan Dar Maseer-i-Tareekh, Juld-i Awal* [Afghanistan in the Course of History, Volume 1] (Kabul:

THE CONTINENT
大陸
03

沒有規則的競賽：阿富汗屢遭阻斷，卻仍不斷展開的歷史

Games Without Rules: The Often Interrupted History of Afghanistan

作者　塔米・安薩里（Tamim Ansary）
譯者　苑默文

責任編輯　官子程
封面設計　吳郁嫻
內頁排版　謝青秀
編輯協力　王紫讓

總編輯　簡欣彥
出版　廣場出版／遠足文化事業股份有限公司
發行　遠足文化事業股份有限公司（讀書共和國出版集團）
地址　231 新北市新店區民權路 108-3 號 9 樓
電話　02-22181417
傳真　02-22180727
客服專線　0800-221029
法律顧問　華洋法律事務所　蘇文生律師
印刷　前進彩藝有限公司

初版　2024 年 6 月
定價　650 元
ISBN　978-626-98113-6-6

廣場 FB　讀者回函

國家圖書館出版品預行編目 (CIP) 資料

沒有規則的競賽 : 阿富汗屢遭阻斷, 卻仍不斷展開的歷史 / 塔米 · 安薩里 (Tamim Ansary) 著 ; 苑默文譯 . -- 初版 . -- 新北市 : 遠足文化事業股份有限公司廣場出版 , 2024.06
面 ;　公分 . -- (大陸 ; 3)
譯自 : Games without rules : the often interrupted history of Afghanistan.
ISBN 978-626-98113-6-6 (平裝)

1.　CST: 阿富汗史

736.21　113006595